# Aprender
# Word 2010
## con 100 ejercicios prácticos

# Aprender
# Word 2010
## con 100 ejercicios prácticos

marcombo
ediciones técnicas

Título de la obra:
*Aprender Word 2010 con 100 ejercicios prácticos*

Primera edición, 2011

Diseño de la cubierta: NDENU DISSENY GRÀFIC



ISBN: 978-84-267-1639-2
ISBN (obra completa): 978-84-267-1533-3
D.L.: BI-2331-2010

IMPRESO EN GRAFO, S.A.

# Presentación

## APRENDER WORD 2010 CON 100 EJERCICIOS PRÁCTICOS

100 ejercicios prácticos resueltos que conforman un recorrido por las principales funciones del programa. Si bien es imposible recoger en las páginas de este libro todas las prestaciones de Word 2010, hemos escogido las más interesantes y utilizadas. Una vez realizados los 100 ejercicios que componen este manual, el lector será capaz de manejar con soltura el programa y crear y editar documentos de distintos tipos tanto en el ámbito profesional como en el particular.

## LA FORMA DE APRENDER

Nuestra experiencia en el ámbito de la enseñanza nos ha llevado a diseñar este tipo de manual, en el que cada una de las funciones se ejercita mediante la realización de un ejercicio práctico. Dicho ejercicio se halla explicado paso a paso y pulsación a pulsación, a fin de no dejar ninguna duda en su proceso de ejecución. Además, lo hemos ilustrado con imágenes descriptivas de los pasos más importantes o de los resultados que deberían obtenerse y con recuadros IMPORTANTE que ofrecen información complementaria sobre los temas tratados en los ejercicios.

Gracias a este sistema se garantiza que una vez realizados los 100 ejercicios que componen el manual, el usuario será capaz de desenvolverse cómodamente con las herramientas de Word 2010 y sacar el máximo partido de sus múltiples prestaciones.

## LOS ARCHIVOS NECESARIOS

En el caso de que desee utilizar los archivos de ejemplo de este libro puede descargarlos desde la zona de descargas de la página de Marcombo (www.marcombo.com) y desde la página específica de este libro.

## A QUIÉN VA DIRIGIDO EL MANUAL

Si se inicia usted en la práctica y el trabajo con Word 2010, encontrará en estas páginas un completo recorrido por sus principales funciones. Pero si es usted un experto en el programa, le resultará también muy útil para consultar determinados aspectos más avanzados o repasar funciones específicas que podrá localizar en el índice.

Cada ejercicio está tratado de forma independiente, por lo que no es necesario que los realice por orden (aunque así se lo recomendamos, puesto que hemos intentado agrupar aquellos ejercicios con temática común). De este modo, si necesita realizar una consulta puntual, podrá dirigirse al ejercicio en el que se trata el tema y llevarlo a cabo sobre su propio documento de Illustrator.

## WORD 2010

Desde sus inicios, hace ya muchos años, Word ha sido el procesador de textos por excelencia, el más utilizado y reconocido entre los usuarios. Microsoft ha puesto todo su empeño en renovar esta excelente herramienta de creación de documentos presentando en su versión 2010 distintas novedades y mejoras en sus prestaciones.

Word 2010 mantiene la interfaz, común, por otro lado, al resto de aplicaciones de Office, basada en la denominada Cinta de opciones. En esta versión del programa, Word cuenta con distintas novedades y, sobre todo, mejoras. Entre estas novedades, se encuentra la extraordinaria nueva vista Microsoft Office Backstage™, incluida en el también nuevo menú Archivo. Esta vista agrupa en un mismo espacio, además de una vista previa y una lista de propiedades de los documentos, los comandos destinados a abrir, guardar y gestionar los archivos. Otras novedades son los extraordinarios efectos visuales para texto y para imágenes, el comando para realizar capturas de pantalla o el nuevo panel de navegación.

# Cómo funcionan los libros "**Aprender...**"

El título de cada ejercicio expresa sin lugar a dudas en qué consiste éste. De esta forma, si le interesa, puede acceder directamente a la acción que desea aprender o refrescar.

Los ejercicios se han escrito sistemáticamente paso a paso, para que nunca se pierda durante su realización.

El número a la derecha de la página le indica claramente en qué ejercicio se encuentra en todo momento.

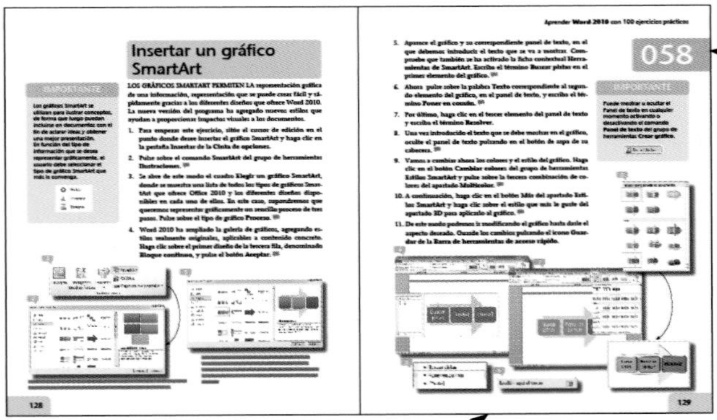

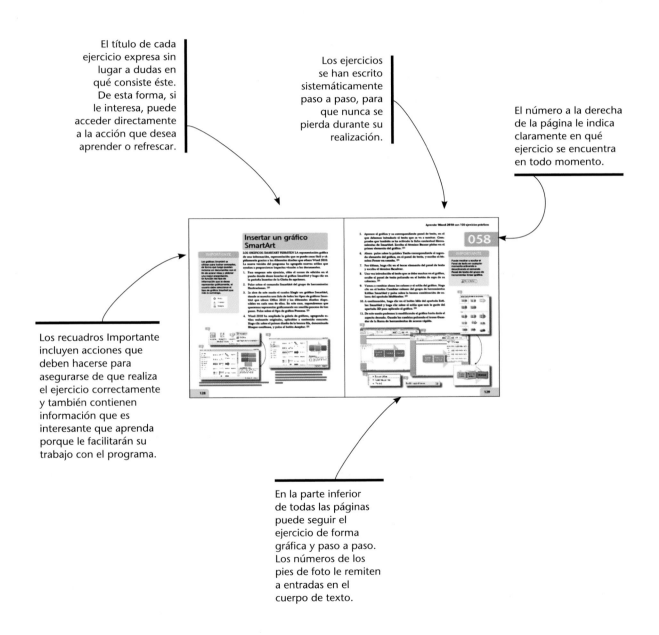

Los recuadros Importante incluyen acciones que deben hacerse para asegurarse de que realiza el ejercicio correctamente y también contienen información que es interesante que aprenda porque le facilitarán su trabajo con el programa.

En la parte inferior de todas las páginas puede seguir el ejercicio de forma gráfica y paso a paso. Los números de los pies de foto le remiten a entradas en el cuerpo de texto.

# Índice

Índice

# Índice

# Conocer la nueva interfaz de Word 2010

## IMPORTANTE

Como novedad general de la versión 2010 de Office encontramos la posibilidad de cancelar el proceso de apertura de las aplicaciones. Al iniciar cualquiera de los programas de la suite, aparece una ventana desde la cual es posible tanto detener este proceso como minimizar directamente la ventana del programa.

LO PRIMERO QUE HAY QUE CONOCER ANTES de empezar a trabajar con Word son las partes que componen su interfaz. Los tradicionales menús y barras de herramientas fueron sustituidos en Word 2007 por la Cinta de opciones. Sobre la Cinta de opciones se halla por defecto la Barra de herramientas de acceso rápido y a su izquierda, el menú Archivo, novedad éste en Word 2010.

1. Para empezar, dirija el puntero del ratón hacia la parte inferior de la pantalla y pulse sobre el botón de Inicio, en la **Barra de tareas.** [1]
2. En el menú **Inicio**, pulse sobre la opción **Todos los programas**, haga clic sobre el comando **Microsoft Office** y seleccione el programa **Microsoft Word 2010.** [2]
3. Ya hemos iniciado la primera sesión de trabajo con Microsoft Word. Aparece en pantalla el aspecto configurado por defecto de dicha aplicación. Tal y como ve, Microsoft Word presenta una página en blanco a la que, de forma predeterminada, denomina **Documento1**, tal y como se observa en la Barra de título. Haga clic sobre la pestaña **Archivo**, en el extremo izquierdo de la Cinta de opciones. [3]

En el menú **Inicio**, dentro del elemento **Todos los programas** y de la carpeta Microsoft Office se encuentra el acceso a **Microsoft Word 2010,** así como a cualquier otra aplicación de la suite.

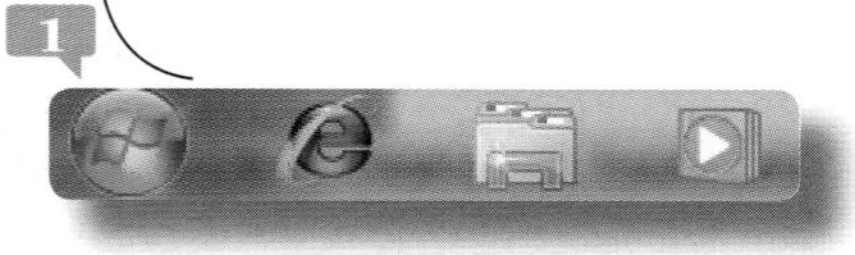


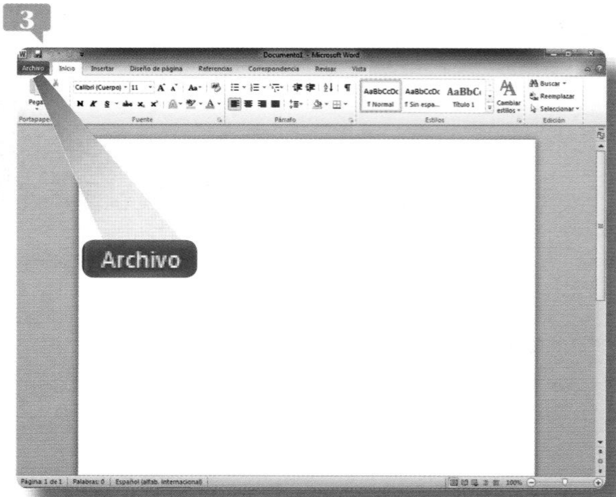


La pestaña **Archivo** esconde la nueva vista **Microsoft Office Backstage™**, que sustituye al Botón de Office de la versión 2007. Desde este nuevo menú, es posible guardar, compartir, imprimir y publicar documentos fácilmente.

4. En el nuevo menú **Archivo** se incluyen las opciones que permiten abrir, guardar e imprimir un documento, prepararlo para su distribución, enviarlo a otros usuarios, publicarlo y cerrar, tanto el archivo actual como el programa. [4] Todas estas funciones se estudiarán a lo largo de este libro. Haga clic sobre el comando **Imprimir** para comprobar que incluye las opciones de vista previa y de impresión del documento [5] y pulse de nuevo sobre la pestaña **Archivo** para cerrar la nueva vista.
5. A la derecha de la pestaña **Archivo** se sitúa la **Cinta de opciones**, donde se encuentran distribuidas en diferentes fichas las principales herramientas de Word. Para visualizar las herramientas de una ficha, basta con pulsar sobre su correspondiente pestaña. Pulse sobre la pestaña **Vista** y, en el grupo de herramientas **Mostrar**, pulse sobre la casilla de verificación de la opción **Regla**. [6]
6. De este modo aparecen las reglas vertical y horizontal en el área de trabajo. [7] Puede volver a ocultar las reglas desactivando esta opción o bien usando el pequeño icono que aparece sobre la Barra de desplazamiento vertical. En este caso, haga clic sobre dicho icono [8] y, para acabar, sitúese en la ficha **Inicio** de la **Cinta de opciones** pulsando sobre su pestaña.

# 001

## IMPORTANTE

En la parte superior de la Cinta de opciones se encuentra la **Barra de herramientas de acceso rápido**, donde, por defecto, se incluyen los iconos de las herramientas **Guardar**, **Deshacer** y **Rehacer**.

8

4

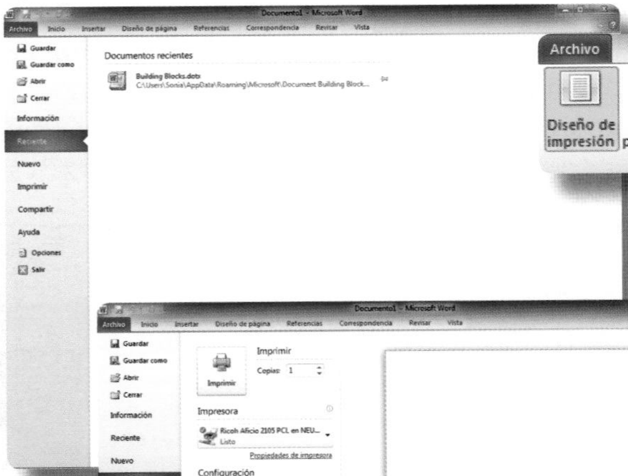

5

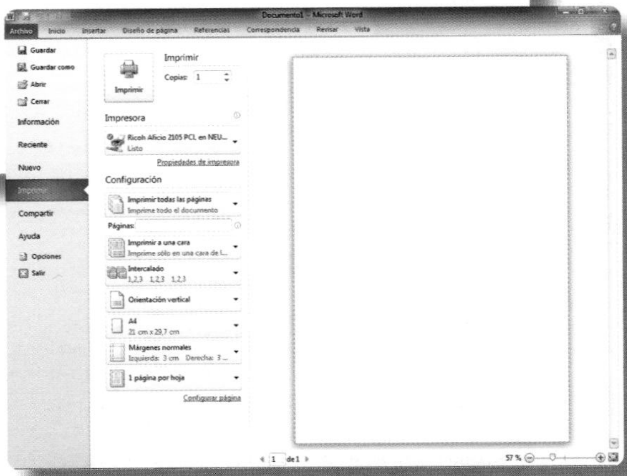

6

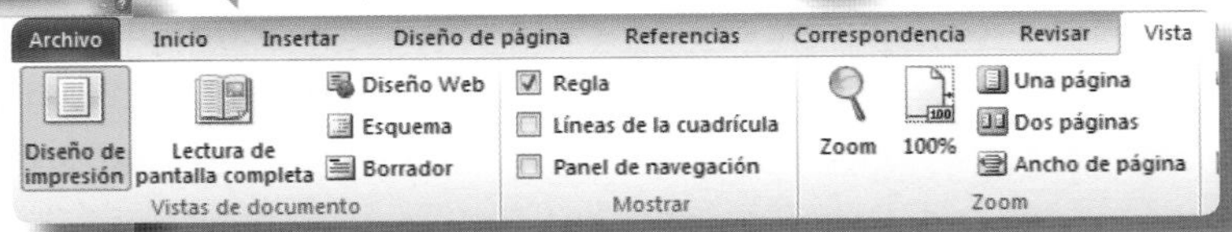


7

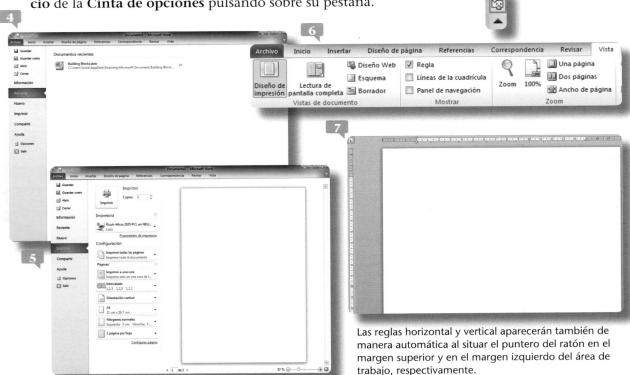

Las reglas horizontal y vertical aparecerán también de manera automática al situar el puntero del ratón en el margen superior y en el margen izquierdo del área de trabajo, respectivamente.

# Configurar la Barra de acceso rápido

## IMPORTANTE

Puede agregar nuevos comandos a la **Barra de herramientas de acceso rápido** directamente desde el menú que se despliega al pulsar sobre la punta de flecha del extremo derecho de esta barra. Simplemente deberá hacer clic sobre la opción que desea y el comando se agregará al instante.

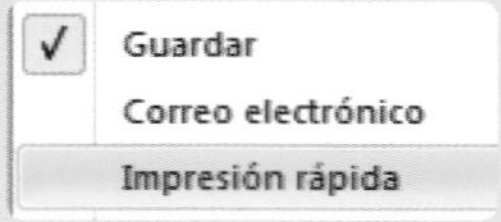


A LA IZQUIERDA DE LA BARRA DE TÍTULO del nuevo Microsoft Word se sitúa la llamada Barra de herramientas de acceso rápido. Esta pequeña barra incluye por defecto tres iconos, Guardar, Deshacer y Rehacer (seguramente, las acciones de archivo más comunes). Además, un pequeño botón de flecha da acceso a las opciones de personalización de la barra y permite modificar la ubicación de la misma en la interfaz de Word y minimizar la Cinta de opciones.

1. La **Barra de herramientas de acceso rápido** se puede personalizar para que muestre las herramientas que más vayamos a utilizar y, además, también puede situarse debajo de la **Cinta de opciones.** Haga clic en el pequeño botón de punta de flecha situado en esta barra. 1
2. El menú que se despliega muestra marcadas las herramientas que se incluyen en la **Barra de herramientas de acceso rápido**. Para cambiar la ubicación de esta barra, pulse sobre la opción **Mostrar debajo de la cinta de opciones.** 2
3. Automáticamente, la **Barra de herramientas de acceso rápido** se sitúa bajo la **Cinta de opciones.** 3 Para volver a colocarla en su ubicación original, haga clic de nuevo sobre el botón

1

2

3

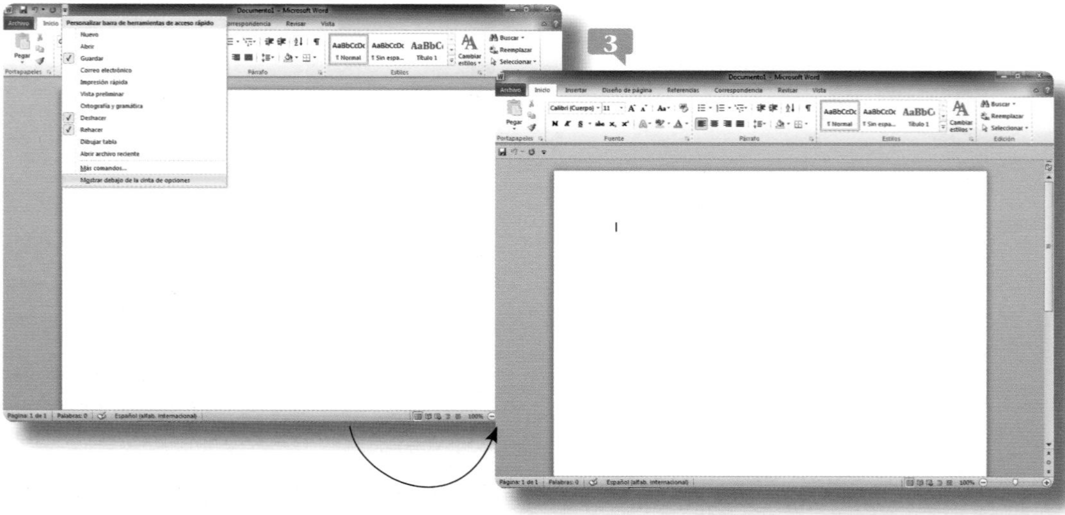

El menú que se despliega al pulsar sobre la punta de flecha de esta barra muestra marcadas las herramientas que se incluyen en ella, que, como sabe, son tres por defecto.

# 002

de punta de flecha y seleccione la opción **Mostrar encima de la cinta de opciones.**

4. Pulse una vez más en el botón de punta de flecha de la **Barra de herramientas de acceso rápido** y haga clic en la opción **Más comandos**.
5. Se abre de este modo el cuadro **Opciones de Word** mostrando el contenido de la sección **Barra de herramientas de acceso rápido**, desde la cual podemos agregar o eliminar iconos de este elemento, así como personalizar los métodos abreviados de teclado. Imaginemos que queremos añadir uno de los comandos incluidos en la ficha **Vista.** Haga clic en el botón de punta de flecha del campo **Comandos disponibles en** y, del menú que se despliega, seleccione la opción **Ficha Vista.**
6. Ahora el cuadro muestra todas las herramientas que se incluyen en esta ficha. Haga clic sobre la opción **Dividir** y pulse el botón **Agregar.**
7. Si aceptamos la operación, el icono de la herramienta Dividir se añadirá a la Barra de herramientas de acceso rápido. Para eliminar iconos de la barra, se utiliza el botón **Quitar** y para que muestre su aspecto predeterminado, el botón **Restablecer.** Haga clic en este botón y, en la lista de comandos que contiene, elija la opción **Restablecer únicamente la barra de herramientas de acceso rápido.**
8. En el cuadro **Restablecer personalizaciones**, pulse en **Sí** para confirmar el cambio.
9. Por último, pulse el botón **Cancelar** para cerrar el cuadro **Opciones de Word.**

## IMPORTANTE

Para acceder al cuadro de personalización de esta barra también podemos utilizar el comando **Opciones** del menú **Archivo.**

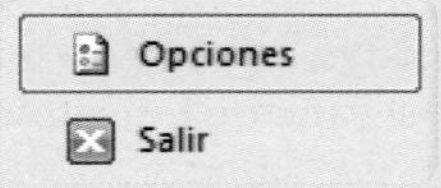


La personalización de la barra de herramientas de acceso rápido puede aplicarse a todos los documentos de Word o sólo al documento que seleccionemos en el menú desplegable de la opción **Personalizar barra de herramientas de acceso rápido.**

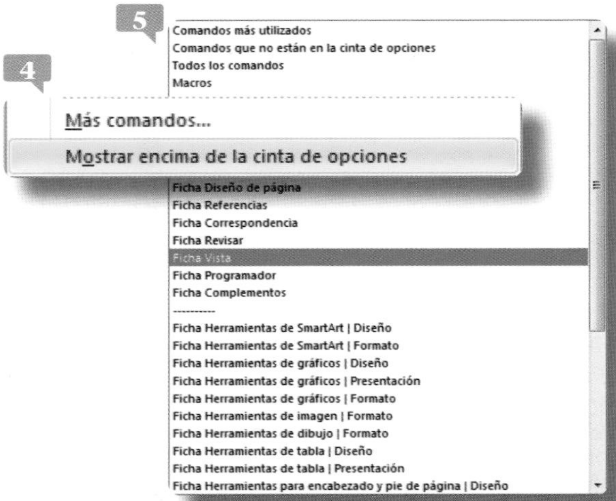


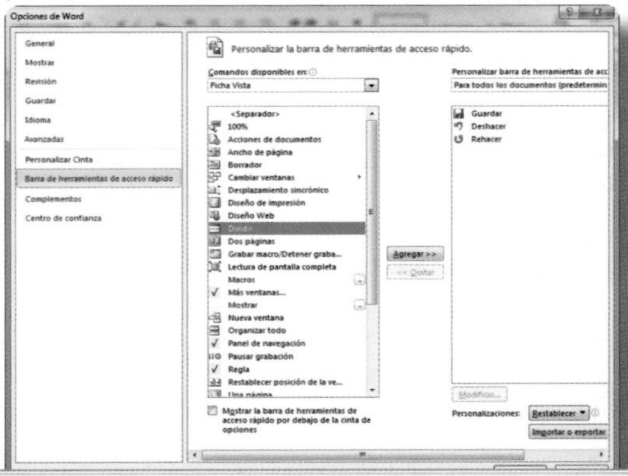


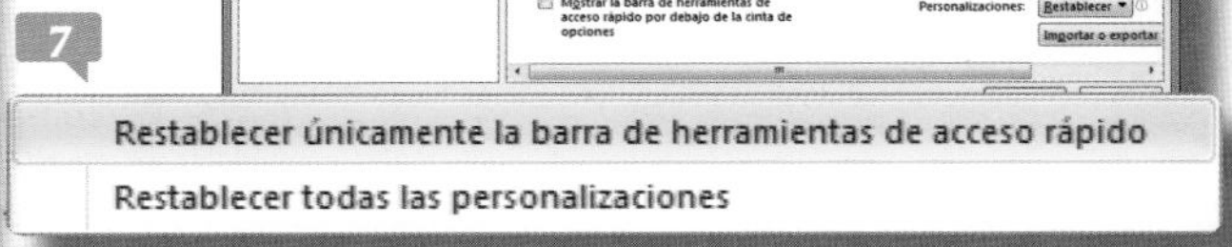

# Trabajar con la Cinta de opciones

## IMPORTANTE

Junto a algunos títulos de los grupos de herramientas se encuentra un pequeño icono que da acceso a un cuadro de diálogo o bien a un menú de tareas relacionado con el grupo de herramientas: se trata del llamado **iniciador de cuadro de diálogo**.

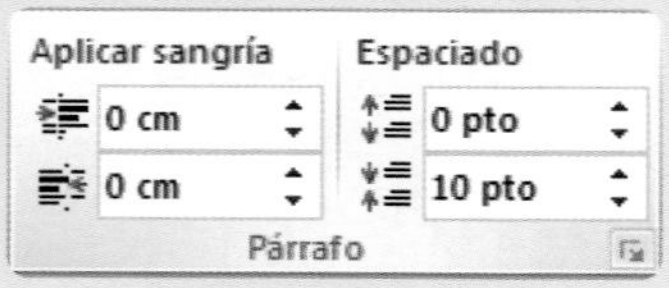


LOS TRADICIONALES MENÚS Y BARRAS DE HERRAMIENTAS de las versiones anteriores de Word fueron sustituido en la versión 2007 por la llamada Cinta de opciones, donde se encuentran las diferentes herramientas organizadas por fichas, que a su vez se dividen en varios grupos. En cada una de estas fichas se incluyen los comandos de las tareas más habituales del programa.

1. Para pasar de una ficha a otra, basta con pulsar sobre su correspondiente pestaña. Haga clic sobre la pestaña **Diseño de página**. 1
2. En este caso son cinco los grupos de herramientas que se incluyen en esta ficha y que permiten modificar el diseño de la página. Los comandos de la banda que muestran una pequeña punta de flecha contienen diferentes funciones. Haga clic sobre el comando **Orientación** del grupo de herramientas **Configurar página**. 2
3. De este modo aparece un menú con las diferentes orientaciones de página que pueden aplicarse al documento. 3 Para cerrar este menú de opciones, pulse sobre el mismo comando.
4. La **Cinta de opciones** puede minimizarse de manera que sólo se muestren las pestañas de cada una de sus fichas. Para ello, y como novedad en esta versión del programa, puede utilizar el pequeño botón situado en el extremo derecho de este elemento, junto al icono de ayuda, 4 o bien dirigirse al menú

1

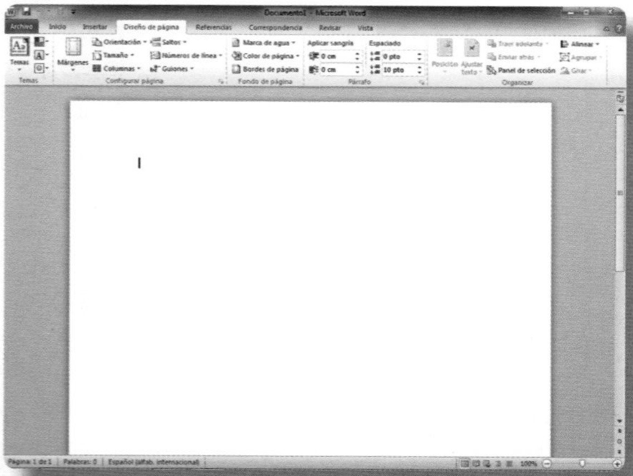

2

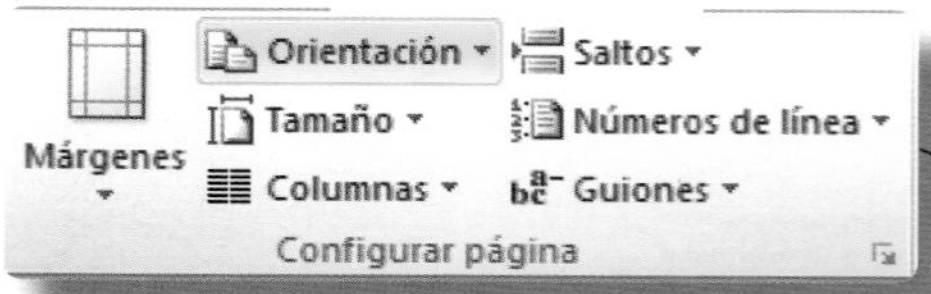

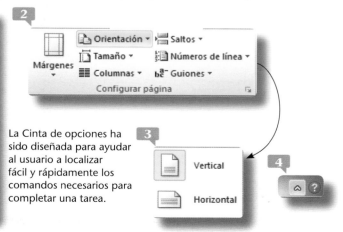

La Cinta de opciones ha sido diseñada para ayudar al usuario a localizar fácil y rápidamente los comandos necesarios para completar una tarea.

3

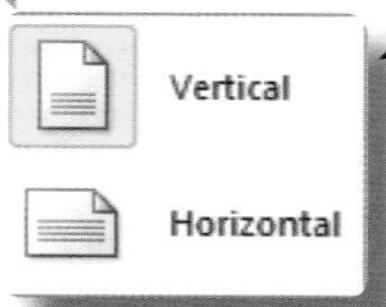


4

contextual de la Cinta de opciones y elegir la opción **Minimizar la Cinta.** Haga clic con el botón derecho del ratón sobre la pestaña activa en estos momentos y, en el menú contextual que se despliega, elija el mencionado comando. 5

5. De este modo, la **Cinta de opciones** muestra sólo las pestañas de sus fichas. 6 Para ver las herramientas de cada una de ellas, basta con hacer clic sobre la pestaña correspondiente. Haga clic sobre la pestaña **Diseño de página** y para volver a mostrar la **Cinta de opciones** en su tamaño normal, haga doble clic sobre la pestaña **Inicio.**
6. Los atajos de teclado permiten ejecutar todo tipo de acciones desde cualquier punto del programa y sin necesidad de utilizar el ratón. Todos los comandos de la **Cinta de opciones** pueden utilizarse mediante teclas de acceso. Pulse la tecla **Alt** de su teclado y manténgala así un par de segundos para visualizar información sobre teclas para cada función.
7. En efecto, se muestran sobre les elementos las teclas que debemos pulsar para activarlas. 7 Supongamos, por ejemplo, que queremos ver el contenido de la ficha **Revisar** de la **Cinta de opciones**. Pulse la tecla **R** de su teclado.
8. Automáticamente se activa esa ficha y el programa sigue mostrando las teclas que accionan las diferentes herramientas que se incluyen en ella. 8 Para acabar, sitúese en la ficha **Inicio** pulsando sobre su correspondiente pestaña.

# 003

## IMPORTANTE

Cuando la Cinta de opciones se encuentra minimizada con alguna de sus pestañas desplegada, el botón del extremo derecho de este elemento se convierte en una especie de pincho, mediante el cual es posible volver a maximizar la Cinta mediante un único clic.

5

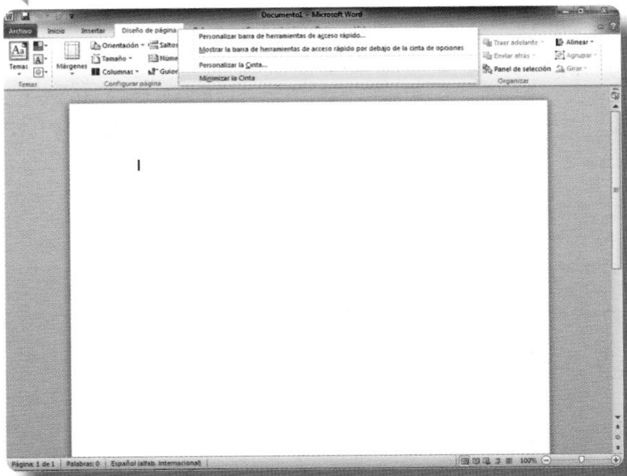

6

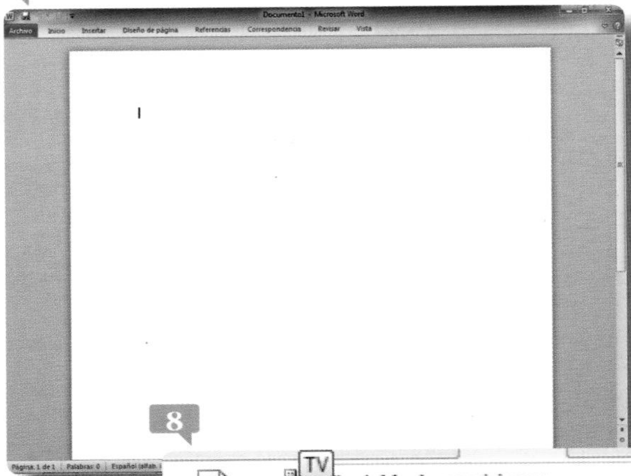

7

8

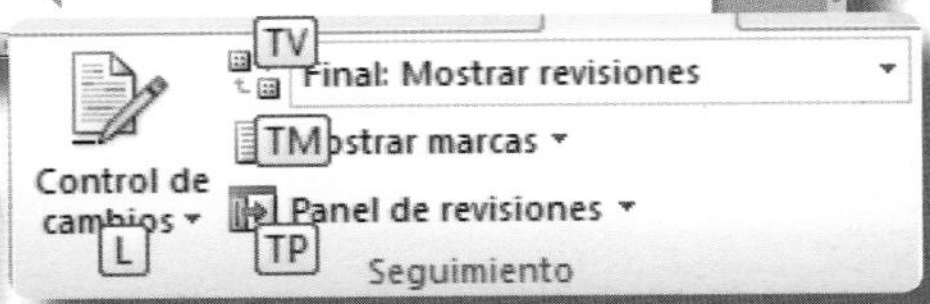


Cuando las dimensiones de la pantalla no permiten mostrar todas las herramientas en la cinta, el programa agrupa las que se incluyen en un mismo grupo en un botón que muestra el nombre de dicho grupo.

# Mostrar fichas contextuales

IMPORTANTE

Las fichas contextuales de la Cinta de opciones siempre se muestran gráficamente de un color distinto a las predeterminadas y a un nivel por encima de éstas.

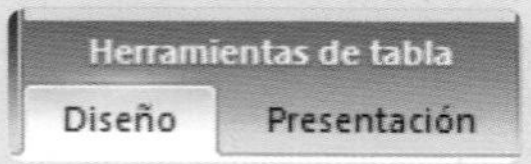


ADEMÁS DE LAS PESTAÑAS NORMALES, y en función del elemento seleccionado en el documento, pueden aparecer en la Cinta de opciones fichas contextuales que incluyen las herramientas de edición de dicho elemento. Estas fichas contextuales evitan que la cinta tenga una sobrecarga de herramientas que no siempre van a ser utilizadas y reducen así la confusión.

1. En este ejercicio insertaremos una tabla en el documento y comprobaremos que, al seleccionarla, se activan dos nuevas fichas en la **Cinta de opciones**. Haga clic sobre la pestaña **Insertar**. [1]
2. Pulse sobre el botón del grupo de herramientas **Tablas** y, en el panel **Insertar tabla**, pulse sobre el segundo cuadro de la segunda fila para crear así una tabla de dos filas por dos columnas. [2]
3. Al insertar este objeto, aparece la ficha **Herramientas de tabla**, compuesta por dos subfichas, **Diseño** y **Presentación.** En estas dos fichas se encuentran las herramientas necesarias para modificar el aspecto y la presentación de la tabla. Haga clic sobre el segundo estilo de tabla que aparece en el grupo de herramientas **Estilos de tabla** de la ficha **Diseño.** [3]

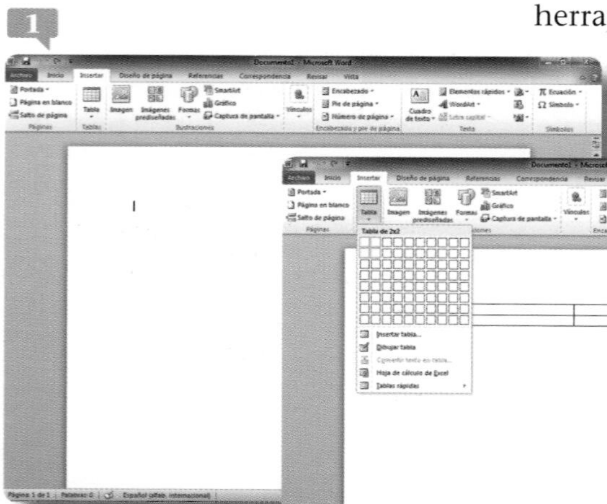


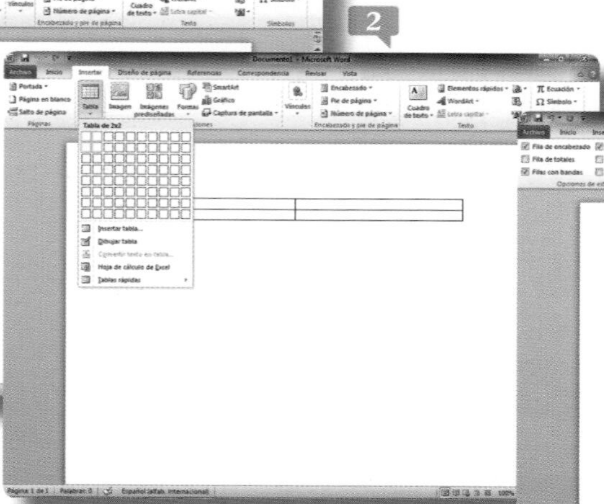

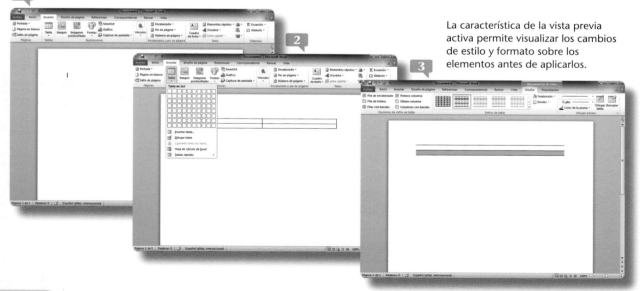

La característica de la vista previa activa permite visualizar los cambios de estilo y formato sobre los elementos antes de aplicarlos.

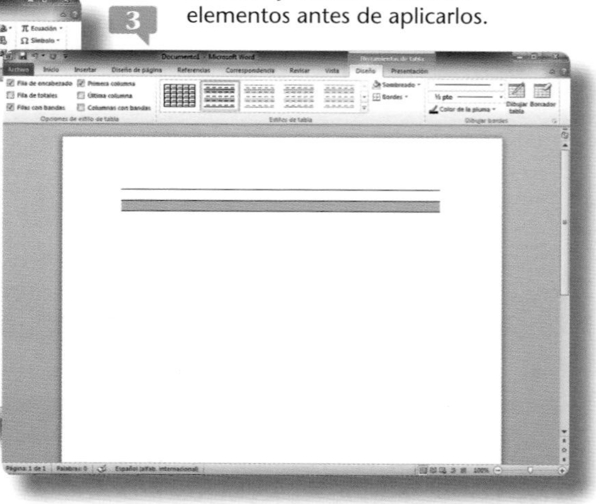

4. A continuación, pulse sobre la pestaña **Presentación** de la ficha **Herramientas de tabla**. 4
5. La ficha **Presentación** incluye las herramientas que permiten añadir filas y columnas a la tabla, combinar las celdas, modificar su tamaño, etc. Pulse sobre el botón **Propiedades** del grupo de herramientas **Tabla**. 5
6. Se abre así el cuadro **Propiedades de tabla** desde el cual también podemos modificar las principales características de la tabla. Cierre este cuadro pulsando el botón **Cancelar**. 6
7. Como hemos dicho antes, las fichas contextuales sólo aparecen cuando el elemento al que hacen referencia se encuentra seleccionado. Vamos a comprobarlo. Haga clic debajo de la tabla que hemos insertado para deseleccionarla.
8. Observe que ahora la **Cinta de opciones** vuelve a mostrar las 7 fichas habituales. 7 En este sencillo ejercicio hemos podido comprobar que las fichas contextuales evitan confusiones ya que sólo aparecen cuando los objetos a los que se refieren están seleccionados. Para acabar, eliminaremos la tabla del documento. Sitúe el puntero del ratón sobre la tabla y, cuando aparezca un pequeño icono con cuatro puntas de flecha, haga clic sobre él para seleccionar la tabla.
9. Por último, pulse la tecla **Delete** o **Retroceso** de su teclado para eliminarla del documento.

# 004

## IMPORTANTE

No se deben confundir los términos "ficha contextual" y "menú contextual"; éste es el menú que se obtiene al pulsar con el botón derecho del ratón sobre cualquier elemento de Word.

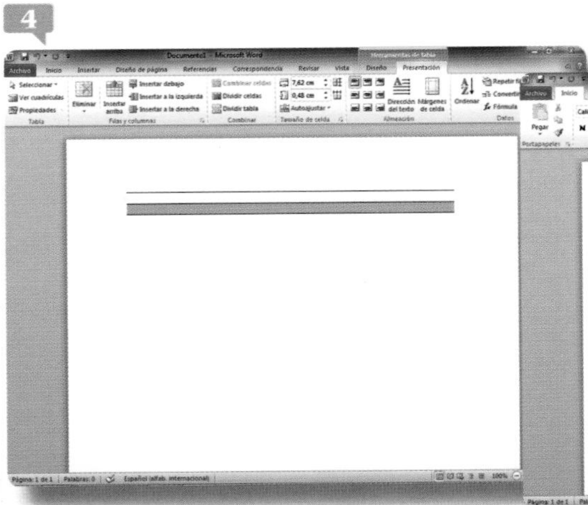


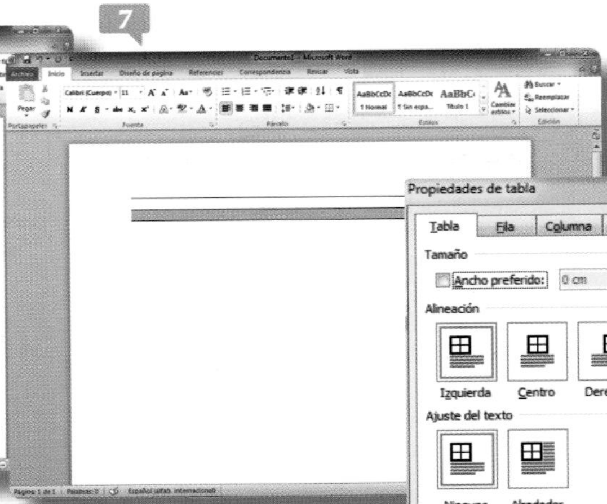


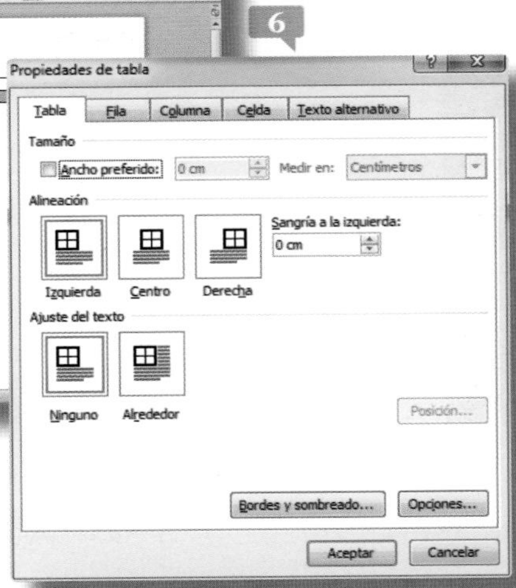


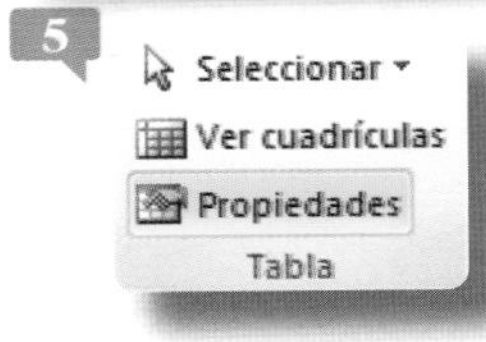

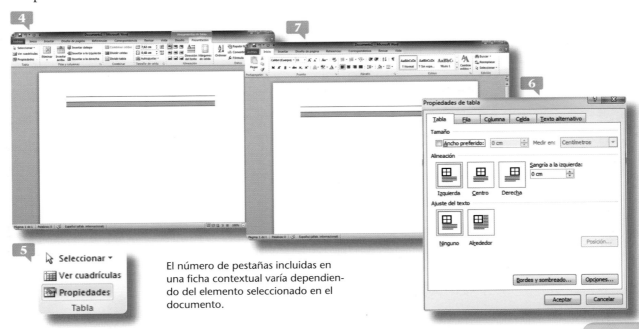

El número de pestañas incluidas en una ficha contextual varía dependiendo del elemento seleccionado en el documento.

# Las galerías y la vista previa activa

**IMPORTANTE**

Como se verá más adelante en este libro, Word 2010 ha aumentado considerablemente el número de efectos visuales tanto para imágenes como para texto.

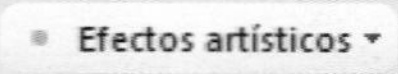


LAS GALERÍAS SON DISEÑOS PREDETERMINADOS QUE permiten simplificar considerablemente el proceso de modificación del aspecto de un documento para conseguir que sea más profesional. Gracias a la vista previa activa, es posible visualizar el resultado de cualquier cambio de estilo y formato antes de aplicarlo definitivamente sobre imágenes o texto.

1. Para empezar, insertaremos una imagen en el área de trabajo, acción que se tratará con mayor detalle más adelante en este libro. Haga clic en la pestaña **Insertar** de la **Cinta de opciones**. [1]
2. Pulse sobre la herramienta **Imagen** del grupo **Ilustraciones** para acceder al cuadro **Insertar imagen**. [2]
3. En el cuadro **Insertar imagen**, haga doble clic sobre la carpeta **Imágenes de muestra**, pulse sobre alguna de las imágenes disponibles en esta carpeta del sistema operativo para seleccionarla y pulse el botón **Insertar** para que se inserte en el documento. [3]
4. De este modo aparece en la **Cinta de opciones** la ficha **Herramientas de imagen**, con cuyos comandos podemos modificar el aspecto de la imagen que hemos insertado. Desde el grupo

1

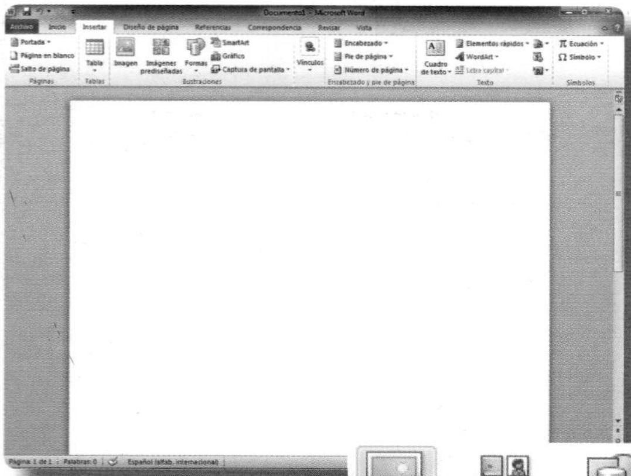

2

3

6

# 005

de herramientas **Ajustar** podemos empezar a poner en práctica la función **Vista previa activa**. Pulse sobre el comando **Correcciones.** [4]

5. Sitúe el puntero del ratón sobre alguno de las variantes de brillo y contraste y, tras comprobar el efecto que se conseguirá, [5] haga clic para aplicarlo.
6. Pulse ahora sobre el comando **Color** para visualizar las opciones que incluye. [6]
7. Sitúe el puntero del ratón sobre alguna de las opciones del apartado **Volver a colorear** y, tras comprobar el resultado en la imagen, haga clic para aplicarla. [7]
8. Seguidamente, utilizaremos la galería de estilos de imagen. Haga clic en el botón **Más**, que muestra una punta de flecha y una barra horizontal junto a los tres estilos de imagen visibles. [8]
9. Sitúe el puntero del ratón sobre el estilo de imagen que más le guste [9] y aplíquelo pulsando sobre él.

Nos hemos hecho así una idea de la utilidad de las galerías de Office en lo que a diseño de imágenes se refiere. Si desea anular todos los estilos y formatos aplicados a la imagen, utilice el comando **Restablecer imagen** del grupo de herramientas **Ajustar**.

## IMPORTANTE

Las vistas previas activas se pueden habilitar o deshabilitar desde la sección **General** del cuadro de opciones de Word. Recuerde que para acceder a este cuadro de opciones generales debe utilizar el menú **Archivo**.

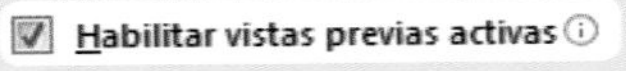


8

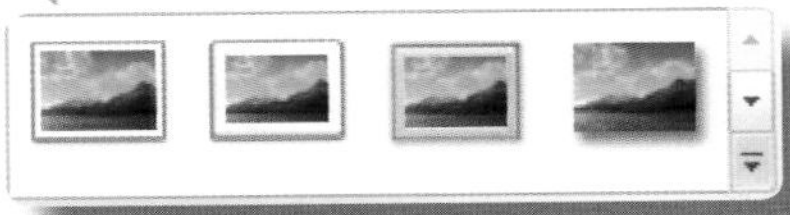

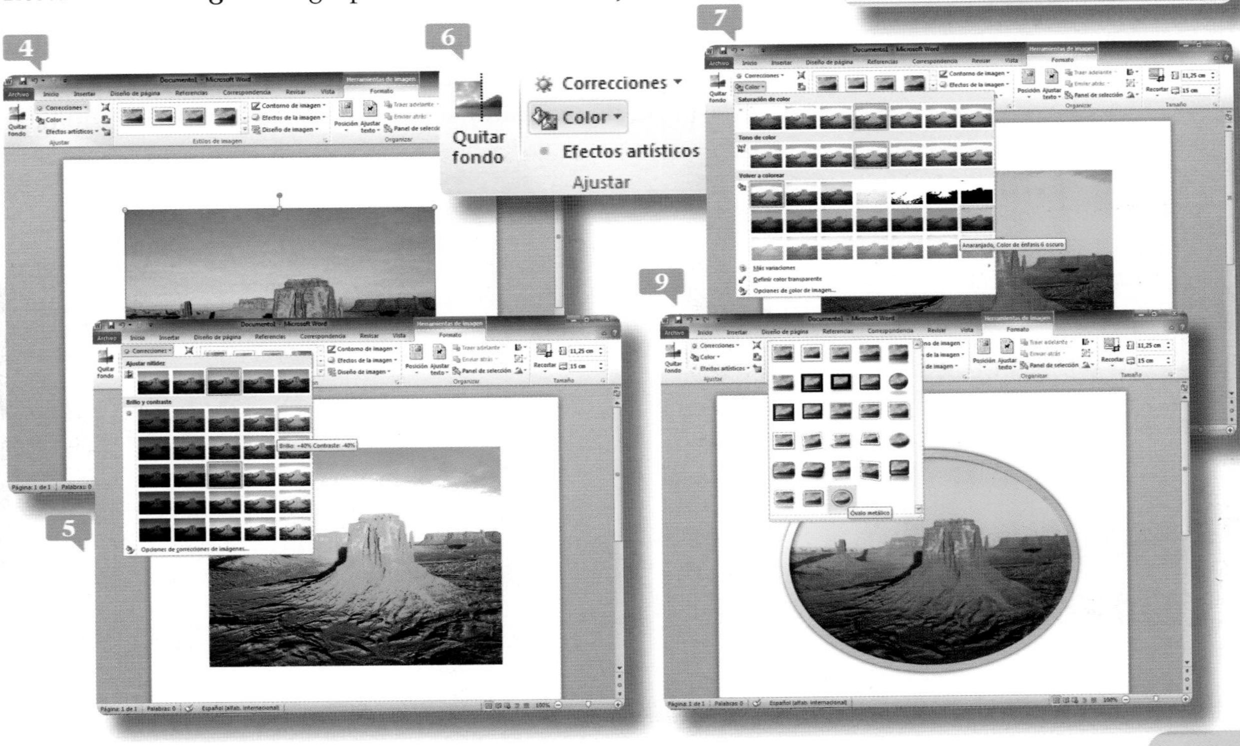

# Conocer la Barra de herramientas mini

## IMPORTANTE

Los comandos de la **Barra de herramientas mini** permiten modificar el formato del texto seleccionado (la fuente, el tamaño, el color, el fondo, el estilo, las sangrías, la alineación...) así como crear viñetas o pegar un texto previamente cortado o copiado sin necesidad de acceder a las herramientas de la **Cinta de opciones**.

LA BARRA DE HERRAMIENTAS MINI aparece en el área de trabajo cuando se selecciona con el ratón un fragmento de texto y muestra los iconos de acceso directo a las herramientas de edición de texto más comunes. Esta barra aparece difuminada en un primer momento y sólo se muestra activa cuando se sitúa el puntero del ratón sobre cualquiera de sus iconos.

1. En este ejercicio trabajaremos con la útil **Barra de herramientas mini**. Empezaremos, pues, escribiendo un texto en el área de trabajo. Escriba como ejemplo la palabra **Prueba**. 1
2. Para que aparezca la **Barra de herramientas mini**, debemos seleccionar un fragmento de texto con el ratón. Haga doble clic sobre la palabra **Prueba**. 2
3. Junto a la selección se muestra de un modo difuso la **Barra de herramientas mini**. Para que esta barra sea completamente visible, basta con situar el puntero del ratón sobre ella. Haga clic sobre el icono **Negrita**, que muestra una N. 3
4. En este caso, hemos aplicado el estilo **Negrita** sin necesidad de acceder a la herramienta correspondiente de la ficha **Inicio** de la **Cinta de opciones**. Haga clic sobre el botón de punta de

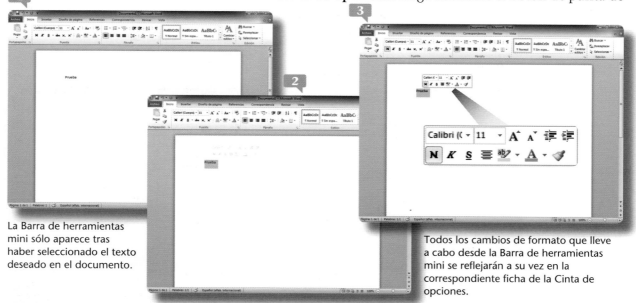

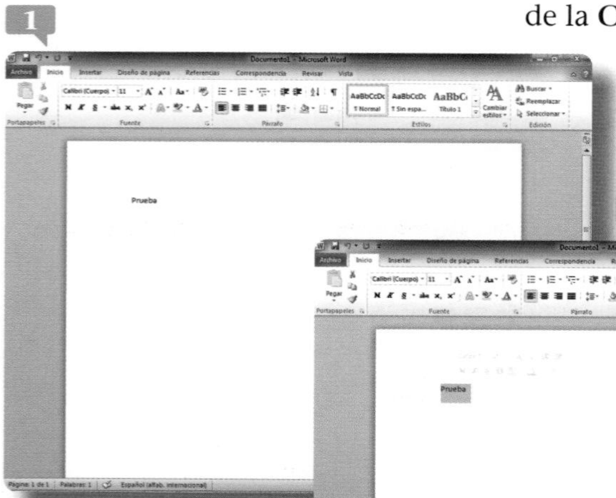

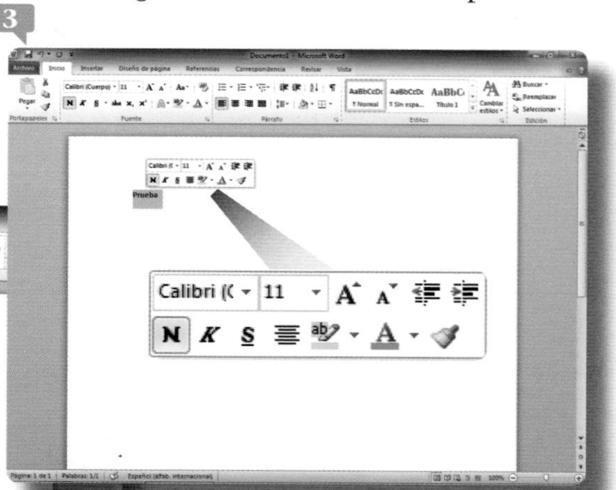


La Barra de herramientas mini sólo aparece tras haber seleccionado el texto deseado en el documento.

Todos los cambios de formato que lleve a cabo desde la Barra de herramientas mini se reflejarán a su vez en la correspondiente ficha de la Cinta de opciones.

flecha situado junto al icono de color de fuente, que muestra una letra A subrayada, y seleccione con un clic la muestra de color rojo, la segunda del grupo de colores estándar de la paleta de colores que ha aparecido. [4]

5. Por último, modificaremos también el tamaño de la fuente desde la **Barra de herramientas mini**. Haga clic en el botón de punta de flecha del campo **Tamaño**, que muestra por defecto el valor **11**, y, del menú que se despliega, elija el valor **16**. [5]
6. Observe que los cambios que hemos realizado hasta ahora se reflejan también en el grupo **Fuente** de la pestaña **Inicio** de la **Cinta de opciones.** [6] Al alejar el puntero del ratón de la palabra seleccionada, desaparece la **Barra de herramientas mini**. En el caso de que no queramos que aparezca al seleccionar un texto, debemos acceder al cuadro de opciones del programa. Haga clic en el menú **Archivo** y pulse sobre el comando **Opciones.** [7]
7. En el apartado **Opciones de interfaz de usuario** de la sección **General** del cuadro **Opciones de Word**, la opción **Mostrar minibarra de herramientas al seleccionar** se encuentra, como puede ver, activada por defecto. [8] Si desactiva esta opción, las modificaciones en el formato de un texto sólo se podrán llevar a cabo desde la **Cinta de opciones.** Cierre el cuadro pulsando el botón **Cancelar** para dar por acabado este ejercicio.

**006**

## IMPORTANTE

Al igual que ocurre con la vista previa activa, la **barra de herramientas mini** se puede deshabilitar desde el cuadro de opciones de Word.

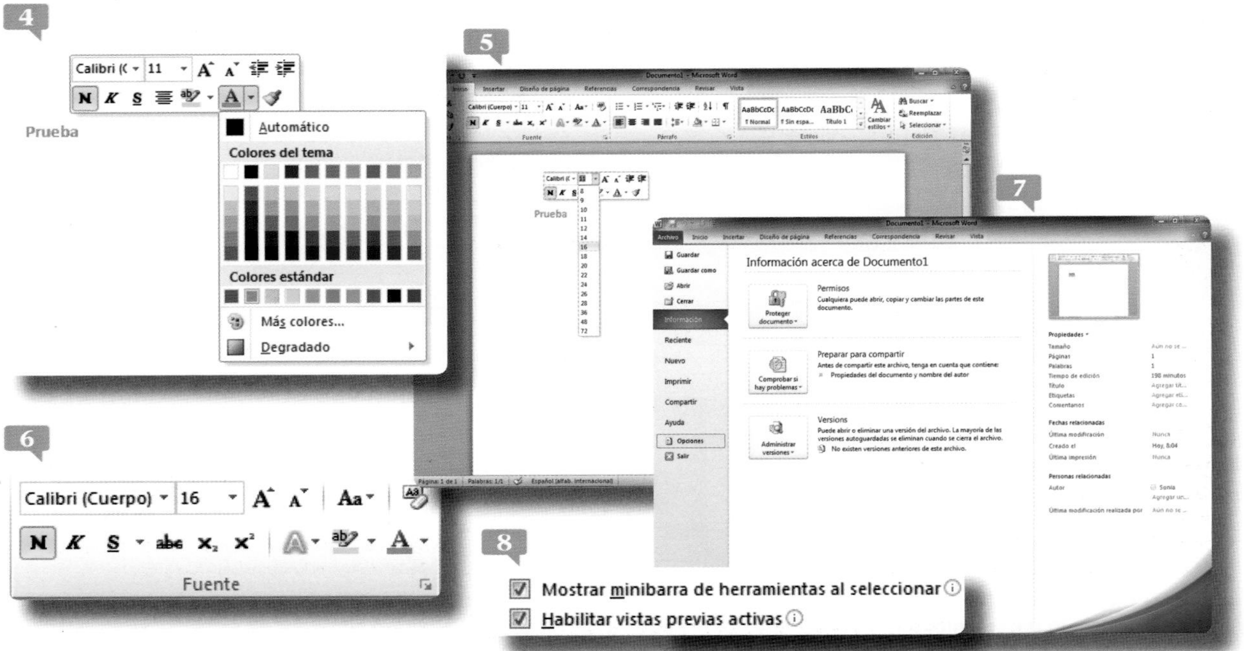

# Utilizar la Barra de estado

## IMPORTANTE

También este elemento de la interfaz de Word se puede personalizar para que muestre una u otra información usando para ello las opciones que aparecen en su menú contextual. Así, es posible mostrar también en esa barra datos como la sección del documento, el número de línea y de columna y botones como el de grabación de macros o el de sobrescribir, entre otros.

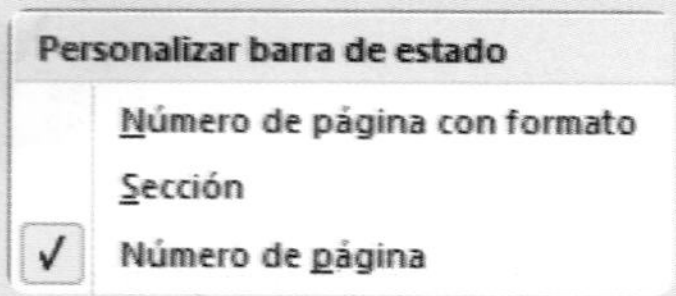


LA BARRA DE ESTADO SE ENCUENTRA en la parte inferior de la ventana de Word, debajo del Área de trabajo, y muestra por defecto, de izquierda a derecha, el número de la página en la que nos encontramos, el número de palabras que incluye el documento, el icono de revisión ortográfica, el idioma seleccionado, los accesos directos a las diferentes vistas disponibles, el porcentaje de zoom aplicado y el control deslizante del zoom.

1. Para empezar, vamos a comprobar que algunas de las secciones informativas de la **Barra de estado** dan acceso a cuadros de diálogo. Haga clic sobre la sección **Palabras: 1.** [1]
2. Este botón abre el completo cuadro de diálogo **Contar palabras**, que nos ofrece información sobre las páginas, las palabras, los caracteres, los párrafos y las líneas que componen el documento. [2] Tras comprobar los datos contenidos, salga de este cuadro pulsando el botón **Cerrar.**
3. Pulse ahora sobre la sección de idioma, la cuarta de la **Barra de estado.** [3]
4. Este comando abre el cuadro **Idioma**, en el que podemos escoger el idioma que utilizará el programa para realizar su revisión ortográfica y gramatical. [4] En este caso mantendremos

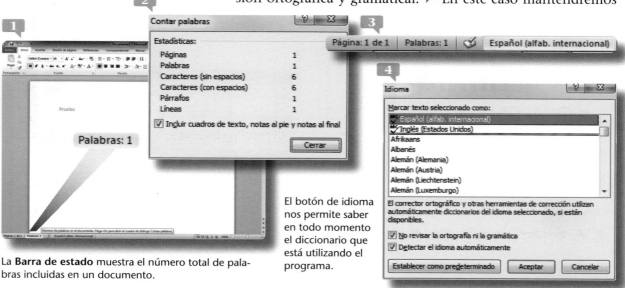

La **Barra de estado** muestra el número total de palabras incluidas en un documento.

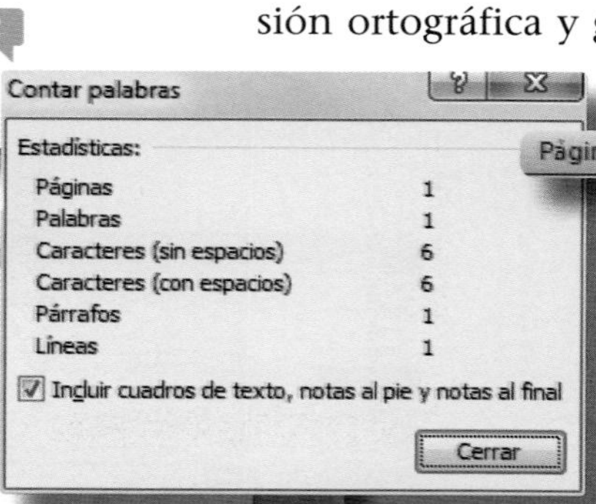

El botón de idioma nos permite saber en todo momento el diccionario que está utilizando el programa.

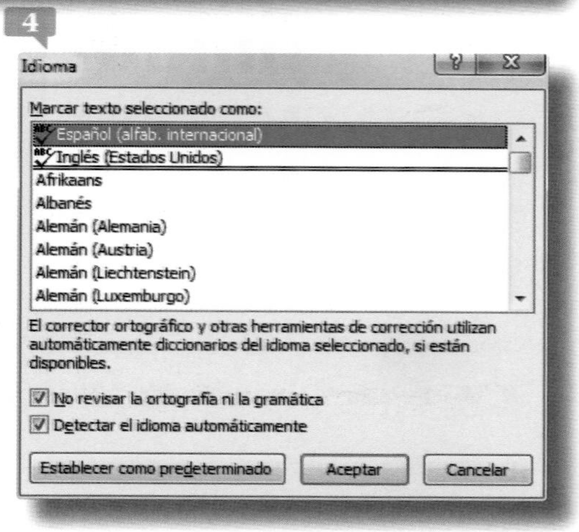

seleccionado el español con alfabeto internacional. Cierre este cuadro pulsando el botón **Cancelar**.

5. Los cinco botones siguientes son los iconos de acceso directo a las diferentes vistas del documento, herramientas que también encontramos en la ficha **Vista** de la **Cinta de opciones**. Y junto a estos botones se halla el botón de zoom, que nos permite modificar el valor del zoom con que se visualiza el documento. Haga clic sobre el botón **Zoom**, que muestra el valor **100%**. 5
6. Aparece así el cuadro de diálogo **Zoom**, desde el cual podemos aplicar diferentes valores de zoom al documento. Cierre este cuadro sin realizar cambios pulsando el botón **Cancelar**. 6
7. Una vez conocida la utilidad de algunos de los botones que aparecen por defecto en la **Barra de estado**, vamos a comprobar que es posible ocultar de dicha barra aquéllos que no nos sean útiles y añadir los que sí necesitemos. Para ello, se utiliza su menú contextual. Haga clic con el botón derecho del ratón en el centro de la **Barra de estado** y, en el menú contextual, pulse sobre la opción **Contar palabras**. 7
8. Y para acabar este sencillísimo ejercicio, cierre el menú contextual de la **Barra de estado** haciendo clic en cualquier punto libre de ésta.

# 007

## IMPORTANTE

El último botón de la **Barra de estado** es el botón deslizante del zoom, con el que podemos aumentar o disminuir el zoom sin necesidad de acceder al cuadro que acabamos de ver. Para modificar el zoom, podemos desplazar el botón deslizante central o bien pulsar los botones + y –.

5

6

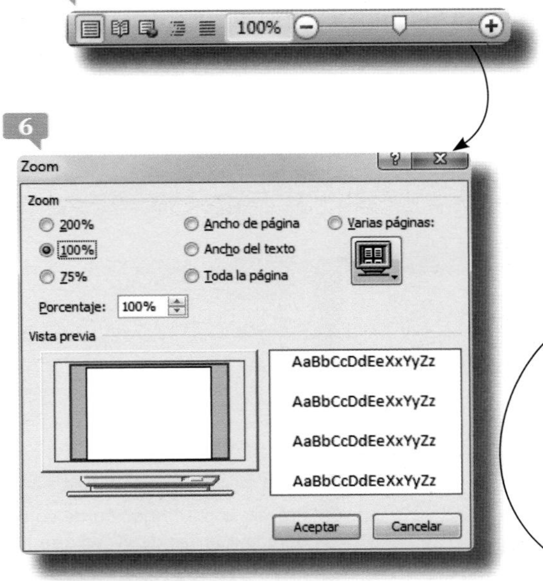


7

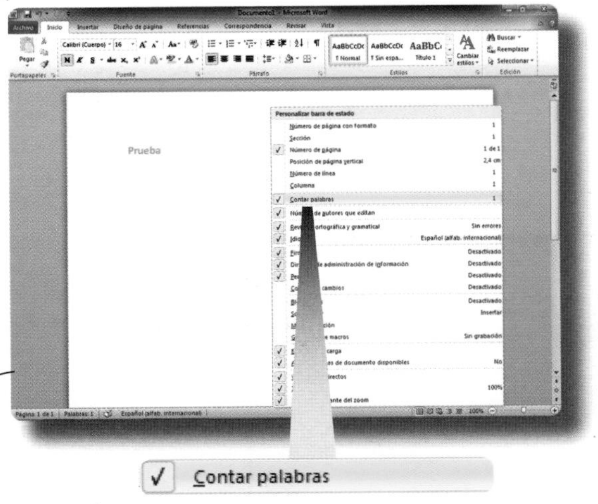

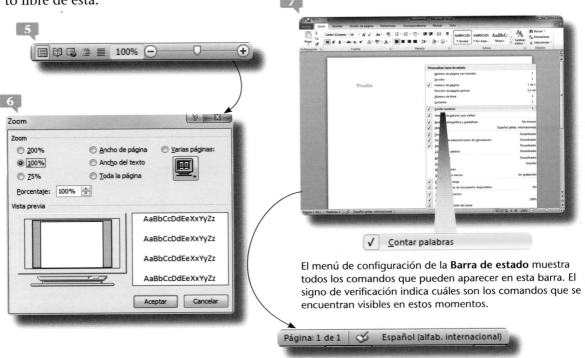

El menú de configuración de la **Barra de estado** muestra todos los comandos que pueden aparecer en esta barra. El signo de verificación indica cuáles son los comandos que se encuentran visibles en estos momentos.

# Personalizar el entorno de Word

## IMPORTANTE

Desde la ficha **General** del cuadro **Opciones de Word** podemos modificar las opciones principales del programa así como personalizar la copia de Office. Al situar el puntero del ratón sobre el pequeño icono que aparece a la derecha de estas opciones podemos ver una breve descripción de las mismas.

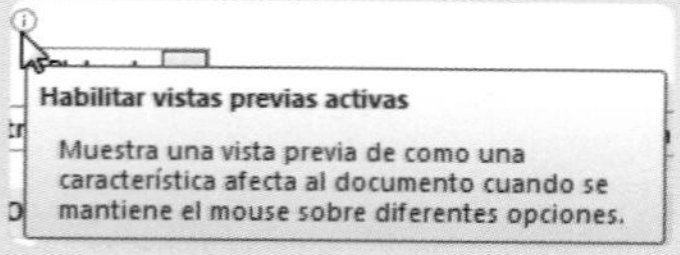


HASTA AHORA HEMOS VISTO el modo de añadir y eliminar iconos de la Barra de herramientas de acceso rápido, de colocarla bajo la Cinta de opciones, de ocultar dicha banda y de configurar la Barra de estado. Sin embargo, el cuadro Opciones de Word dispone de otros comandos que permiten también realizar modificaciones de cualquier elemento del programa.

1. Para empezar, haga clic en la pestaña **Archivo** y pulse sobre el comando **Opciones.** 1
2. Word nos ofrece tres combinaciones de colores de interfaz, el azul, el plateado y el negro, el segundo de los cuales está aplicado por defecto. Haga clic en el botón de punta de flecha del campo **Combinación de colores** y seleccione la opción **Negro.** 2
3. Tenga en cuenta que, hasta que no apliquemos los cambios, no podremos comprobar el nuevo aspecto del programa. Ahora accederemos a la sección **Avanzadas**, donde se encuentran otras opciones de configuración relativas a la edición, a la impresión, a la visualización y al diseño de los documentos. Pulse sobre dicha categoría del panel de la izquierda. 3
4. En este caso, cambiaremos únicamente el número de archivos recientes que se muestran al pulsar sobre el comando **Recien-**

1

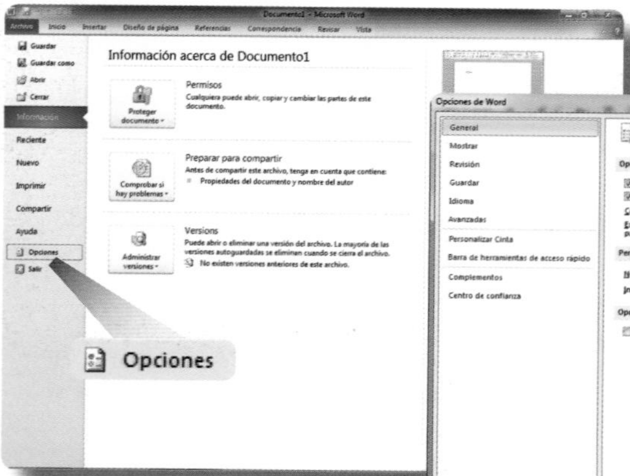


2

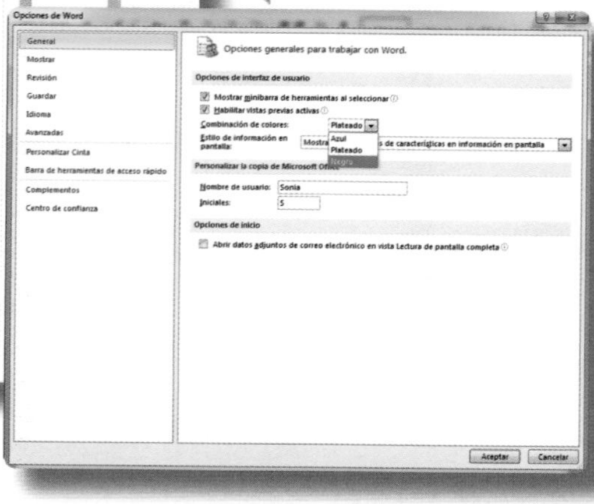


3

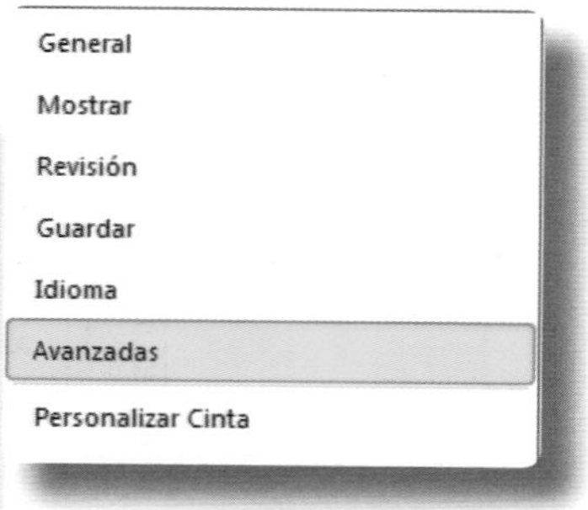

Pruebe la combinación de colores para la interfaz de Word que más se adapte a sus gustos y preferencias y, sobre todo, con la que más a gusto se sienta para trabajar.

008

**te** del menú **Archivo**. La opción que nos interesa se encuentra en el apartado **Mostrar** (para visualizar este apartado deberá utilizar la barra de desplazamiento del cuadro de opciones). Como ve, el programa muestra por defecto hasta 20 documentos recientes. Tenga en cuenta que si la lista no cabe en la pantalla, se mostrarán menos documentos en ella. Haga doble clic en el cuadro de texto de la opción **Mostrar este número de documentos recientes** y escriba el valor **10.** [4]

5. Las secciones **Personalizar Cinta** y **Barra de herramientas de acceso rápido** permiten modificar el contenido de estos elementos de la interfaz de Word, agregando o eliminando comandos. Haga clic sobre la sección **Personalizar Cinta.** [5]
6. En el apartado **Personalizar la cinta de opciones**, puede seleccionar y deseleccionar las fichas que desea o no desea que aparezcan en la cinta, así como cada uno de los grupos de herramientas contenidos en ellas. Como ejemplo, haga clic sobre el grupo **Portapapeles** de la ficha **Inicio** y pulse sobre el botón **Quitar.** [6]
7. Pulse el botón **Aceptar** para que los cambios realizados en el entorno de Word surtan efecto.

Se aplica así el nuevo color de fondo, negro, al tiempo que ha desaparecido el grupo **Portapapeles** de la ficha **Inicio.** [7]

## IMPORTANTE

Si las modificaciones realizadas sobre el entorno del programa no le convencen, no dude en utilizar el botón **Restablecer** que encontrará en cada una de las secciones del cuadro de opciones de Word.

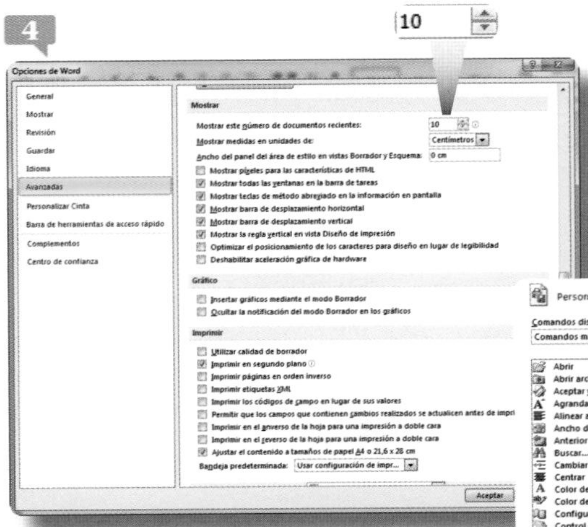

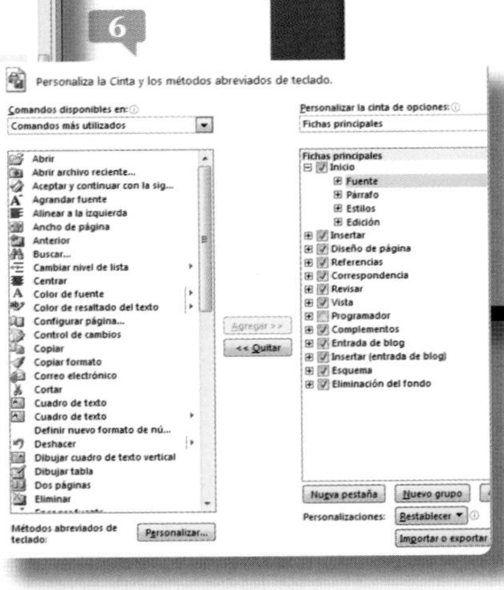


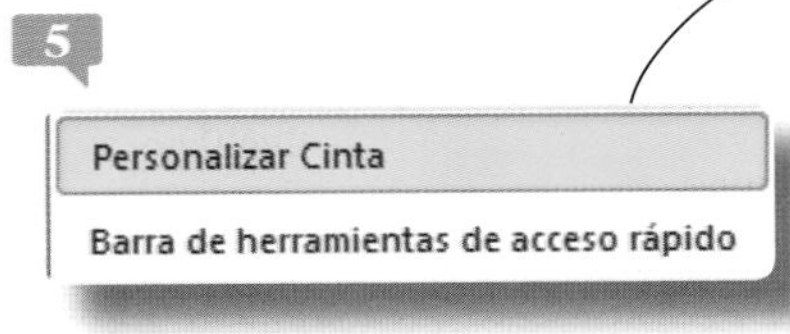

# Crear un nuevo documento

## IMPORTANTE

Cuando se crea un documento en blanco, el programa se limita a asignar un nombre provisional al fichero en la **Barra de título** y a mostrar una página en blanco con el formato establecido por el programa de forma predeterminada. El nombre asignado de forma automática se compone de la palabra **Documento** seguida del número de orden correlativo que corresponda.

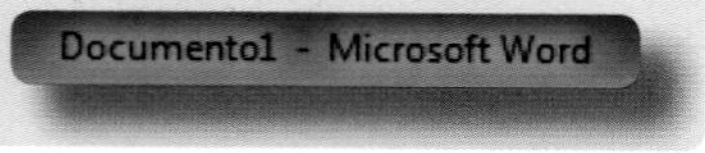


CREAR UN DOCUMENTO NUEVO de Word es una tarea que puede realizarse de distintas formas: es posible crear un documento en blanco, basado en una plantilla o bien basado en un documento existente. Ahora bien, siempre mediante la opción Nuevo incluida en el menú Archivo.

1. En este ejercicio veremos el sencillo procedimiento que debemos seguir para crear un nuevo documento. El documento que aparece en pantalla ha sido creado por el propio programa de forma automática al abrirlo y lleva el nombre de **Documento1** asignado por defecto. Pulse sobre la pestaña **Archivo** y haga clic en la opción **Nuevo**. 1
2. Como novedad en esta versión de Word, el panel de la derecha de esta nueva vista se actualiza para mostrar las distintas opciones existentes para crear un documento nuevo en blanco. Mantenga seleccionada la opción **Documento en blanco** y pulse el botón **Crear**, a la derecha del panel. 2
3. El nuevo documento en blanco se abre en el área de trabajo de Word. 3 La única diferencia es que el nombre asignado en la

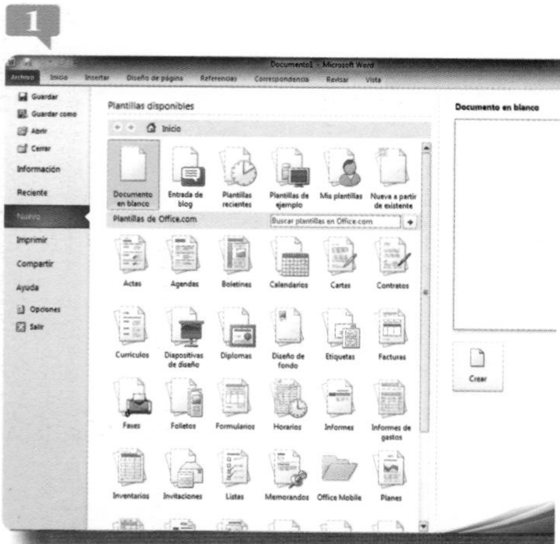

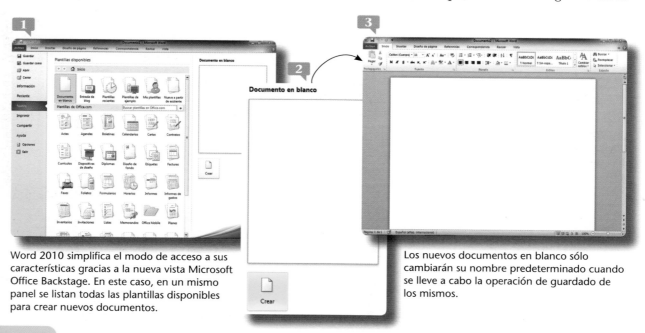

Word 2010 simplifica el modo de acceso a sus características gracias a la nueva vista Microsoft Office Backstage. En este caso, en un mismo panel se listan todas las plantillas disponibles para crear nuevos documentos.

Los nuevos documentos en blanco sólo cambiarán su nombre predeterminado cuando se lleve a cabo la operación de guardado de los mismos.

**Barra de título** nos indica que se trata de un documento distinto, el documento número 2. [4] Veamos ahora cómo crear un documento nuevo a partir de otro ya existente. Pulse nuevamente la pestaña **Archivo** y haga clic en la opción **Nuevo**.

4. La vista del menú **Archivo** se actualiza de nuevo. Haga clic sobre la opción **Nueva a partir de existente.** [5]
5. Se abre la ventana **Nuevo a partir de un documento existente**, que muestra los archivos de Microsoft Word almacenados en su equipo. Seleccione alguno de los documentos de que usted disponga y pulse el botón **Crear nuevo.** [6]
6. Inmediatamente se abre el archivo nuevo. Aparentemente, el contenido del archivo coincide perfectamente con el original pero, hay una diferencia. Word lo considera como otro documento nuevo ya que en la **Barra de título** aparece el nombre **Documento3.** [7] De este modo, puede crear un documento nuevo aprovechando la misma estructura y contenido del que acaba de abrir. En este ejemplo no realizaremos ninguna modificación por lo que no es necesario que guardemos el documento nuevo. Pulse la pestaña **Archivo** y haga clic en el comando **Cerrar.** [8]
7. Finalmente, cierre también el **Documento2** a través del botón **Cerrar** situado en la **Barra de título.** [9]

# 009

## IMPORTANTE

Utilizar la opción **Nuevo a partir de existente** es una excelente y precisa forma de crear duplicados de otros documentos.

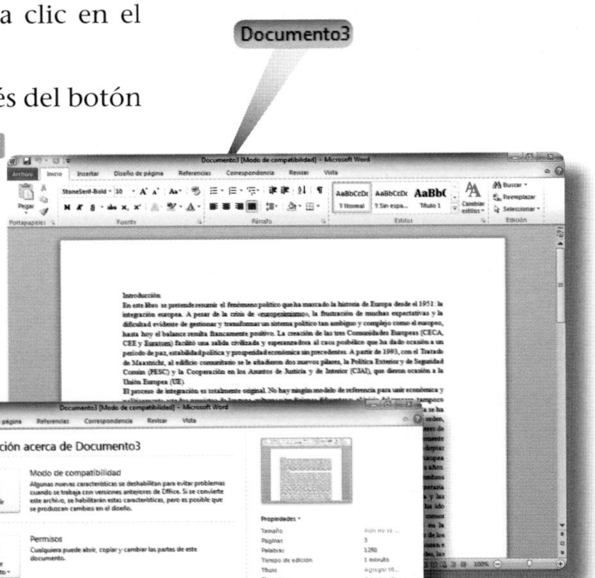


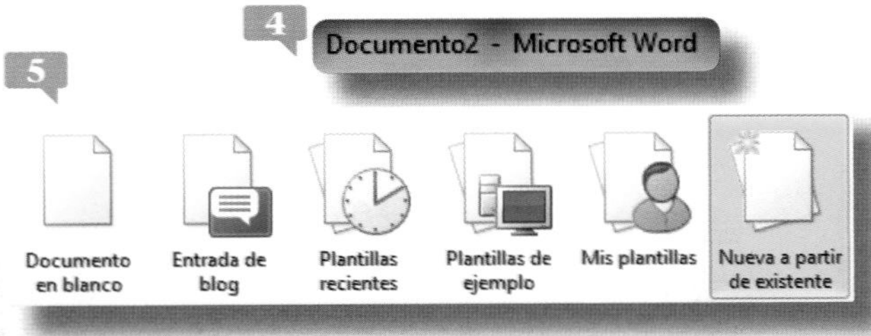

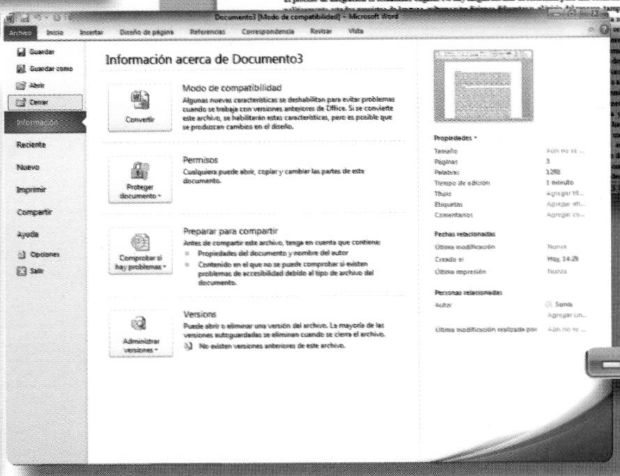

# Utilizar plantillas

WORD PERMITE CREAR PLANTILLAS y guardarlas como tales para luego utilizarlas en la creación de tantos documentos como se desee. Para ello, basta con abrir una plantilla del programa y guardarla como tal a través del cuadro Plantillas, o bien crear un documento nuevo o basado en otro y guardarlo como plantilla a través del cuadro de diálogo Guardar como.

1. Para empezar, abriremos una de las plantillas almacenadas por el programa en nuestro equipo. Haga clic en la pestaña **Archivo** y pulse sobre la opción **Nuevo**. [1]
2. En el apartado **Plantillas disponibles** del nuevo panel encontramos varias opciones para la creación de un documento basado en una plantilla. Haga clic en este caso sobre la opción **Plantillas de ejemplo**. [2]
3. Seleccione la plantilla **Carta de equidad**, haga clic en el botón de opción **Plantilla**, en la parte derecha del panel, y pulse el botón **Crear**. [3]
4. Se abre un nuevo documento predefinido en el que podemos introducir nuevos datos aprovechando el formato y estructura del mismo. [4] Como ve, Word identifica al nuevo documento

## IMPORTANTE

Al igual que los documentos se guardan por defecto en la carpeta **Mis documentos**, Word ubica las plantillas en una carpeta predeterminada denominada **Plantillas**. Asimismo, cabe destacar que, a diferencia de la extensión de los documentos, .docx, la extensión de las plantillas es .dotx.

1

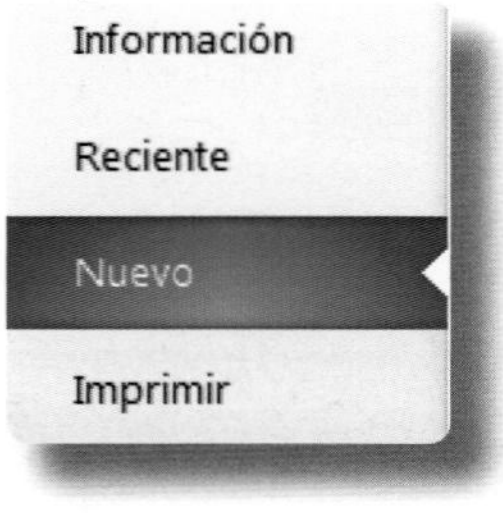


2

3

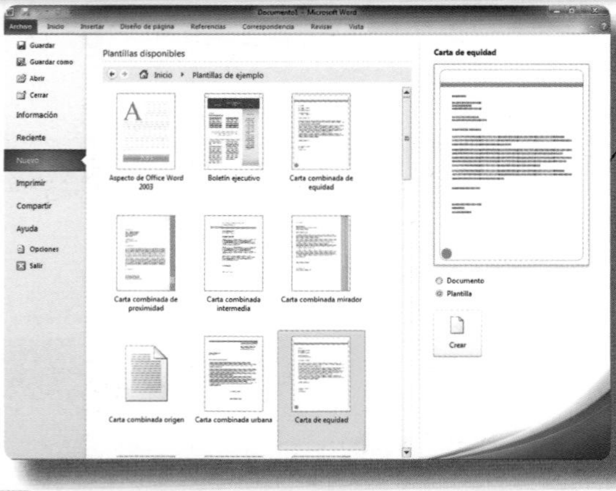


4

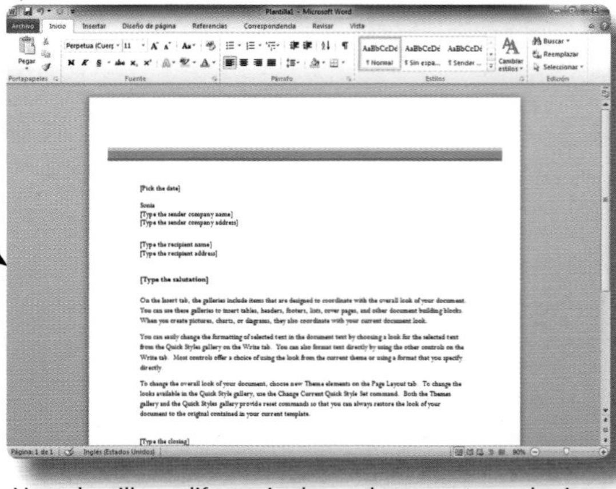

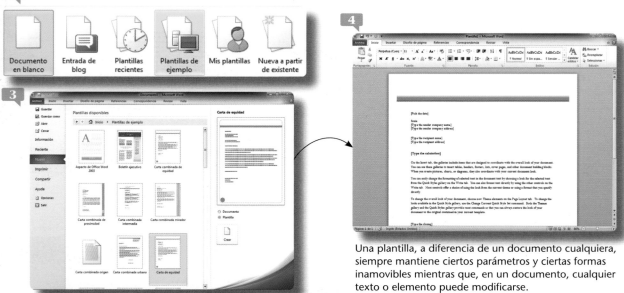

Una plantilla, a diferencia de un documento cualquiera, siempre mantiene ciertos parámetros y ciertas formas inamovibles mientras que, en un documento, cualquier texto o elemento puede modificarse.

**010**

como una plantilla ya que, por defecto, aparece el nombre **Plantilla1** en la **Barra de título.** 5 Cierre la plantilla a través del botón **Cerrar** situado en el extremo derecho de esta barra y pulse el botón **No guardar** en el cuadro de diálogo que aparece para que no se guarde el documento. 6

5. A continuación, aprovecharemos el documento abierto para crear una nueva plantilla sin basarnos en las proporcionadas por el programa. Realice algún cambio sobre el documento actual, haga clic en la pestaña **Archivo** y pulse sobre la opción **Guardar.** 7
6. En este cuadro aparece seleccionada por defecto la biblioteca **Documentos**, lugar donde el programa guarda todos los documentos a no ser que se indique lo contrario. Ahora debemos indicar que deseamos guardar el documento abierto como una plantilla. Abra la lista de tipos de archivo pulsando en la flecha adjunta al cuadro **Tipo** y pulse sobre el tipo **Plantilla de Word (*.dotx).** 8
7. Guardaremos esta plantilla en la biblioteca **Documentos** del equipo. Asigne el nombre que usted desee a la nueva plantilla y pulse el botón **Guardar.** 9
8. Como ve, el nombre de la plantilla ahora aparece en la **Barra de título.** 10 Haga clic en la pestaña **Archivo** y pulse sobre la opción **Cerrar.**

## IMPORTANTE

Otra de las diferencias fundamentales entre un documento y una plantilla es que, en el momento de guardar el archivo, dependiendo de si se ha abierto como plantilla o como documento, el programa los ubicará, por defecto, en carpetas distintas.

5

6

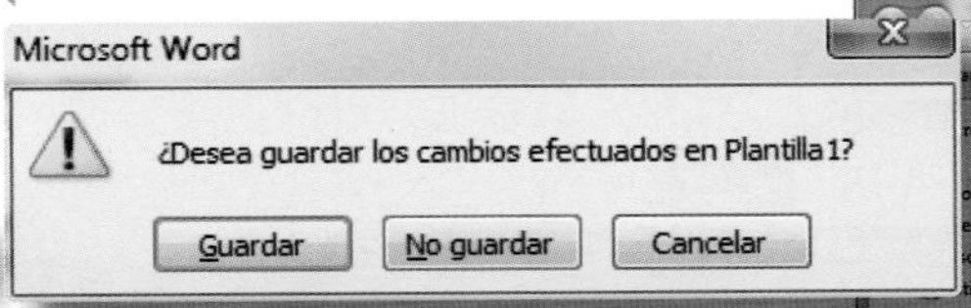


7

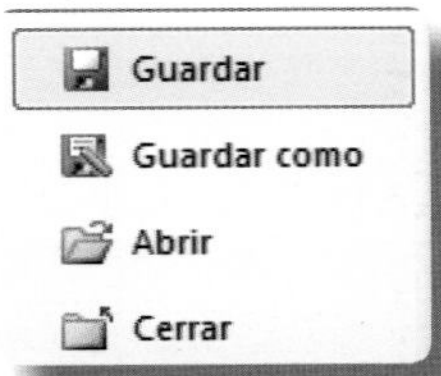


8

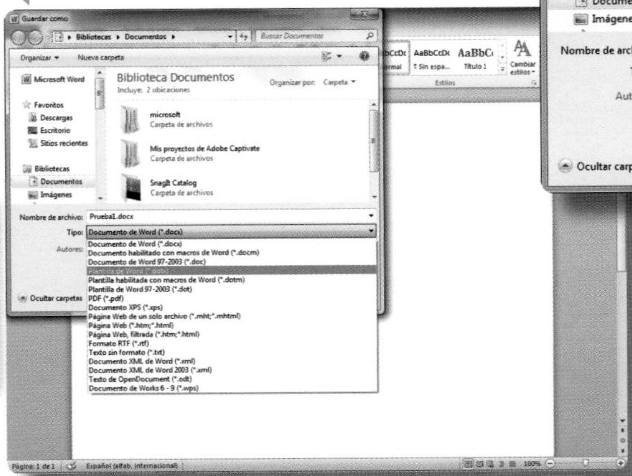

9

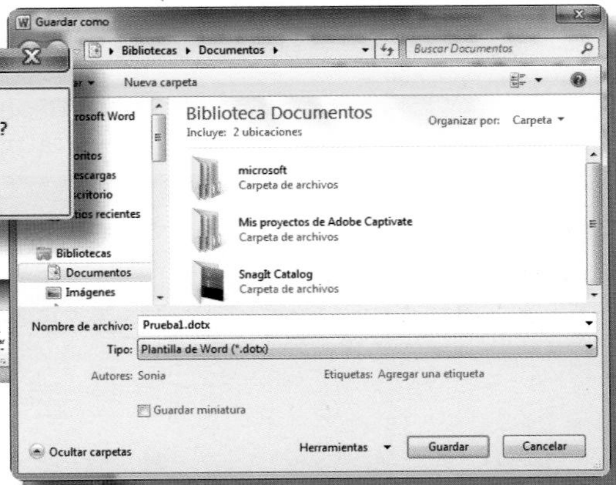


10

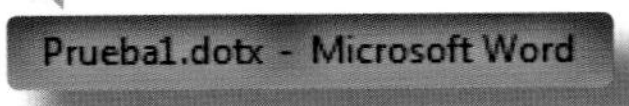

# Guardar por primera vez

LA PRIMERA VEZ QUE SE GUARDA UN DOCUMENTO, el programa pregunta el nombre que se desea dar al archivo creado y la ubicación o carpeta donde debe ser almacenado. En ocasiones posteriores, cuando ya se han establecido las condiciones de guardado, el programa actúa de diferente modo y almacena directamente el archivo en el mismo lugar donde se hallaba y con el mismo nombre.

1. Aunque ya hemos realizado la tarea de guardar un archivo en algún ejercicio anterior, en éste la trataremos con más profundidad. Para empezar, abramos un documento nuevo. Haga clic en la pestaña **Archivo** y pulse sobre la opción **Nuevo.**
2. En el panel de vista previa, mantenga seleccionada la opción **Documento en blanco** y pulse el botón **Crear.**
3. Aparece un nuevo documento, que será el que guardaremos, aunque, antes de hacerlo, introduciremos una o dos palabras para realizar algún cambio en el mismo. Escriba directamente desde su teclado el término **documento nuevo** y pulse la tecla **Retorno** para añadir una línea al documento.

## IMPORTANTE

En el caso de intentar cerrar el archivo o el programa sin haber ejecutado la operación de guardar, Word emite un mensaje de aviso y ofrece la posibilidad de guardar los cambios en ese momento o, por el contrario, conservar el archivo en la versión previa a la sesión de trabajo.

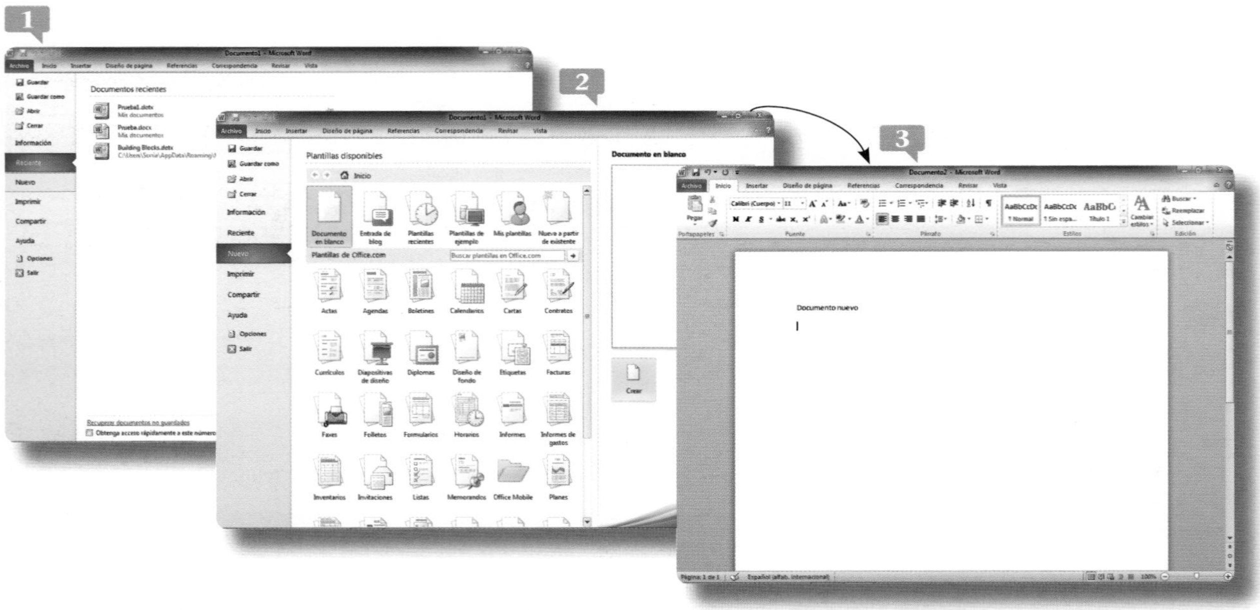

# 011

4. Para guardar un documento podemos utilizar la opción **Guardar** del menú **Archivo**, la combinación de teclas **Ctrl. + G** o bien el icono **Guardar** de la **Barra de herramientas de acceso rápido**. En este caso, pulse sobre este icono, que muestra un disquete en la mencionada barra. 4

5. Como ésta es la primera vez que intentamos guardar el documento, el programa abre el cuadro correspondiente a la función **Guardar como**, en el que debemos indicar el nombre que vamos a dar al documento y el lugar donde vamos a almacenarlo. Por el momento, cierre este cuadro pulsando sobre el botón **Cancelar**. 5

6. Ahora accederemos al cuadro **Guardar como** desde otro punto. Haga clic en la pestaña **Archivo** y seleccione la opción **Guardar**. 6

7. Como ya sabe, la carpeta propuesta por defecto para almacenar el documento es **Mis documentos**. Escriba la palabra **pruebas** en el campo **Nombre del archivo**. 7

8. Pulse sobre el botón **Guardar** y observe que el cambio de nombre se refleja ya en la **Barra de título** del documento. 8

9. Para terminar este ejercicio en el que hemos aprendido a guardar un documento por primera vez, pulse de nuevo sobre el icono **Guardar** de la **Barra de herramientas de acceso rápido** y observe cuál es el efecto del mismo ahora que el documento ya ha sido guardado.

## IMPORTANTE

La letra x que aparece en las extensiones de los archivos de las diferentes aplicaciones de la suite Office hace referencia a la tecnología XML que se usa en estos nuevos formatos. Se trata de formatos de archivos comprimidos y segmentados que reducen notablemente el tamaño del archivo y permiten recuperar con facilidad los archivos dañados.

6

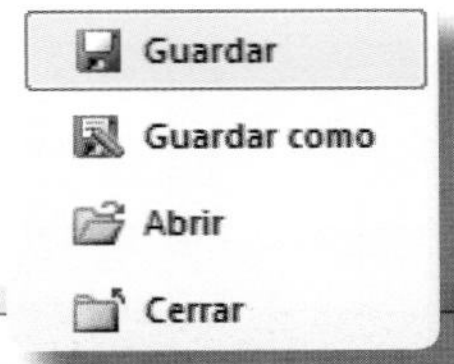


4

8

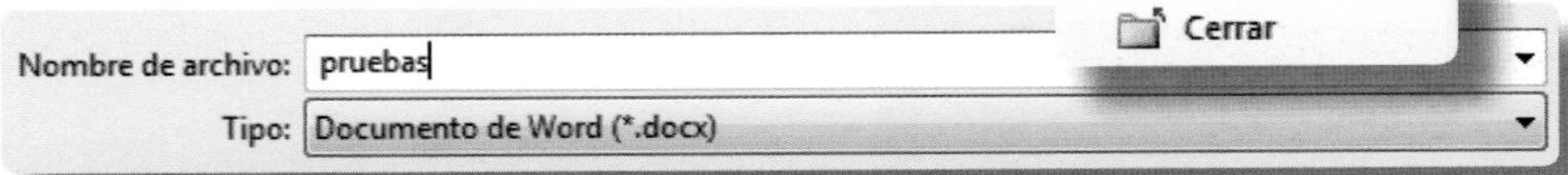


5

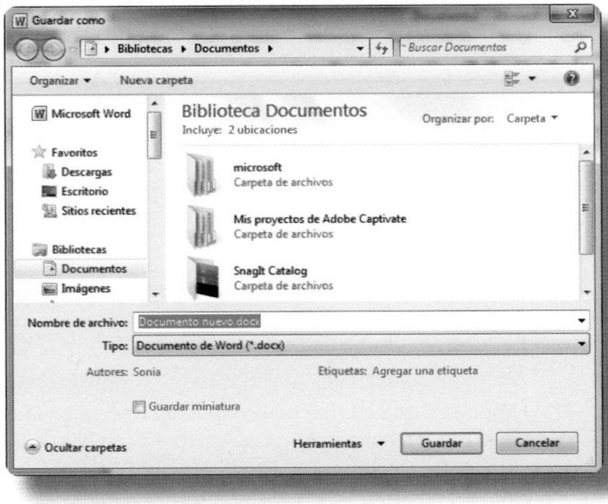


7

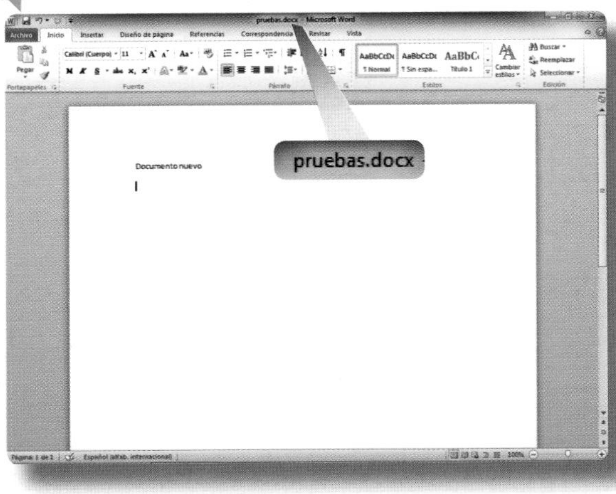

# Guardar como página web

**IMPORTANTE**

La ventana **Guardar como** no sólo permite almacenar los documentos con el nombre que más nos convenga y en el lugar que más nos interese, sino que también nos ofrece la posibilidad de guardarlos como otro tipo de archivo distinto al establecido por defecto por el programa, es decir, como Documento de Word (*.docx).

LOS ARCHIVOS GUARDADOS COMO PÁGINA WEB son totalmente funcionales en Internet. De este modo, guardar un documento como página web permite que estos archivos adopten la misma interactividad y las mismas propiedades que una página de Internet. Un documento guardado como página web adopta el formato HTML y, por tanto, la extensión .htm.

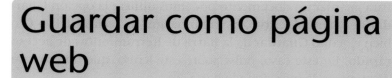

1. En este ejercicio aprenderemos a guardar un documento de Word como página Web para poder visualizarlo con un navegador. Para empezar, haga clic en la pestaña **Archivo** y seleccione la opción **Guardar como.** 1
2. En la ventana **Guardar como**, haga clic en el botón de punta de flecha del campo **Tipo** y seleccione la opción **Página Web.** 2
3. Observe que el nombre propuesto por Word es el mismo que el del archivo original y que la ubicación tampoco ha variado. De momento sólo añadiremos un título a la página. Pulse el botón **Cambiar título.** 3
4. En el campo **Título de la página** del cuadro **Escribir texto**, escriba como ejemplo la palabra **muestra** y pulse el botón **Aceptar.** 4

1

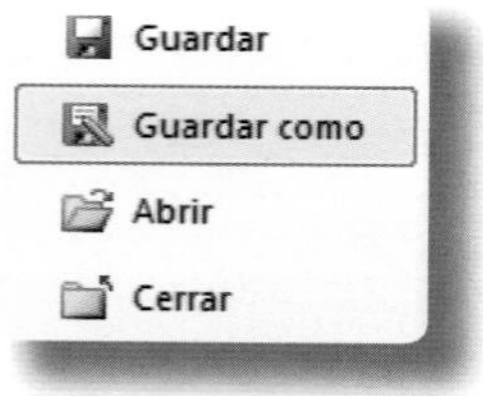


2

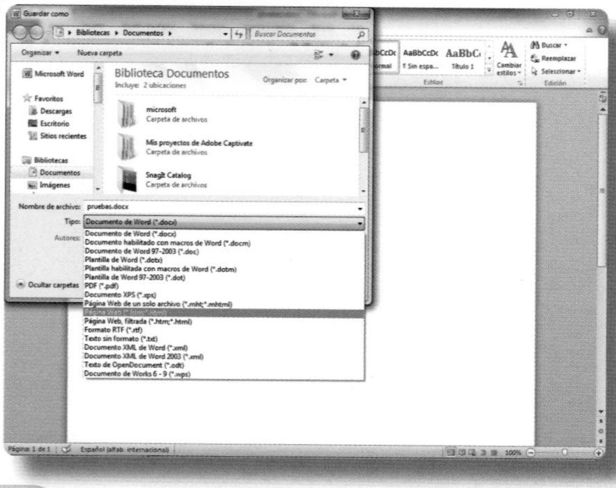

3

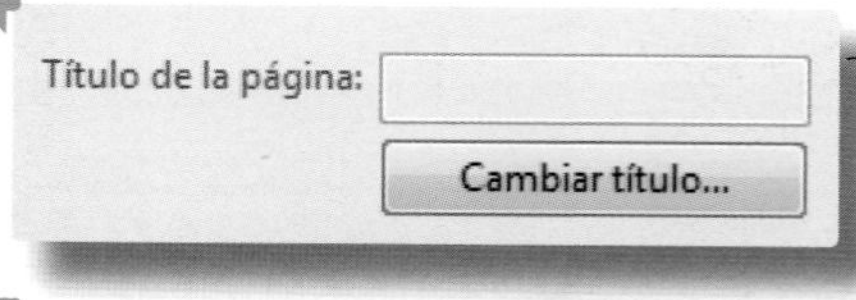


4

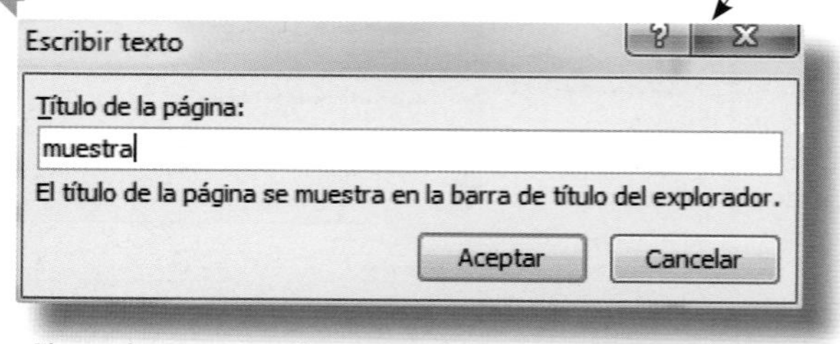


El nombre que escriba como título aparecerá en la **Barra de título** del navegador una vez abra el archivo a través de la red.

# 012

5. Pulse el botón **Guardar** para finalizar la tarea.
6. Compruebe en la **Barra de título** del programa como ahora el documento muestra el formato htm. 5 Por último, comprobaremos el correcto funcionamiento de esta nueva página. Para ello, la abriremos desde la ubicación en que se ha almacenado con el navegador Internet Explorer. Para ello, acceda a la carpeta **Mis documentos** de su equipo, en la que se ha almacenado el nuevo archivo. 6
7. Haga doble clic sobre el documento **pruebas.htm** para abrirlo en su navegador predeterminado. 7
8. ¡Correcto! El navegador de Internet se abre mostrando la página titulada **muestra**. 8 Una vez realizada la comprobación, ya podemos cerrar el navegador. Pulse sobre el botón de aspa situado en el extremo derecho de la **Barra de título** del programa.
9. Y para acabar este ejercicio en el que hemos aprendido a guardar un documento como página Web, cierre también el cuadro **Documentos** pulsando el botón de aspa de su **Barra de título**. 9

## IMPORTANTE

Para comprobar que un documento se encuentra en formato HTML y que su extensión es .htm, puede acceder a la ventana de propiedades generales del mismo. Para ello, con el documento abierto en pantalla, haga clic en la pestaña **Archivo**, pulse sobre la opción **Información** y despliegue el comando **Propiedades** situado en la parte derecha del panel. Pulse sobre la opción **Propiedades avanzadas** y, en la pestaña **General** del cuadro, podrá comprobar las mencionadas propiedades.

6

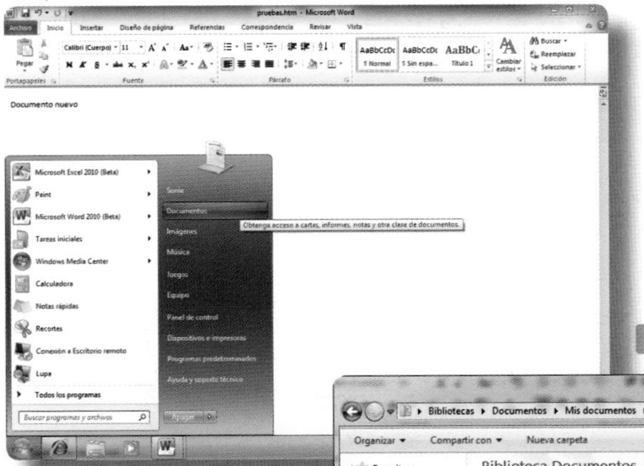

8

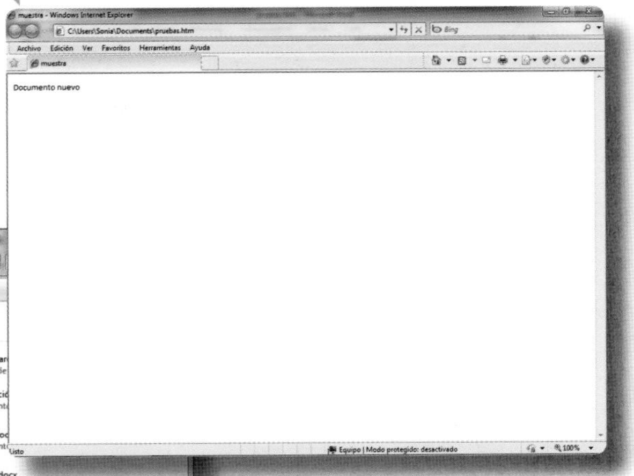

7

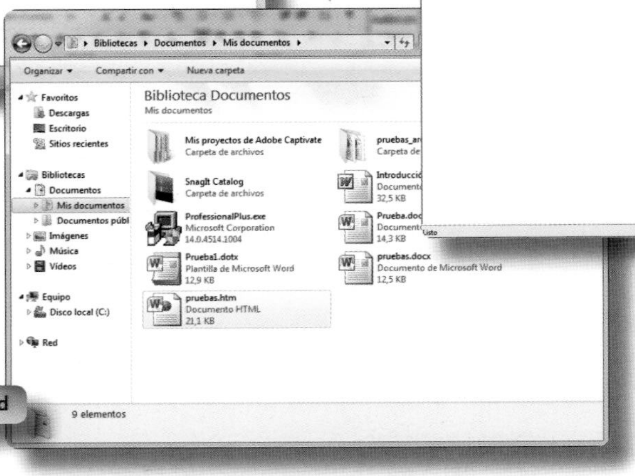

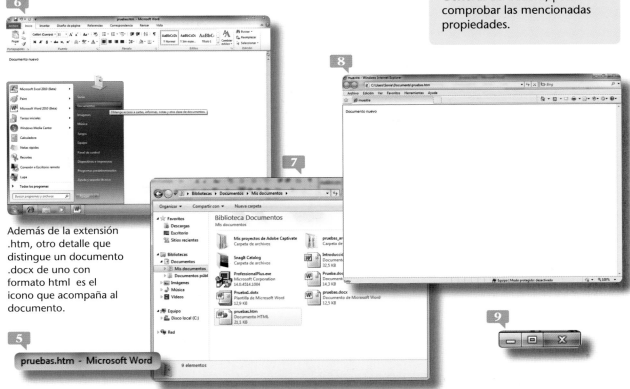

Además de la extensión .htm, otro detalle que distingue un documento .docx de uno con formato html es el icono que acompaña al documento.

5

9

# Guardar con formato de Word 97-2003

## IMPORTANTE

El habitual formato de documentos .doc de las versiones anteriores a la que nos ocupa ha sido sustituido por la nueva extensión .docx, mientras que el formato de plantillas .dot ha pasado a ser .dotx.

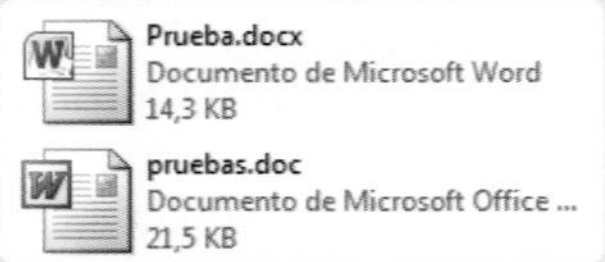


EL CAMBIO DE FORMATO NO IMPIDE que un documento creado en versiones anteriores a la 2007 y a la 2010 pueda ser abierto en esta última versión del programa y viceversa, ni que un documento creado con Word 2010 pueda ser almacenado con el formato de versiones anteriores para que los usuarios que no disponen de la última versión del programa puedan abrirlo.

1. En el sencillo ejercicio que proponemos a continuación, aprenderemos a guardar de dos maneras diferentes un documento creado en Word 2010 con el formato correspondiente a las versiones anteriores de la aplicación, con el fin de que los usuarios que no disponen de la última versión del procesador de textos puedan igualmente abrirlo. Para empezar, haga clic en la pestaña **Archivo** y pulse sobre la opción **Guardar como.** 1
2. Se abre de este modo el cuadro de diálogo **Guardar como**, con el que hemos practicado ya en ejercicios anteriores. Haga clic en el botón de punta de flecha del campo **Tipo** y seleccione la opción **Documento de Word 97-2003.** 2
3. Pulse el botón **Guardar.** 3

1

2

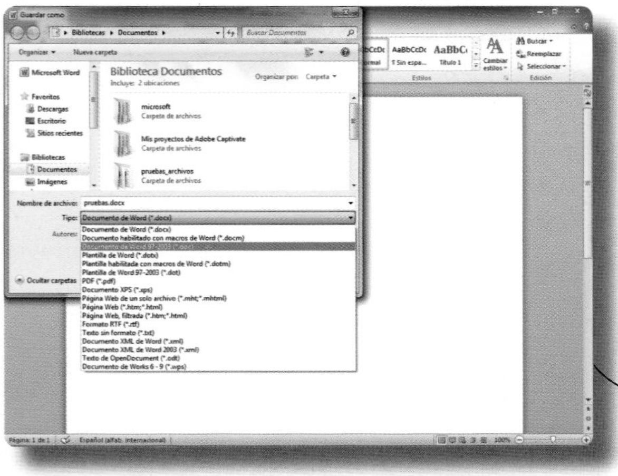


3

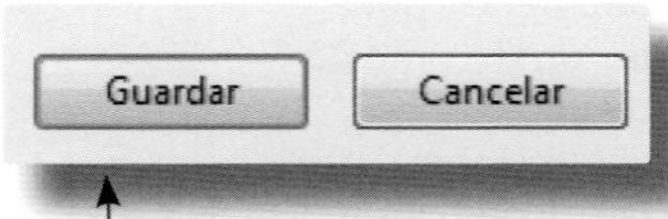

013

4. El documento ya se ha almacenado con el formato antiguo de Word y en la **Barra de título** aparece el término **Modo de compatibilidad** para indicarlo. [4] Otra manera de guardar un documento con formato .doc es utilizar el comando **Cambiar el tipo de archivo** incluido en la opción **Compartir** del nuevo menú **Archivo**. Pulse nuevamente sobre esta pestaña. [5]
5. Word 2010 organiza los comandos existentes de forma distinta a la que se utilizaba en versiones anteriores de la aplicación. Así, en este caso, debemos acceder al comando **Compartir**. Haga clic sobre dicho comando en el menú **Archivo**. [6]
6. El panel de la derecha se actualiza para mostrar dos secciones: **Compartir** y **Tipos de archivo**. En esta ocasión, haga clic sobre la opción **Cambiar el tipo de archivo** de esta sección. [7]
7. A la derecha del panel se muestra ahora la lista de formatos disponibles. Pulse sobre la opción **Documento de Word 97-2003**. [8]
8. Automáticamente se abre de nuevo el cuadro **Guardar como**, mostrando ya seleccionada la opción adecuada en el campo **Tipo**. Puesto que ya hemos guardado este mismo documento, no hace falta que repitamos la operación. Pulse el botón **Cancelar** de este cuadro i dé así por terminado este ejercicio.

## IMPORTANTE

Tenga en cuenta que al guardar el documento con este formato dispondrá de dos archivos con el mismo nombre, uno con extensión .doc y otro con extensión .docx.

8

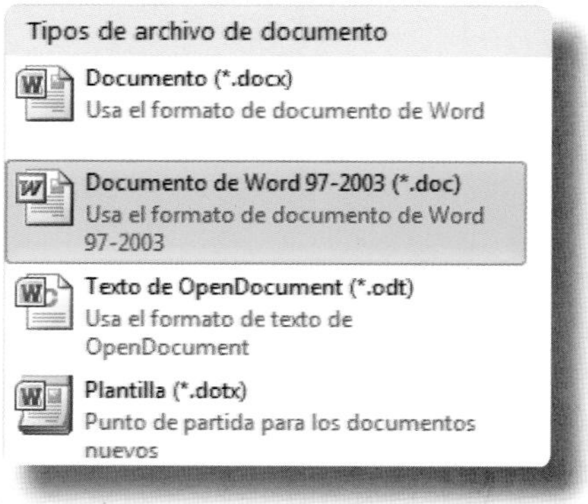


4

6

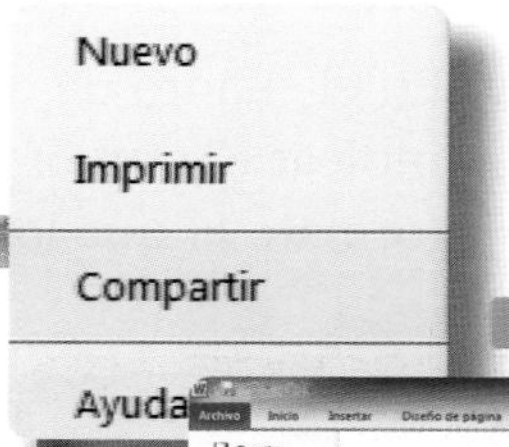


5

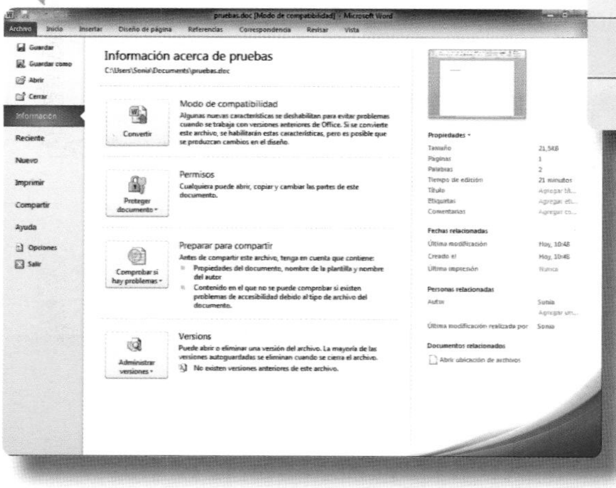


7

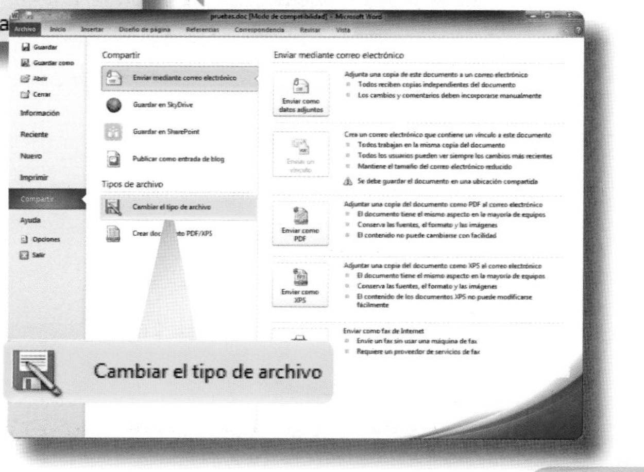

# Publicar como PDF o XPS

> **IMPORTANTE**
>
> El formato de documento portátil (PDF) fue creado por Adobe Systems con la intención de poder obtener, visualizar y compartir información desde cualquier aplicación y en cualquier sistema informático, mientras que el formato XPS (XML Paper Specification) es el nuevo formato propuesto por Microsoft para el intercambio de documentos sin pérdida de datos.

INCLUIDA DENTRO DEL COMANDO COMPARTIR del menú Archivo, se encuentra la nueva opción Crear documento PDF/XPS, con la que es posible convertir de manera rápida y sencilla un documento de Word en un documento con uno de esos formatos, para facilitar así su publicación electrónica con el aspecto que tendrá al imprimirlo.

1. Imaginemos que tenemos que enviar a varias personas un mismo documento para que lo corrijan y añadan comentarios. Haga clic en la pestaña **Archivo** y pulse sobre el comando **Compartir.** 1
2. En el ejercicio anterior tuvimos la oportunidad de comprobar que desde las opciones incluidas en este comando es posible cambiar el tipo de archivo actual. En este caso, en la sección **Tipos de archivo**, haga clic sobre la opción **Crear documento PDF o XPS.** 2
3. El panel de la derecha se actualiza para mostrar en forma de lista las características de los documentos guardados con estos formatos. Una vez leída esta información, pulse sobre el botón **Crear un PDF/XPS.** 3
4. En el cuadro de diálogo **Publicar como PDF o XPS** debemos indicar el nombre del archivo, su ubicación en el equipo y el formato al que lo queremos convertir. Si pulsa sobre el botón

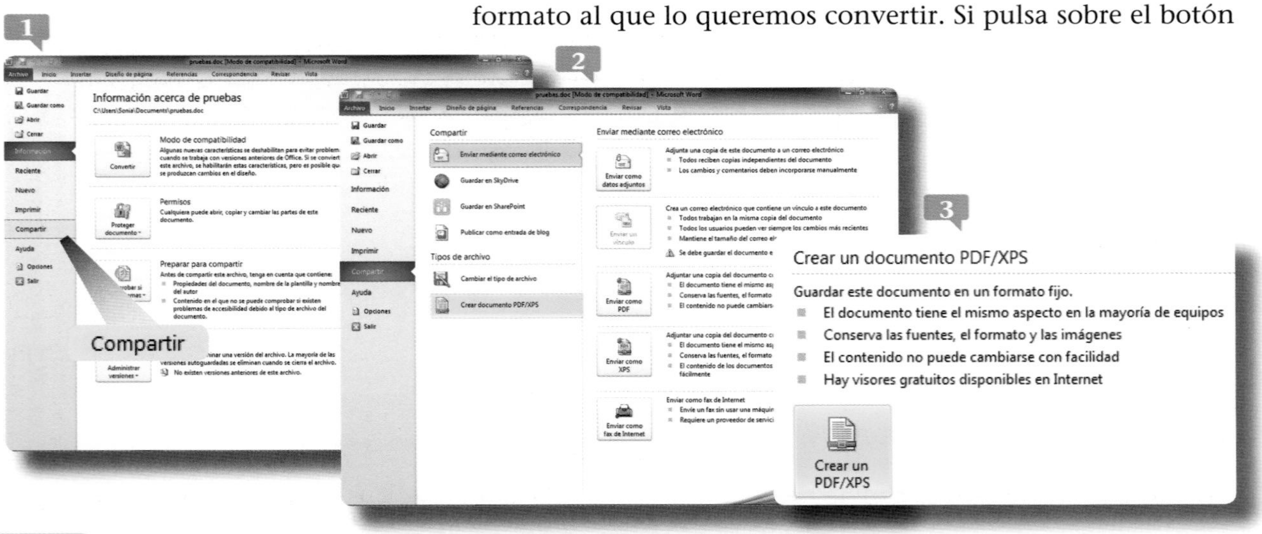

**Opciones** podrá especificar el intervalo de páginas, así como indicar si desea publicar el documento entero o sólo el documento con marcas y el tipo de información no imprimible que queremos incluir, entre otras opciones. En primer lugar, convertiremos el documento en un archivo PDF, opción seleccionada por defecto, manteniendo el nombre y la ubicación que aparecen por defecto en este cuadro. Haga clic en el botón **Publicar.** 4

5. En pocos segundos se crea el documento PDF y se abre el programa Adobe Acrobat Professional o Adobe Reader, según la aplicación que tenga instalada en su equipo, para mostrar el resultado de la operación. 5 Cierre dicho programa pulsando el botón de aspa de su **Barra de título**.
6. Disponemos ya de una copia de nuestro documento en formato PDF lista para ser enviada o compartida con otros usuarios. El procedimiento que debemos seguir para publicar el mismo documento en formato XPS es prácticamente idéntico al que acabamos de llevar a cabo. Haga clic en la pestaña **Archivo**, pulse sobre el comando **Compartir**, elija la opción **Crear documento PDF o XPS** y, en el panel de la derecha, pulse de nuevo sobre el botón **Crear un PDF/XPS**.
7. De nuevo en el cuadro de diálogo **Publicar como PDF o XPS**, haga clic en el botón de punta de flecha del campo **Tipo**, seleccione la opción **Documento XPS** 6 y pulse el botón **Publicar**.

El archivo con extensión .xps se abre en la aplicación de Windows Visor de XPS. 7

014

## IMPORTANTE

Para que el documento se abra en la aplicación adecuada una vez convertido en PDF, es preciso mantener la opción **Abrir archivo tras publicación**, en el cuadro de diálogo **Publicar como PDF o XPS**.

6

4 5 7

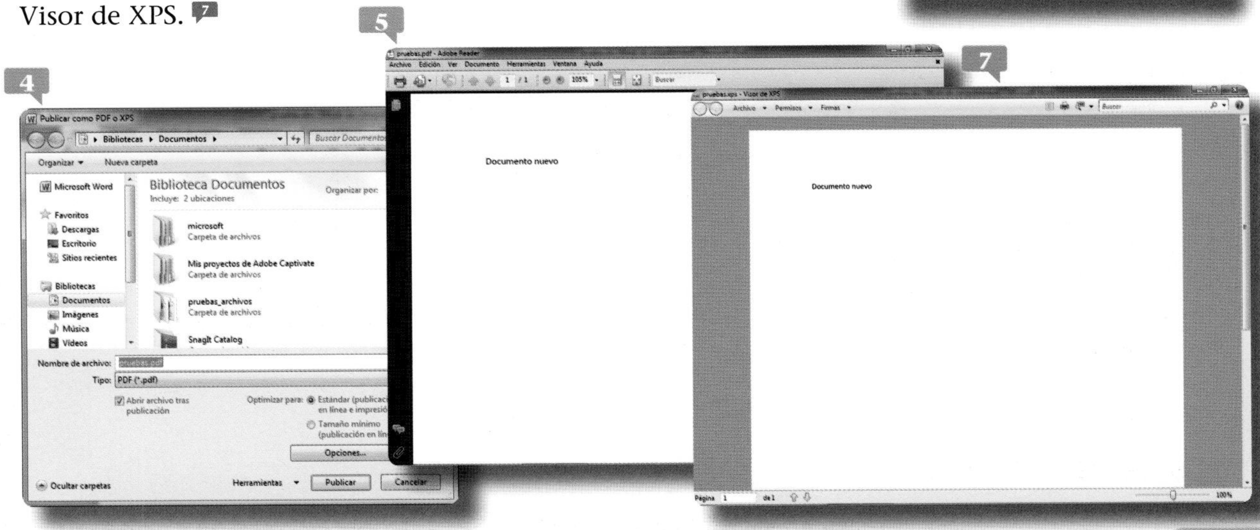

# Abrir desde Word

SI EL DOCUMENTO QUE BUSCA está cerrado, puede utilizar la lista de documentos recientes del menú Archivo en el caso de que haya sido recientemente utilizado, la función Abrir de este mismo menú o la combinación de teclas Ctrl.+O para acceder al cuadro de diálogo Abrir y localizar y seleccionar en él el documento.

## IMPORTANTE

El cuadro de diálogo **Abrir** muestra, de forma predeterminada, los archivos de Microsoft Word. Si desea que muestre todos los tipos de archivos disponibles, deberá elegir la opción **Todos los archivos** del desplegable situado junto al campo **Nombre de archivo**.

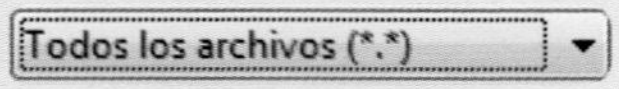


1. En este ejercicio abriremos distintos documentos desde Word, utilizando tanto el cuadro de dialogo **Abrir** como el apartado **Documentos recientes** del menú **Archivo**. Para empezar, pulse sobre la pestaña **Archivo** y seleccione la opción **Abrir**. 1
2. Si necesita situarse en una ubicación distinta a la predeterminada, Word incorpora unos botones estilo web situados a la izquierda de la ventana que conducen directamente a la citada carpeta. Haga clic sobre el documento que desee y luego pulse el botón **Abrir**. 2
3. Seguidamente, accederemos de nuevo a la ventana **Abrir** a través de otra vía. Pulse la combinación de teclas **Ctrl.+O**.
4. De nuevo aparece el cuadro **Abrir**. Seleccione con un clic un documento distinto y pulse el botón **Abrir**. 3
5. Otro modo de abrir un archivo es a través del listado de documentos usados frecuentemente, que encontramos en la sec-

1

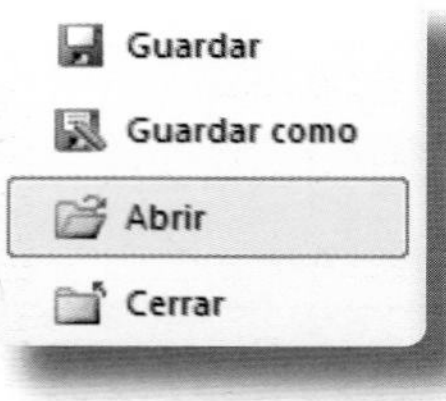


2

3

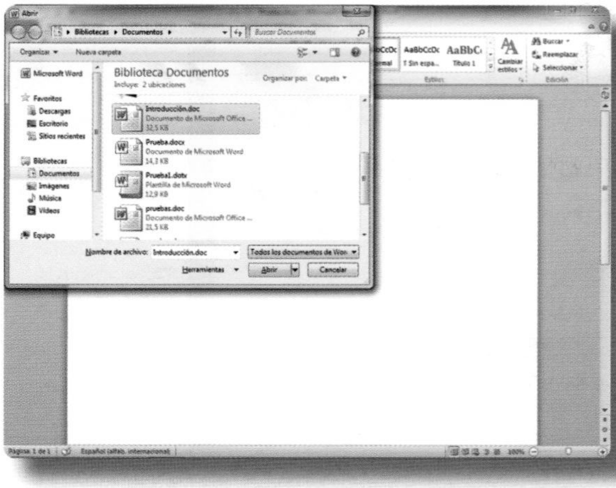

ción **Reciente** del nuevo menú **Archivo**. Recuerde que podemos modificar el número de documentos que se muestran en esta lista desde la ficha **Avanzadas** del cuadro **Opciones de Word**. Haga clic en la pestaña **Archivo** y pulse sobre el comando **Reciente**. 4

6. El panel se actualiza para mostrar la lista de archivos recientes. El pequeño icono que muestra un pincho sirve para anclar en esta lista los documentos, de manera que siempre se muestren en ella. Pulse sobre el documento que desee abrir que figure en esta lista. 5
7. Hemos visto tres maneras de abrir un documento con el programa abierto, dos desde el cuadro de diálogo **Abrir** y una desde el listado de archivos recientes. Para acabar, cerraremos dos de los documentos abiertos usando también varios métodos diferentes. Haga clic en la pestaña **Archivo** y pulse sobre la opción **Cerrar** para cerrar el documento situado en primer plano. 6
8. Y, para acabar este sencillo ejercicio, cierre también el documento siguiente pulsando el botón de aspa de su **Barra de título**. 7

Como sabe, que un documento de Word no sea visible en pantalla no significa forzosamente que esté cerrado, puesto que el programa permite mantener abiertos todos los documentos necesarios, aunque sólo uno de ellos sea visible.

015

## IMPORTANTE

Por defecto, el icono de acceso directo al cuadro **Abrir** no se encuentra visible en la **Barra de herramientas de acceso rápido**, pero puede agregarlo a dicha barra siguiendo los pasos que vimos en el ejercicio 2.

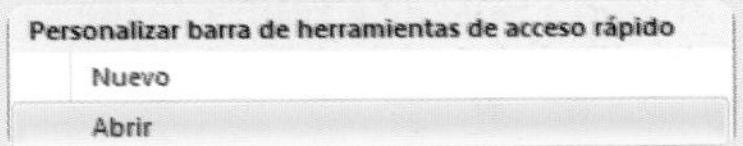


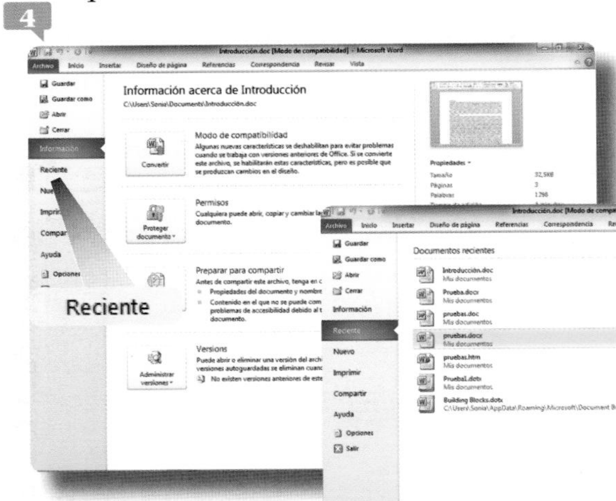


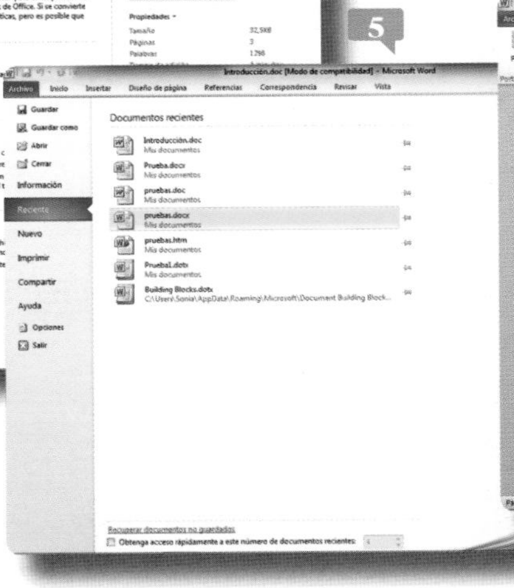


La lista de documentos recientes incluida en el menú **Archivo** se va actualizando a medida que se va trabajando con el programa.

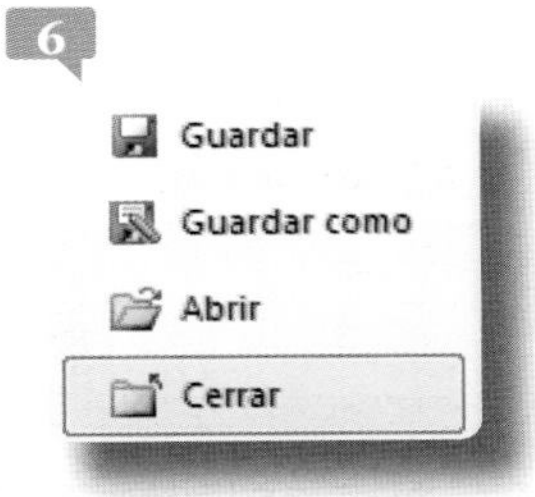


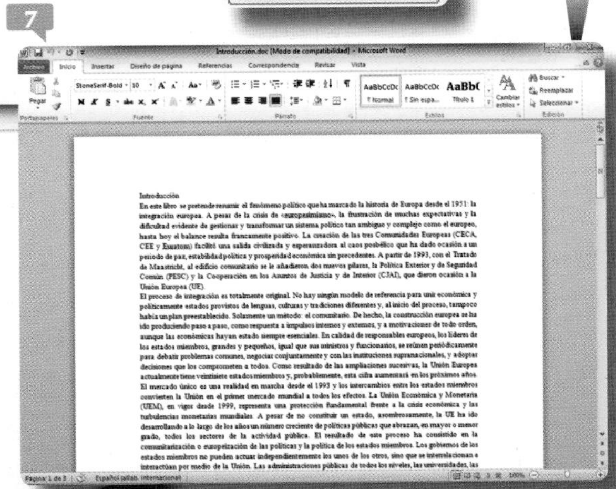

# Buscar y reemplazar

## IMPORTANTE

El nuevo panel **Navegación** sólo proporciona la función de búsqueda, no la de reemplazo. El comando **Reemplazar** se encuentra en el grupo de herramientas **Edición** de la ficha **Inicio** de la **Cinta de opciones** y abre el cuadro de diálogo **Buscar y reemplazar**.

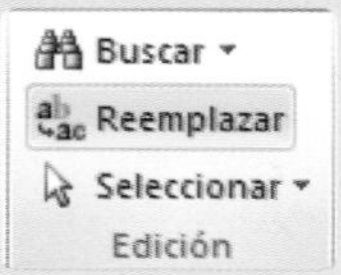


LA FUNCIÓN BUSCAR Y SU COMPLEMENTARIA Reemplazar son especialmente útiles en documentos extensos; la función Buscar se encuentra en la ficha Inicio de la Cinta de opciones y es también accesible mediante la combinación de teclas Ctrl+F. Aunque el comando Buscar no represente en sí mismo ninguna novedad en el programa, sí lo es el nuevo Panel de navegación, que sustituye al clásico cuadro de diálogo Buscar y reemplazar.

1. Supongamos que deseamos localizar todas las veces que aparece una palabra en concreto a lo largo de todo un documento. Para llevar a cabo esta práctica, utilizaremos el archivo **Ilíada. docx**, que puede descargar desde nuestra página web y abrir en Word 2010. Cuando disponga de él, pulse sobre la herramienta **Buscar**, en el grupo de herramientas **Edición** de la ficha **Inicio** de la **Cinta de opciones**. 1
2. Como hemos indicado en la introducción, Word 2010 presenta como novedad el panel **Navegación**, desde el cual es posible buscar contenido por gráficos, tablas, notas al pie y comentarios. 2 En el cuadro de texto del nuevo panel, escriba la palabra **esposo**. 3
3. A medida que va escribiendo, la parte inferior del panel se va actualizando con los fragmentos del documento en los cuales se ha podido localizar el término introducido. Al mismo tiem-

1

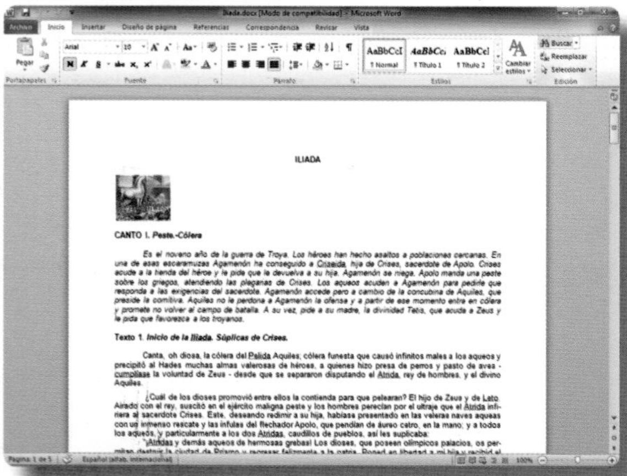

2

3

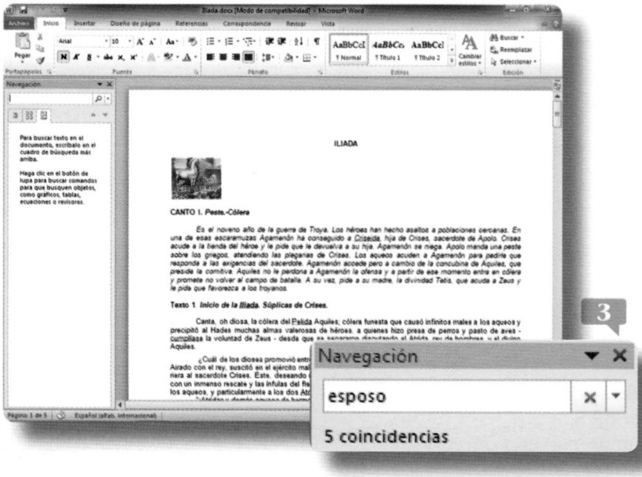

po, sobre el documento, la palabra queda resaltada en color amarillo para ayudarle a localizarla mejor. [4] Haga clic sobre el fragmento al que le interese dirigirse en el panel **Navegación**. [5]

4. Sin duda alguna, el nuevo panel **Navegación** representa una forma mucho más fácil de encontrar la información que necesita. Ahora imagine que, en el documento en el que estamos trabajando, nos interesa reemplazar la palabra buscada por un sinónimo. Veamos cómo llevar a cabo esta sustitución de forma automática. En la ficha **Edición** de la Cinta de opciones, haga clic sobre el comando **Reemplazar**. [6]
5. De esta forma se abre el tradicional cuadro de diálogo Buscar y reemplazar, presente en todas las versiones de Word. El cuadro de texto **Buscar** muestra, en este caso, la palabra introducido como objeto de búsqueda en pasos anteriores. Haga clic en el cuadro de texto **Reemplazar con**, escriba la palabra **marido** y pulse sobre el botón **Reemplazar todos**. [7]
6. El programa nos informa acerca del número de reemplazos efectuados hasta el final del documento. Haga clic en **Sí** para continuar el proceso desde el inicio del mismo.
7. Una vez terminado el rastreo y el proceso de sustitución, el programa lanza un nuevo cuadro de diálogo que nos informa del número de reemplazos realizados. Pulse el botón **Aceptar** de este cuadro. [8]
8. Para terminar, cierre el cuadro de diálogo **Buscar y reemplazar** pulsando sobre el botón **Cerrar** y oculte también el panel **Navegación** pulsando sobre el botón de aspa situado en su cabecera. [9]

# 016

## IMPORTANTE

Existen dos opciones para el reemplazo: reemplazar las palabras de una en una o bien primero buscarlas y luego decidir si deseamos reemplazarlas con el botón **Reemplazar**.

9

6
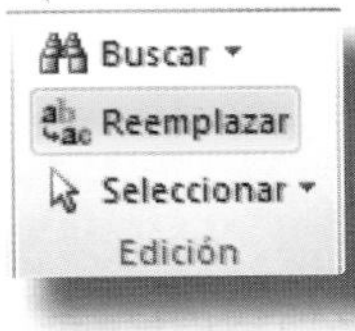


4
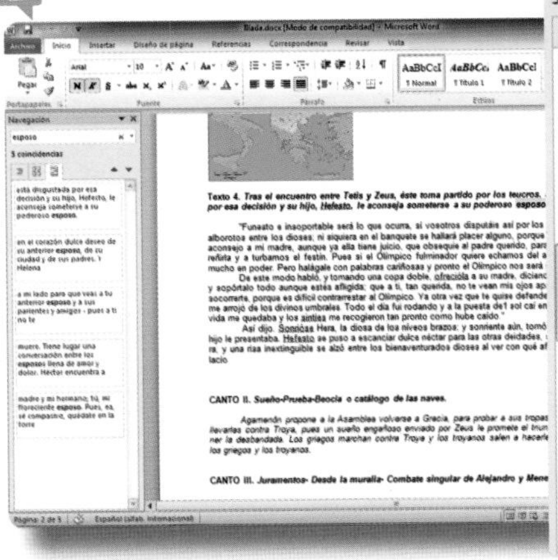

5
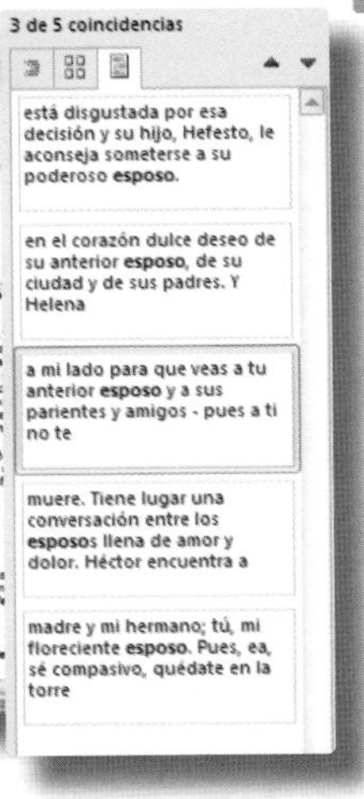


7
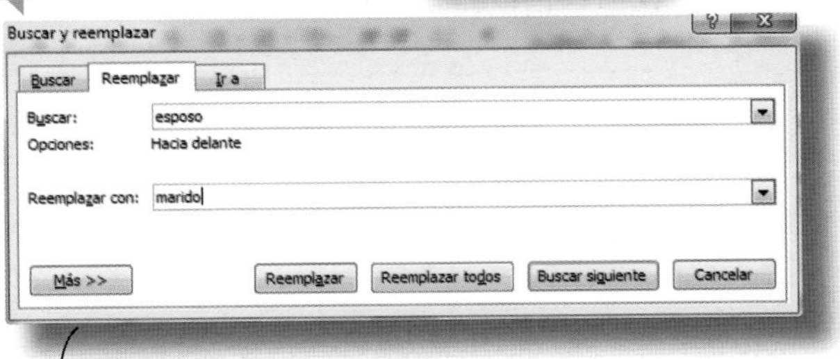


8
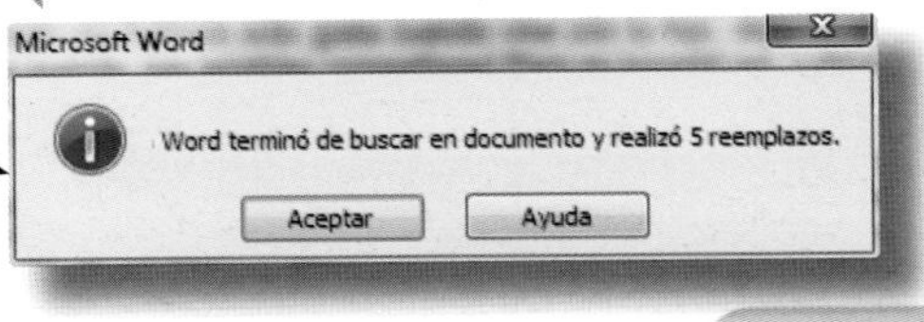

# Publicar en un blog

MICROSOFT WORD 2010 OFRECE LA POSIBILIDAD de publicar directamente en un blog un documento creado con el programa. Un weblog, también conocido como blog o bitácora, es un sitio web que se actualiza periódicamente en el que se recopilan cronológicamente mensajes de uno o de varios autores y de las temáticas más diversas.

1. En este ejercicio trabajaremos con la opción que permite publicar directamente un documento creado con el programa en nuestro blog. Supondremos que disponemos de una cuenta en alguno de los sitios de blog compatibles con Microsoft Word 2010 (vea la información incluida en el recuadro IMPORTANTE de la izquierda). Para empezar, haga clic en la pestaña **Archivo**, pulse sobre el comando **Compartir** y haga clic sobre la opción **Publicar como entrada de blog.** [1]
2. En el panel de la derecha, el programa proporciona toda la información relativa a los sitios de blog compatibles, así como a la necesidad de registrar la cuenta de blog en el caso de que sea la primera vez que realiza una publicación de este tipo. Haga clic sobre el botón **Publicar como entrada de blog** para seguir adelante. [2]
3. Se abre el cuadro de diálogo **Registrar una cuenta de blog.** [3] Como los datos solicitados dependen del espacio que usted

## IMPORTANTE

Para publicar blogs con Microsoft Word es necesario configurar previamente los datos del mismo en el programa. Los sitios de blogs compatibles son Windows Live Spaces, Blogger, Blog de SharePoint, Community Server y TypePad.

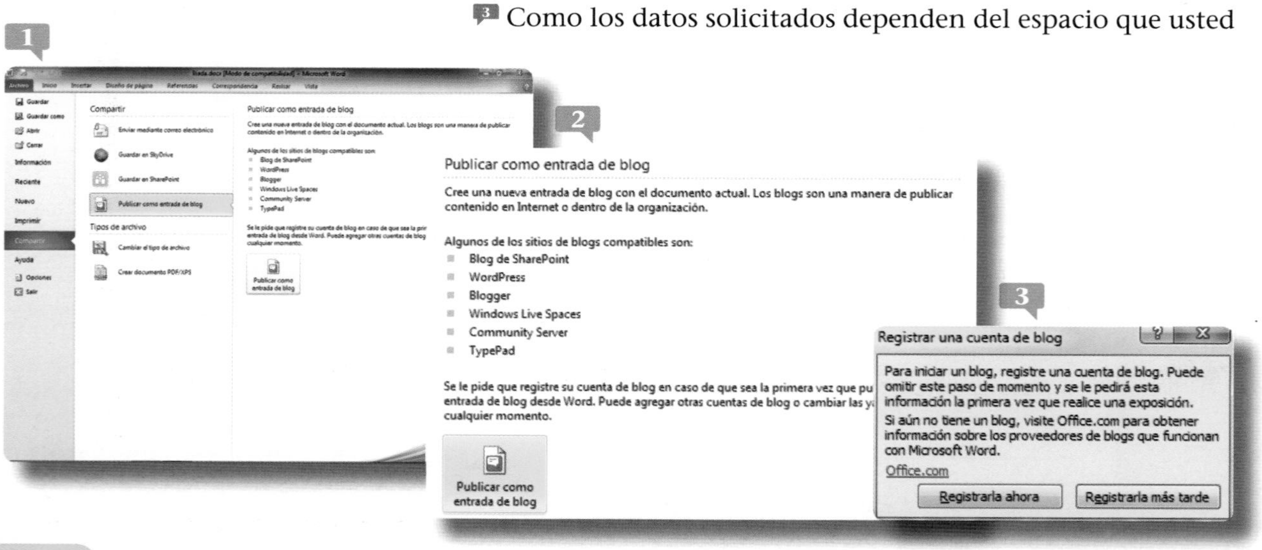

tenga reservado en Internet, dejaremos que sea usted quien lleve a cabo personalmente este registro. Una vez terminado, vamos a introducir un título para el mensaje. Seguramente habrá percibido el cambio en la interfaz del programa, concretamente en la Cinta de opciones, al elegir el blog como tipo de documento. Haga clic sobre el texto **Introducir aquí título de la entrada del blog** y escriba la palabra que usted desee. 4

4. El documento ya está listo para ser publicado. Haga clic en el botón **Publicar** del grupo de herramientas **Blog** de la pestaña **Entrada de blog** de la **Cinta de opciones.** 5
5. Automáticamente aparece en la cabecera del documento un mensaje que nos informa de la fecha y la hora en que éste ha sido publicado en el blog. 6 Para comprobarlo, podemos acceder al blog o bien abrir el cuadro en el que se listan todos los mensajes publicados en el blog que se seleccione. Haga clic en el comando **Abrir existente** del grupo de herramientas **Blog.** 7
6. En el cuadro **Abrir Existente** aparece seleccionada por defecto la cuenta configurada y los mensajes que se han publicado en ella desde Word. Para abrir cualquiera de los mensajes existentes sólo hay que seleccionarlo y pulsar el botón **Aceptar**. Cierre este cuadro pulsando el botón **Cancelar**.
7. Para terminar este ejercicio cierre y guarde con el nombre **blog** el documento que hemos publicado en el blog.

## 017

### IMPORTANTE

Si selecciona el comando **Nuevo** en el menú **Archivo** aparece la opción **Entrada de blog,** que nos permite crear directamente un nuevo documento de Word para publicarlo en nuestro blog. Al seleccionar esta opción, el programa mostrará la misma interfaz de post con la que hemos trabajado en este ejercicio.

4

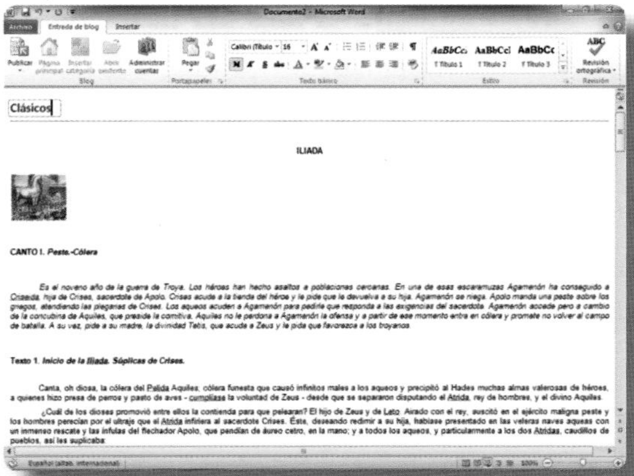


6

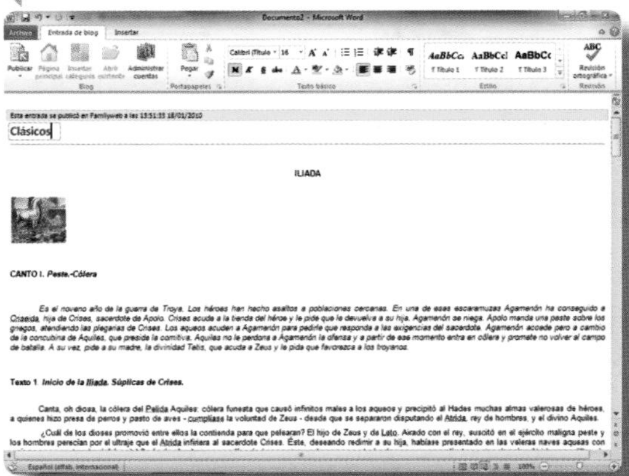


5

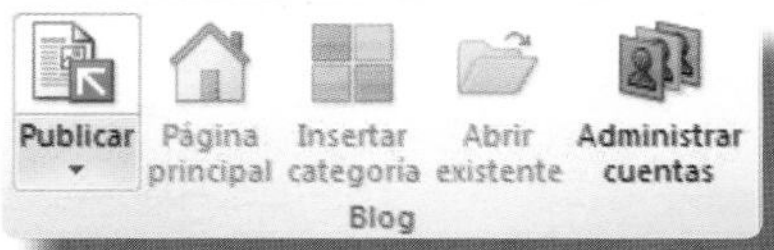


7

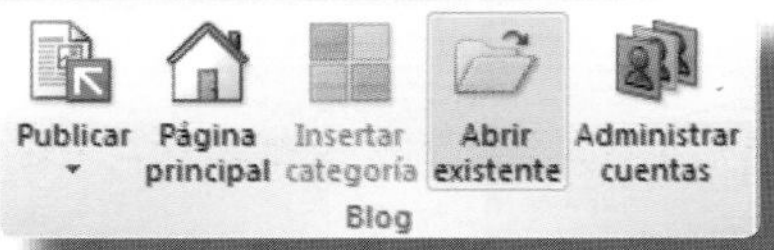

# Convertir un archivo .doc a .docx

AL ABRIR EN WORD 2010 UN DOCUMENTO creado en versiones anteriores del programa, se activa el modo de compatibilidad, por el cual las nuevas características del programa no están disponibles. Si debe compartir el documento con usuarios que no disponen de la última versión de Word puede trabajar en modo de compatibilidad; en caso contrario, es posible convertir el documento al formato de archivo de Word 2010.

## IMPORTANTE

Con la conversión, se tiene acceso a las características nuevas y mejoradas de Office 2010; sin embargo, hay que tener en cuenta que quienes utilicen versiones anteriores de Word no podrán editar las partes del documento modificadas con esas nuevas herramientas.

1. En este ejercicio aprenderemos a convertir un documento .doc al formato .docx y comprobaremos que, tras la conversión, todas las funciones nuevas y mejoradas de esta versión del programa están disponibles. Vamos a trabajar sobre el documento **Metamorfosis.doc**, que puede descargar de nuestra página web y abrir en Word 2010. [1] Cuando disponga de él en pantalla, haga clic en la pestaña **Archivo** y pulse sobre la opción **Convertir**. [2]

2. Aparece un cuadro de diálogo en el que Word nos informa de que esta acción convertirá el documento en el formato de archivo más reciente. Resulta también interesante saber que tras la conversión puede producirse algún cambio en el diseño. Pulse el botón **Aceptar**. [3]

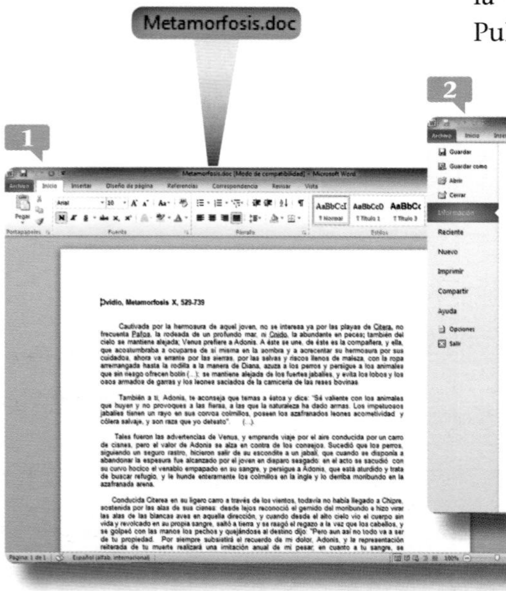


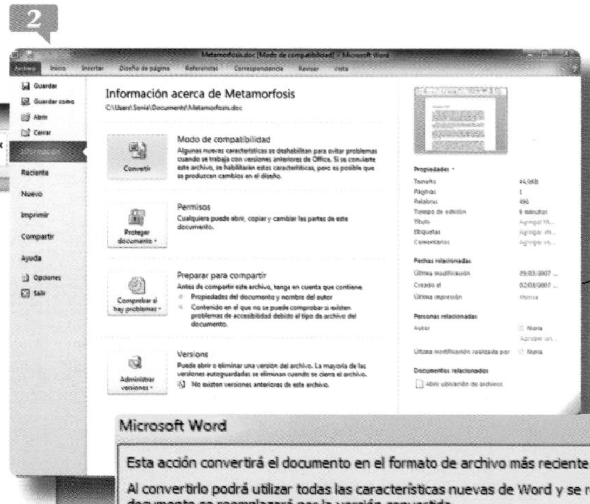


Al trabajar en modo de compatibilidad, se añade al menú **Archivo** el comando **Convertir**.

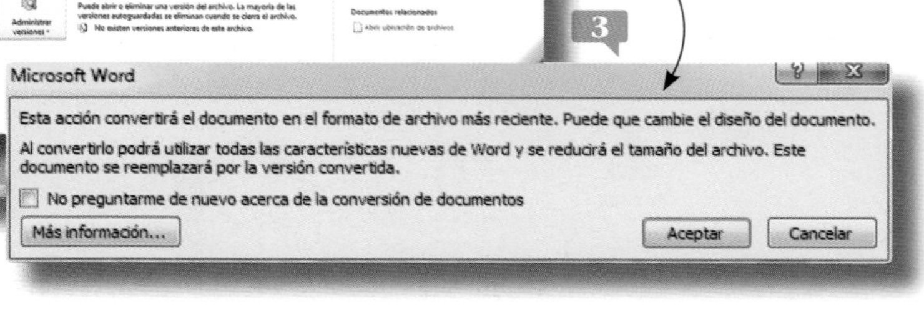

3. Ahora el documento ya no está en modo de compatibilidad. A partir de ahora, es posible utilizar todas las nuevas funciones de Word 2010. Vamos a comprobarlo. Haga clic en la ficha **Insertar** de la **Cinta de opciones** y compruebe como el comando **Ecuación** del grupo de herramientas **Símbolos** se encuentra activado. 4
4. Sitúese ahora en la ficha **Diseño de página** haciendo clic en su pestaña y compruebe que las herramientas de **Temas** están también disponibles. 5
5. Para acabar este ejercicio, cerraremos el documento guardándolo con el formato de archivo Word 2010 y accederemos a la carpeta **Mis documentos** para comprobar que hemos llevado a cabo la acción correctamente. Sepa que también puede guardar el documento en su formato original y crear otro documento de Word 2010 utilizando la opción **Guardar como** del menú **Archivo**. Realice algún cambio sobre el documento antes de pasar al paso siguiente.
6. Seguidamente, despliegue el menú **Archivo** y haga clic sobre el comando **Cerrar**. 6
7. En el cuadro de diálogo que aparece, pulse el botón **Guardar** para almacenar los cambios. 7
8. Por último, acceda a la carpeta **Mis documentos** de su equipo y compruebe como, efectivamente, tal y como indica su icono, el documento se ha guardado correctamente con el formato de Word 2010. 8

**018**

## IMPORTANTE

Al pulsar el comando **Convertir**, aparece por defecto un cuadro de diálogo que nos indica las repercusiones que tendrá esta acción sobre nuestros documentos. Si no desea que se muestre esta advertencia cada vez que realiza una conversión, puede pulsar en la casilla de verificación de la opción **No preguntarme de nuevo acerca de la conversión de documentos.**

La posibilidad de insertar ecuaciones en un documento de Word fue una novedad en la versión 2007 del programa.

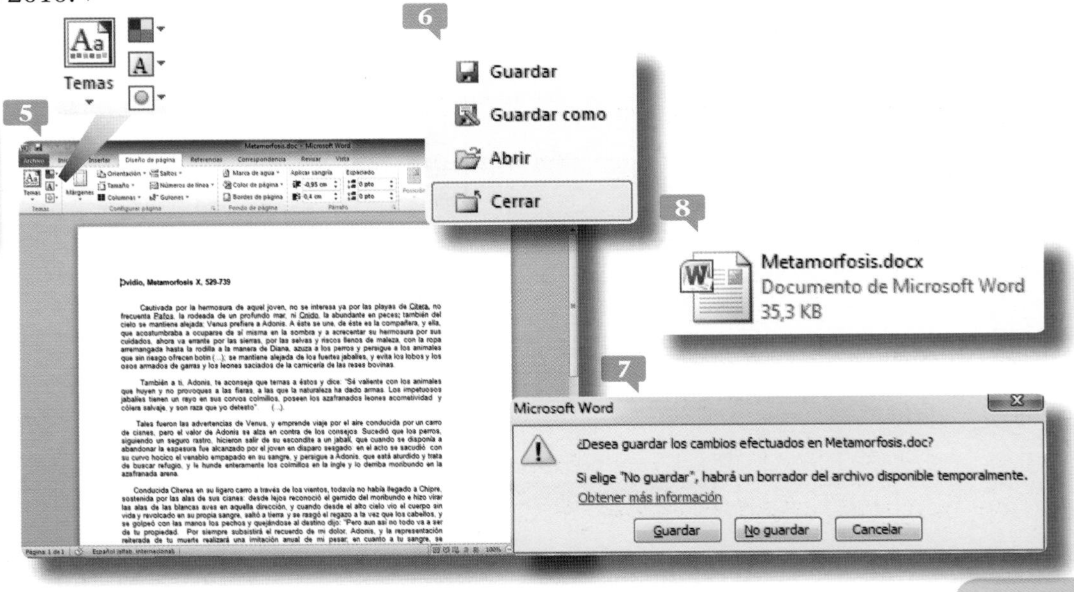

# Cambiar las vistas de un documento

## IMPORTANTE

La vista **Diseño de impresión** es la predeterminada para todos los documentos de Word y muestra en pantalla el aspecto que tendrá el documento una vez impreso para que el usuario pueda comprobar en qué página se situará cada elemento, ya sean tablas, gráficos u otros objetos.

TODO DOCUMENTO DE MICROSOFT WORD puede visualizarse de distintas formas dependiendo de cuál sea la tarea a realizar o los intereses del usuario en cada momento. De hecho, existen elementos que sólo pueden visualizarse en determinadas vistas.

1. Para llevar a cabo este ejercicio, puede utilizar cualquier documento de Word extenso o bien descargar de nuestra página web el denominado **Ilíada.docx**. Cuando disponga de él, ábralo en Word 2010 y haga clic en la pestaña **Vista** de la **Cinta de opciones**.
2. Son cinco las vistas de documento que nos ofrece Word 2010. La opción **Lectura de pantalla completa** sustituye a la vista **Diseño de lectura** de la versión 2003 y permite leer documentos en la pantalla del equipo y verlos tal y como aparecerían en una página impresa. Haga clic en dicha opción del grupo de herramientas **Vistas de documento**.
3. Se oculta así la **Cinta de opciones** y sólo se muestran las herramientas que nos permiten guardar e imprimir el documento, desplazarnos por él y modificar algunas de sus opciones. Haga clic en el botón de punta de flecha que señala hacia la derecha para ver las dos páginas siguientes.

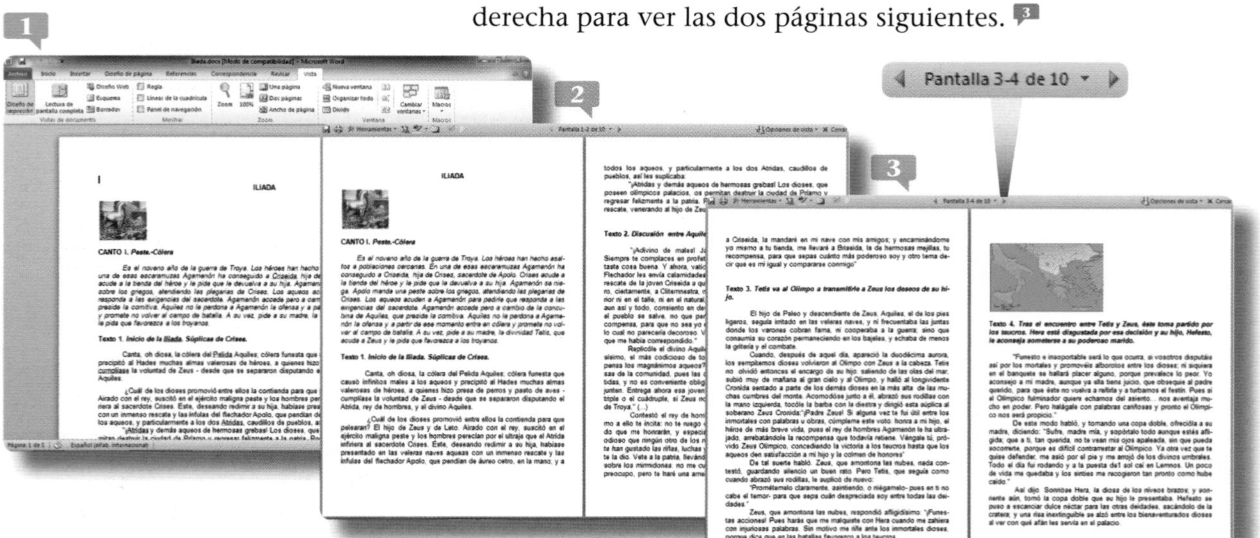

4. Ahora pulse sobre el botón **Opciones de vista.** [4]
5. Este botón esconde las opciones necesarias para desactivar este modo de visualización en documentos de Word recibidos como datos adjuntos, para aumentar y reducir el tamaño del texto, para mostrar una o dos páginas, para mostrar la página impresa, etc. Haga clic sobre la opción **Mostrar página impresa.** [5]
6. Éste es el aspecto que tendrán las páginas del documento al imprimirlas. Salga de la vista **Lectura de pantalla completa** pulsando el botón **Cerrar.**
7. Active la vista **Diseño Web** pulsando en el botón correspondiente del grupo **Vistas de documento.** [6]
8. El texto se ha ajustado a la pantalla. [7] Observe que se ha activado el icono correspondiente a esta vista en la **Barra de estado.** Haga clic sobre el icono **Esquema,** el cuarto de los accesos directos a vistas de esta barra. [8]
9. Salga de esta vista pulsando el botón **Cerrar vista Esquema** de la ficha **Esquema** de la **Cinta de opciones.**
10. Active la vista **Borrador** pulsando sobre el último icono que aparece en los accesos a vistas de la **Barra de estado.** [9]
11. Esta vista, muy parecida a la de diseño de impresión, muestra el documento como un borrador para que el texto pueda ser editado rápida y fácilmente. Para acabar este ejercicio, active la vista **Diseño de impresión** pulsando sobre el primer icono de los accesos directos a vistas de la **Barra de estado.**

# 019

## IMPORTANTE

La vista **Esquema,** que dispone de su propia ficha en la **Cinta de opciones,** permite ver la estructura básica de un documento de modo que se pueda reorganizar el texto o los diversos elementos que aparezcan en el documento copiándolos y arrastrándolos de un lugar a otro. Cabe destacar que esta vista no permite visualizar elementos como los gráficos, las tablas, los límites de páginas, etc.

9

4

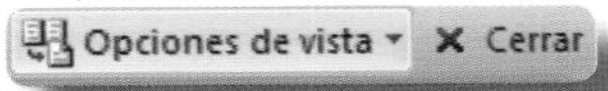


7

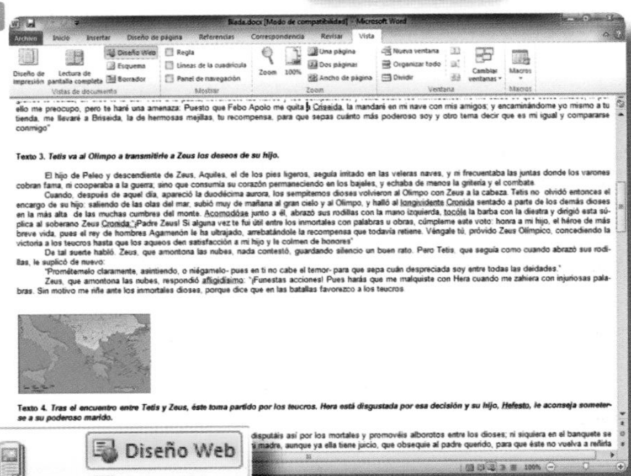

5

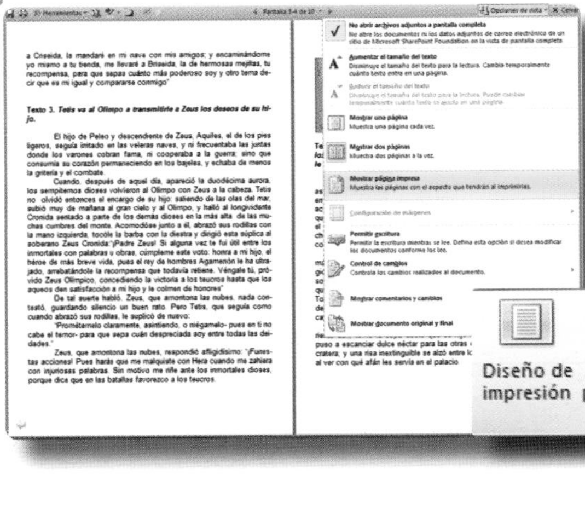

6

8

# Enviar como datos adjuntos por e-mail

## IMPORTANTE

Tenga en cuenta que al utilizar la función **Enviar como datos adjuntos**, el documento de Word se enviará siempre como documento adjunto, por lo que el destinatario del mensaje deberá tener instalado Word para poder abrir el archivo.

MICROSOFT WORD PERMITE CONVERTIR sus documentos en mensajes de correo electrónico, aunque para ello es necesario que su equipo tenga instalado el gestor de correo Microsoft Outlook (incluido en el paquete Office) y, obviamente, que disponga de conexión a Internet y de una cuenta de correo debidamente configurada.

1. En este ejercicio conoceremos el sencillo procedimiento que debemos seguir para enviar un documento de Word como dato adjunto en un mensaje de correo electrónico. Para empezar, haga clic en la pestaña **Archivo** y pulse sobre el comando **Compartir.** [1]
2. La opción **Enviar mediante correo electrónico** del apartado **Compartir** es la que nos permite enviar por correo electrónico una copia del documento abierto de diferentes formas. Esta opción se encuentra seleccionada por defecto, lo que permite visualizar, en el panel de la derecha, las opciones de envío disponibles. Haga clic en la opción **Enviar como datos adjuntos.** [2]
3. Se abre así la ventana de mensaje del programa gestor de correo electrónico Outlook 2010. [3] Observe que en el campo

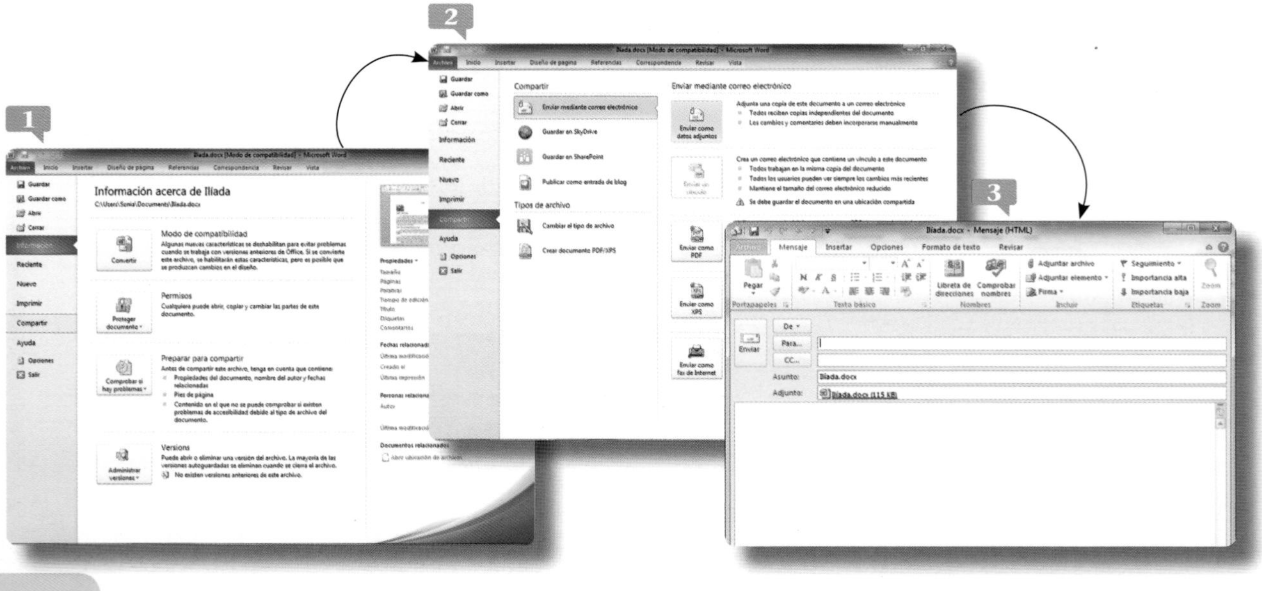

# 020

**Adjunto** aparece el nombre del documento y su tamaño. Sólo tenemos que introducir la dirección de correo electrónico del o los destinatarios del mensaje. En el campo **Para**, escriba esta información. 4

4. Tras rellenar, si lo desea, el campo **Asunto** y escribir un texto como cuerpo del mensaje, pulse el botón **Enviar** para que el mensaje se almacene en la Bandeja de salida de Outlook. 5
5. La novedad que presenta Office 2010 en cuanto a la integración de funciones entre sus programas es, en este caso, el envío inmediato de los documentos. En versiones anteriores, una vez realizado el proceso de envío desde Word, era preciso acceder a Outlook y realizar el envío definitivo. Ahora ya no, puesto que el mensaje se envía al instante. Vamos a comprobarlo. Acceda a Outlook y vea como la Bandeja de salida se encuentra vacía. 6
6. A continuación, acceda del mismo modo a la carpeta de elementos enviados y compruebe como, efectivamente, aparece en ella el mensaje enviado desde Word. 7
7. Termine este ejercicio cerrando Outlook y volviendo a Word 2010.

## IMPORTANTE

Los mensajes enviados desaparecen de la carpeta **Bandeja de salida** y se guardan en la de **Elementos enviados**.

4

5

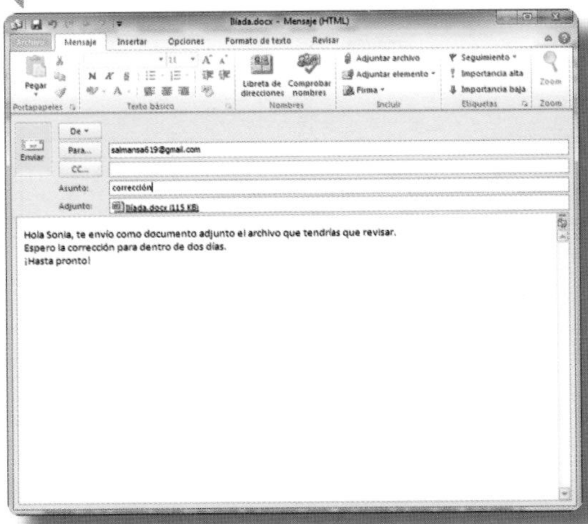


6

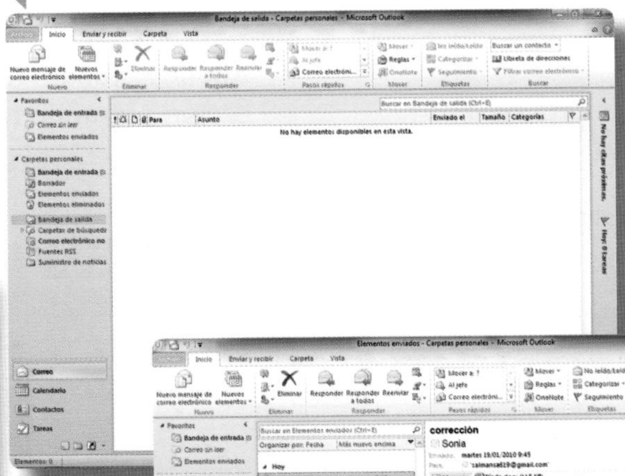


7

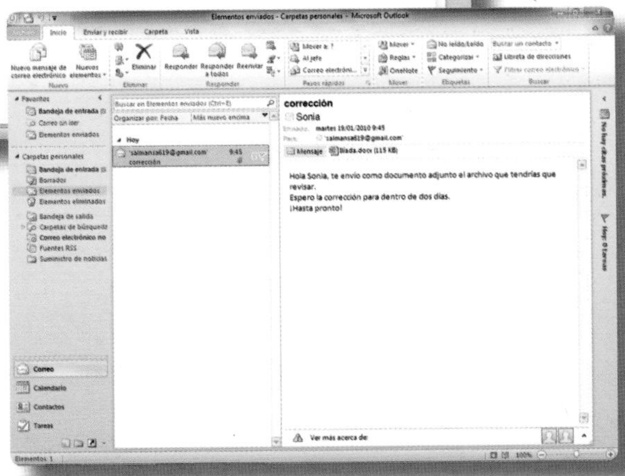

# Enviar como datos adjuntos en PDF o XPS

INCLUIDAS TAMBIÉN EN EL COMANDO COMPARTIR se encuentran las opciones Enviar como PDF y Enviar como XPS, que permiten enviar un documento de Word como archivo adjunto con esos dos formatos de documento portátil.

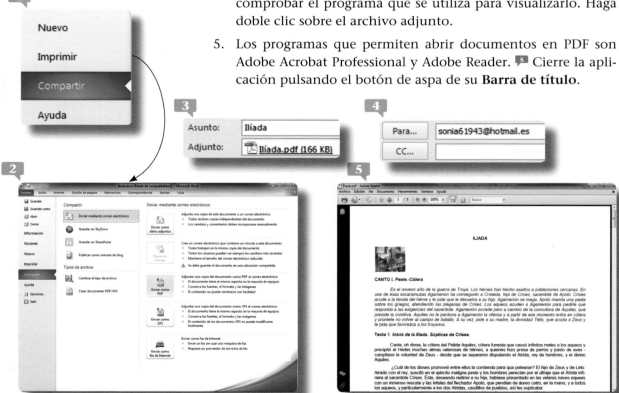

1. Para empezar, haga clic en la pestaña **Archivo** y pulse sobre el comando **Compartir**. 1
2. Dentro del comando **Enviar mediante correo electrónico** del apartado **Compartir**, pulse sobre la opción **Enviar como PDF**. 2
3. Se abre así la ventana de mensaje de Outlook mostrando los campos **Asunto** y **Adjunto** rellenados. 3 En el campo **Para**, escriba la dirección del o los destinatarios. 4
4. Antes de enviar el mensaje, abriremos el archivo adjunto para comprobar el programa que se utiliza para visualizarlo. Haga doble clic sobre el archivo adjunto.
5. Los programas que permiten abrir documentos en PDF son Adobe Acrobat Professional y Adobe Reader. 5 Cierre la aplicación pulsando el botón de aspa de su **Barra de título**.

1

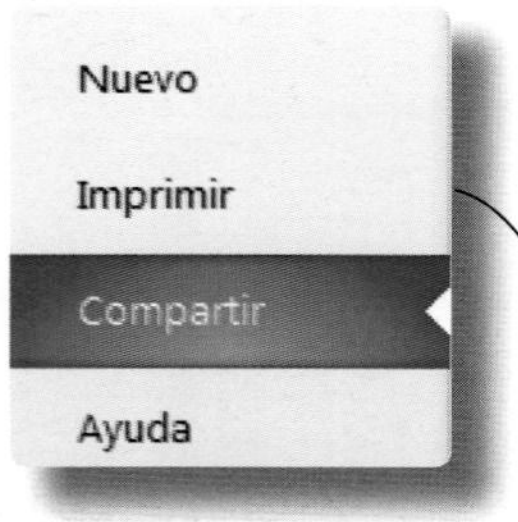


3

4

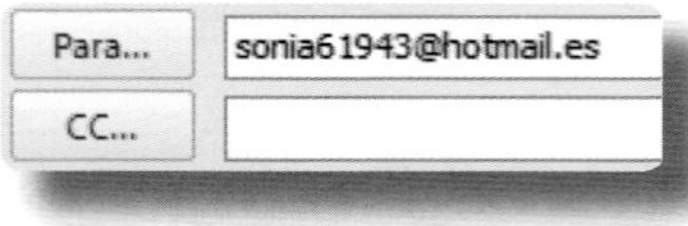


2

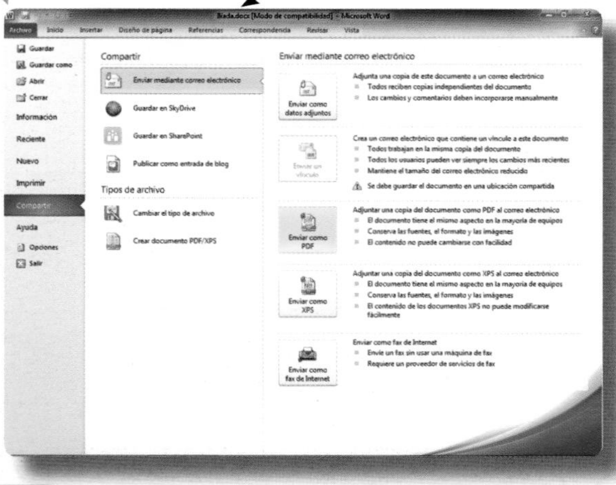

5

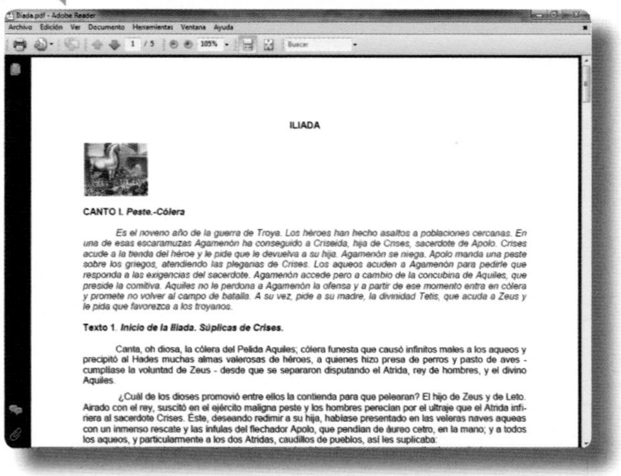

**021**

6. De nuevo en la ventana del mensaje de Outlook, pulse el botón **Enviar**. 6
7. Ahora repetiremos la operación para enviar el documento como archivo adjunto con formato XPS. Despliegue el menú **Archivo**, haga clic en el comando **Compartir** y seleccione la opción **Enviar como XPS**. 7
8. En la ventana del mensaje, haga doble clic sobre el nombre del archivo adjunto .xps para abrirlo. 8
9. En el cuadro de diálogo **Abrir datos adjuntos de correo**, pulse sobre el botón **Abrir**. 9
10. En este caso, el documento se abre en el Visor de XPS. Cierre este programa pulsando el botón de aspa de su **Barra de título**. 10
11. Para acabar este ejercicio en el que hemos aprendido a enviar un documento de Word con formato PDF y XPS, enviaremos definitivamente el mensaje. En el campo **Para** escriba la dirección del destinatario y pulse el botón **Enviar**.

6

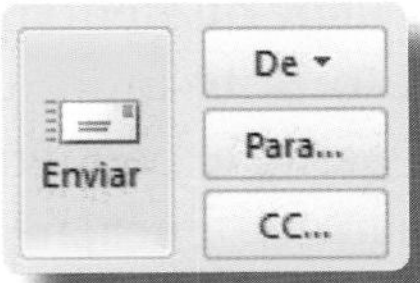


8

9

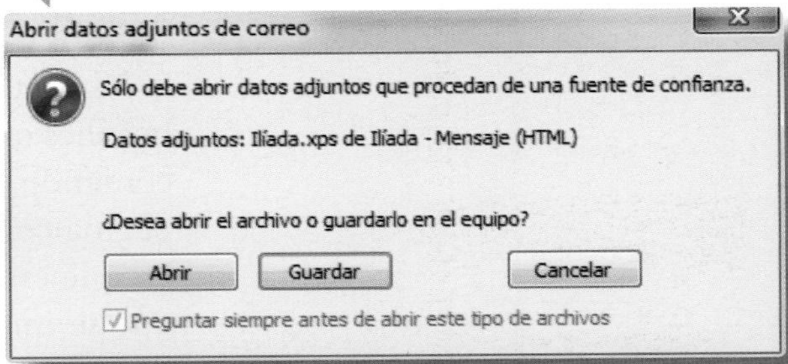


7

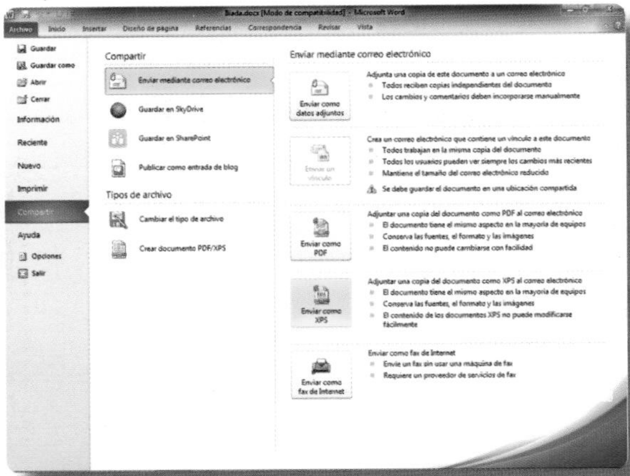

Como recordará, XPS es el formato de documento portátil ideado por Microsoft para facilitar el intercambio de archivos sin pérdida de formato ni de información.

10

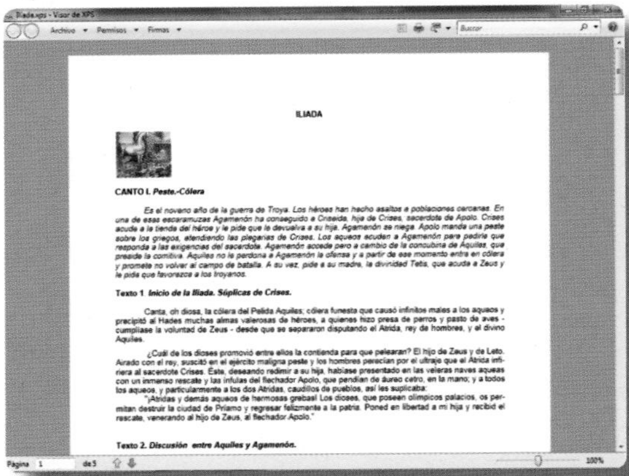

# Configurar página y vista preliminar

> **IMPORTANTE**
>
> Como novedad en la versión 2010 de Word, en el comando **Imprimir** del menú **Archivo** se incluyen todas las opciones de vista previa e impresión del documento. El apartado **Impresora** permite seleccionar la impresora y establecer las propiedades de la impresión, mientras que el apartado **Configuración** cuenta con todos los campos necesarios para modificar parámetros como la orientación, el número de páginas, el papel, etc.

LA VISTA PRELIMINAR MUESTRA EL ASPECTO que tendrá el documento al imprimirlo en un tipo de papel determinado. Las opciones correspondientes al tipo de papel, los márgenes del documento o la orientación de las páginas se definen en el nuevo panel de vista previa de Word 2010, incluido en el menú Archivo.

1. Haga clic en la pestaña **Archivo** y pulse sobre el comando **Imprimir.** [1]
2. Como puede comprobar, ésta es una de las mejoras que incorpora toda la suite de programas de Office 2010, la inclusión en una misma ventana de las opciones de configuración de la página para su impresión y la vista previa del documento. [2] En la parte inferior de la vista preliminar, haga clic sobre la punta de flecha para visualizar así la página siguiente. [3]
3. En la parte inferior derecha de la vista preliminar se encuentran los controles para modificar el zoom. Puede aumentarlo o disminuirlo mediante el botón deslizante o utilizando los botones que muestran un + y un -. [4] Por su parte, el pequeño comando situado a la derecha del zoom permite encajar la página completa en el panel de vista previa en aquellos casos en que ésta haya sido ampliada o reducida. [5] Para conseguir que se impriman dos páginas por hoja, despliegue el último campo del apartado **Configuración** y elija la opción **2 páginas por hoja.** [6]

2

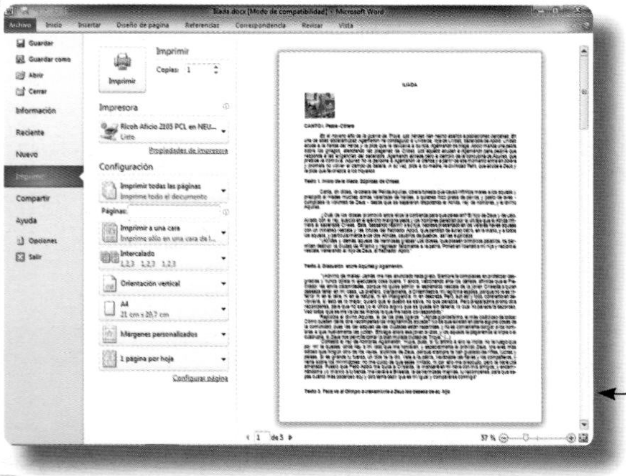

1

3

4

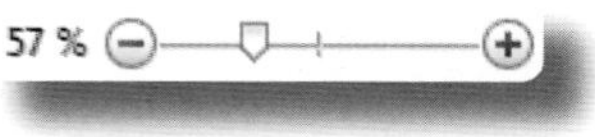


5

6

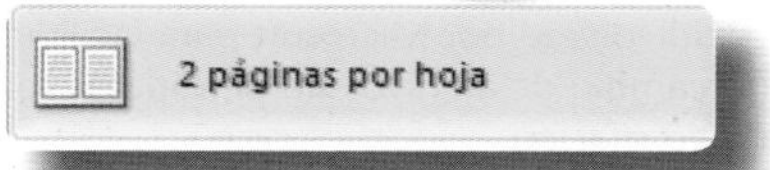

# 022

4. La aparición de la nueva vista denominada Backstage de Office 2010 no ha eliminado el cuadro de diálogo **Configurar página**. Para acceder a este elemento, pulse sobre el vínculo **Configurar página** situado en la parte inferior de las opciones de configuración. 7
5. El cuadro **Configurar página** se abre en la ficha **Márgenes** desde donde pueden modificarse, entre otros parámetros, la orientación y los márgenes del documento. Haga clic en la opción **Horizontal** para cambiar la orientación del papel. 8
6. Pulse ahora sobre la pestaña **Papel**. 9
7. En esta ficha podemos especificar el tamaño del papel que utilizaremos para realizar la impresión. En este caso, mantendremos los valores predeterminados y pasaremos a la tercera ficha. Haga clic sobre la pestaña **Diseño**.
8. A través de esta ficha puede modificar la distancia entre los encabezados y los pies de página y el borde de la misma así como la alineación vertical, determinar si las páginas impresas presentarán bordes o no, etc. Otra de las tareas posibles es la de numerar las líneas del documento. Haga clic sobre el botón **Aceptar** del cuadro de diálogo **Configurar página**.
9. Al volver a la vista Backstage del comando **Imprimir** se reflejan sobre la vista previa del documento todos los cambios realizados en el cuadro de configuración. 10 En este momento, si desea imprimir el documento puede pulsar el botón **Imprimir**; si no, pulse sobre la pestaña **Inicio** para salir de esta vista.

## IMPORTANTE

El grupo de herramientas **Zoom** de la pestaña Vista contiene todas las opciones de visualización del documento.

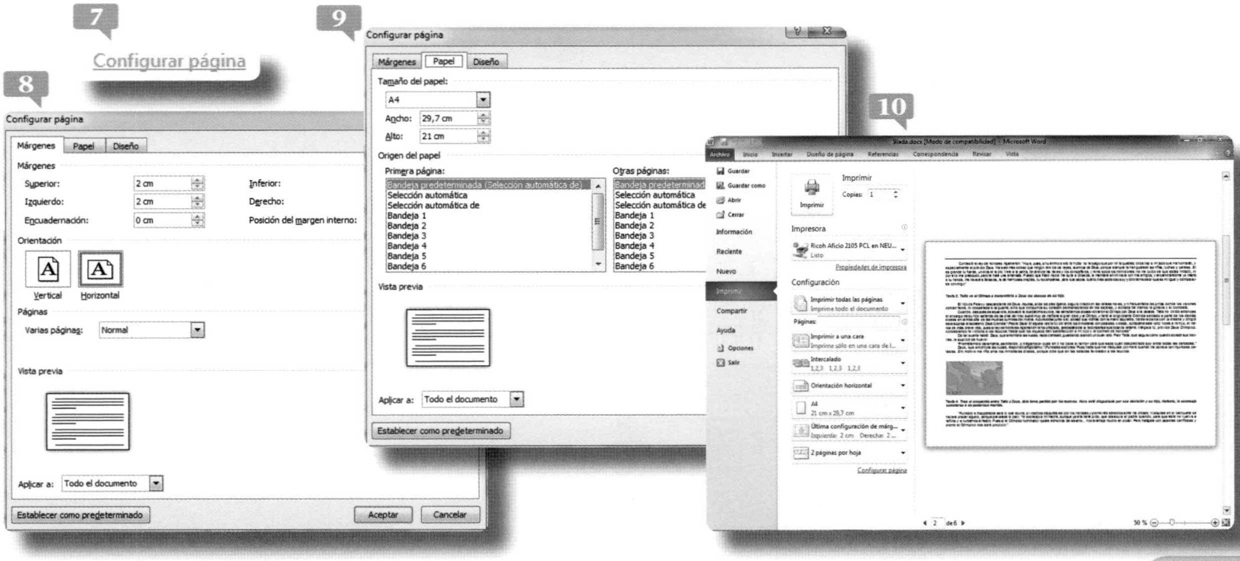

# Configurar las opciones de impresión

IMPORTANTE

Si, por sus dimensiones, el documento sobrepasa el tamaño del papel, el programa divide de forma automática el documento en páginas que se numeran de arriba abajo. Teniendo en cuenta este orden, se seleccionan las páginas a imprimir si no son todas.

EL CUADRO DE DIÁLOGO IMPRIMIR, al que se accede a través del comando del mismo nombre del nuevo menú Archivo, permite establecer una serie de opciones referentes al documento o a la sección del mismo que se vaya a imprimir. La vista Backstage de Office 2010 también permite llevar a cabo la mayoría de las opciones de impresión.

1. En este ejercicio veremos cuáles son algunas de las características de impresión que se pueden modificar antes de proceder a la impresión de un documento. Para ello, puede utilizar cualquier documento de Word que tenga almacenado en su equipo o continuar trabajando con el denominado **Ilíada.docx**, que ya sabe que puede encontrar en nuestra página web. Una vez abierto, vamos a seleccionar un fragmento de texto. Haga clic al inicio del texto, pulse la tecla **Mayúsculas** y, sin soltarla, haga clic al final del párrafo que desee seleccionar. 1
2. Haga clic en la pestaña **Archivo** y pulse sobre el comando **Imprimir.** 2
3. Como vimos en el ejercicio anterior, es posible configurar el documento para su impresión directamente desde este nuevo

1

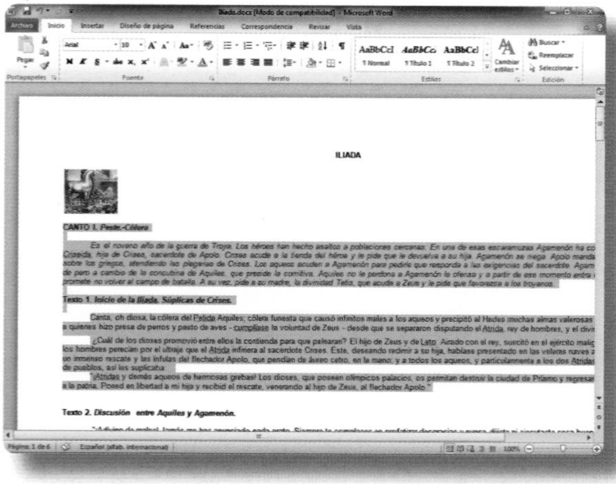

2

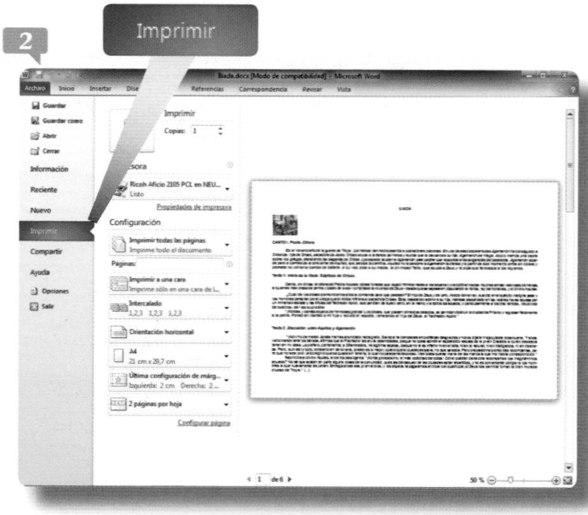

panel. En el campo **Copias** del apartado **Imprimir** está establecido por defecto en 1 el número de copias a realizar y que dicho número aparece seleccionado. Inserte directamente el valor **2** para que figure como número de copias. 3

4. En el primer campo del apartado **Configuración** puede decidir si imprimir todo el documento, solamente la página actual o visible en estos momentos, o la selección del texto en caso de que la haya. En este caso imprimiremos la selección. Despliegue dicho campo y elija la opción **Imprimir selección.** 4
5. Ahora suponga que le interesa cambiar la orientación de la página. En el mismo apartado **Configuración**, despliegue el campo destinado a la orientación y elija la opción que desee. 5
6. La impresora que se encuentra configurada como predeterminada en el equipo se muestra en el apartado **Impresora**. Para acceder al cuadro de propiedades del dispositivo, pulse sobre el vínculo **Propiedades de impresora.** 6
7. Se abre el cuadro de propiedades de la impresora, mostrando el contenido de la ficha **Papel/Calidad**. Compruebe el contenido de las otras fichas, **Presentación** y **Trabajo/Registro**, y pulse el botón **Aceptar** para salir del cuadro. 7
8. Para imprimir el documento o la selección con las características especificadas, pulse el botón **Imprimir.** 8

023

## IMPORTANTE

La opción **Intercalado** del apartado **Configuración** permite, al indicar que se realice más de una copia, que la impresión se realice consecutivamente. Eso significa que si ha indicado que desea tres copias de dos páginas, primero saldrá el primer bloque de las dos páginas y después el segundo.

6

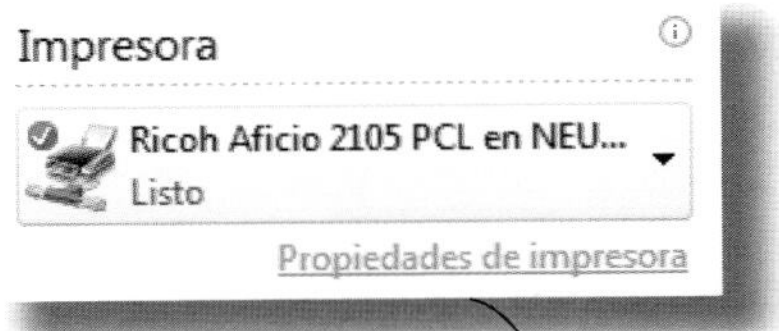


3

5

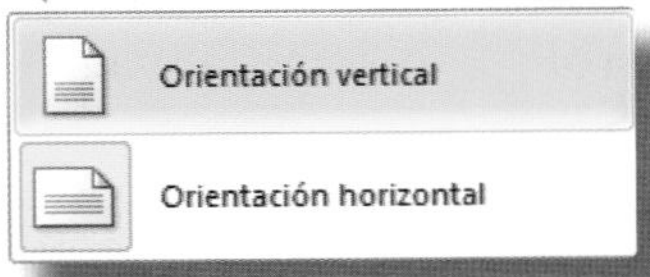


7

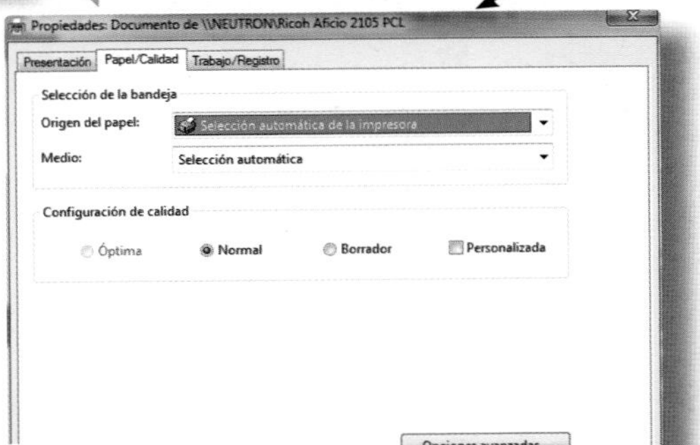


4

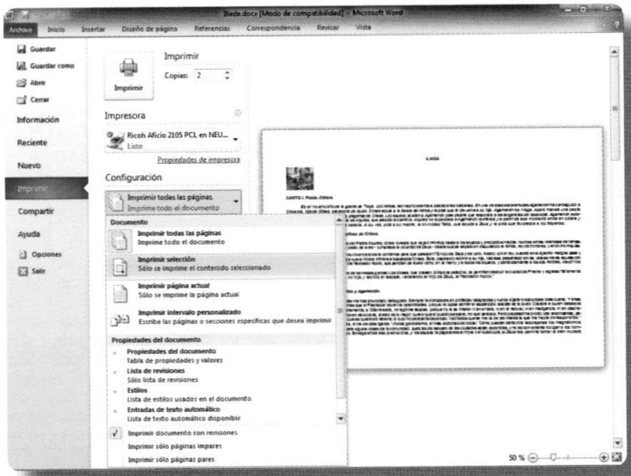

8

# Seleccionar texto (con el ratón y el teclado)

SELECCIONAR TEXTO ES UNA DE LAS ACCIONES básicas que se llevan a cabo en Microsoft Word y, al mismo tiempo, es también una de las operaciones más importantes y fundamentales. El motivo es que muchas de las tareas y funciones que se realizan en este programa requieren de una previa selección de texto para poder llevarse a cabo.

1. En este ejercicio aprenderemos a seleccionar texto tanto con el ratón como con el teclado. Para ello, le recomendamos que descargue de nuestra página un nuevo documento denominado **pista.docx**, el cual cuenta con una cantidad importante de texto. Cuando disponga de él abierto en Word 2010, haga clic al inicio de la segunda línea del documento y, sin soltar el botón del ratón, arrastre el puntero hasta seleccionar la mitad de la palabra siguiente. 1
2. A continuación, veremos cómo seleccionar una única palabra. Haga doble clic sobre alguna palabra del texto. 2
3. Ahora aprenderemos a seleccionar una frase entera, desde que empieza hasta que acaba con un punto. Para ello, haga clic delante de una palabra que inicie una frase, pulse la tecla **Control** y, sin soltarla, haga clic sobre la misma palabra. 3

## IMPORTANTE

La mayoría de atributos de formato, así como las funciones de edición e incluso algunas de inserción tan sólo se pueden aplicar si se ha realizado una selección de texto o de cualquier otro elemento que forme parte del documento. Ésta es una de las razones por las cuales al realizar una selección aparece la **Barra de herramientas mini**.

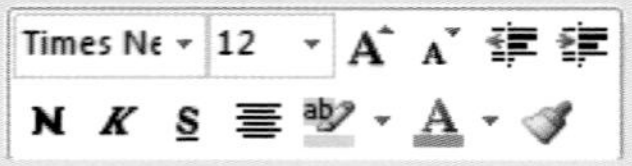


1

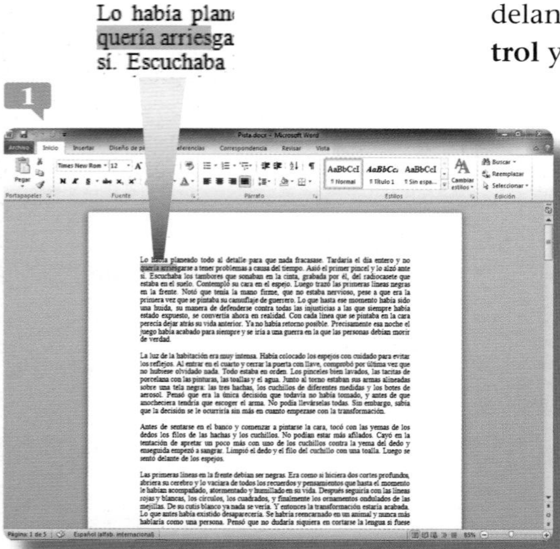


El sistema de arrastre con el ratón puede utilizarse para seleccionar cualquier cantidad de texto, hasta el documento entero.

2

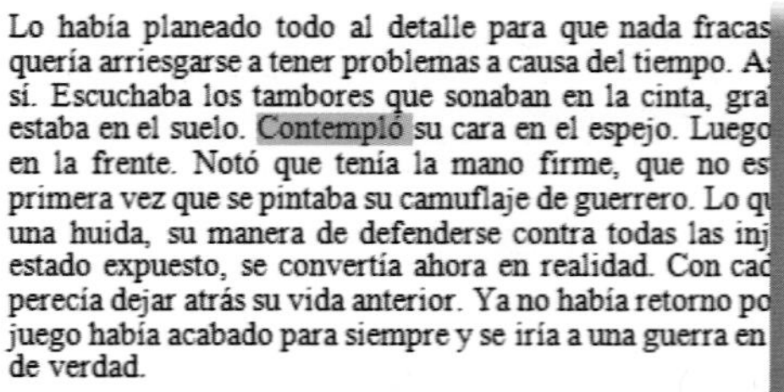

Lo había planeado todo al detalle para que nada fracas
quería arriesgarse a tener problemas a causa del tiempo. A
sí. Escuchaba los tambores que sonaban en la cinta, gra
estaba en el suelo. Contempló su cara en el espejo. Luego
en la frente. Notó que tenía la mano firme, que no es
primera vez que se pintaba su camuflaje de guerrero. Lo q
una huida, su manera de defenderse contra todas las inj
estado expuesto, se convertía ahora en realidad. Con cad
perecía dejar atrás su vida anterior. Ya no había retorno po
juego había acabado para siempre y se iría a una guerra en
de verdad.

3

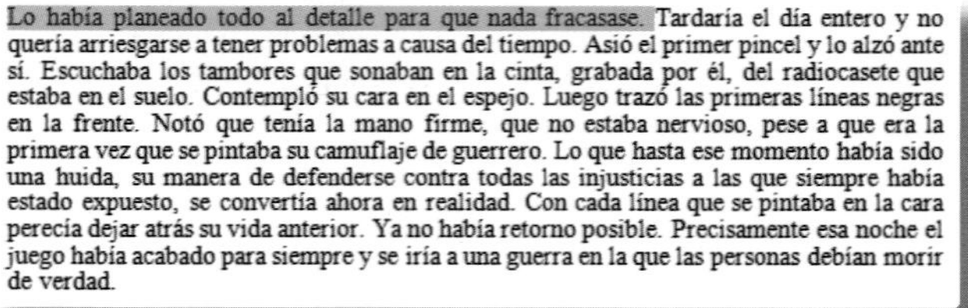

Lo había planeado todo al detalle para que nada fracasase. Tardaría el día entero y no quería arriesgarse a tener problemas a causa del tiempo. Asió el primer pincel y lo alzó ante sí. Escuchaba los tambores que sonaban en la cinta, grabada por él, del radiocasete que estaba en el suelo. Contempló su cara en el espejo. Luego trazó las primeras líneas negras en la frente. Notó que tenía la mano firme, que no estaba nervioso, pese a que era la primera vez que se pintaba su camuflaje de guerrero. Lo que hasta ese momento había sido una huida, su manera de defenderse contra todas las injusticias a las que siempre había estado expuesto, se convertía ahora en realidad. Con cada línea que se pintaba en la cara perecía dejar atrás su vida anterior. Ya no había retorno posible. Precisamente esa noche el juego había acabado para siempre y se iría a una guerra en la que las personas debían morir de verdad.

# 024

4. La selección siguiente corresponderá a una línea entera, sea o no una frase completa. Haga clic sobre el margen blanco situado a la izquierda de alguna línea del documento. 4
5. Otra forma de seleccionar un fragmento de texto consiste en pulsar la tecla **Mayúsculas** y, sin soltarla, hacer clic al final de la última palabra del fragmento. Haga clic delante de la primera palabra del texto, pulse la mencionada tecla y, sin soltarla haga clic detrás de la palabra que cierra el párrafo. 5
6. A continuación, veremos cómo seleccionar con el ratón el documento entero. Haga clic tres veces seguidas en el margen izquierdo de la primera línea del documento. 6
7. La combinación del ratón y el teclado permite seleccionar al mismo tiempo palabras que no sean consecutivas ni pertenezcan a la misma fila. Veamos cómo hacerlo. Haga doble clic sobre cualquier palabra del documento, pulse la tecla **Control** y, sin soltarla, haga doble clic sobre otra palabra. 7
8. Seguidamente, seleccionaremos una palabra utilizando para ello sólo el teclado. Haga clic al inicio de la palabra que desee seleccionar, pulse la tecla **Mayúsculas** y, sin soltarla, pulse las veces consecutivas que haga falta la **tecla de dirección hacia la derecha** hasta seleccionar toda la palabra. 8
9. Por último, seleccionaremos las tres primeras líneas de un párrafo. Tras situarse al inicio de alguno de los párrafos del documento, pulse la tecla **Mayúsculas** y, sin soltarla, pulse tres veces la **tecla de dirección hacia abajo**. 9

## IMPORTANTE

Es importante saber que el sistema de selección efectuado con el ratón y la tecla **Control** también puede combinarse con la selección de una línea, un párrafo o bien con la selección de cualquier fragmento de texto incluso si se selecciona arrastrando el puntero.

7

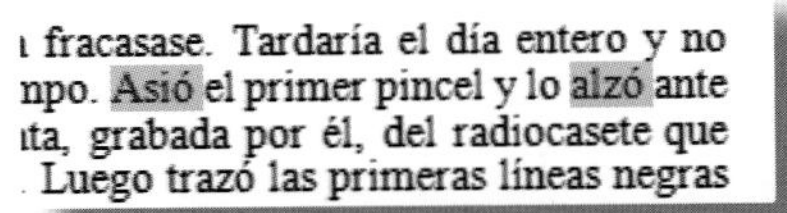
ı fracasase. Tardaría el día entero y no
npo. Asió el primer pincel y lo alzó ante
ıta, grabada por él, del radiocasete que
. Luego trazó las primeras líneas negras

4

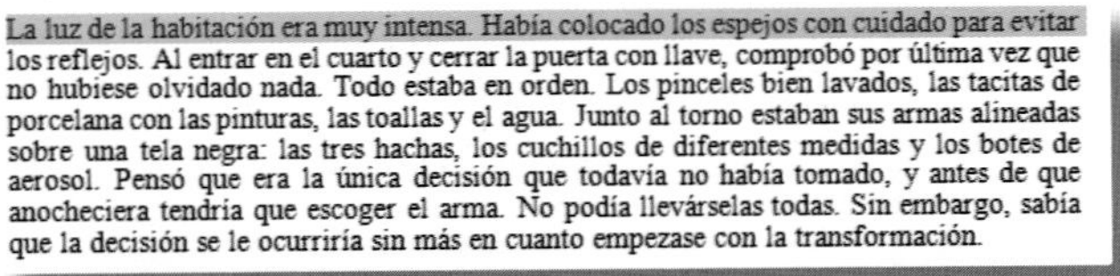
La luz de la habitación era muy intensa. Había colocado los espejos con cuidado para evitar los reflejos. Al entrar en el cuarto y cerrar la puerta con llave, comprobó por última vez que no hubiese olvidado nada. Todo estaba en orden. Los pinceles bien lavados, las tacitas de porcelana con las pinturas, las toallas y el agua. Junto al torno estaban sus armas alineadas sobre una tela negra: las tres hachas, los cuchillos de diferentes medidas y los botes de aerosol. Pensó que era la única decisión que todavía no había tomado, y antes de que anocheciera tendría que escoger el arma. No podía llevárselas todas. Sin embargo, sabía que la decisión se le ocurriría sin más en cuanto empezase con la transformación.

6

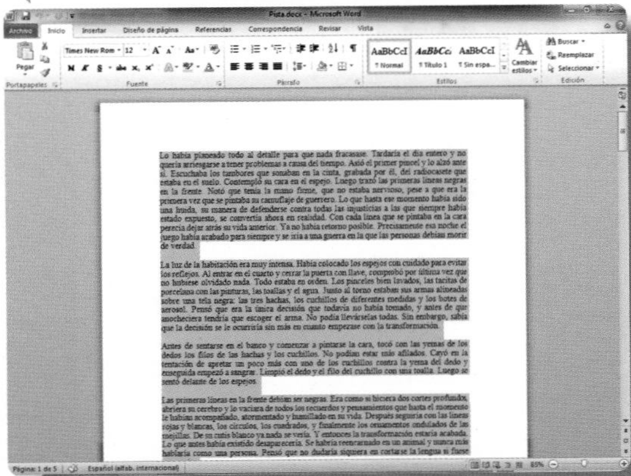

5

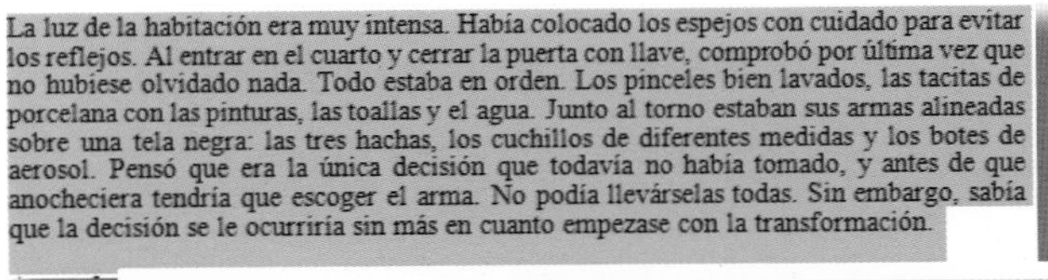
La luz de la habitación era muy intensa. Había colocado los espejos con cuidado para evitar los reflejos. Al entrar en el cuarto y cerrar la puerta con llave, comprobó por última vez que no hubiese olvidado nada. Todo estaba en orden. Los pinceles bien lavados, las tacitas de porcelana con las pinturas, las toallas y el agua. Junto al torno estaban sus armas alineadas sobre una tela negra: las tres hachas, los cuchillos de diferentes medidas y los botes de aerosol. Pensó que era la única decisión que todavía no había tomado, y antes de que anocheciera tendría que escoger el arma. No podía llevárselas todas. Sin embargo, sabía que la decisión se le ocurriría sin más en cuanto empezase con la transformación.

9

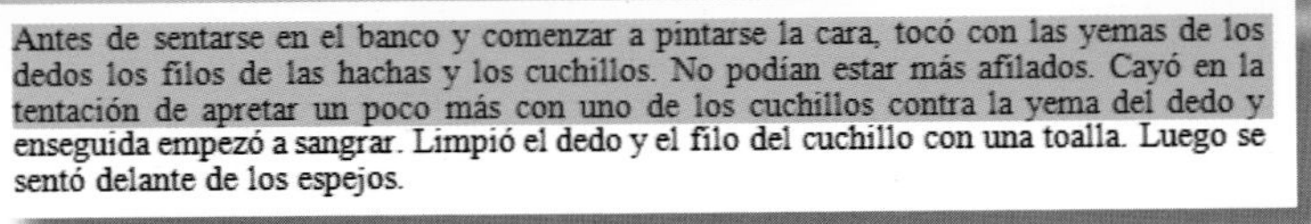
Antes de sentarse en el banco y comenzar a pintarse la cara, tocó con las yemas de los dedos los filos de las hachas y los cuchillos. No podían estar más afilados. Cayó en la tentación de apretar un poco más con uno de los cuchillos contra la yema del dedo y enseguida empezó a sangrar. Limpió el dedo y el filo del cuchillo con una toalla. Luego se sentó delante de los espejos.

8

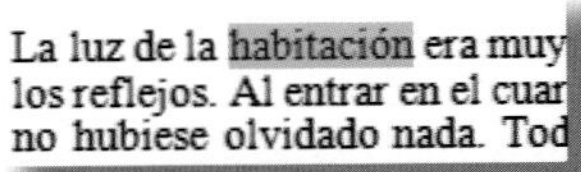
La luz de la habitación era muy
los reflejos. Al entrar en el cuar
no hubiese olvidado nada. Tod

# Copiar y pegar

## IMPORTANTE

Al utilizar la opción **Copiar** de Word, el elemento seleccionado permanece en el Portapapeles de Office listo para ser pegado en una nueva ubicación, que puede encontrarse dentro del mismo documento o en otro.

LA FUNCIÓN COPIAR PERMITE AHORRAR la introducción de un mismo texto o elemento varias veces, agilizando así la creación o edición de un documento. Tanto la función Copiar como la función Pegar se encuentran en la ficha Inicio de la Cinta de opciones, concretamente en el grupo de herramientas Portapapeles.

1. En este ejercicio, veremos las diferentes maneras de copiar y pegar un fragmento de texto. Continuaremos trabajando sobre el documento **Pista.docx**. Para empezar, seleccionaremos la primera frase del documento activo. Sitúese al inicio del documento pulsando la combinación de teclas **Ctrl. + Inicio**, pulse la tecla **Mayúsculas** y, sin soltarla, haga clic detrás del primer punto. [1]
2. Pulse el botón **Copiar** situado en el grupo de herramientas **Portapapeles** de la ficha **Inicio**, en la **Cinta de opciones**, y representado por dos hojas escritas. [2]
3. A continuación, vamos a pegar el elemento copiado al final del documento activo. Pulse la combinación de teclas **Ctrl. + Fin** [3] y haga clic sobre el icono **Pegar** del grupo de herramientas **Portapapeles**. [4]

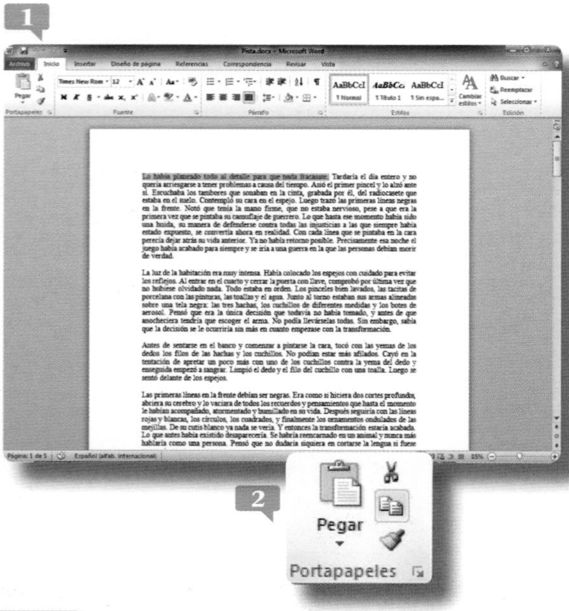


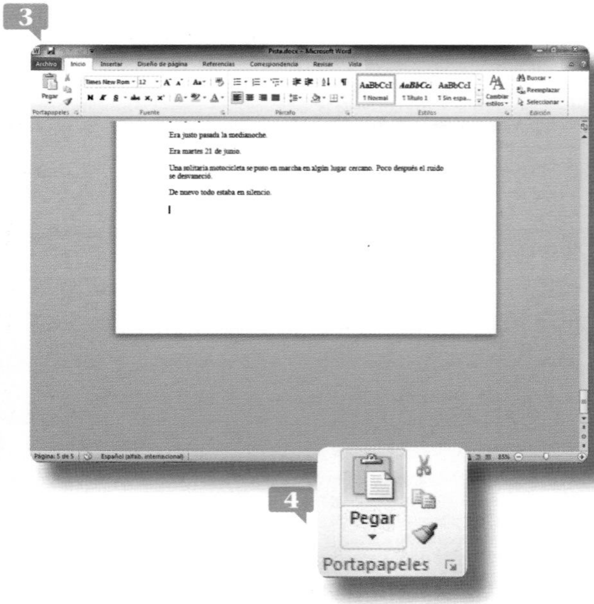

# 025

4. Al pegar cualquier elemento, aparece la etiqueta inteligente **Opciones de pegado.** [5] Como le dedicaremos un ejercicio entero a las opciones que incluye, ahora la ocultaremos. Pulse la tecla **Retorno**.
5. A continuación, demostraremos que el texto copiado se ha almacenado en el Portapapeles de modo que, hasta que no cerremos todos los programas de Office que estén abiertos, dicha información podrá continuar siendo pegada. Esta vez, ejecutaremos la función **Pegar** usando el atajo de teclado adecuado. Pulse la combinación de teclas **Ctrl.+V.** [6]
6. Word ha pegado de nuevo la información copiada anteriormente sin necesidad de realizar la misma operación por segunda vez. El siguiente paso será pegar el texto copiado en otro documento. Para ello, puede abrir el documento **Ilíada.docx**, con el que hemos trabajado anteriormente, cualquier otro archivo de Word que tenga almacenado en su equipo o uno en blanco. Cuando disponga de él, sitúese al final del documento pulsando la combinación de teclas **Ctrl + Fin** y haga clic de nuevo sobre el icono **Pegar** del grupo de herramientas **Portapapeles**.
7. Nuevamente, el programa ha insertado el texto copiado allí donde figuraba el cursor. [7] Pulse la tecla **Retorno** para ocultar la etiqueta inteligente.

## IMPORTANTE

Puede acceder al contenido del Portapapeles pulsando sobre el iniciador de cuadro de diálogo del grupo de herramientas Portapapeles. De esta forma se abre este elemento en forma de panel mostrando su contenido.

Pegar
Portapapeles

5

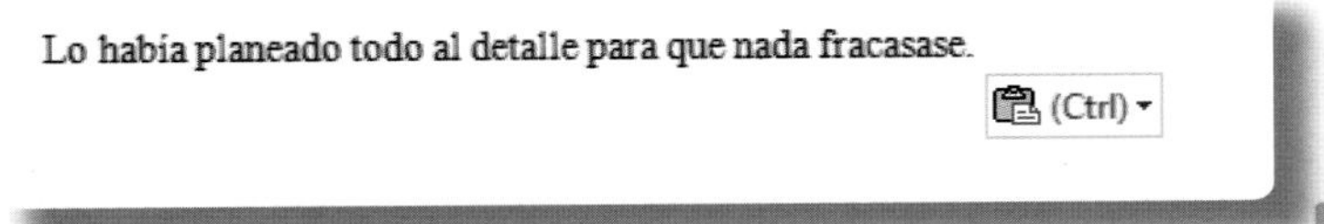
Lo había planeado todo al detalle para que nada fracasase.
(Ctrl)

6

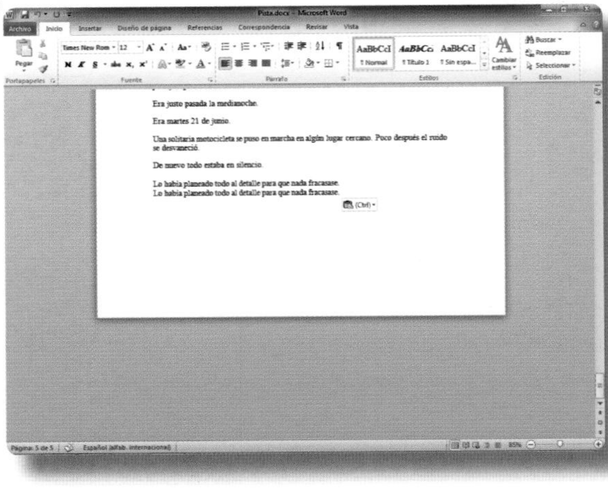

7

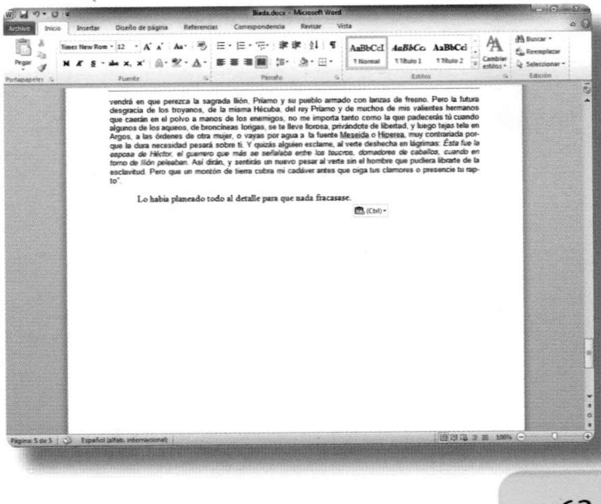

# Cortar y pegar

## IMPORTANTE

La combinación de teclas que corresponde a la función **Cortar** de Word es **Ctrl. + X**, y la combinación que corresponde a la función **Copiar** es **Ctrl. + C**. **Ctrl. + V** es la que se utiliza para pegar los elementos copiados o cortados.

LA FUNCIÓN CORTAR ELIMINA LA INFORMACIÓN cortada y la almacena en el Portapapeles de Office a la espera de ser utilizada. Así pues, al cortar un fragmento de texto éste desaparece de su ubicación original y no vuelve a mostrarse en pantalla hasta que se pega en algún otro sitio.

1. En este ejercicio comprobaremos la diferencia que existe entre la función **Copiar**, con la que hemos trabajado en el ejercicio anterior, y la función **Cortar**. Para empezar, seleccione la última frase pegada en el documento **Pista.docx** (o en el documento que haya utilizado en el ejercicio anterior). 1
2. En la ficha **Inicio** de la **Cinta de opciones**, pulse sobre la herramienta **Cortar**, cuyo icono muestra unas tijeras en el grupo de herramientas **Portapapeles** de esta ficha. 2
3. El texto ha desaparecido de su ubicación original y ha pasado a almacenarse temporalmente en el Portapapeles de Office, a la espera de ser pegado en otro lugar. A continuación, nos desplazaremos al inicio del documento para pegar en esa parte la información cortada. Pulse la combinación de teclas **Ctrl. + Inicio**. 3
4. Seguidamente, pulse el icono **Pegar** situado también en el grupo de herramientas **Portapapeles** de la ficha **Inicio**. 4

1

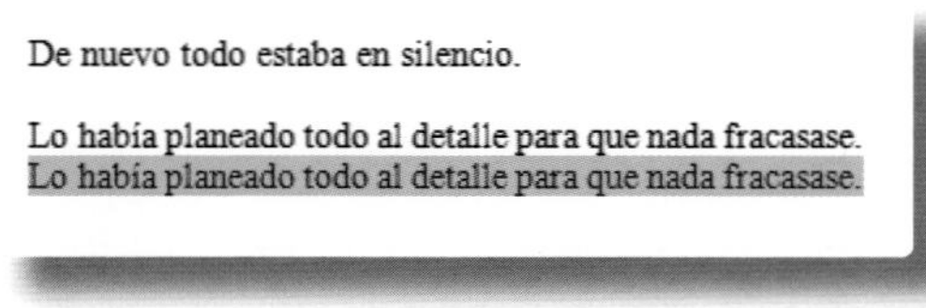
De nuevo todo estaba en silencio.
Lo había planeado todo al detalle para que nada fracasase.
Lo había planeado todo al detalle para que nada fracasase.

2

Pegar
Portapapeles

3

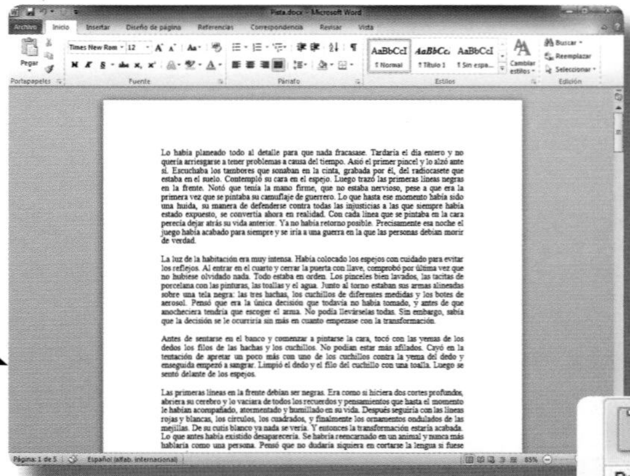

4

Pegar
Portapapeles

# 026

5. El texto que cortamos anteriormente y que desapareció de su ubicación original aparece al inicio del documento. [5] De este modo, la combinación de los comandos **Cortar** y **Pegar** ha funcionado, en este caso, como si hubiéramos movido el texto de lugar. Ahora comprobaremos si la misma información que acabamos de pegar también podemos pegarla en otro documento distinto. Para ello, abra el documento **Ilíada.docx** o cualquier otro documento en blanco. [6]
6. Para pegar el fragmento de texto cortado, que permanece en el Portapapeles de Office, pulse la combinación de teclas **Ctrl.+V.** [7]
7. El siguiente paso demostrará las diferencias existentes entre cortar y eliminar. Seleccione cualquier frase del documento y pulse la tecla **Suprimir**.
8. Si ahora deseáramos recuperar toda la información que acabamos de eliminar tan sólo tendríamos la opción de ejecutar el comando **Deshacer**. A continuación, intentaremos ejecutar la función **Pegar** para comprobar qué sucede. Pulse de nuevo la combinación de teclas **Ctrl.+V.** [8]

El programa vuelve a pegar el fragmento de texto cortado, que continuará en el Portapapeles hasta que lo eliminemos manualmente de este elemento.

**IMPORTANTE**

Si se desea seleccionar todo el documento entero, tan sólo es preciso pulsar la combinación de teclas **Control + E.**

5

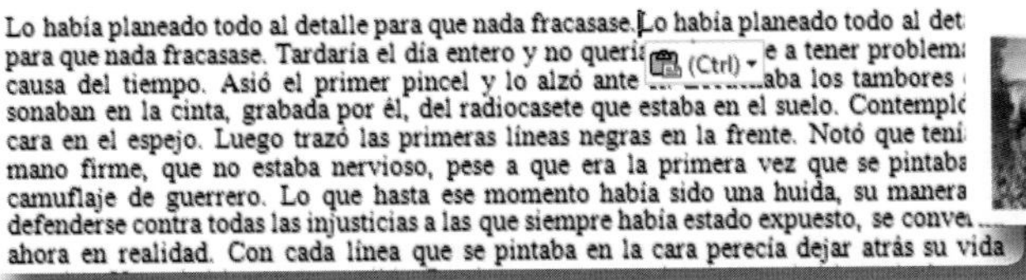
Lo había planeado todo al detalle para que nada fracasase.Lo había planeado todo al det
(Ctrl)

7

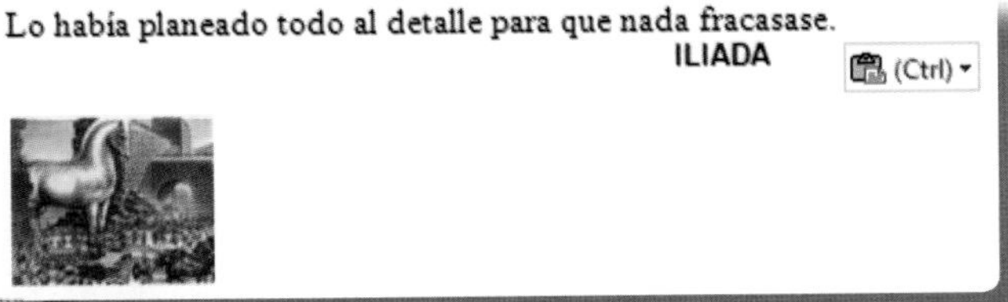
Lo había planeado todo al detalle para que nada fracasase.
ILIADA
(Ctrl)

6

Documentos recientes

8

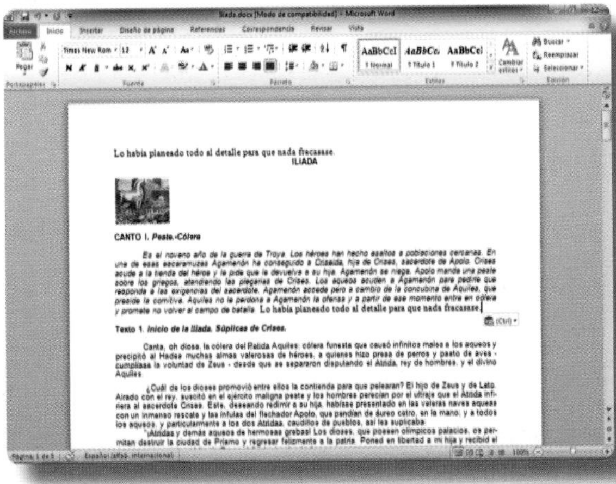

# Trabajar con las opciones de pegado

## IMPORTANTE

Entre las opciones presentadas por la etiqueta **Opciones de pegado**, es posible elegir entre pegar únicamente el contenido, pegar la información cortada o copiada manteniendo tanto el contenido como el formato original, hacerlo de manera que ésta se adapte al formato de la ubicación de destino, etc. Aunque éstas suelen ser las opciones más comunes de esta etiqueta, debe saber que no siempre son las mismas ya que pueden variar dependiendo del elemento que se haya cortado o copiado.

LA ETIQUETA INTELIGENTE QUE APARECE junto a los fragmentos de texto o elementos que se pegan en un documento se denomina Opciones de pegado e incluye una serie de opciones que permiten al usuario escoger la manera en que desea pegar la información copiada o cortada.

1. En este ejercicio, puede trabajar sobre un documento nuevo o sobre el que ha estado utilizando en los ejercicios anteriores. Para empezar, sitúese al final del documento pulsando la combinación de teclas **Ctrl. + Fin**.
2. Si el fragmento de texto cortado en el ejercicio anterior continúa aún en el Portapapeles, pulse directamente el comando **Pegar** del grupo de herramientas **Portapapeles**. De no ser así, copie cualquier otro fragmento y péguelo en el nuevo documento.
3. Como siempre que hemos utilizado la función **Pegar**, ha aparecido, al final del fragmento pegado, una etiqueta inteligente, llamada **Opciones de pegado**. Pulse sobre la etiqueta inteligente para ver todas las opciones que ofrece.
4. La novedad en la versión 2010 de Word respecto a las opciones de pegado no se encuentra en el contenido de la etiqueta

1

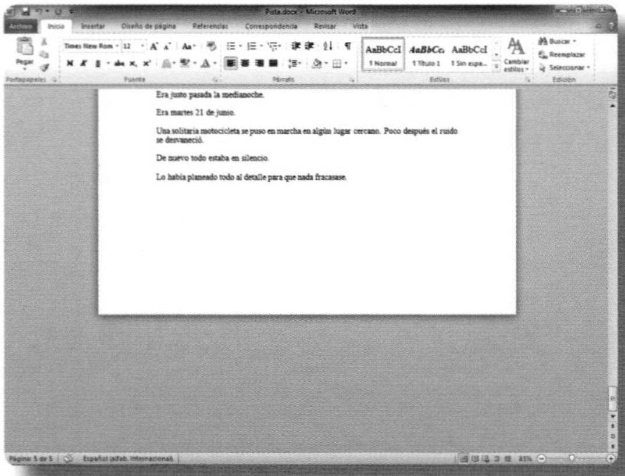

Tanto la etiqueta **Opciones de pegado** como las otras etiquetas inteligentes que ofrece Office pretenden facilitar el trabajo al usuario.

3

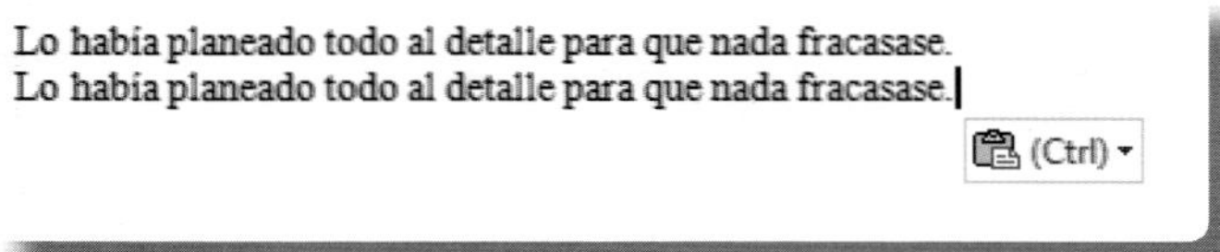


2

4

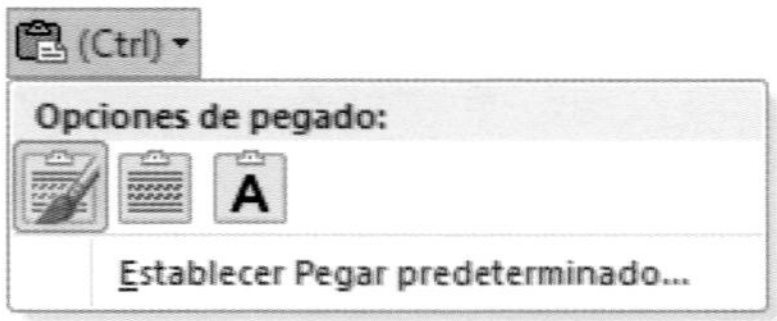

027

sino en el modo de presentar sus opciones, en forma de iconos La opción seleccionada en este momento, **Mantener formato de origen**, pega en la ubicación de destino tanto el formato original de la información cortada como su contenido, es decir, el texto en sí. Vamos a cambiar dicha opción. Pulse sobre el tercer icono, **Mantener sólo texto.** [5]

5. Comprobemos ahora cuál es el funcionamiento del resto de opciones de la etiqueta inteligente. Pulse de nuevo sobre la etiqueta inteligente **Opciones de pegado** y haga clic sobre el segundo icono, correspondiente a la opción **Combinar formato.** [6]
6. De este modo el fragmento pegado adopta el formato aplicado al lugar donde se pega. Haga clic de nuevo sobre la etiqueta inteligente **Opciones de pegado** y pulse esta vez sobre la opción **Establecer Pegar predeterminado.** [7]
7. El programa abre ahora el cuadro **Opciones de Word** en la ficha **Avanzadas**, mostrando las opciones correspondientes a las operaciones de copia, corte y pegado. [8] Mantendremos estas opciones de pegado tal y como aparecen por defecto. Haga clic en la parte inferior de la **Barra de desplazamiento vertical.**
8. Observe que la opción **Mostrar el botón Opciones de pegado al pegar contenido** se encuentra marcada por defecto, por lo que al pegar el fragmento de texto cortado o copiado hemos podido ver la mencionada etiqueta. [9] Cierre el cuadro **Opciones de Word** pulsando el botón **Aceptar**.

## IMPORTANTE

En el apartado **Cortar, copiar y pegar** del cuadro **Opciones de Word** en la ficha **Avanzadas** podemos establecer el modo en que los fragmentos de texto cortados o copiados se pegarán en el documento de manera predeterminada.

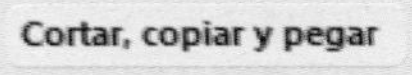


5

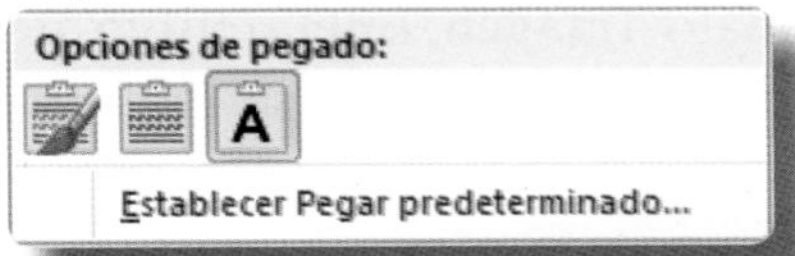


6

7

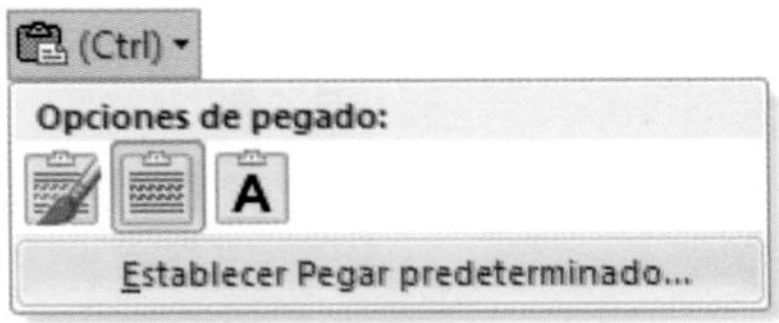


8

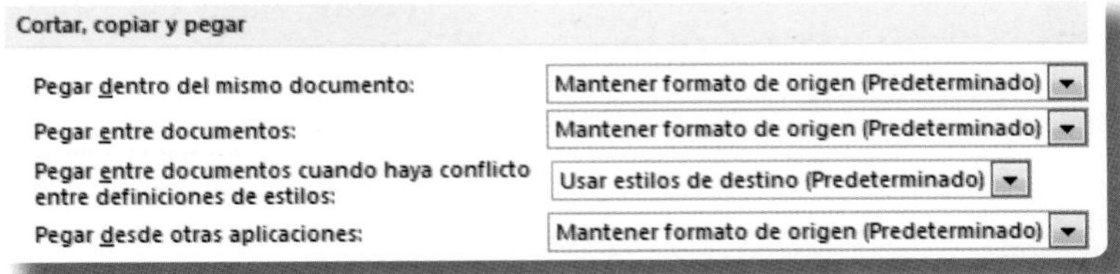


9

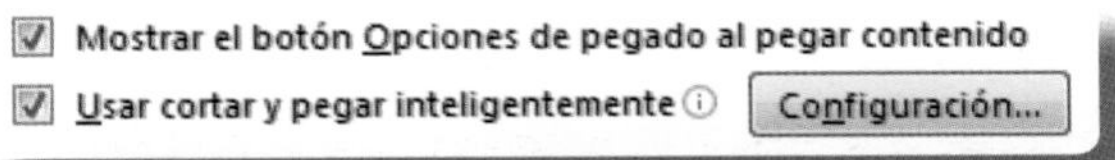

# Efectuar pegados especiales

## IMPORTANTE

La opción **Pegado especial,** que en versiones anteriores de Word encontrábamos en el menú **Edición,** se ha incluido ahora dentro del botón **Pegar** de la ficha **Inicio.**

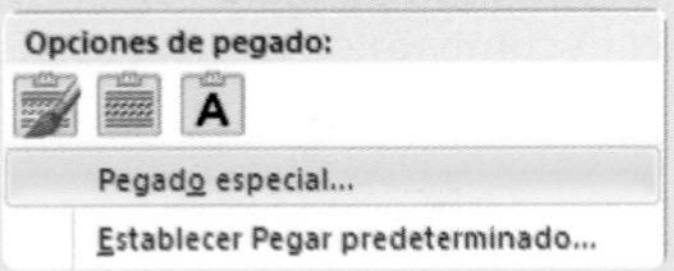


EL BOTÓN PEGAR QUE ENCONTRAMOS en el grupo de herramientas Portapapeles de la ficha Inicio sólo se activa cuando existe algún elemento en el Portapapeles de Office, esto es, cuando se ha cortado o copiado un fragmento de texto, una imagen, una tabla o cualquier otro componente de un archivo.

1. En este ejercicio conoceremos la utilidad de las opciones especiales de pegado. Para empezar, seleccionaremos un fragmento del texto y lo copiaremos en el Portapapeles de Office. Sobre el documento **Pista.docx**, haga clic en el margen izquierdo de la penúltima frase del documento para seleccionarla entera y pulse la combinación de teclas **Ctrl.+ C** para copiarla. 1
2. A continuación, y tras situar el cursor en la última línea en blanco del documento, haga clic en el botón de punta de flecha del comando **Pegar** del grupo de herramientas **Portapapeles** para ver las opciones que incluye. 2
3. El comando **Pegar** esconde el panel **Opciones de pegado**, aunque con una opción adicional: **Pegado especial**. Pulse sobre dicha opción. 3
4. Esta herramienta abre el cuadro de diálogo **Pegado especial**, donde podemos seleccionar el formato en que vamos a pegar el fragmento copiado. Mantenga seleccionada la opción **Pegar**, haga clic sobre el formato **Imagen (metarchivo de Windows)**, de modo que el fragmento copiado se inserte a

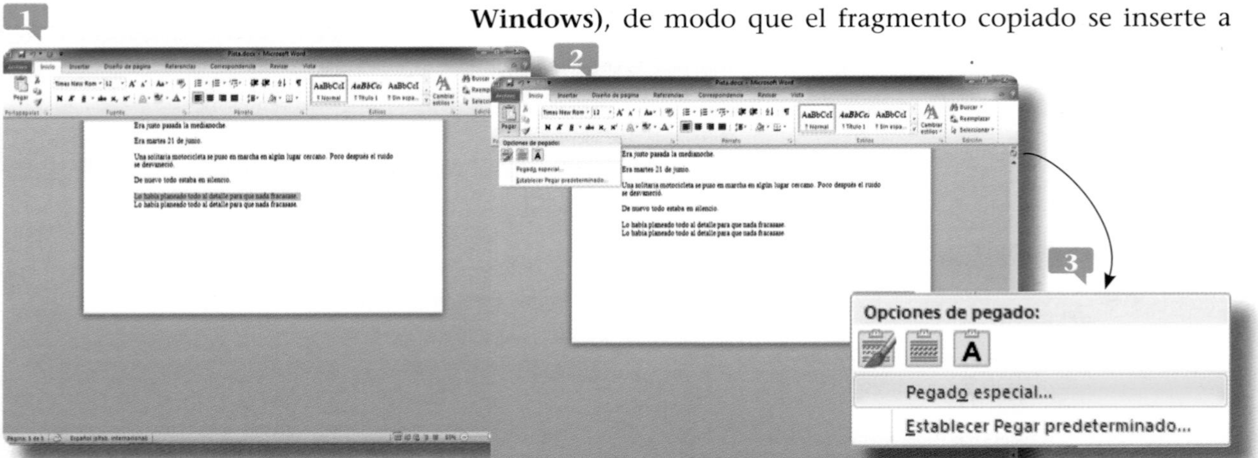

028

modo de imagen de metarchivo de Windows, y pulse el botón **Aceptar**. 4

5. Para comprobar que el fragmento pegado actúa como una imagen, haga clic sobre él. 5
6. Observe que en la **Cinta de opciones** aparece la ficha contextual **Herramientas de imagen**, lo que certifica que el elemento seleccionado es una imagen. Pulse la tecla **Suprimir** para eliminar el texto copiado.
7. Para acabar, veremos cómo actúa la herramienta **Pegar vínculo**. Para ello, y con el fin de comprobar mejor el funcionamiento de esta opción, copie alguna frase de la primera página del documento y vuelva a situarse al final del mismo.
8. Seguidamente, haga clic en el botón de punta de flecha del comando **Pegar** y seleccione de nuevo la opción **Pegado especial**.
9. Se abre así una vez más el cuadro de diálogo **Pegado especial**. En este caso, haga clic sobre la opción **Pegar vínculo**, mantenga como formato la opción **Formato HTML** 6 y pulse el botón **Aceptar**.
10. El fragmento de texto se pega en el punto en que se encuentra el cursor a modo de vínculo. Para comprobarlo, haga clic sobre la nueva frase para seleccionarla, pulse con el botón derecho del ratón sobre ella y, en el menú contextual que aparece, haga clic en la opción **Abrir vínculo**, dentro del comando **Objeto Documento vinculado**. 7

Automáticamente el programa nos sitúa en el punto del documento donde se encuentra el fragmento de texto original que hemos copiado.

## IMPORTANTE

La opción **Pegar vínculo** también puede utilizarse entre documentos distintos, con la ventaja que las modificaciones en el archivo original afectan también al documento en que se ha pegado el elemento.

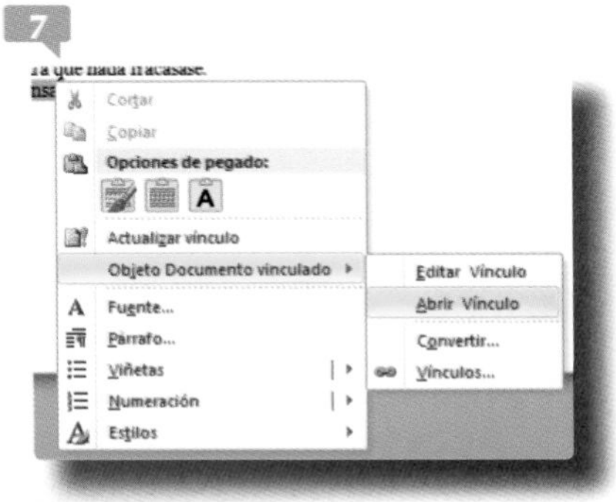


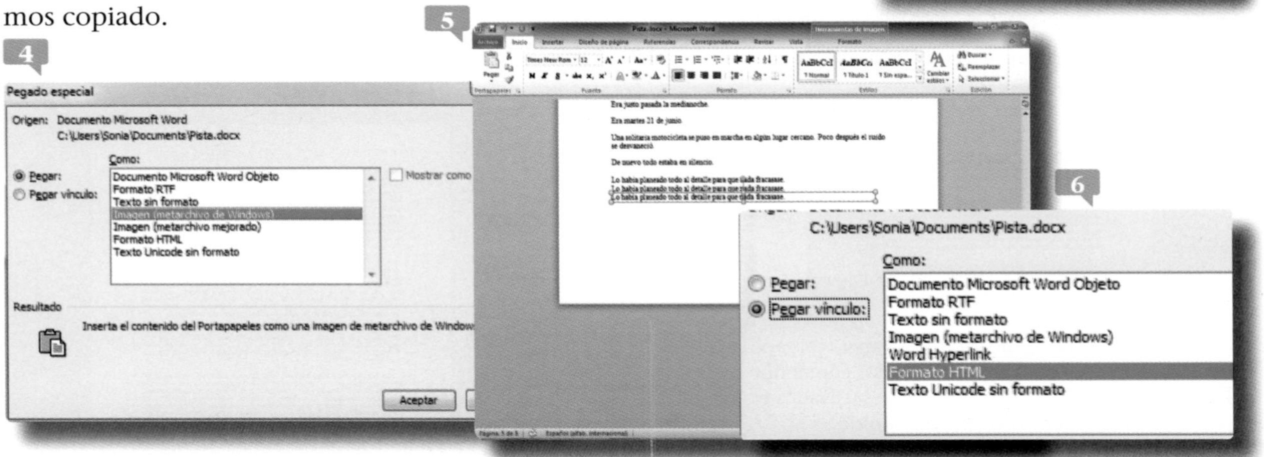

# Deshacer y rehacer

LA FUNCIÓN DESHACER RETROCEDE UN PASO en la secuencia de trabajo, anulando la última acción ejecutada. Se trata de una función enormemente utilizada para reparar posibles errores cometidos. La función Rehacer, por su parte, ejecuta la acción contraria y sólo puede ser utilizada cuando previamente se ha usado el comando Deshacer.

1. En el sencillo ejercicio que proponemos a continuación, comprobaremos la enorme utilidad de las herramientas **Deshacer** y **Rehacer**, que se muestran a modo de icono en la **Barra de herramientas de acceso rápido**. Para ello, continuamos trabajando sobre el documento **Pista.docx**. Vamos a realizar algunas modificaciones en el documento. Seleccione una frase del texto, la primera, por ejemplo. 1
2. A continuación, pulse sobre la herramienta **Negrita** del grupo de herramientas **Fuente** para aplicar ese estilo. 2
3. A continuación, seleccione otra parte del texto y pulse sobre el icono **Cursiva**, que muestra una K en el grupo de herramientas **Fuente** para aplicar ese estilo. 3

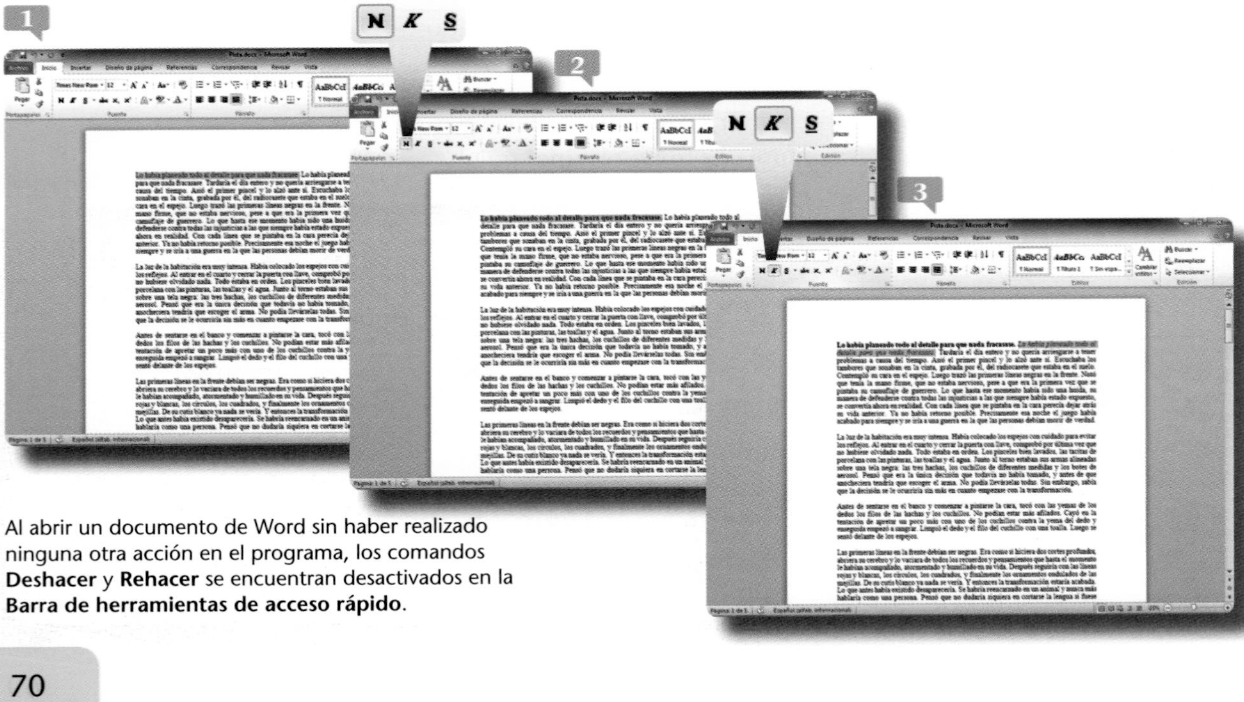


Al abrir un documento de Word sin haber realizado ninguna otra acción en el programa, los comandos **Deshacer** y **Rehacer** se encuentran desactivados en la **Barra de herramientas de acceso rápido**.

4. Comprobemos ahora cómo funciona la función **Deshacer**. Haga clic en el botón de punta de flecha que acompaña a este comando de la **Barra de herramientas de acceso rápido**, el que muestra una flecha curvada hacia la izquierda. 4
5. Aparecen todas las acciones que hemos realizado sobre el texto. Si pulsamos sobre la última acción, se desharán todas las realizadas. Pulse sobre la opción **Cursiva.** 5
6. Como ve, el texto aparece de nuevo tal y como estaba antes de que se aplicara el atributo Cursiva. Las acciones **Deshacer** y **Rehacer** también pueden ejecutarse mediante combinaciones de teclas; la combinación que lleva a cabo la acción **Deshacer** es **Ctrl.+Z** y la que realiza la acción **Rehacer** es **Ctrl.+Y**. Pulse en este caso la combinación **Ctrl.+Z.**
7. Efectivamente, hemos deshecho la primera acción realizada en este ejercicio. Si pulsando este icono se anula la última acción, pulsando sobre el icono **Rehacer**, ésta vuelve a ejecutarse. Haga clic en dicho icono de la **Barra de herramientas de acceso rápido**, el que muestra una flecha curvada hacia la derecha. 6
8. La aplicación del estilo negrita vuelve a realizarse. Pulse ahora la combinación de teclas **Ctrl.+Y.**

El fragmento seleccionado vuelve a mostrarse en cursiva. Como éste ha sido el último cambio en el formato del documento realizado, el comando **Rehacer** se muestra ahora inactivo. 7

# 029

## IMPORTANTE

Desde la lista de acciones que aparece al pulsar sobre el botón de flecha del icono **Deshacer** de la **Barra de herramientas de acceso rápido** es posible deshacer todas las acciones realizadas si se pulsa sobre la última acción de la lista, sobre la cual se indican el número de acciones totales.

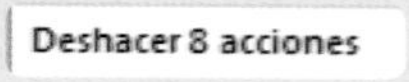


4

6

5

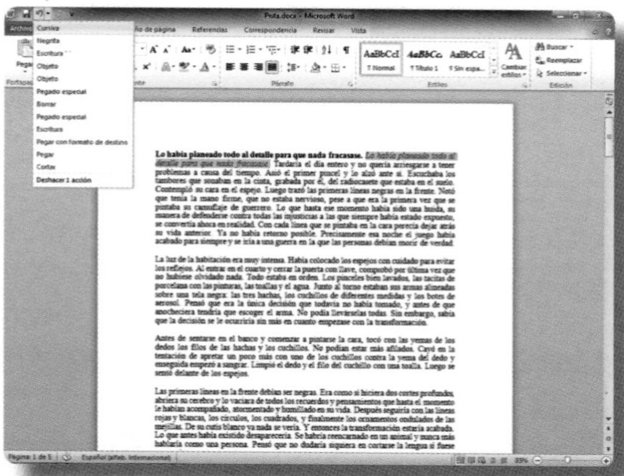

7

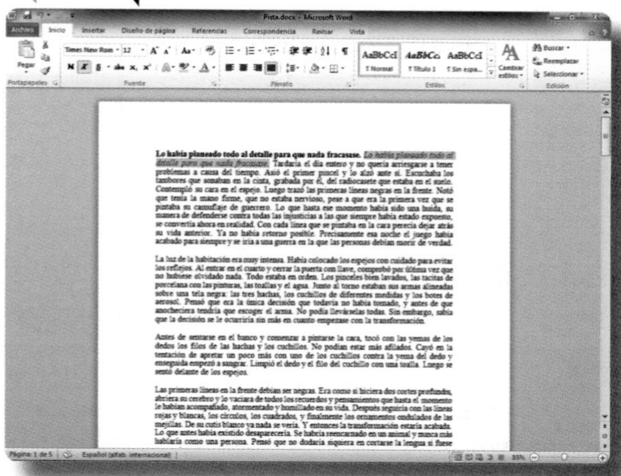

# Insertar texto

## IMPORTANTE

Para eliminar un carácter o un espacio situado a la derecha del cursor se utiliza la tecla **Suprimir**, y para eliminar un carácter o un espacio situado a la izquierda del cursor se utiliza la tecla **Retroceso**. Por otra parte, otra forma de unir líneas consiste en situar el cursor al inicio de una línea y pulsar la tecla **Retroceso** tantas veces como espacios deban eliminarse hasta que lleguen a unirse.

INSERTAR TEXTO ES UNA TAREA FUNDAMENTAL si tenemos en cuenta que Microsoft Word es un procesador de textos diseñado básicamente para la creación de documentos escritos.

1. Para empezar, escriba al final del documento la palabra **Cuanto.**
2. Imagine que su intención era escribir **Cuento** en lugar de **Cuanto**. Deberá, pues, sustituir la letra a por la letra e. Haga clic entre las letras **u** y **a** de la palabra para situar en ese punto el cursor de edición, pulse la tecla **Suprimir** de su teclado y luego la tecla **e.**
3. El siguiente paso será aprender a eliminar espacios entre párrafos. Haga clic al final de alguno de los párrafos existentes y pulse la tecla **Suprimir** para eliminar el espacio entre esta línea y la siguiente.
4. Ambas líneas se han unido. Pulse la **barra espaciadora** del teclado para añadir un espacio entre el punto y la inicial de la palabra siguiente.
5. Otra tecla muy importante durante la creación de documentos es la tecla **Retorno**. Cada vez que se pulsa esta tecla el cursor

1

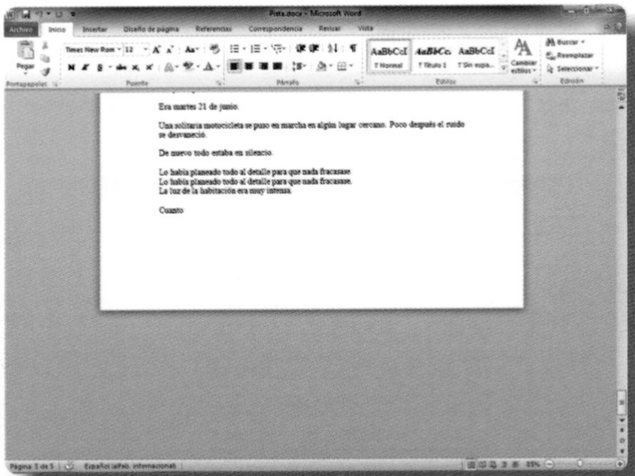

3

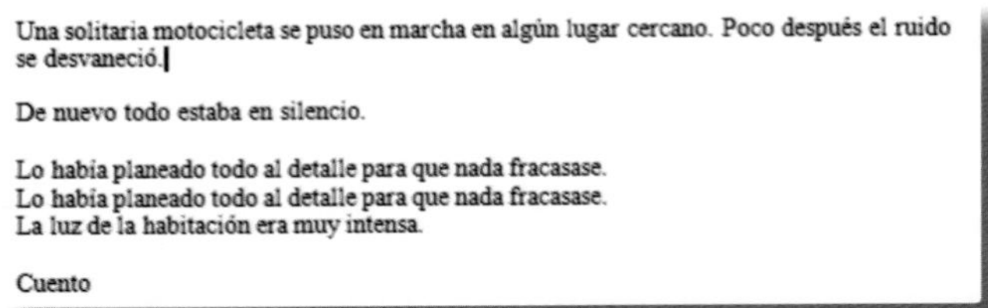

Una solitaria motocicleta se puso en marcha en algún lugar cercano. Poco después el ruido se desvaneció.
De nuevo todo estaba en silencio.
Lo había planeado todo al detalle para que nada fracasase.
Lo había planeado todo al detalle para que nada fracasase.
La luz de la habitación era muy intensa.
Cuento


4

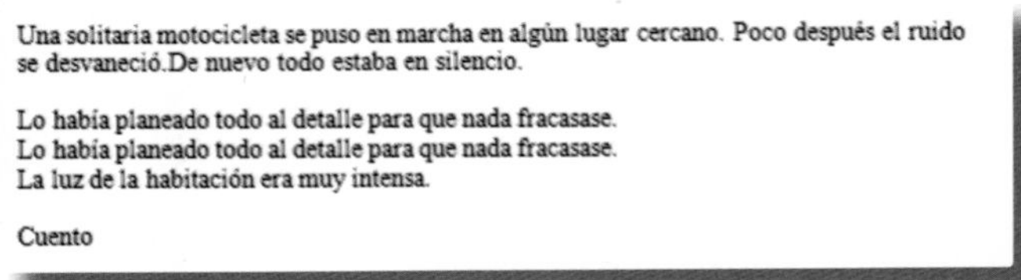

Una solitaria motocicleta se puso en marcha en algún lugar cercano. Poco después el ruido se desvaneció.De nuevo todo estaba en silencio.
Lo había planeado todo al detalle para que nada fracasase.
Lo había planeado todo al detalle para que nada fracasase.
La luz de la habitación era muy intensa.
Cuento


2

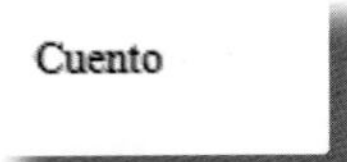


5

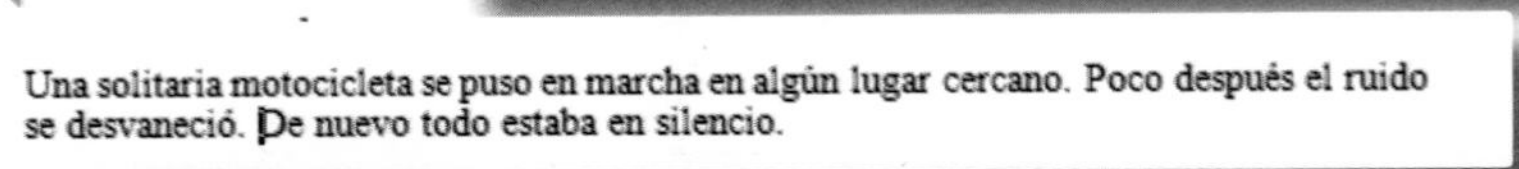

se sitúa al inicio de la línea siguiente, por lo tanto, creamos un nuevo párrafo. Haga clic justo después de la última palabra del documento, **Cuento**, y pulse dos veces la tecla **Retorno.**

6. Se han añadido dos nuevas líneas en blanco al documento. Ahora pulse dos veces la **tecla de dirección hacia arriba** para situarse al principio de la última línea escrita del documento.
7. En esta versión del programa, el modo **Sobrescribir** está desactivado por defecto y la tecla **Insert** no lo activa a menos que así lo especifiquemos en el cuadro de opciones. Haga clic en la pestaña **Archivo** y pulse sobre el comando **Opciones.**
8. Pulse en la categoría **Avanzadas** del panel de la izquierda.
9. Active la opción **Usar la tecla Insert para controlar el modo Sobrescribir** del apartado **Opciones de edición** pulsando en su correspondiente casilla de verificación y pulse el botón **Aceptar** para aplicar el cambio realizado en las opciones del programa.
10. Veamos cómo actúa la tecla **Insert** ahora. Le recordamos que esta tecla se encuentra normalmente en el grupo de teclas situado en la parte superior de las teclas de desplazamiento. Pulse la tecla **Insert** y escriba las letras **Mi.**
11. A medida que se introduce el nuevo texto, éste sustituye al anterior. Pulse de nuevo la tecla **Insert** para desactivar la función **Sobrescribir.**

# 030

## IMPORTANTE

Si activamos la opción **Usar modo Sobrescribir,** incluida en la opción **Usar la tecla Insert para controlar el modo Sobrescribir** del cuadro de opciones de Word, el programa activará ese modo de escritura que podrá desactivarse al pulsar la tecla **Insert**, según lo establecido.

☑ Usar modo Sobrescribir

# Insertar saltos de página

## IMPORTANTE

Otra forma de insertar un salto de página es pulsar la tecla Retorno tantas veces como líneas falten para llegar al inicio de la página siguiente.

INSERTAR UN SALTO DE PÁGINA CONSISTE en situar el fin de una página y el inicio de otra allí donde se encuentre el cursor. Como sabe, cada página de Word presenta unas medidas predeterminadas y el programa no considera que pasa de una página a otra hasta que el cursor se sitúa en la última línea de la misma y luego pasa a la siguiente.

1. Para empezar pulse la combinación de teclas **Ctrl.+Fin** para situarse al final del documento y pulse la tecla **Retorno.** [1]
2. A continuación, haga clic en la pestaña **Insertar** de la **Cinta de opciones.** [2]
3. En el grupo de herramientas **Páginas**, pulse sobre el comando **Salto de página.** [3]
4. Observe que acaba de aparecer un salto de página representado por una línea recta que separa las páginas. [4] También es importante fijarse en que el cursor de edición está en la primera línea de la nueva página. Ahora eliminaremos este salto de página. Pulse la tecla **Retroceso.**
5. A continuación, insertaremos un salto de página en otro punto del documento, usando esta vez la combinación de teclas

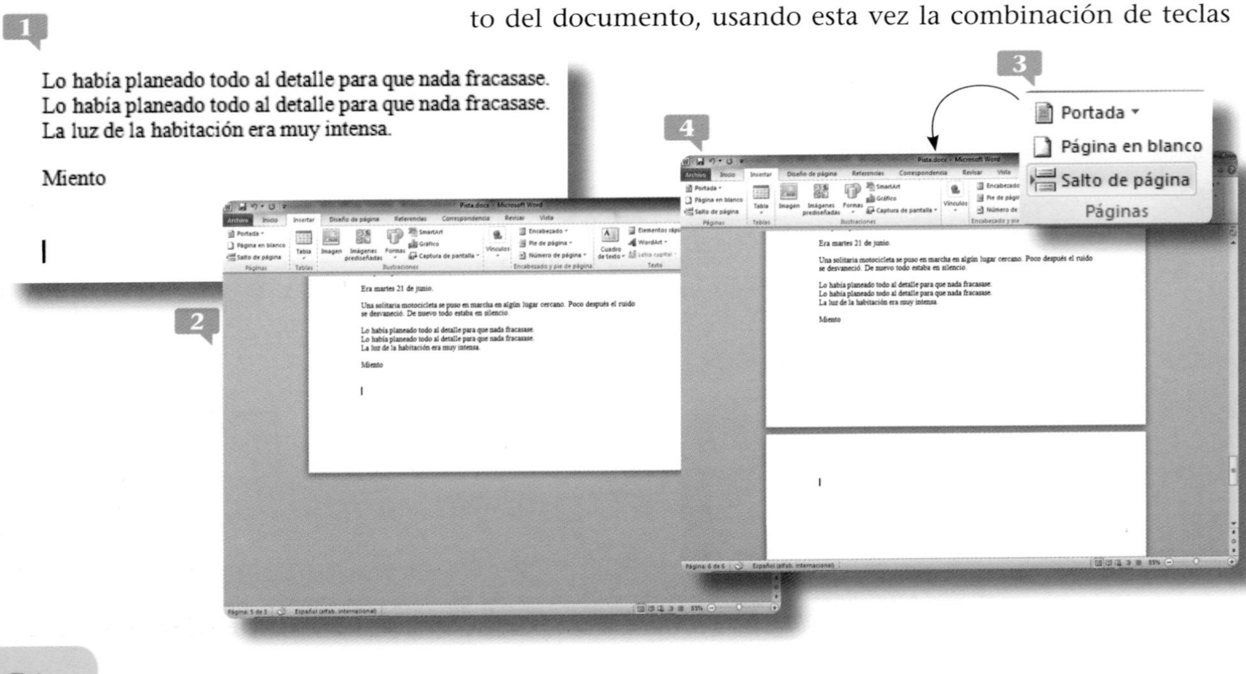

adecuada. Haga clic al principio de la última línea escrita del documento y pulse la combinación de teclas **Ctrl. + Retorno.** 5

6. Al igual que en el caso anterior, hemos insertado un salto de página pero en este caso, como nos encontrábamos ante una línea escrita, ésta se ha desplazado hasta la nueva página. Pulse la tecla **Retroceso** para eliminar el salto de página.
7. Ahora veremos una tercera manera de insertar un salto de página. Haga clic en la pestaña **Diseño de página** de la **Cinta de opciones.** 6
8. Despliegue el comando **Saltos**, en el grupo **Configurar página**, y de la lista de opciones que aparece elija **Página.** 7
9. Word nos permite configurar algunas opciones para controlar dónde se deben insertar los saltos de página automáticos. Estas opciones se encuentran en el cuadro de diálogo **Párrafo**. Haga clic en el iniciador de cuadro de diálogo del grupo de herramientas **Párrafo.** 8
10. En el cuadro de diálogo **Párrafo**, pulse sobre la pestaña **Líneas y saltos de página**.
11. Le recomendamos que, cuando practique con Word por su cuenta, compruebe la utilidad de estas funciones escribiendo párrafos al final de las páginas. Mantenga las opciones de paginación tal y como aparecen en este cuadro y pulse el botón **Aceptar**.

031

## IMPORTANTE

La opción **Control de líneas viudas y huérfanas** hace que, al escribir, una página nunca acabe con una única línea de un párrafo nuevo ni empiece con sólo la última línea de un párrafo anterior (las llamadas líneas huérfanas y viudas).
La opción **Conservar con el siguiente**, por su parte, evita que se inserten saltos de página entre párrafos que se desea mantener juntos y la opción **Conservar líneas juntas** impide que se inserte un salto de página entre líneas de un párrafo que no se desea dividir.

5

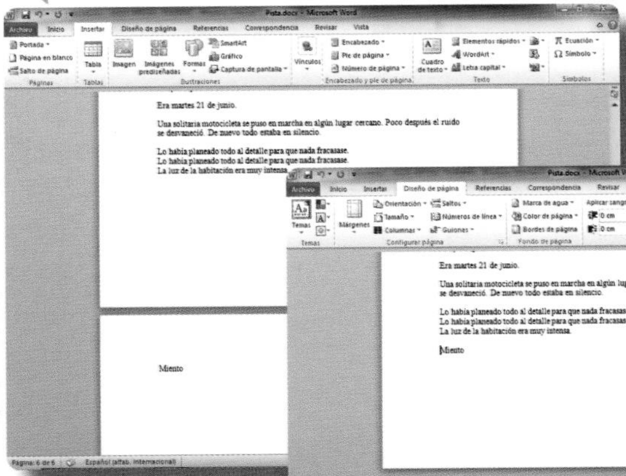

6

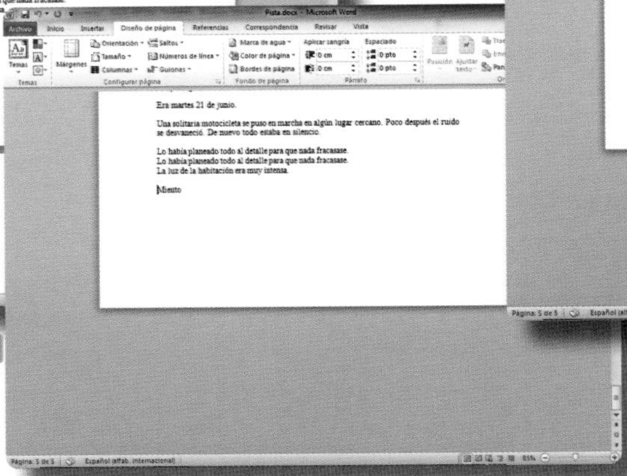

7

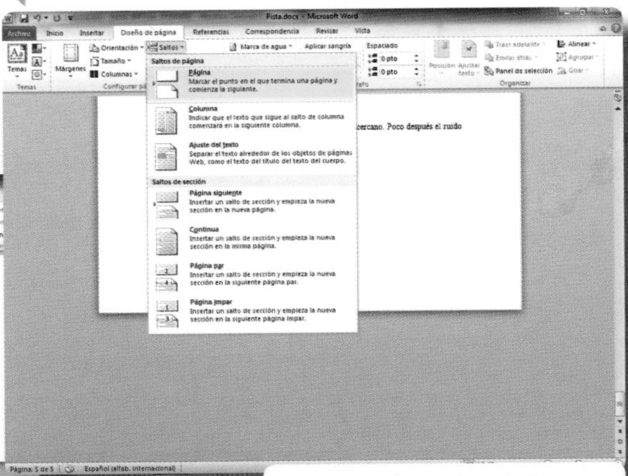

8

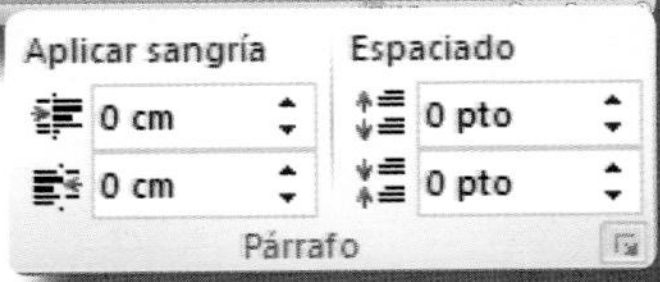

# Insertar número de página

> **IMPORTANTE**
>
> La información que se incluye en los encabezados y pies de página es independiente del cuerpo del documento, por lo que para modificarla hay que hacer doble clic sobre ella para que aparezca la ficha de herramientas contextual correspondiente a este elemento.

LOS NÚMEROS DE PÁGINA SE PUEDEN INSERTAR en la parte superior, en la parte inferior o en los márgenes de un documento. Para llevar a cabo esta acción se utiliza el comando Número de página, que se encuentra en el grupo de herramientas Encabezado y pie de página de la ficha Insertar.

1. Para empezar, active la ficha **Insertar** de la **Cinta de opciones** pulsando sobre su pestaña y haga clic en el comando **Número de página** del grupo de herramientas **Encabezado y pie de página.**
2. En este caso, insertaremos el número de página al pie del documento. Haga clic en la opción **Final de página** para ver la galería de diseños, pulse en la parte inferior de la **Barra de desplazamiento vertical** y pulse sobre la opción **Círculo.**
3. Haga clic sobre el círculo que incluye el número de página.
4. Ahora se encuentra seleccionado el cuadro de texto en el que se muestra el número de la página. Al seleccionar este elemento han aparecido dos fichas contextuales: **Herramientas de dibujo**, cuya subficha **Formato** incluye las herramientas necesarias para modificar el cuadro de texto, y **Herramientas para encabezado y pie de página**. Esta ficha contextual cuenta

2

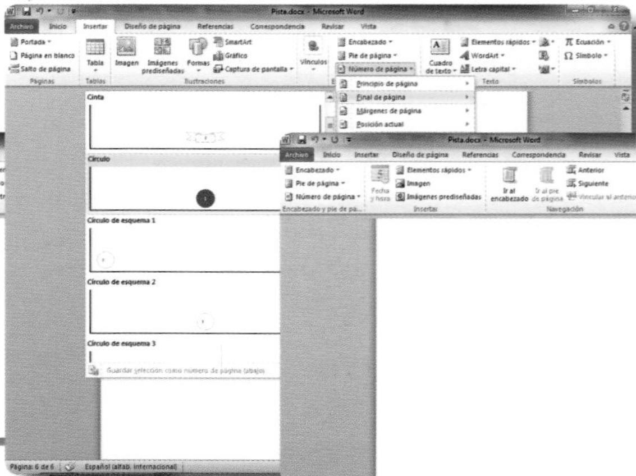

1

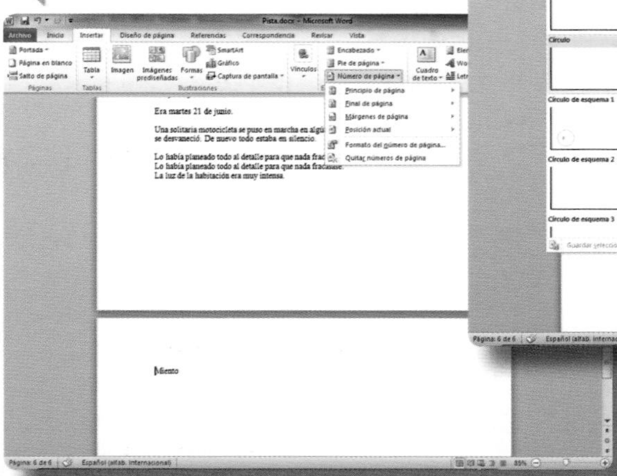

3

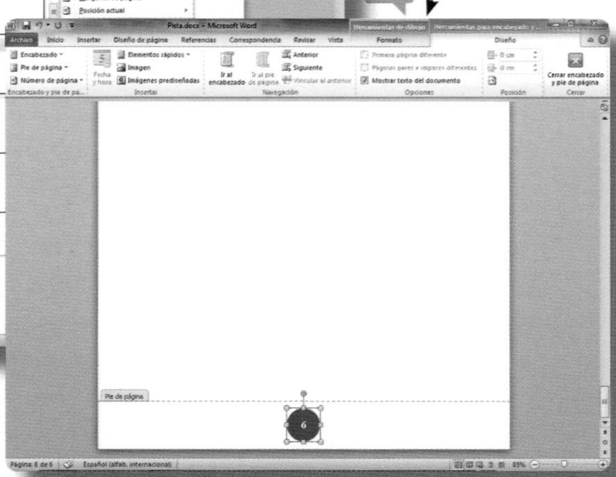

**032**

con una subficha, **Diseño**, cuyo contenido se encuentra activo por defecto. Haga clic en la pestaña **Formato**. [4]

5. Vamos a cambiar el estilo del cuadro de texto y después le aplicaremos un efecto de sombra. Haga clic en el botón **Más** de la galería de estilos del cuadro de texto, [5] en el grupo de herramientas **Estilos de forma**, y elija el estilo que más le guste. [6]
6. A continuación, en el mismo grupo de herramientas, haga clic en el comando **Efectos de formas**, pulse sobre la opción **Sombra** y elija el efecto que desee. [7]
7. Una vez modificado el diseño del cuadro de texto, veremos cómo cambiar el formato del número de página. Haga clic en la pestaña **Diseño** de la ficha contextual **Herramientas para encabezado y pie de página**, la última de la **Cinta de opciones**.
8. Pulse sobre el botón **Número de página** del grupo de herramientas **Encabezado y pie de página** y haga clic en la opción **Formato del número de página**. [8]
9. Se abre así el cuadro **Formato de los números de página**, desde el cual podemos cambiar el formato de número, incluir el número de capítulo y cambiar el inicio de la numeración de las páginas. Elija el formato para el número que más le guste y pulse el botón **Aceptar** para aplicarlo. [9]
10. Pulse el botón **Cerrar encabezado y pie de página** de la ficha **Diseño**. [10]

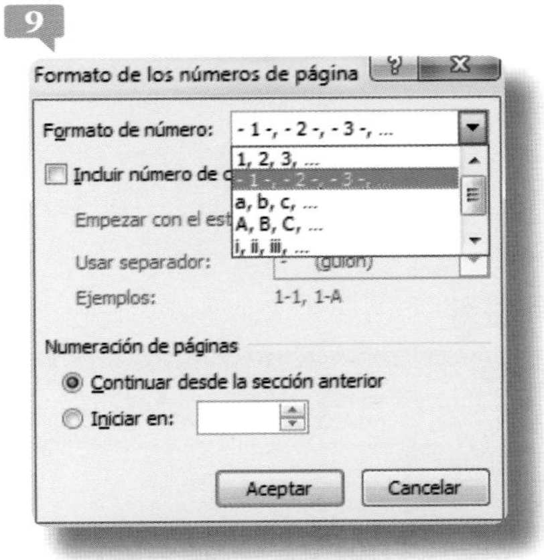

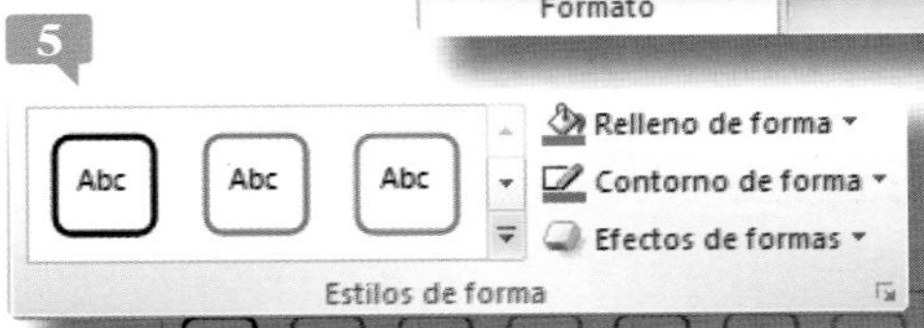


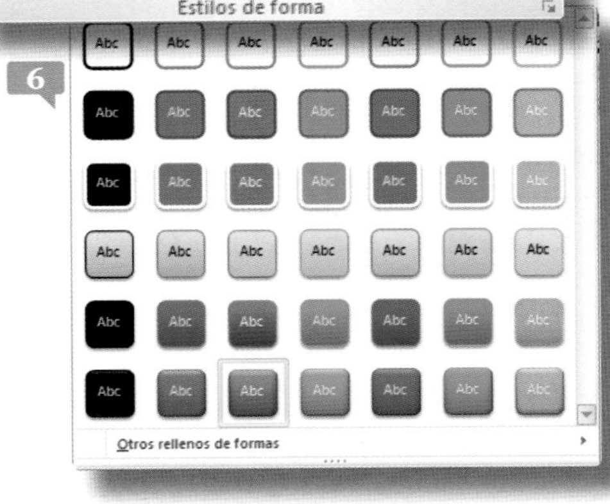


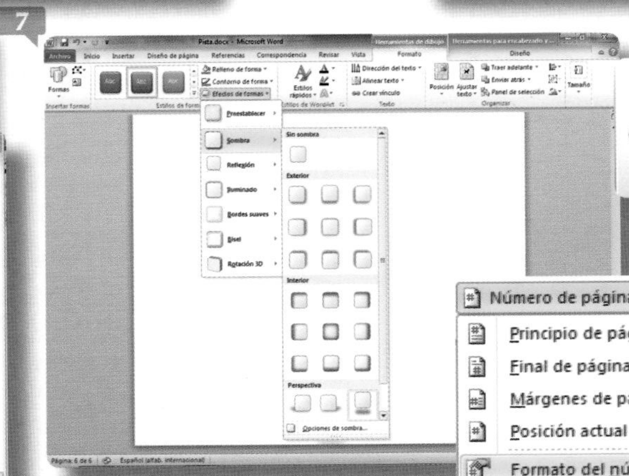

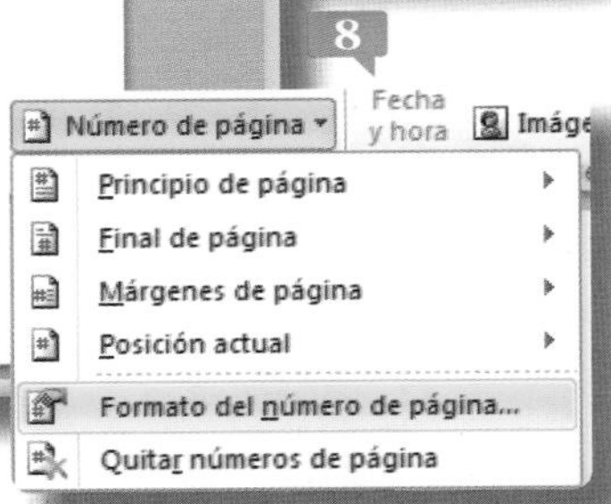

# Insertar símbolos

EN OCASIONES RESULTA NECESARIO introducir en un documento un símbolo que no aparece en nuestro teclado. Entre estos símbolos se encuentran, por ejemplo, los correspondientes al alfabeto griego, árabe, hebreo, cirílico, etc. así como otro tipo de símbolos, como el de Copyright u otros caracteres especiales.

1. Para empezar, sitúese en la pestaña **Insertar** y en el grupo de herramientas **Símbolos**, pulse sobre el comando **Símbolo** para ver las opciones que incluye. 1
2. Pulse como ejemplo sobre el símbolo de copyright, el cuarto de la primera fila. 2
3. Automáticamente aparece el símbolo seleccionado en el punto en que se encontraba el cursor de edición. 3 Ahora accederemos al cuadro de diálogo **Símbolos**. Pulse de nuevo sobre el comando **Símbolo** del grupo de herramientas **Símbolos** y pulse sobre la opción **Más símbolos**. 4
4. El cuadro de diálogo **Símbolo** incluye dos fichas, **Símbolos** y **Caracteres especiales**. Pulse sobre el botón de punta de flecha del campo **Fuente** y seleccione la fuente **Wingdings**. 5

## IMPORTANTE

El comando **Símbolos** de la ficha **Insertar** muestra una serie de símbolos predeterminados (los más comunes y los últimos utilizados) y permite también acceder al cuadro de diálogo **Símbolo** para poder ver otros.

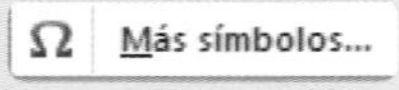


1

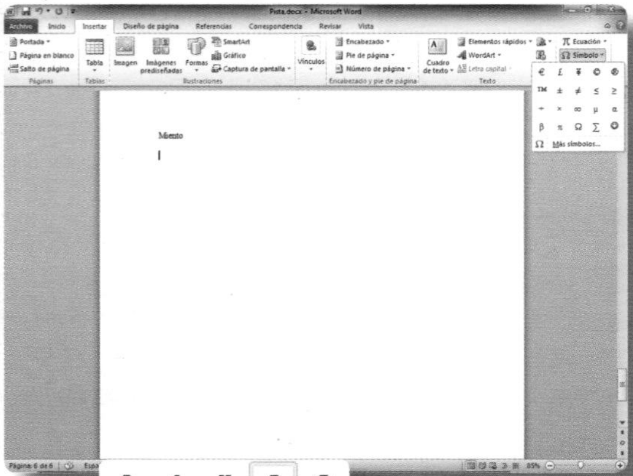

2

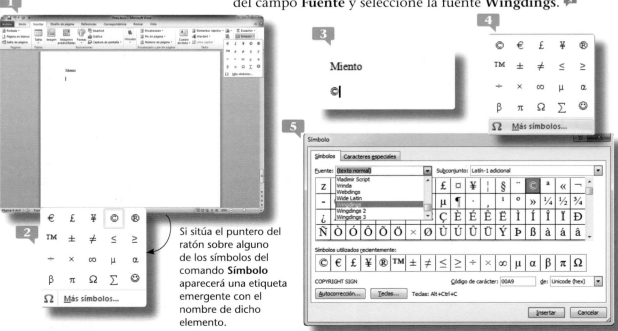

Si sitúa el puntero del ratón sobre alguno de los símbolos del comando **Símbolo** aparecerá una etiqueta emergente con el nombre de dicho elemento.

3

4

5

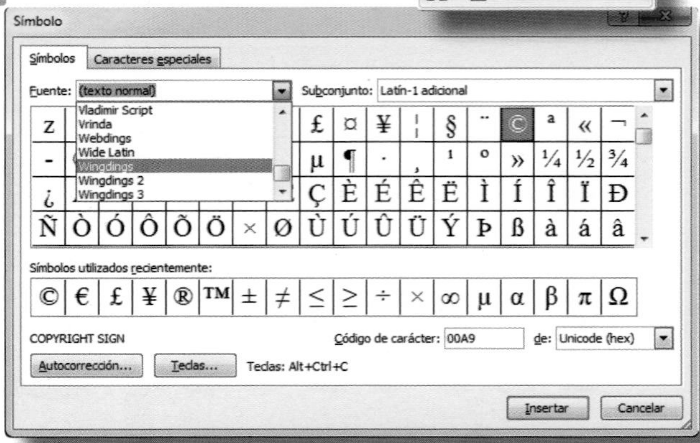

# 033

5. Como ve, esta fuente incluye todo tipo de símbolos decorativos. Haga clic sobre el símbolo que muestra un libro abierto en la primera fila, [6] pulse sobre el botón **Insertar** y, seguidamente, sobre el botón **Cerrar**.
6. El símbolo seleccionado aparece en pantalla al lado del de Copyright. [7] A continuación, practicaremos con la ficha **Caracteres especiales** del cuadro **Símbolo**. Haga clic nuevamente sobre el comando **Símbolo** y haga clic en la opción **Más símbolos**.
7. En el cuadro **Símbolo**, pulse sobre la pestaña **Caracteres especiales**. [8]
8. Seleccione el símbolo correspondiente al Copyright y seguidamente pulse el botón **Autocorrección**.
9. En este cuadro podemos establecer una cadena de texto o un carácter específico para que, cada vez que lo introduzcamos, el ordenador lo identifique y lo sustituya por el símbolo seleccionado. Como ve, el cursor ya se encuentra en el cuadro **Reemplazar**. Escriba directamente desde su teclado dos letras C en mayúsculas, [9] pulse el botón **Agregar** y, a continuación, el botón **Aceptar**.
10. Ahora comprobaremos que al insertar dos letras C seguidas, Word las corrige automáticamente para pasar a insertar el símbolo de Copyright, tal y como hemos establecido en la ventana de autocorrección. Pulse el botón **Cerrar** del cuadro **Símbolo**.
11. Escriba las letras CC en mayúsculas, [10] pulse la **barra espaciadora** y compruebe el resultado. [11]

## IMPORTANTE

Desde el cuadro de diálogo **Símbolos**, existe la posibilidad de asociar una tecla a un símbolo específico a través del botón **Teclas**. También debe saber que el **Código de carácter** se utiliza básicamente para identificar a los caracteres, con el fin de facilitar la búsqueda de los mismos.

9

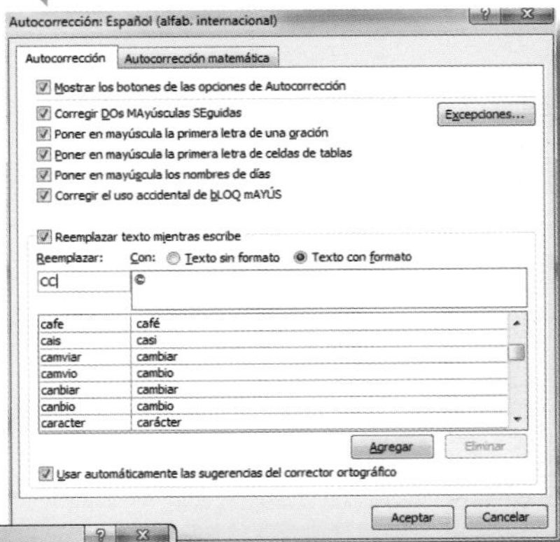


6

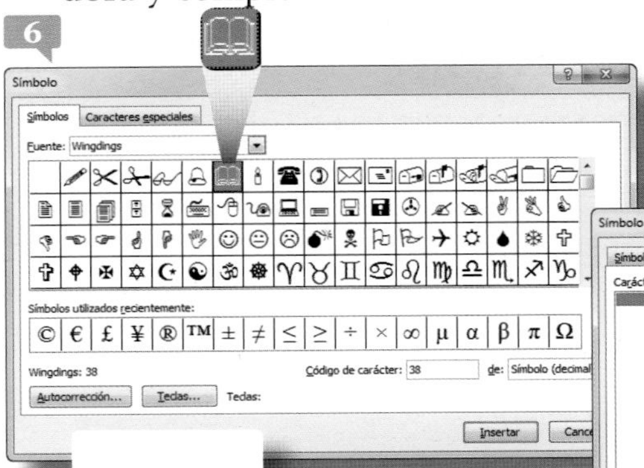


8

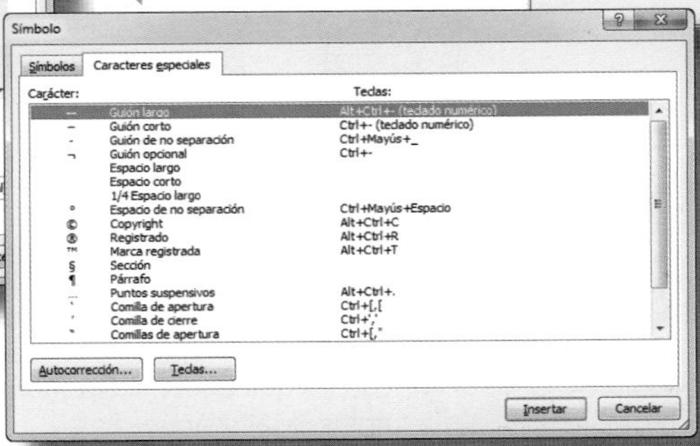


7

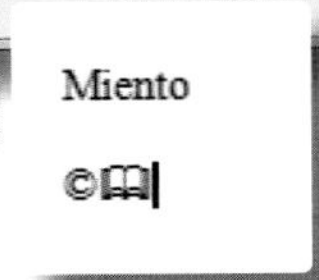


10

11

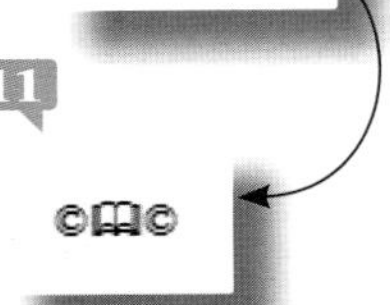

# Insertar comentarios

INSERTAR COMENTARIOS ES UNA de las funciones de Word más utilizadas por los usuarios en los documentos de uso personal. Un comentario no quita espacio y es muy útil como recordatorio o ayuda. Es, pues, una nota que un autor o revisor agrega a un documento.

1. Para empezar este ejercicio en el que aprenderemos a trabajar con comentarios, deberá seleccionar el fragmento de texto al que se referirá el primer comentario. Una vez lo haya hecho, pulse sobre la pestaña **Revisar** de la **Cinta de opciones** 1 y haga clic en el comando **Nuevo comentario** del grupo de herramientas **Comentarios.** 2
2. Automáticamente se abre un globo de comentario que se sitúa en el margen derecho de la página, en la llamada **Área de revisiones,** 3 y en el que debemos introducir el texto de la nota. Escriba como ejemplo la palabra **eliminar.** 4
3. Para responder a un comentario, hay que utilizar también el comando **Nuevo comentario** pero situando el cursor de edición dentro del globo de la nota a la que se desea contestar. Haga clic en dicho comando.

## IMPORTANTE

Dependiendo de la vista utilizada, el comentario está visible o no. En cualquier caso, incluso en aquellas vistas en las que no se visualizan los comentarios, existen unos pequeños indicadores de color rojo cuyo objetivo es marcar discretamente su existencia. De este modo, puede localizarlos fácilmente sin que por ello la estética del documento se vea afectada.

1

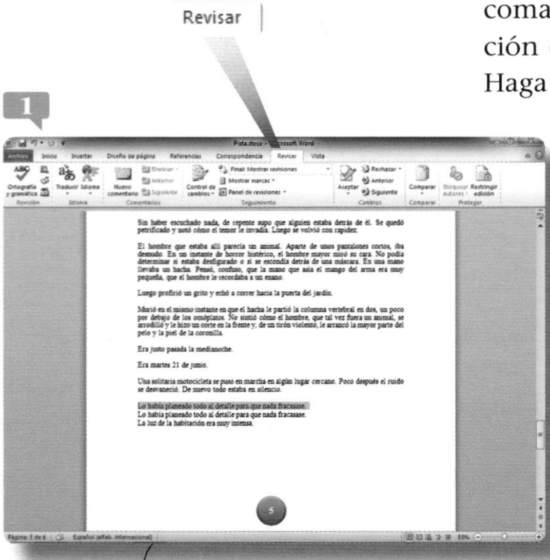


3

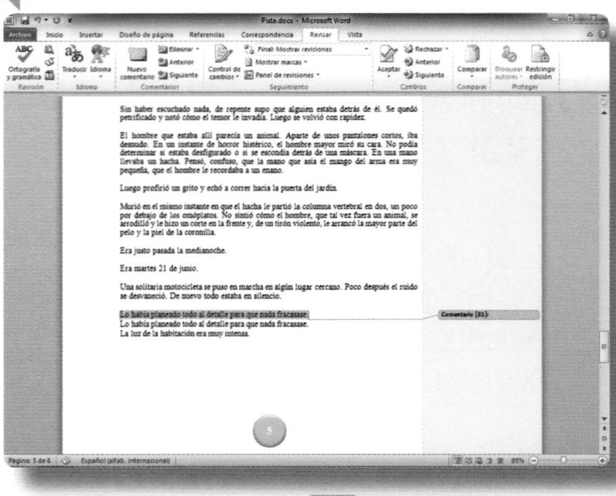

2

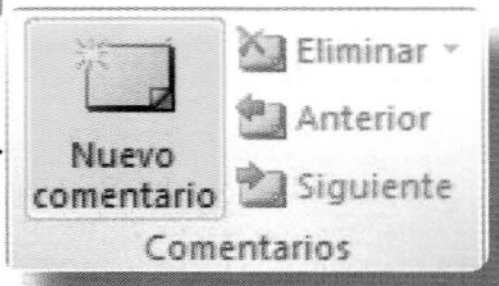

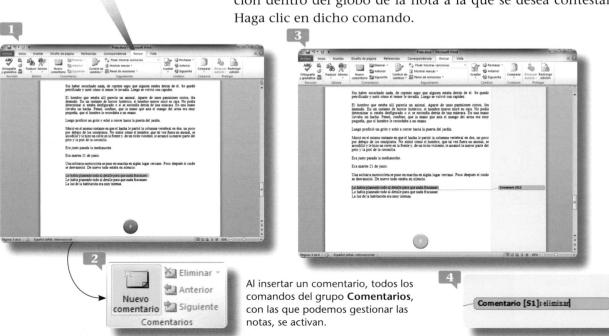

Al insertar un comentario, todos los comandos del grupo **Comentarios**, con las que podemos gestionar las notas, se activan.

4

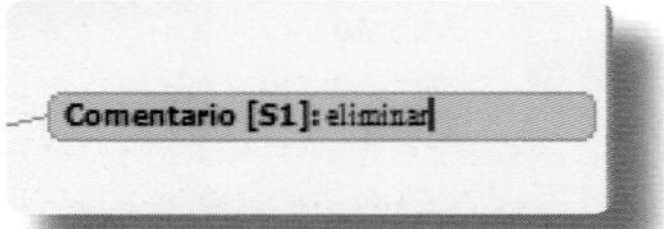

034

4. Como ve, el nuevo comentario se identifica con la combinación S2R1, [5] que indica que se trata de la segunda nota insertada y que es una respuesta a la nota número 1. Escriba como ejemplo la palabra **mantener.** [6]
5. Ahora veremos cómo eliminar un comentario. Haga clic dentro del globo del segundo comentario.
6. Haga clic en el botón de punta de flecha del comando **Eliminar**, en el grupo de herramientas **Comentarios**, [7] y pulse en la opción del mismo nombre para suprimir el comentario seleccionado. [8]
7. Antes de acabar, accederemos al **Panel de revisiones** en el que Word nos informa de todos los cambios y comentarios que se han introducido en el documento. En el grupo de herramientas **Seguimiento**, pulse en el botón de punta de flecha del comando **Panel de revisiones** [9] y haga clic en la opción **Panel de revisiones vertical.** [10]
8. El Panel de revisiones se abre y muestra el único comentario que se ha introducido en el documento y el nombre de su creador. [11] Cierre este panel pulsando el botón de aspa de su cabecera.

## IMPORTANTE

Para ocultar los comentarios del documento, es preciso desplegar, en el grupo de herramientas **Seguimiento**, el comando **Mostrar marcas** y desactivar la opción **Comentarios**.

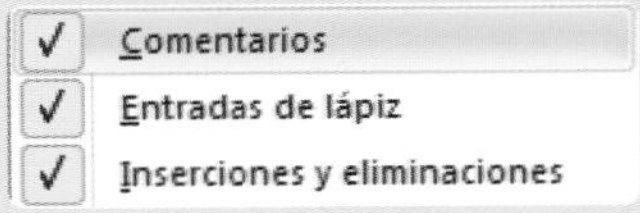


5

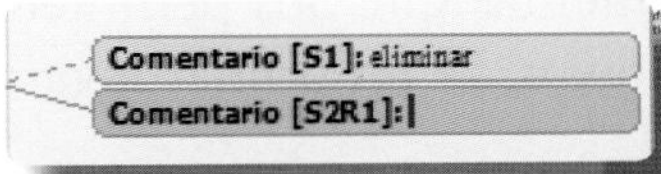


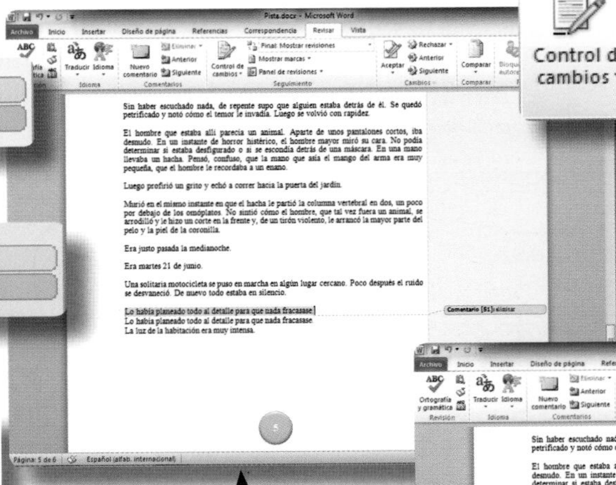

6

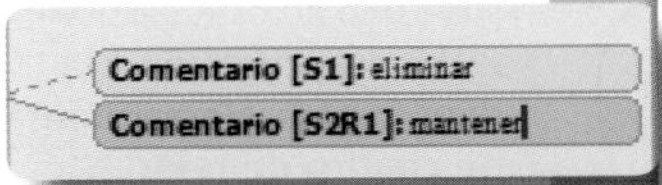


9

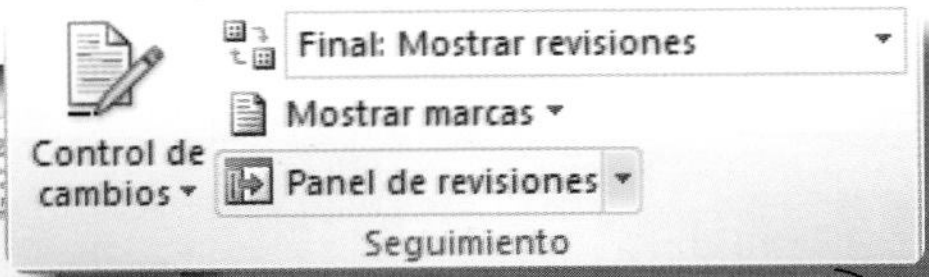


10

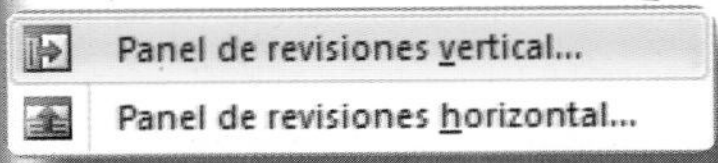


7

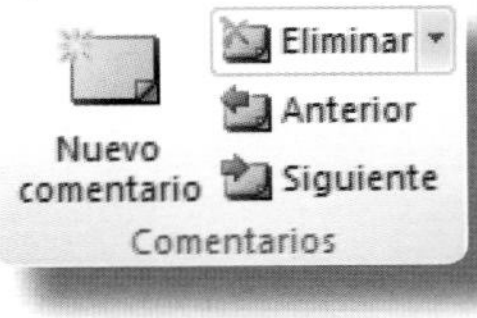


11

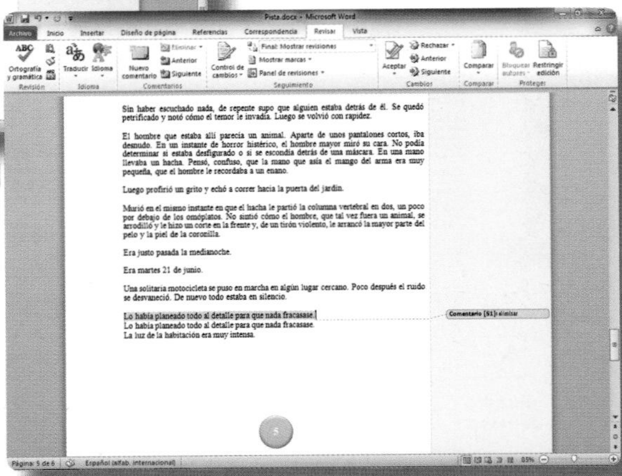

8

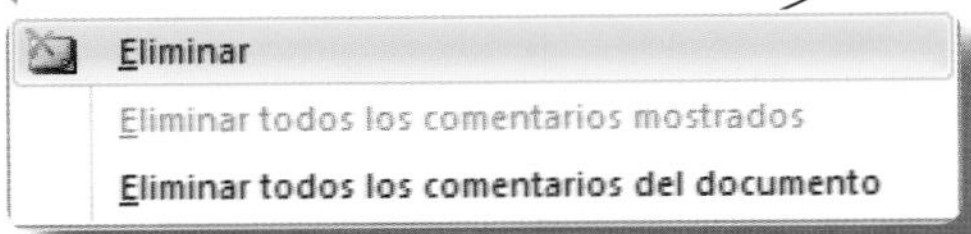


Es posible eliminar todos los comentarios a la vez utilizando la opción **Eliminar todos los comentarios del documento**.

# Insertar un cuadro de texto

IMPORTANTE

Para trazar un cuadro de texto manualmente, se utiliza la opción **Dibujar cuadro de texto**, incluida en el comando Cuadro de texto del grupo de herramientas **Texto** de la ficha **Insertar** de la **Cinta de opciones**.

Dibujar cuadro de texto

UN CUADRO DE TEXTO ES UN CONTENEDOR móvil de tamaño variable para texto o gráficos. Los cuadros de texto se utilizan básicamente por motivos estéticos y organizativos ya que permiten diferenciar a la perfección distintos bloques de texto que figuren en una misma página.

1. Podemos insertar un cuadro de texto dibujándolo manualmente o bien seleccionándolo en una extensa galería que nos ofrece Word 2010. Haga clic en la pestaña **Insertar** de la **Cinta de opciones.** 1
2. Pulse sobre la herramienta **Cuadro de texto** del grupo **Texto** para ver las opciones que incluye. 2
3. Haga clic en la parte inferior de la **Barra de desplazamiento vertical** de la galería de cuadros de texto y pulse sobre el diseño **Barra lateral de puzzle.** 3
4. Como éste se encuentra seleccionado, se ha activado la ficha contextual **Herramientas de dibujo**, en cuya subficha **Formato** encontramos todas las herramientas que nos permiten modificar el aspecto del cuadro de texto. 4 En primer lugar,

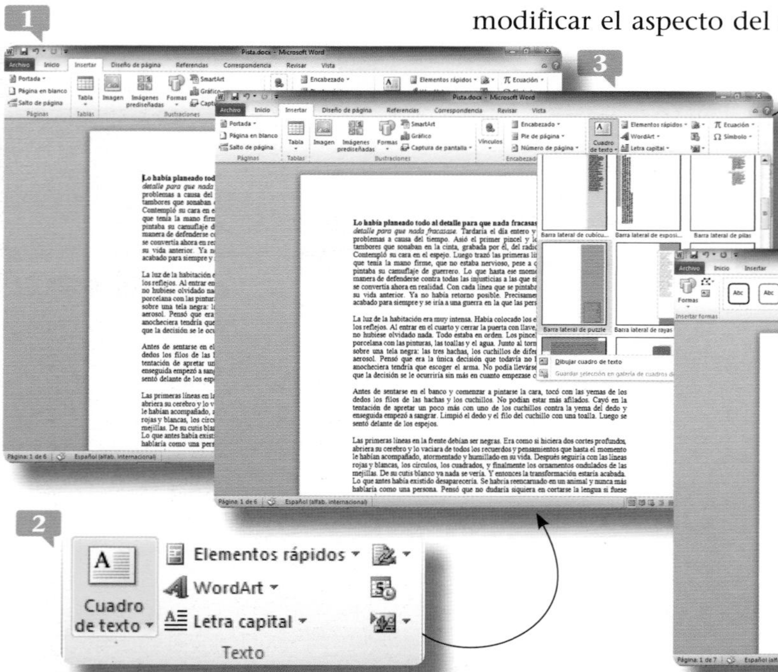


La ficha contextual **Herramientas de dibujo** sustituye en esta versión 2010 del programa a la denominada **Herramientas de cuadro de texto**.

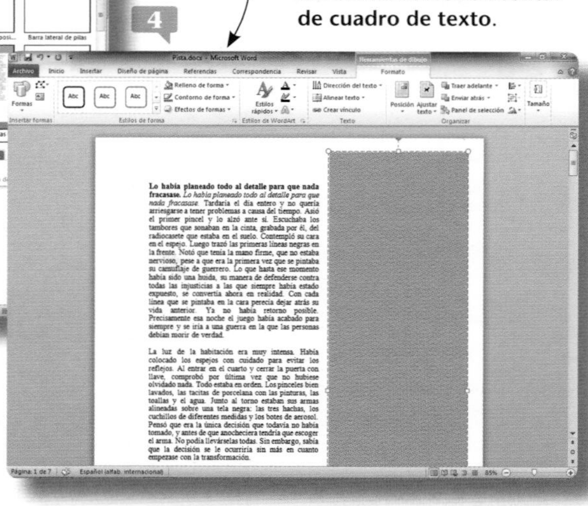

cambiaremos su estilo. Haga clic en el botón **Más** del grupo de herramientas **Estilos de forma** para ver la galería de estilos disponibles 5 y pulse sobre el segundo estilo de la última fila para aplicarlo al cuadro de texto. 6

5. Seguidamente, añadiremos un contorno al cuadro de texto y cambiaremos su forma. Despliegue el comando **Contorno de forma** del grupo de herramientas **Estilos de forma**, pulse sobre la opción **Grosor** y elija el valor **6 puntos.** 7
6. A continuación, despliegue el comando **Formas**, en el grupo de herramientas **Insertar formas**, y elija la segunda forma de la sección **Rectángulos.** 8
7. Hemos redondeado así el rectángulo. Ahora accederemos al cuadro **Formato de forma** para modificar la alineación del texto en el cuadro. Haga clic en el iniciador de cuadro de diálogo del grupo de herramientas **Estilos de forma**.
8. Desde el cuadro **Formato de forma** también podemos cambiar los colores y las líneas del cuadro, su tamaño, su diseño, etc. En el panel de la izquierda de este cuadro, haga clic sobre el apartado **Cuadro de texto.**
9. Despliegue el campo **Alineación vertical** en la sección **Diseño de texto**, haga clic en la opción **En el medio** 9 y pulse el botón **Aceptar**.

035

## IMPORTANTE

Para dibujar un cuadro de texto con unas dimensiones personalizadas, debemos pulsar y arrastrar el puntero del ratón hasta que el cuadro adquiera dichas dimensiones. Si hacemos clic en un punto de la hoja, se trazará también un cuadro de texto, pero con unas dimensiones predeterminadas que siempre se podrán modificar con ayuda de las herramientas de cuadro de texto.

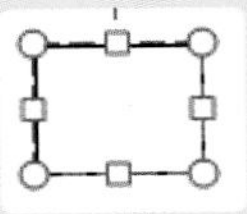

5

6

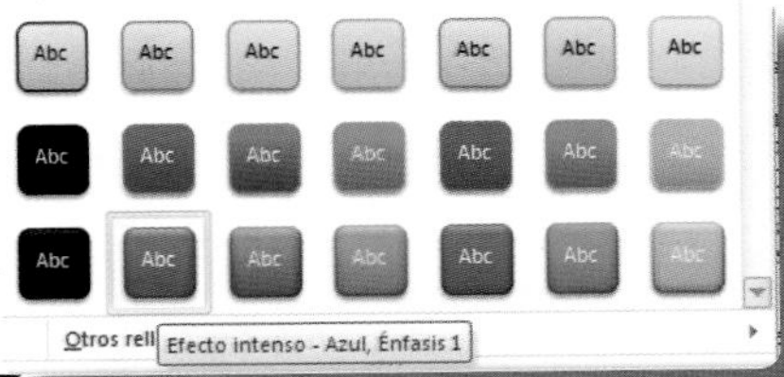


9

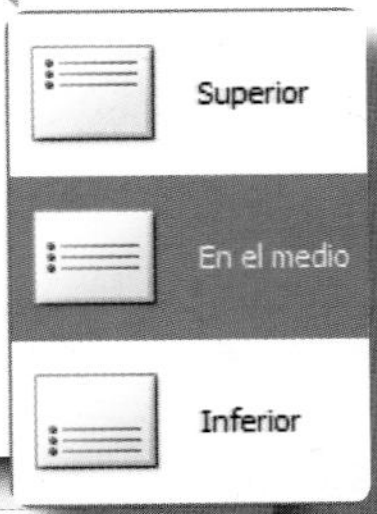


7

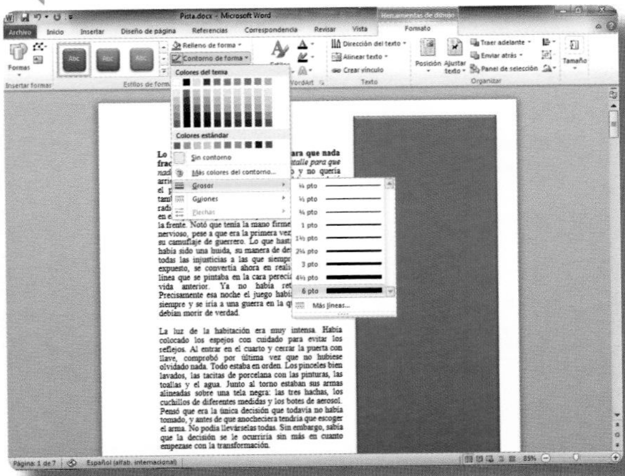

8

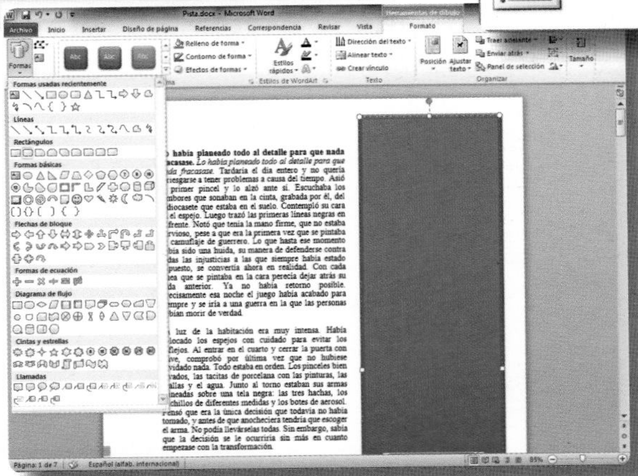

# Insertar un objeto

## IMPORTANTE

La ficha **Crear nuevo** del cuadro de diálogo **Objeto** muestra tipos distintos de archivos que el usuario puede insertar en un documento. Los tipos disponibles dependerán de los programas instalados en el equipo.

POR OBJETO SE ENTIENDE CUALQUIER ELEMENTO, ya sea un archivo de texto, de audio, una imagen, etc., que se puede insertar en un documento de Word. El hecho de insertar un objeto vinculado implica que éste se modificará automáticamente en el archivo de destino cada vez que sufra cualquier tipo de cambio en su ubicación de origen.

1. En este ejercicio aprenderemos a insertar un objeto vinculado a su original en un documento. Para ello, trabajaremos con un documento de texto creado sobre WordPad, programa incluido en Windows. Dicho documento, denominado **Detective.rtf**, puede descargarlo, como es habitual, desde nuestra página web. Cuando disponga de él guardado en su equipo, haga clic en la pestaña **Insertar** de la **Cinta de opciones**. 1
2. Despliegue el comando **Insertar objeto**, último icono del grupo de herramientas **Texto**, y pulse sobre la opción **Objeto**. 2
3. El cuadro de diálogo **Objeto** contiene dos fichas. Pulse sobre la pestaña **Crear desde un archivo**. 3
4. Ahora procederemos a buscar el archivo que deseamos insertar y vincular. Pulse el botón **Examinar**.
5. Se abre el cuadro **Examinar**. Haga clic sobre el documento de WordPad 4 y pulse el botón **Insertar**.

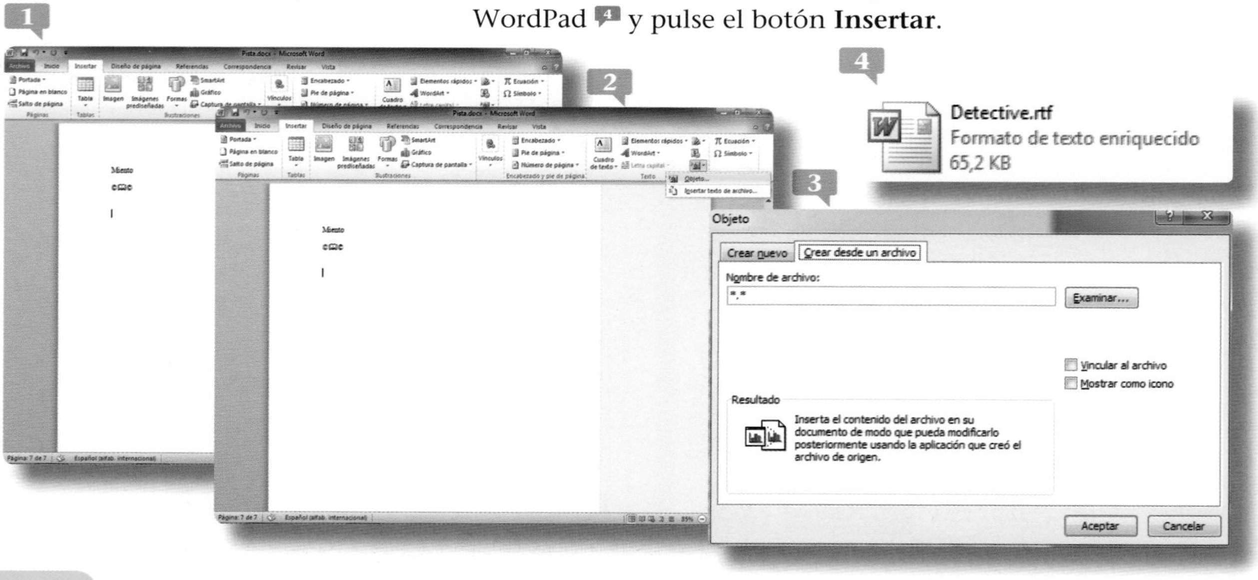

# 036

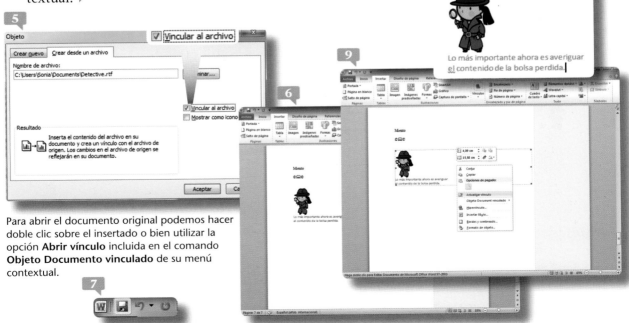

6. De vuelta en el cuadro de diálogo **Objeto**, vemos que en el campo **Nombre de archivo** figura la ubicación del archivo seleccionado. Ahora debe asegurarse de que este objeto se vincule a su archivo de origen. Haga clic en la casilla de verificación de la opción **Vincular al archivo.** [5]
7. La opción **Mostrar como icono** hace que el objeto se inserte a modo de icono, por lo que para visualizarlo será necesario hacer doble clic sobre él. En este caso mantendremos esta opción desactivada para que el archivo se muestre abierto en el documento de Word. Pulse el botón **Aceptar**.
8. El archivo vinculado se ha insertado en el documento actual, en el punto en que se encontraba el cursor de edición. [6] A continuación, abriremos el archivo original para modificarlo, pero antes guarde los cambios en éste pulsando sobre el icono **Guardar** de la **Barra de herramientas de acceso rápido.** [7]
9. Para abrir el documento original haga doble clic sobre la imagen del archivo insertado.
10. El archivo original se abre en este caso con Word. Realice algún cambio en este archivo, [8] guárdelo y ciérrelo.
11. Para actualizar los cambios en el archivo vinculado, haga clic con el botón derecho del ratón sobre la imagen de este archivo y pulse sobre la opción **Actualizar vínculo** de su menú contextual. [9]

## IMPORTANTE

Para que los archivos vinculados no se actualicen automáticamente al abrir un documento, debemos desactivar la opción **Actualizar vínculos automáticos al abrir** incluida en el apartado General de la sección **Avanzadas** del cuadro **Opciones de Word.**

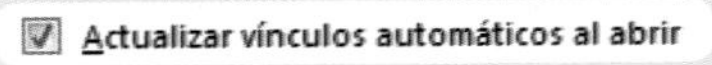


5

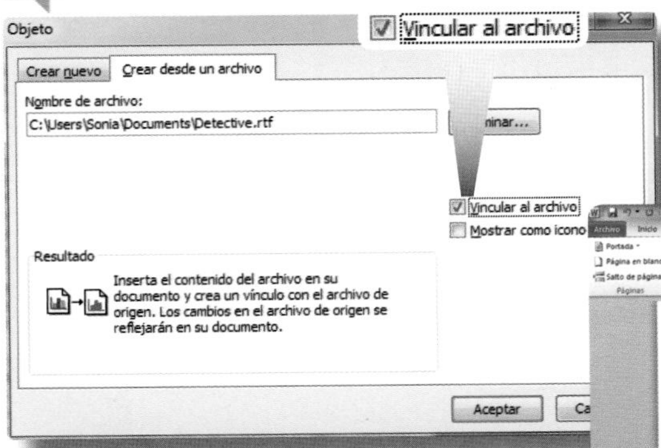


8 9 6

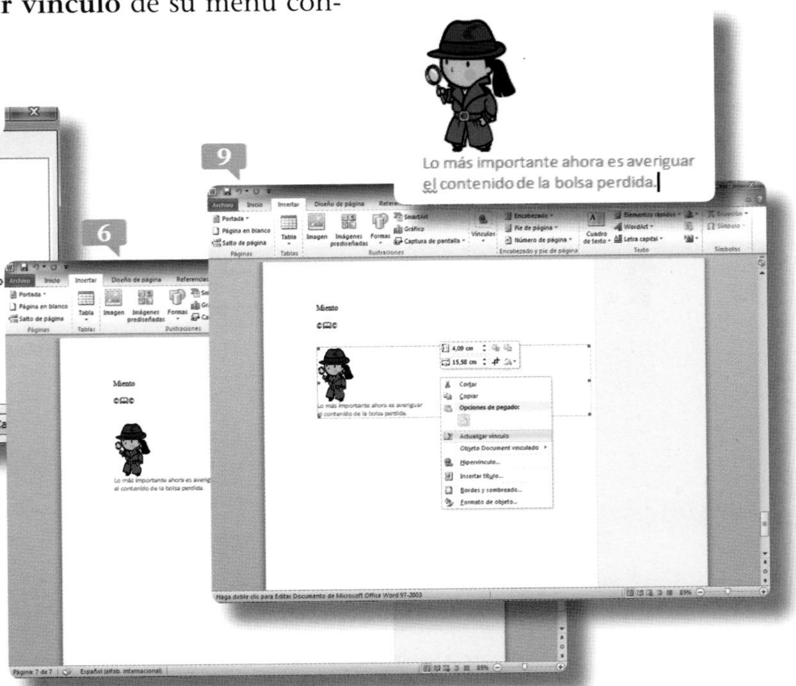


Para abrir el documento original podemos hacer doble clic sobre el insertado o bien utilizar la opción **Abrir vínculo** incluida en el comando **Objeto Documento vinculado** de su menú contextual.

7

# Insertar texto de archivo

## IMPORTANTE

La opción **Insertar texto de archivo**, que se encuentra en el comando **Insertar objeto** de la ficha **Insertar** sustituye desde la versión 2007 de Word a la herramienta **Insertar archivo** de versiones anteriores. Con ella, podemos insertar en un documento de Word otro documento creado con este programa y vincularlo al original de manera que los cambios producidos en éste se reflejen en el insertado.

CUANDO HAY QUE INSERTAR TEXTO procedente de otro documento en el que se está trabajando se debe utilizar la opción Insertar texto de archivo, incluida en la herramienta Objeto de la ficha Insertar.

1. Para llevar a cabo este ejercicio, le recomendamos que descargue de nuestra página web el documento denominado **Falsa pista.docx** y lo guarde en su equipo. Por el momento, no lo abra. Cuando disponga de él, despliegue el comando **Insertar objeto**, el último del grupo de herramientas **Texto**, y pulse sobre la opción **Insertar texto de archivo.** 1
2. Se abre así el cuadro **Insertar archivo**, mostrando por defecto el contenido de la biblioteca **Documentos**. Seleccione con un clic el documento de Word cuyo texto desee insertar. 2
3. Despliegue el botón **Insertar** y pulse sobre la opción **Insertar como vínculo.** 3
4. En el punto en que se encontraba el cursor de edición se inserta el texto del documento seleccionado. 4 Ahora comprobare-

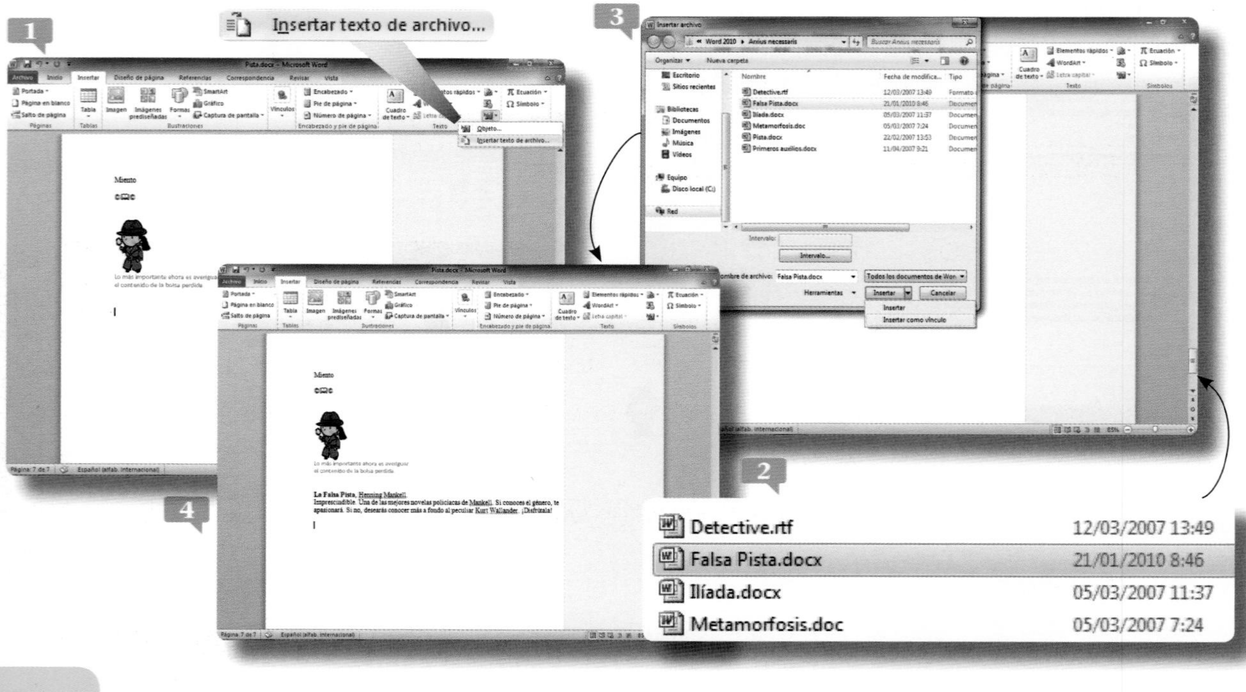

mos que este texto está efectivamente vinculado a su original; para ello, realizaremos una sencilla modificación en el documento original y veremos cómo el texto insertado se actualiza. Acceda al original, aplique un subrayado sobre el título del texto, [5] guarde los cambios realizados y cierre el archivo.

5. Haga clic con el botón derecho del ratón sobre el fragmento de texto que ha modificado en el original y, en el menú contextual que aparece, pulse sobre la opción **Actualizar campos.** [6]
6. El objeto insertado se actualiza automáticamente. [7] Según lo establecido de manera predeterminada en el cuadro de opciones de Word, los archivos vinculados se actualizarán automáticamente al cerrar y abrir de nuevo el documento en que se han insertado. Pulse el icono **Guardar** de la **Barra de herramientas de acceso rápido** para guardar los cambios. [8]
7. Para acabar, cerraremos la ventana **Documentos**, que continúa abierta en un segundo plano. Dirija el puntero del ratón hacia la parte inferior de la pantalla y haga clic con el botón derecho del ratón sobre el botón expandido del elemento **Documentos**.
8. Por último, elija la opción **Cerrar** de este menú contextual para cerrar la ventana y dar por acabado el ejercicio.

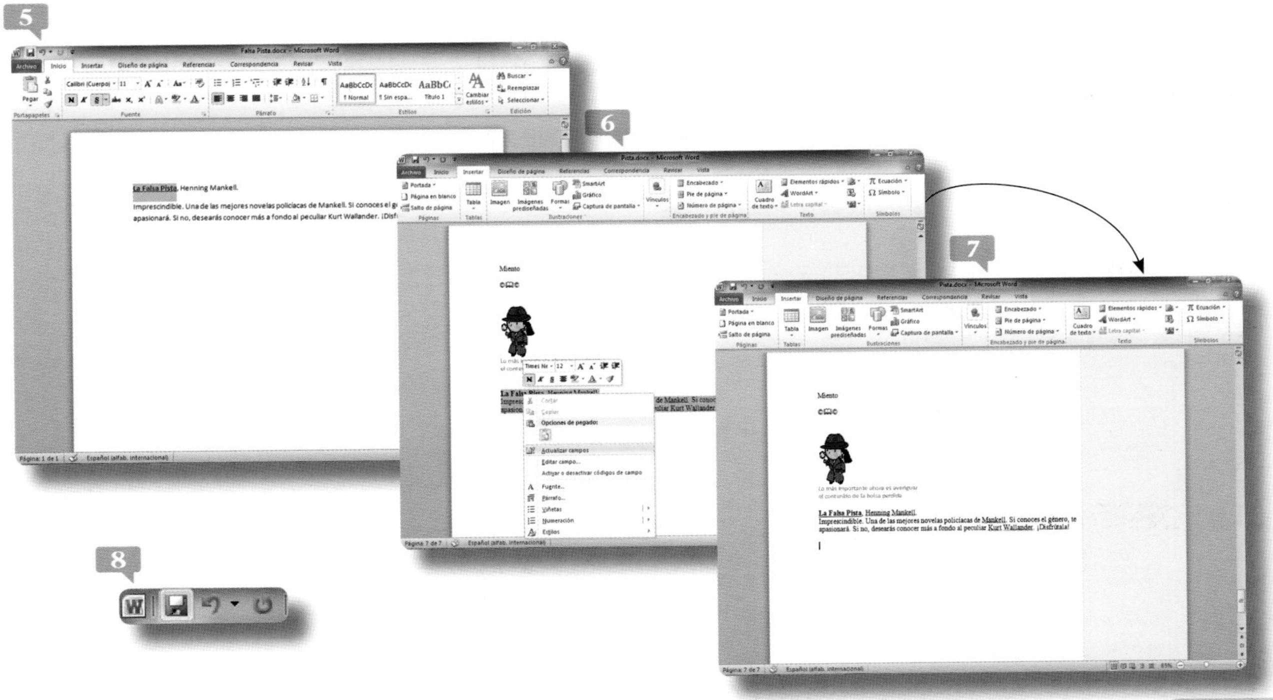

# Insertar hipervínculos

UN HIPERVÍNCULO ES UN ENLACE QUE CONECTA directamente con otro lugar de un mismo documento, con otro archivo o con un sitio Web. Este archivo puede estar generado por otra aplicación, de modo que, si se pulsa un hipervínculo de este tipo, al abrirse el archivo también se abrirá automáticamente la aplicación que lo gestiona.

1. En este ejercicio aprenderemos a insertar hipervínculos en nuestro documento **Pista**. Uno de ellos nos conducirá a un sitio web y otro, a una parte concreta del documento. Para empezar, seleccione el título **La falsa pista.** 1
2. En la ficha **Insertar** de la **Cinta de opciones**, haga clic en el botón del comando **Vínculos** y pulse sobre la opción **Hipervínculo.** 2
3. Se abre el cuadro de diálogo **Insertar hipervínculo** mostrando el contenido de la carpeta **Mis documentos**. En el campo **Dirección**, escriba la dirección **www.fnac.es.** 3
4. Pulse el botón **Aceptar** y observe el resultado en el documento activo. 4

## IMPORTANTE

Desde el cuadro de opciones de Word es posible cambiar el método para seguir los hipervínculos. Para ello, deberá situarse en la sección **Avanzadas** y, en el apartado **General**, desactivar la opción **Utilizar Ctrl.+Clic de Mouse para seguir hipervínculo.** Tras esta acción un único clic bastará para seguir el vínculo.

Podemos crear vínculos a archivos o páginas web existentes, a lugares concretos de este documento, a nuevos documentos o a direcciones de correo electrónico.

# 038

5. El texto vinculado a la página web se muestra ahora en color azul. Pulse la tecla **Control** y, sin soltarla, haga clic sobre el hipervínculo para seguirlo. [5]
6. Se abre así el navegador de internet predeterminado mostrando la página web especificada. [6] Cierre el programa pulsando el botón de aspa de su **Barra de título**.
7. Ahora crearemos otro hipervínculo que, esta vez, nos conducirá al principio del documento. Pulse la combinación de teclas **Ctrl.+Fin** para situar el cursor de edición al final del documento, escriba la palabra **Inicio** y selecciónela. [7]
8. Pulse en el botón del comando **Vínculos** y haga clic en la opción **Hipervínculo.** [8]
9. En el cuadro **Insertar hipervínculo**, pulse sobre la opción **Lugar de este documento** del panel **Vincular a.** [9]
10. Seleccione la opción **Principio del documento** [10] y pulse el botón **Aceptar.**
11. Para seguir este nuevo hipervínculo, pulse la tecla **Control** y, sin soltarla, haga clic sobre el término **Inicio.** [11]
12. Efectivamente, el hipervínculo nos conduce al principio del documento. [12] Para acabar este ejercicio en el que hemos aprendido a crear hipervínculos, guarde los cambios pulsando el icono **Guardar** de la **Barra de acceso rápido.**

8

9

10
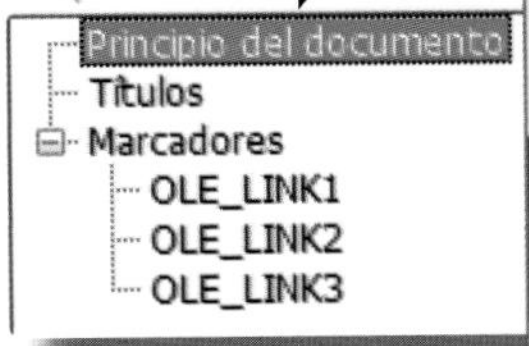


5
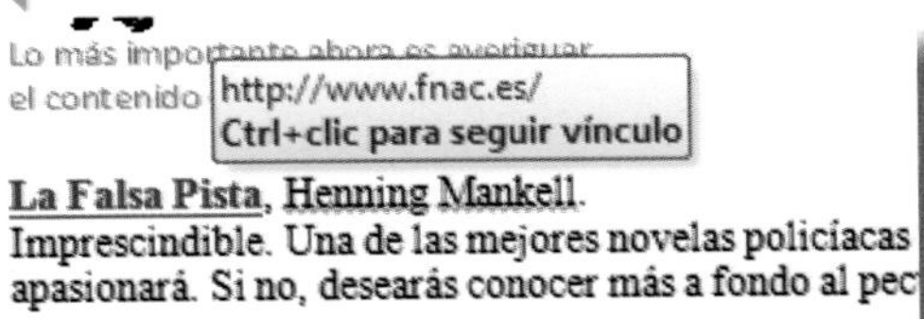


7
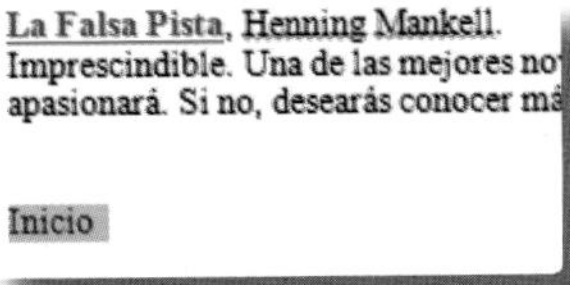


11
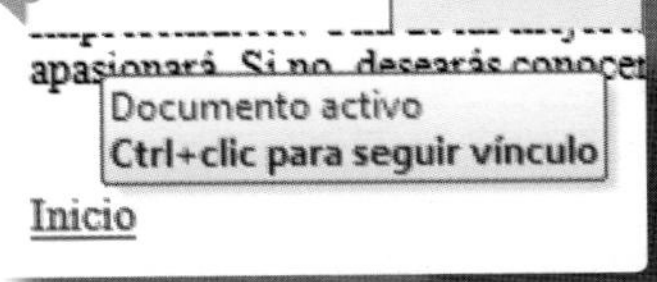


6

12
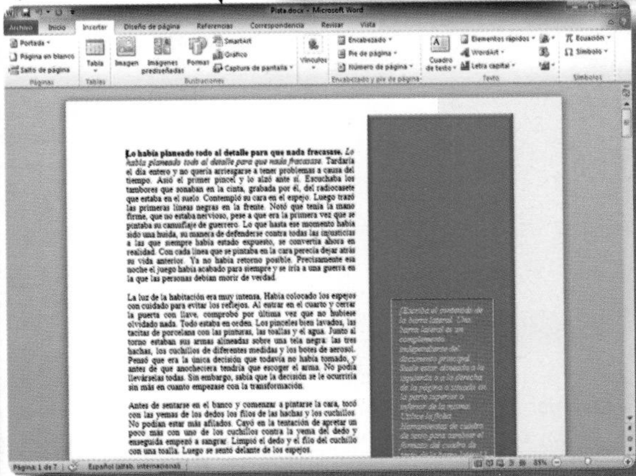

# Insertar tablas

## IMPORTANTE

Las tablas se componen de columnas y filas que, al cruzarse, forman las denominadas celdas. Una tabla puede contener tanto texto como gráficos e incluso otras tablas, en cuyo caso se denominan tablas anidadas.

EL USO DE LAS TABLAS EN WORD SE JUSTIFICA por la obtención de una mejor y más comprensible presentación de los documentos. El uso de las tablas facilita también la organización de la información y puede ser muy útil dependiendo del tipo de documento en el que se esté trabajando.

1. En este ejercicio aprenderemos a insertar tablas de diferentes maneras en un documento. Antes de realizar ninguna operación, pulse la combinación de teclas **Ctrl.+Fin** para situar el cursor al final del documento y pulse dos veces la tecla **Retorno** para añadir dos líneas en blanco.
2. Ya tenemos el cursor de edición en el punto deseado para que se sitúe la tabla. En primer lugar, insertaremos una de las tablas predeterminadas. En la pestaña **Insertar** de la **Cinta de opciones**, despliegue el comando **Tabla** del grupo de herramientas **Tablas** y pulse sobre la opción **Tablas rápidas.** [1]
3. Aparece así la galería de tablas rápidas. En la parte inferior de esta galería, seleccione la llamada **Lista de tabla.** [2]
4. Automáticamente la tabla seleccionada se inserta en el punto en que se encontraba el cursor de edición y con el formato preestablecido. [3] Ahora crearemos otra tabla especificando su

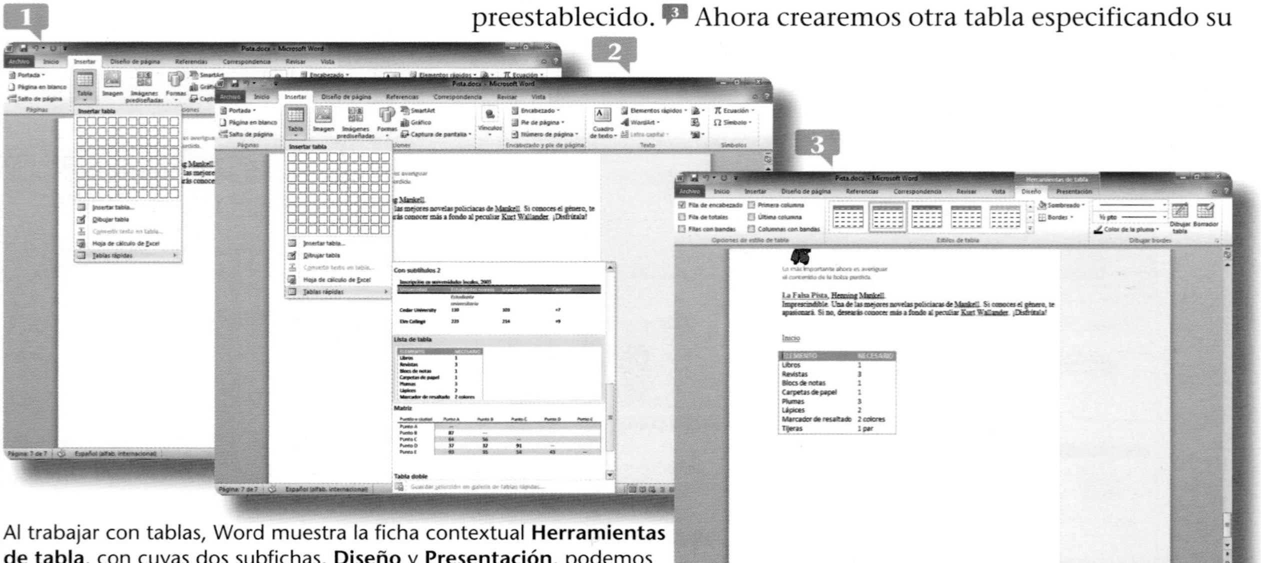


Al trabajar con tablas, Word muestra la ficha contextual **Herramientas de tabla**, con cuyas dos subfichas, **Diseño** y **Presentación**, podemos modificar el aspecto de las mismas.

**039**

número de filas y columnas. Para ello, haga clic debajo de la tabla para deseleccionarla y pulse la tecla **Retorno** para añadir una línea en blanco al documento.

5. Sitúese en la ficha **Insertar** de la **Cinta de opciones**, haga clic nuevamente en el comando **Tabla** del grupo de herramientas **Tablas** y pulse sobre la opción **Insertar tabla.** 4
6. Inserte el valor **3** tanto en el campo **Número de columnas** como en el campo **Número de filas** del cuadro **Insertar tabla** y pulse el botón **Aceptar.** 5
7. La nueva tabla aparece ya en el documento con las dimensiones que hemos establecido. 6 Ahora borraremos esta tabla y crearemos otra usando el casillero que incluye el comando **Tabla.** Haga clic en la pestaña **Presentación** de la ficha **Herramientas de tabla**, despliegue el comando **Eliminar** del grupo de herramientas **Filas y columnas** y, de las opciones que se muestran, elija **Eliminar tabla.** 7
8. Active nuevamente la ficha **Insertar** de la **Cinta de opciones** pulsando sobre su pestaña.
9. Despliegue una vez más el comando **Tabla** y haga clic en la tercera casilla de la segunda fila para crear una tabla de tres filas y dos columnas. 8

## IMPORTANTE

Si sabe que todas las tablas que va a tener que crear en este documento deben contar con estas dimensiones, puede activar la opción **Recordar dimensiones para tablas nuevas** del cuadro de diálogo **Insertar tabla** para no tener que ajustarlas cada vez.

La opción **Dibujar tabla**, incluida también en el comando **Tabla**, permite trazar manualmente una tabla, que en un principio constará de una sola celda pero que después podremos dividir, dibujando líneas a mano, en diferentes celdas.

8

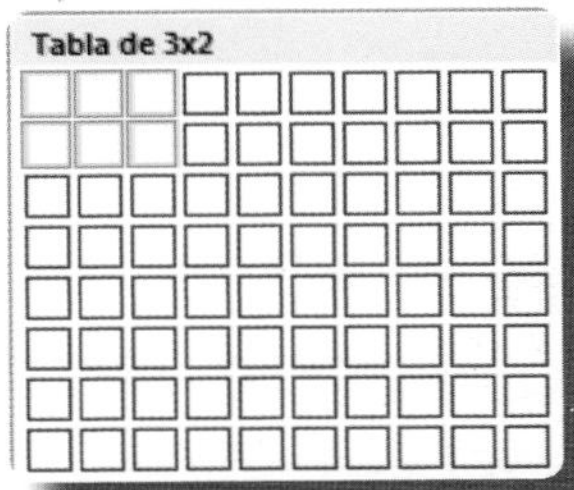


4

6

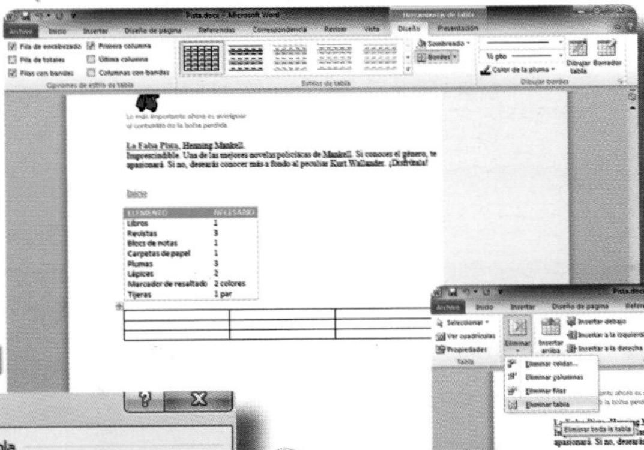

5

7

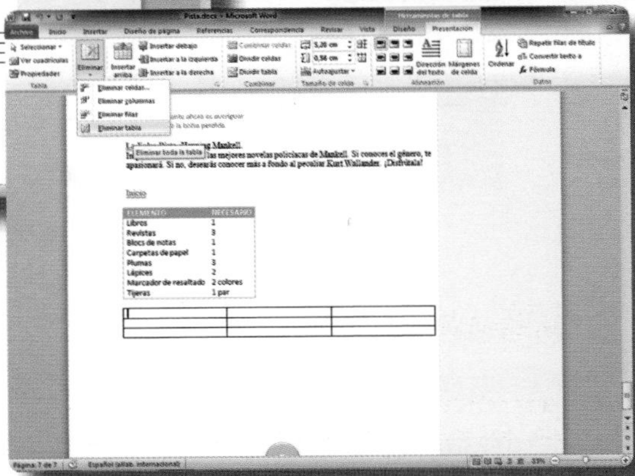

El cuadro de diálogo **Insertar tabla** permite especificar las dimensiones de la tabla y aplicarle formato.

# Aplicar formato a tablas

## IMPORTANTE

La opción **Estilos de tabla** permite aplicar un formato predeterminado a una tabla con un solo clic. Gracias a la función de vista previa activa, es posible ver el aspecto de cada uno de los estilos antes de aplicarlos definitivamente a la tabla.

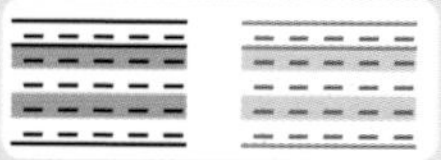

TANTO LAS TABLAS RÁPIDAS COMO LAS TABLAS CREADAS por el usuario se pueden modificar con las herramientas que se incluyen en las subfichas Diseño y Presentación de la ficha contextual Herramientas de tabla, que aparece siempre que una tabla se encuentra seleccionada.

1. En este ejercicio, utilizaremos las herramientas de tabla para modificar el aspecto de las dos tablas creadas en el ejercicio anterior. Para empezar, haga clic sobre la tabla rápida para seleccionarla y pulse sobre la pestaña **Diseño** de la ficha **Herramientas de tabla.** 1
2. Haga clic en el botón **Más** de la galería de estilos de tabla, el que muestra una pequeña línea horizontal sobre una punta de flecha, y pulse sobre el último estilo de la cuarta fila del apartado **Integrado** para aplicarlo a la tabla seleccionada. 2
3. En el grupo de herramientas **Opciones de estilo de tabla** podemos activar o desactivar las opciones que queramos para seguir modificando el estilo. Active, por ejemplo, la opción **Filas con bandas** pulsando en su casilla de verificación. 3
4. Haga clic en la pestaña **Presentación** de la ficha **Herramientas de tabla** y, en el grupo de herramientas **Datos**, pulse sobre el comando **Ordenar**. 4

1

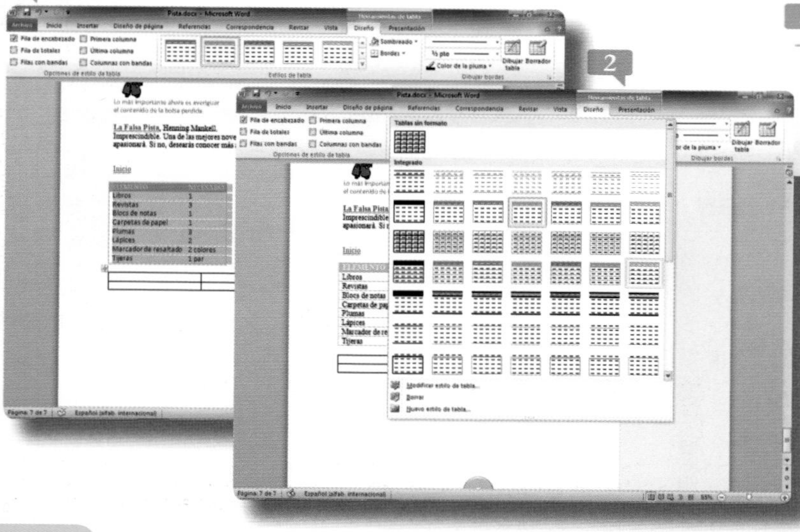

2

3

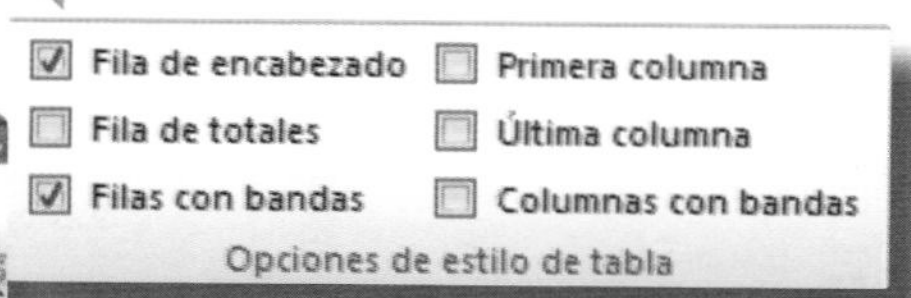


4

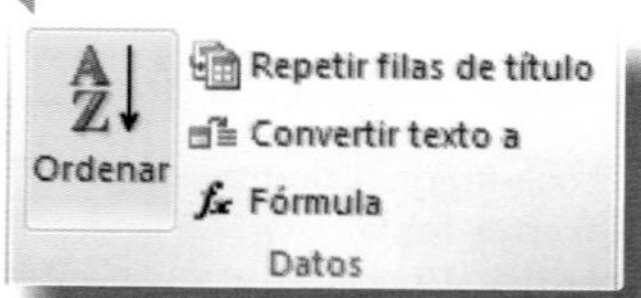

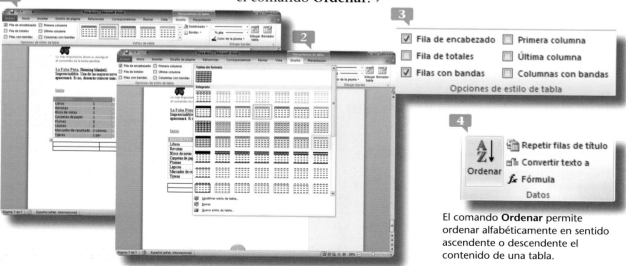

El comando **Ordenar** permite ordenar alfabéticamente en sentido ascendente o descendente el contenido de una tabla.

# 040

5. En el cuadro de diálogo **Ordenar**, mantenga la configuración por defecto y pulse el botón **Aceptar**. 5
6. Ahora, centraremos en sus celdas el contenido de la columna **Necesario**. Haga clic sobre la palabra **Necesario** para situar el cursor de edición en esa columna, despliegue el comando **Seleccionar** del grupo **Tabla** y haga clic en la opción **Seleccionar columna**. 6
7. Para alinear los datos de esa columna en las celdas, pulse sobre el segundo comando de la segunda fila del grupo de herramientas **Alineación**. 7
8. Una vez modificado el aspecto de esta tabla rápida, cambiaremos también el de la tabla de dos filas que hemos insertado manualmente. Haga clic dentro de la primera celda de dicha tabla para seleccionarla, active la subficha **Diseño** de la ficha **Herramientas de tabla** pulsando sobre su pestaña, despliegue el comando **Bordes** y pulse en la opción **Bordes y sombreado**. 8
9. Aplique el color y la anchura que usted quiera a los bordes de la tabla y pulse el botón **Aceptar** para aplicar el nuevo estilo de línea.
10. Para terminar el ejercicio, veremos el modo de eliminar de una tabla filas y columnas. En la subficha **Presentación** de la ficha **Herramientas de tabla**, haga clic en el comando **Eliminar** del grupo **Filas y columnas**, pulse sobre la opción **Eliminar filas** 9 y vea cómo la tabla pasa a tener una sola fila. 10

## IMPORTANTE

Desde el cuadro de diálogo **Bordes y sombreado** podemos cambiar el estilo, el color y la anchura de los bordes de una tabla. En el apartado **Valor**, deberá mantener seleccionada la opción **Todos** para que los bordes se apliquen a todas las celdas de la tabla seleccionada.

7

5

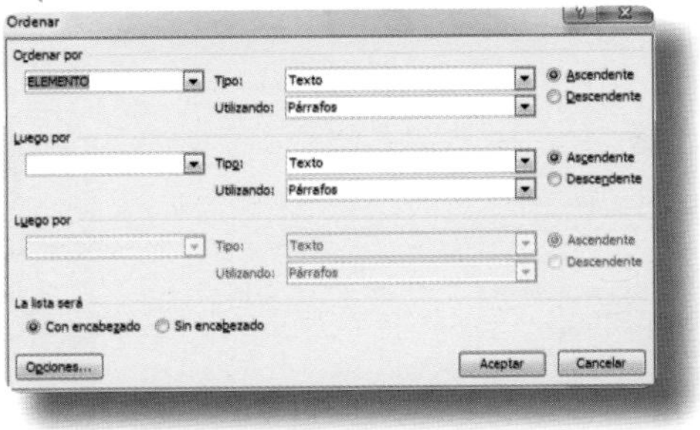


6

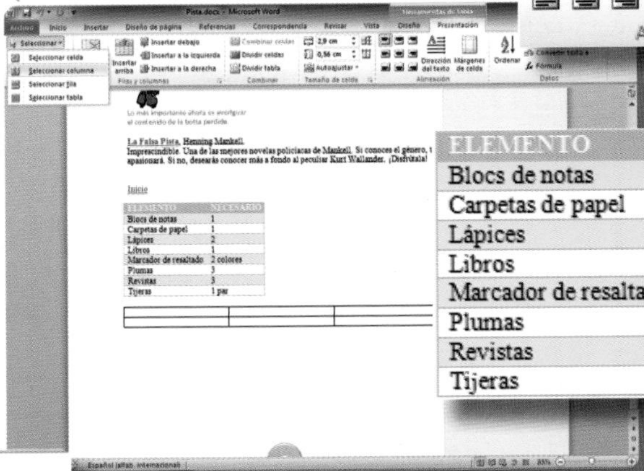


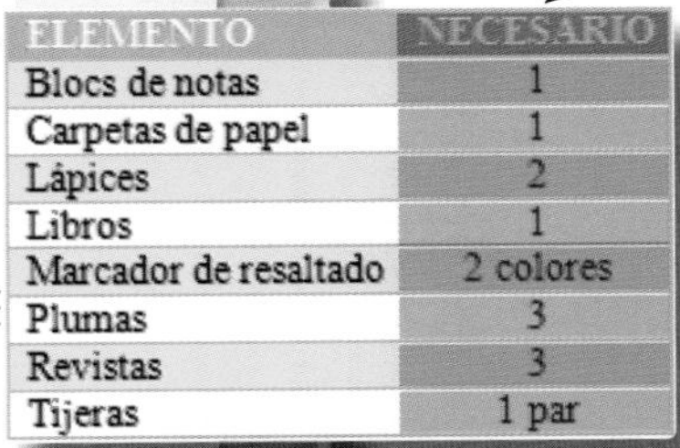

| ELEMENTO | NECESARIO |
|---|---|
| Blocs de notas | 1 |
| Carpetas de papel | 1 |
| Lápices | 2 |
| Libros | 1 |
| Marcador de resaltado | 2 colores |
| Plumas | 3 |
| Revistas | 3 |
| Tijeras | 1 par |

8

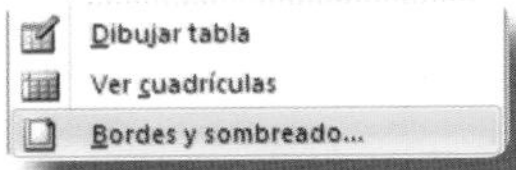


9

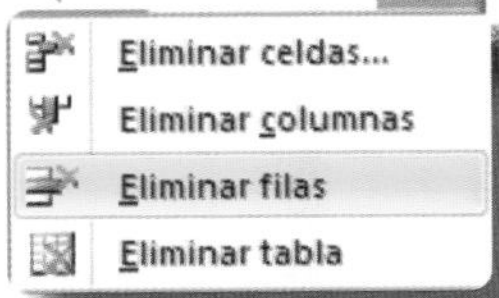


10

# Convertir una tabla en texto y viceversa

**IMPORTANTE**

En el cuadro **Convertir tabla en texto** debemos indicar el tipo de separadores que utilizará el programa para separar las columnas. Por defecto, las filas se separarán con marcas de párrafo.

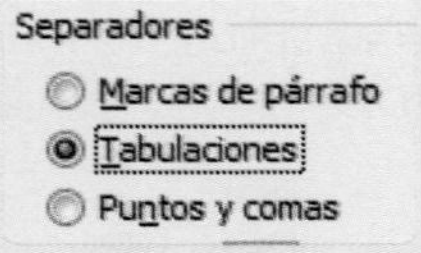


WORD PERMITE CONVERTIR UNA TABLA EN TEXTO y un texto en una tabla en un solo paso. Para la primera acción, hay que utilizar el comando Convertir texto a de la subficha Presentación, dentro de la ficha contextual Herramientas de tabla. Y para realizar la acción contraria, debemos utilizar la opción Convertir texto en tabla incluida en el comando Tabla de la pestaña Insertar.

1. En este sencillo ejercicio aprenderemos a convertir una tabla en texto y un texto en una tabla. Para empezar, seleccione la tabla que contiene texto pulsando sobre el término **Elemento** y haga clic en la pestaña **Presentación** de la ficha **Herramientas de tabla.** [1]
2. En el grupo de herramientas **Datos**, haga clic en el comando **Convertir texto a.** [2]
3. En el cuadro **Convertir tabla en texto**, mantenga seleccionada la opción **Tabulaciones** como tipo de separador entre columnas y pulse el botón **Aceptar.** [3]
4. Automáticamente, la tabla se convierte en texto, donde las columnas están separadas por tabulaciones y las filas, por marcas de párrafo. [4] Ahora realizaremos la acción contraria, esto es,

1

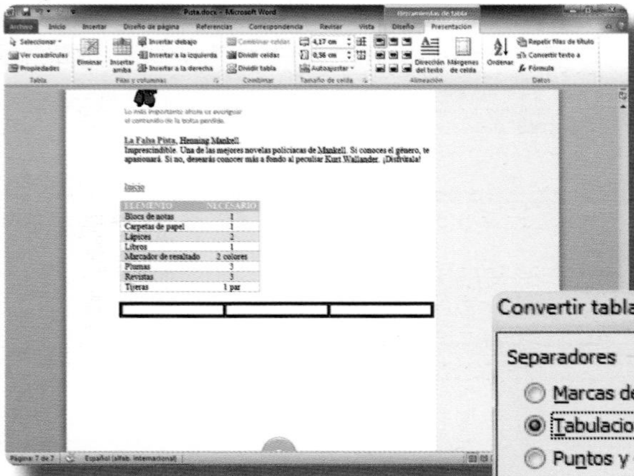

2

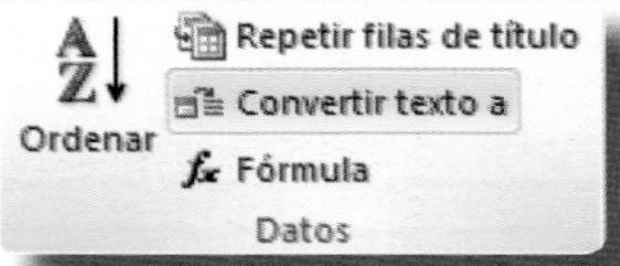


3

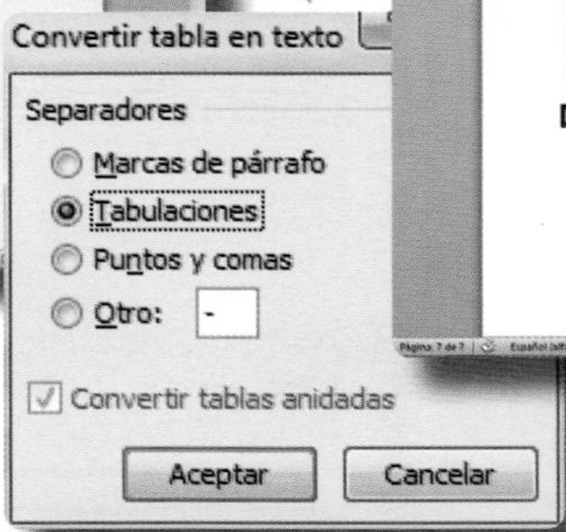


4

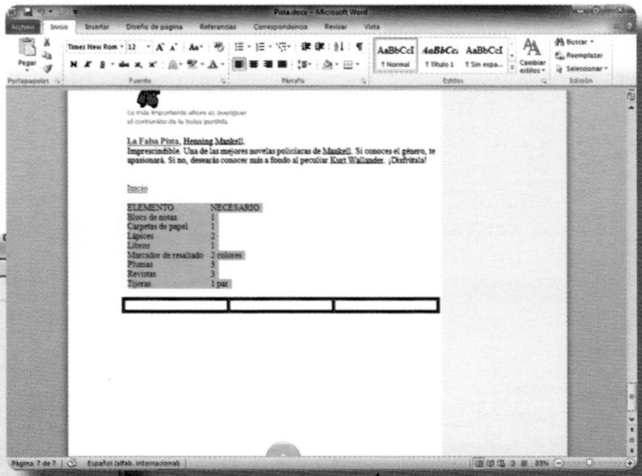

convertiremos este texto de nuevo en una tabla. Active la ficha **Insertar** de la **Cinta de opciones** pulsando sobre su pestaña.

5. Haga clic en la herramienta **Tabla** y pulse en la opción **Convertir texto en tabla.** 5
6. En el cuadro de diálogo **Convertir texto en tabla** debemos definir el número de columnas que tendrá la tabla, el autoajuste de la misma y el modo en que se separará el texto. Mantenga todas las opciones tal y como aparecen en este cuadro y pulse el botón **Aceptar.** 6
7. El texto se convierte así en una sencilla tabla, cuyo formato podemos modificar con las herramientas propias de este elemento. 7 Haga clic en la tercera muestra del grupo de herramientas **Estilos de tabla** para aplicar ese estilo a la tabla. 8
8. Antes de acabar, cambiaremos el modo en que se ajustan las celdas para que se adapten a su contenido. Active la subficha **Presentación** de la ficha **Herramientas de tabla** pulsando sobre su pestaña. 9
9. Despliegue el comando **Autoajustar** del grupo **Tamaño de celda** y pulse sobre la opción **Autoajustar al contenido.** 10
10. Una vez convertido el texto en una tabla y modificado su formato, haga clic debajo de la tabla para deseleccionarla 11 y pulse el icono **Guardar** de la **Barra de herramientas de acceso rápidos.**

# 041

## IMPORTANTE

Tenga en cuenta que para convertir un texto en una tabla los términos que deben ocupar las diferentes columnas se deben separar con caracteres separadores, como comas o tabulaciones, y los que deben ocupar las filas, con marcas de párrafo.

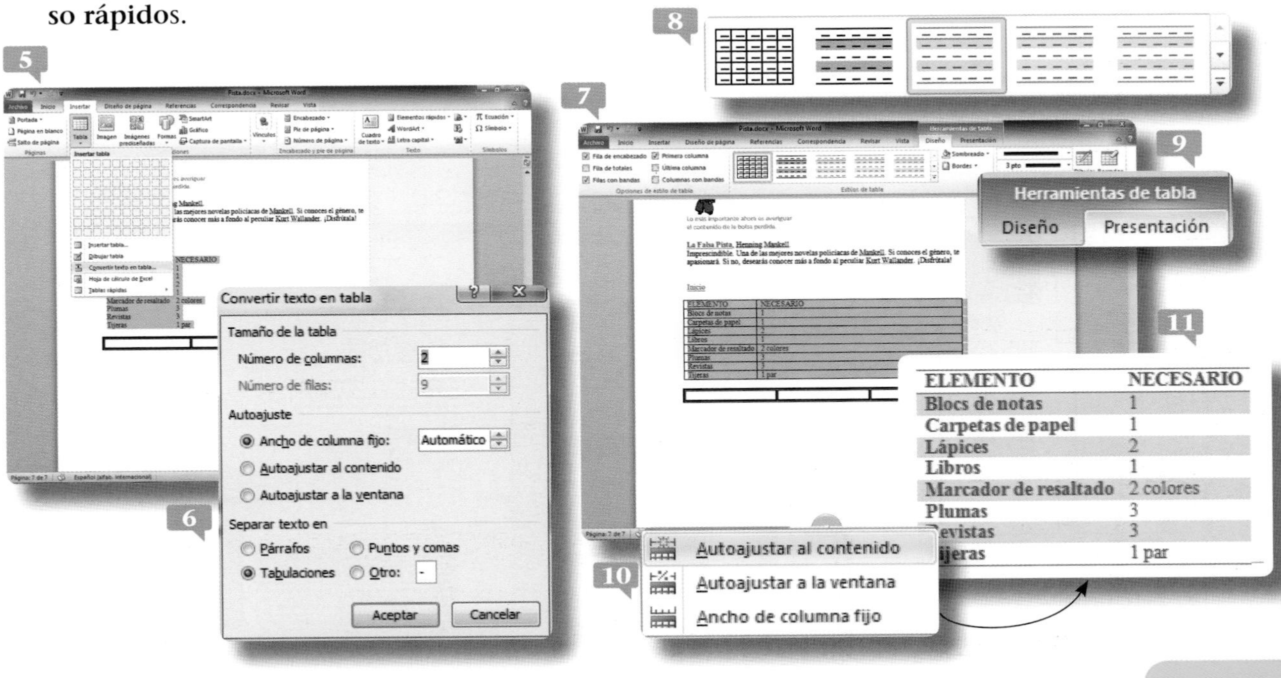

# Insertar una portada

## IMPORTANTE

Una vez insertada la portada, al situar el puntero sobre cada uno de los campos de la misma, el programa nos informa de los datos que debemos añadir en ellos: su título, su autor, un resumen del mismo, la fecha de creación, etc.

EL COMANDO PORTADA PERMITE AÑADIR una portada a cualquier documento de Word, la cual se crea como si de una nueva página se tratara y adopta el diseño que seleccionemos en la Galería de portadas que aparece al hacer clic sobre el comando en cuestión.

1. En este ejercicio aprenderemos a insertar una portada en el documento con el que estamos trabajando. Sitúese en la pestaña **Insertar** de la **Cinta de opciones** y, en el grupo de herramientas **Páginas**, pulse sobre el comando **Portada**. 1
2. Haga clic en la parte inferior de la **Barra de desplazamiento vertical** de la galería de portadas y pulse sobre la portada **Moderno**. 2
3. Como puede comprobar en el campo **Página** de la **Barra de estado** el documento tiene ahora una página más. 3 Haga clic dentro del campo **Seleccionar fecha**, pulse en el botón de punta de flecha que ha aparecido y, en la hoja de calendario que se muestra, marque un día cualquiera. 4

1

2

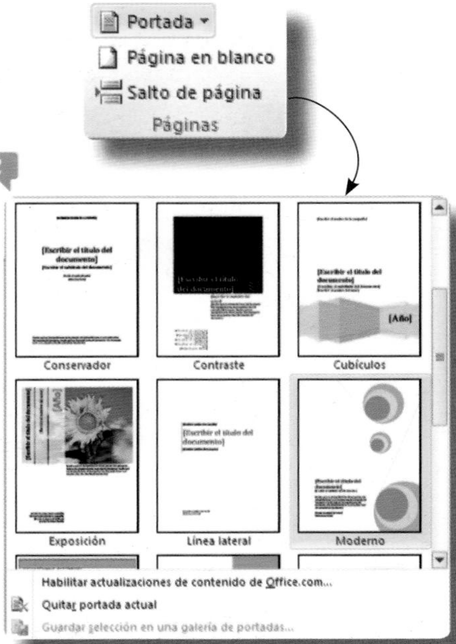


3

4

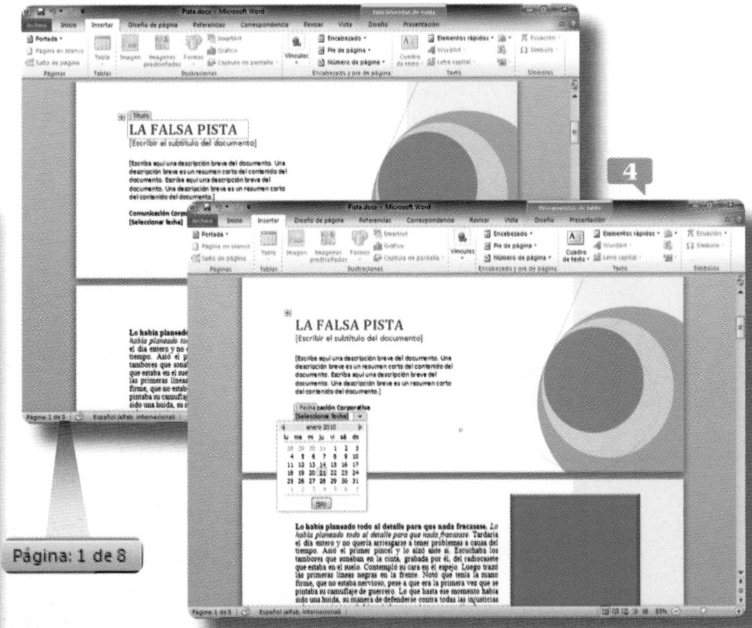

**042**

4. A continuación, personalizaremos el diseño de esta portada modificando algunos colores. Haga clic dos veces en el centro del círculo más pequeño que se ve en estos momentos.
5. Desde la pestaña **Formato** de la ficha contextual **Herramientas de dibujo** podemos insertar formas, modificar el estilo y los efectos de sombreado de los objetos, añadirles efectos tridimensionales, organizar los elementos e incluso cambiar su tamaño. Haga clic en el botón **Más** del grupo **Estilos de forma**, representado por una punta de flecha hacia abajo y una pequeña línea horizontal, y en la galería de estilos rápidos que aparece, pulse sobre la tercera muestra de la primera fila.
6. Visualice la parte superior de la portada y, para seleccionar los tres primeros círculos, haga clic dentro del mayor de ellos.
7. Cambiaremos la forma de estos tres objetos. Despliegue el comando **Editar forma** del grupo de herramientas **Insertar forma**, pulse sobre la opción **Cambiar forma** y elija con un clic alguno de los rectángulos disponibles.
8. Antes de acabar, veamos cómo eliminar esta portada del documento. Haga clic en la pestaña **Insertar**, despliegue el comando **Portada** y pulse sobre la opción **Quitar portada actual**.

## IMPORTANTE

Tenga en cuenta que si está trabajando con un documento creado en versiones anteriores de Word pueden existir algunas diferencias al añadir una portada: por ejemplo, el calendario que acabamos de ver no aparece.

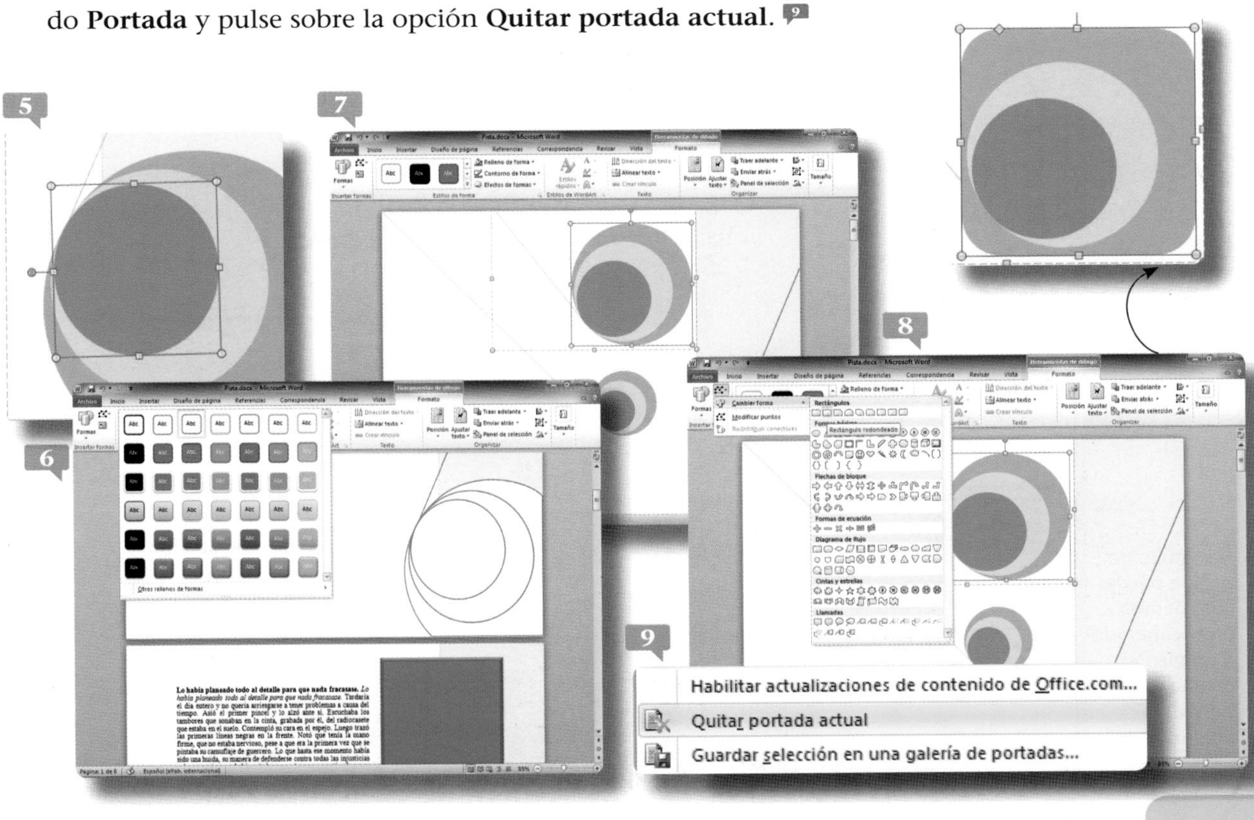

# Insertar encabezados y pies de página

**IMPORTANTE**

Podemos editar un encabezado en cualquier momento haciendo doble clic sobre él o activando la opción **Editar encabezado** del comando **Encabezado**.

Editar encabezado

EL ENCABEZADO ES UN ÁREA DEL MARGEN superior de una página que normalmente se utiliza para insertar el nombre del autor, la fecha de creación del documento, el título del mismo, etc. Por otro lado, los pies de página son áreas ubicadas en el margen inferior del documento y también se utilizan con la misma finalidad.

1. En este ejercicio aprenderemos a insertar, editar y quitar encabezados y pies de página. Para empezar, insertaremos en el documento uno de los encabezados que ofrece Word. Haga clic en el comando **Encabezado** del grupo de herramientas **Encabezado y pie de página.** 1
2. En la galería de diseños de encabezados, pulse sobre el tercero, denominado **Alfabeto.** 2
3. El diseño seleccionado únicamente incluye un filete y un apartado en el que podemos introducir el título del documento. Escriba el término **Falsa Pista.** 3
4. Cambiaremos, a modo de ejemplo, la posición del encabezado desde arriba. En la ficha contextual **Herramientas para encabezado y pie de página**, haga clic dentro del primer campo del grupo de herramientas **Posición**, escriba el valor 2 y pulse la tecla **Retorno** para aplicar el cambio. 4

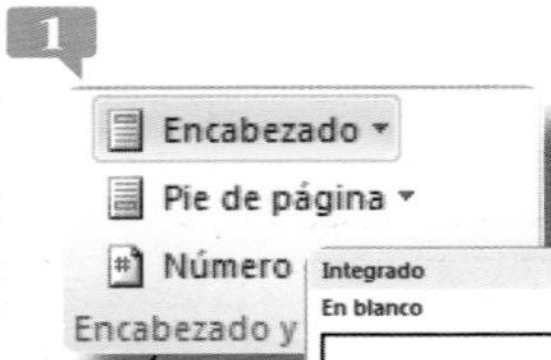

El número de página puede considerarse un encabezado o un pie de página según donde se ubique.

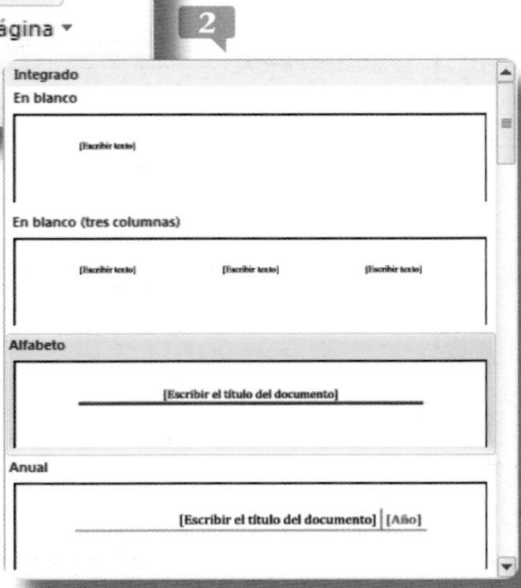


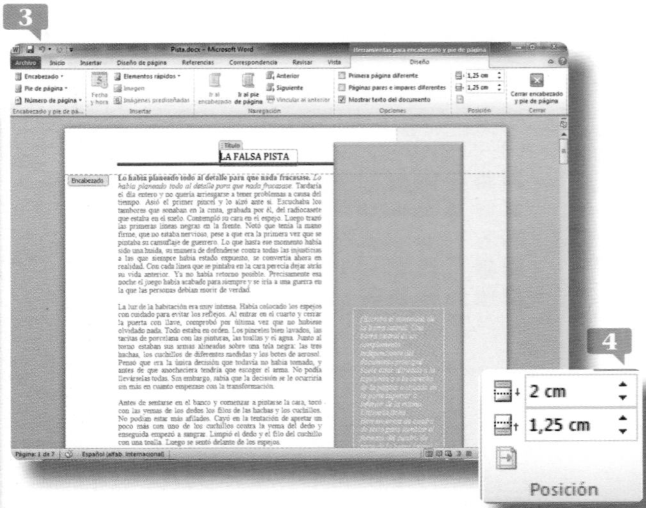

043

5. El texto de un encabezado o de un pie de página se puede modificar como cualquier otro texto del documento. En este caso, vamos a cambiar el color de la fuente del encabezado. Seleccione el título entero, pulse sobre el botón de punta de flecha de la herramienta **Color de fuente** en la **Barra de herramientas mini** y, en la paleta de colores que aparece, seleccione la última muestra de la primera columna. 5
6. Ahora cerraremos el encabezado y comprobaremos que se ha insertado en todas las páginas del documento. Pulse el botón **Cerrar encabezado y pie de página** de la ficha **Diseño.** 6
7. Sitúese en la página 2 y compruebe que también en ella aparece el encabezado. 7
8. Seguidamente, active la ficha **Insertar** de la **Cinta de opciones**, haga clic en la herramienta **Encabezado** y pulse sobre la opción **Quitar encabezado.** 8
9. Una vez eliminado el encabezado, veremos cómo insertar un sencillo pie de página. Haga clic en el botón **Pie de página** 9 y seleccione de nuevo el diseño **Alfabeto.** 10
10. En este caso, el pie de página seleccionado incluye un apartado para escribir texto y otro donde se ubica el número de la página. En el campo **Escribir texto**, escriba el término **Falsa Pista.** 11
11. Pulse el botón **Cerrar encabezado y pie de página** de la ficha **Diseño.**

8

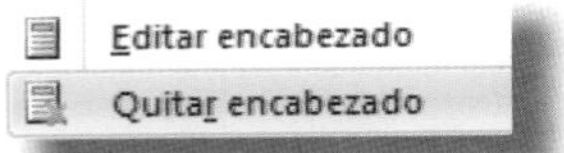


9

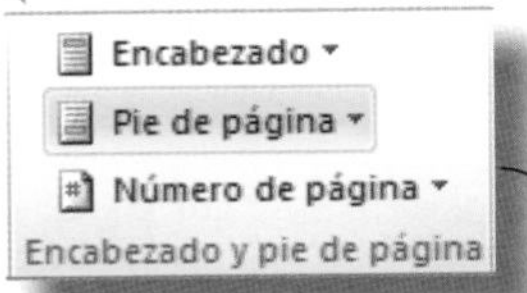


10

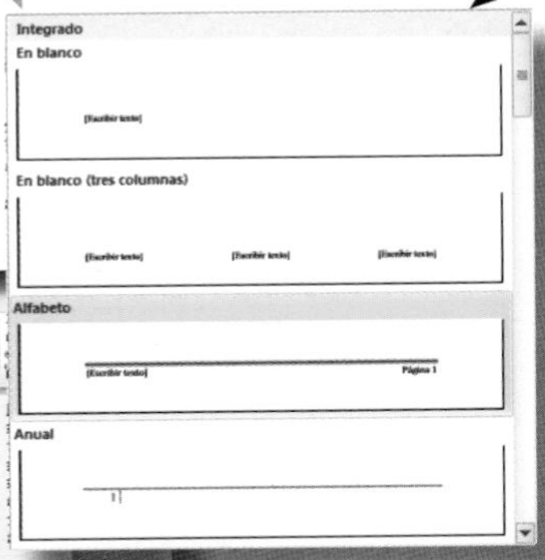


11

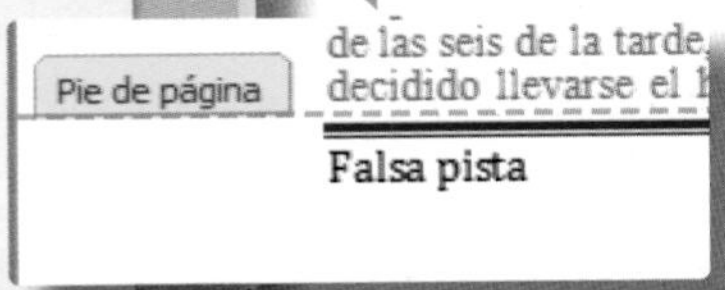


5

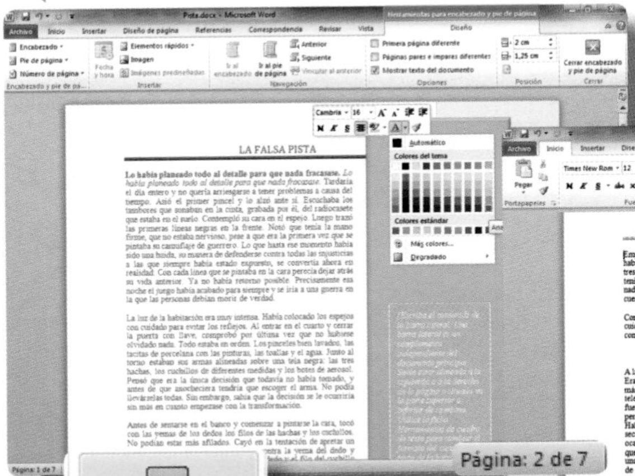


6

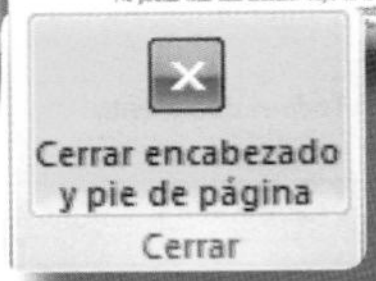


7

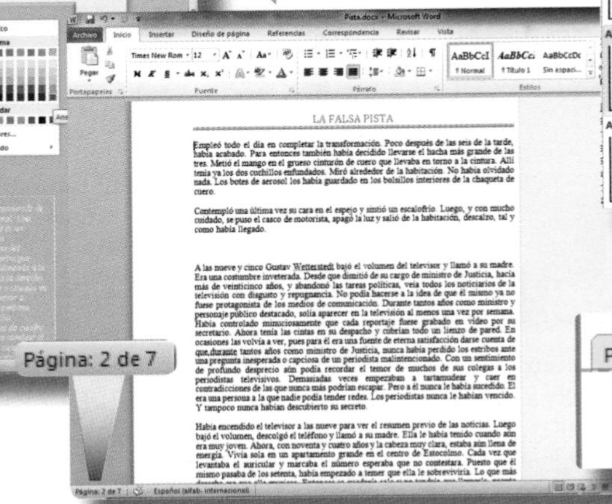

# Incluir notas al pie y notas finales

## IMPORTANTE

Tanto las notas al pie como las notas finales constan de dos partes vinculadas: una marca de referencia que aparece en el cuerpo del texto del documento y el texto de la nota en sí que siempre figura al pie de la página. Word numera de manera automática las notas al pie y las notas al final.

LAS NOTAS AL PIE Y LAS NOTAS FINALES tienen la función de añadir información referente a cualquier palabra, frase o párrafo de un documento. La única diferencia entre ellas es su posición y el alcance de su comentario.

1. Para empezar, sitúese al inicio del documento, pulse al final de la primera frase para indicar que la marca de referencia de la nota debe insertarse en ese punto y haga clic en la pestaña **Referencias** de la **Cinta de opciones.** 1
2. Antes de insertar la nota, veremos cuál es el formato que ésta tendrá por defecto. Haga clic en el iniciador de cuadro de diálogo del grupo de herramientas **Notas al pie.** 2
3. Se abre el cuadro de diálogo **Notas al pie y notas al final** con la opción **Notas al pie** activada. Despliegue el campo **Formato de número** y seleccione el quinto modelo, que corresponde a los números romanos. 3
4. Haga clic sobre el botón de punta de flecha del campo **Numeración**, elija **Reiniciar cada página** y pulse el botón **Aplicar** para que los cambios en el formato de las notas se apliquen. 4

1

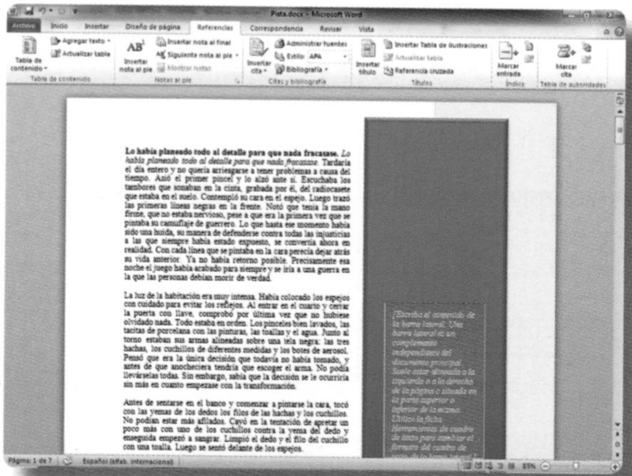

2

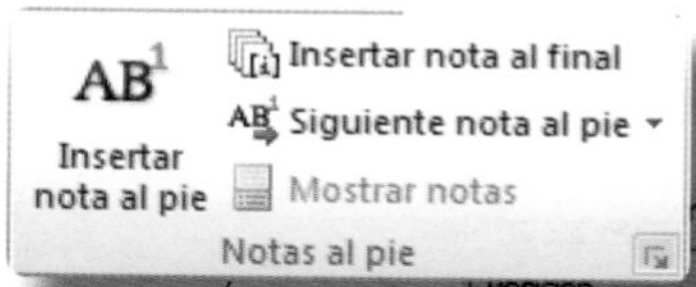


3

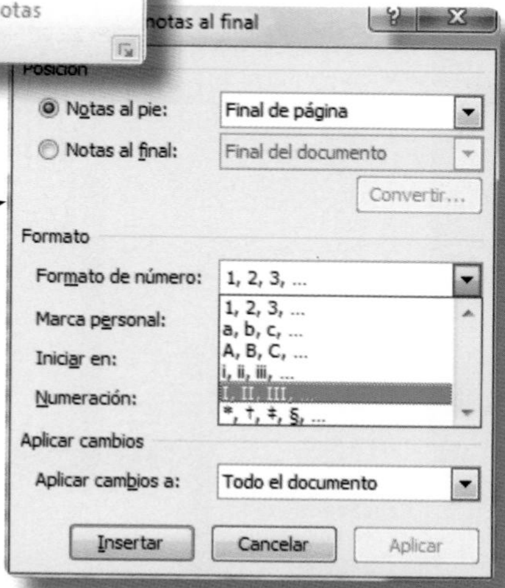


Por defecto las notas al pie se sitúan al final de la página y las notas al final, al final del documento.

4

El apartado **Iniciar en:** del cuadro **Notas al pie y notas al final** indica la marca que aparecerá al insertar la primera nota en el documento.

5. Ahora despliegue el comando **Insertar nota al pie** del grupo de herramientas **Notas al pie.** [5]
6. El cursor se desplaza hasta el pie de la página en el que puede escribir el comentario correspondiente a la primera nota. Escriba la palabra **Entrada.** [6]
7. A continuación, desplácese al inicio del documento para ver si realmente la marca correspondiente a la nota al pie se ha insertado allí donde debía. [7]
8. A continuación, crearemos una nota al final. Sitúese al final del documento y pulse detrás de la palabra **Inicio**.
9. Abra el cuadro **Notas al pie y notas al final** pulsando en el iniciador de cuadro de diálogo del grupo de herramientas **Notas al pie** y, en este cuadro, haga clic en el botón de opción **Notas al final.** [8]
10. La nota al final que vamos a insertar llevará en este caso un símbolo personal como marca. Pulse sobre el botón **Símbolo** [9] y, en el cuadro de diálogo **Símbolo**, elija el símbolo que más le guste y luego haga clic sobre el botón **Aceptar**.
11. El símbolo seleccionado se ha insertado en la casilla **Marca personal** [10] mientras que el cuadro **Formato de número** se ha desactivado. Mantenga el resto de opciones tal y como están y pulse el botón **Insertar.** [11]

# 044

## IMPORTANTE

Por defecto, las notas al final se insertarán al final del documento, aunque también podemos colocarlas al final de una sección en el caso de que el documento las tenga. El formato de número preestablecido para las notas al final es distinto al establecido para las notas al pie.

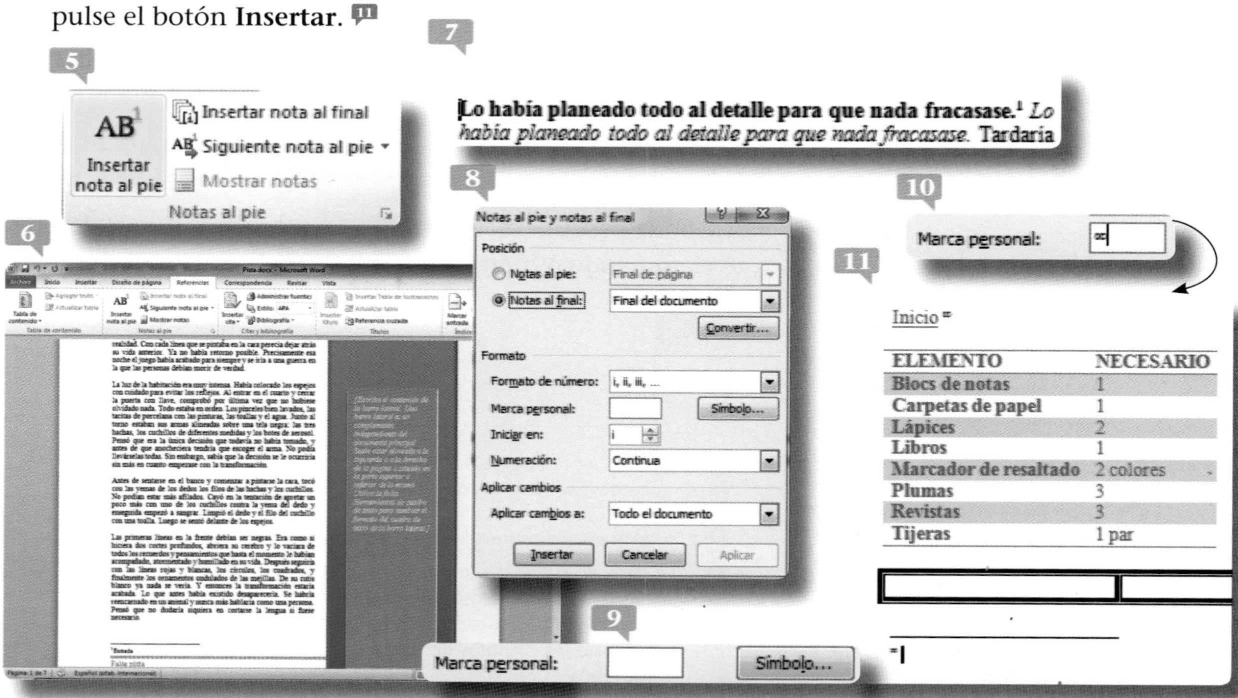

# Insertar referencias cruzadas

LAS REFERENCIAS CRUZADAS SON MARCAS que se insertan en los documentos para hacer referencia a cualquier elemento del mismo, ya sea una nota, una tabla, un gráfico, etc. Las referencias cruzadas suelen mostrar un pequeño texto del tipo "véase la tabla de la página 2".

1. En este ejercicio crearemos una referencia cruzada a la nota al pie de página que insertamos en el ejercicio anterior. Antes de empezar, mostraremos la nota que queremos referenciar. En la pestaña **Referencias** de la **Cinta de opciones**, pulse el comando **Mostrar notas** del grupo de herramientas **Notas al pie.** 1
2. Como en nuestro documento disponemos de una nota al pie y una nota al final, aparece el cuadro de diálogo **Mostrar notas**, en el cual debemos indicar qué tipo de notas deseamos visualizar. En este caso, mantenga la primera opción marcada y haga clic sobre el botón **Aceptar.** 2
3. Se muestra así la única nota al pie que contiene nuestro documento. Ahora situaremos el cursor allí donde queremos ubicar la referencia cruzada. Pulse la combinación de teclas **Ctrl.+Fin** para situarse al final del documento y pulse dos veces la tecla **Retorno** para añadir dos líneas en blanco al documento.
4. En este punto, escribiremos el texto de la referencia cruzada. Escriba el texto **Nota.** 3
5. Pulse en la pestaña **Insertar** de la **Cinta de opciones**, despliegue el comando **Vínculos** y pulse sobre la opción **Referencia cruzada.** 4

## IMPORTANTE

Si se crea la referencia como hipervínculo, cada vez que pulse la tecla **Control** y luego haga clic sobre la referencia, el documento se desplazará hasta el elemento referenciado.

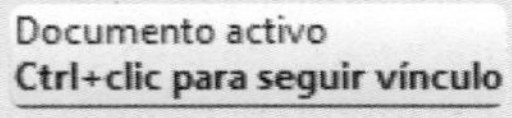


1

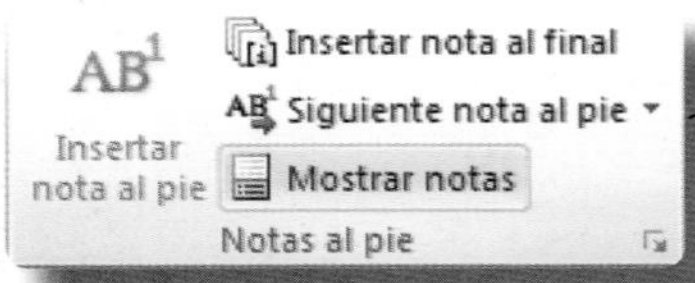


2

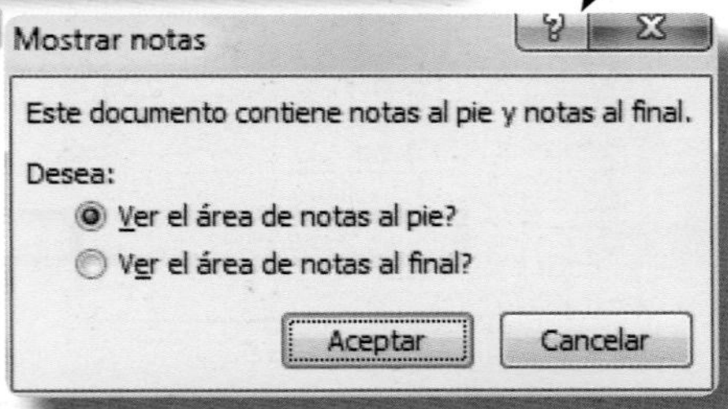


3

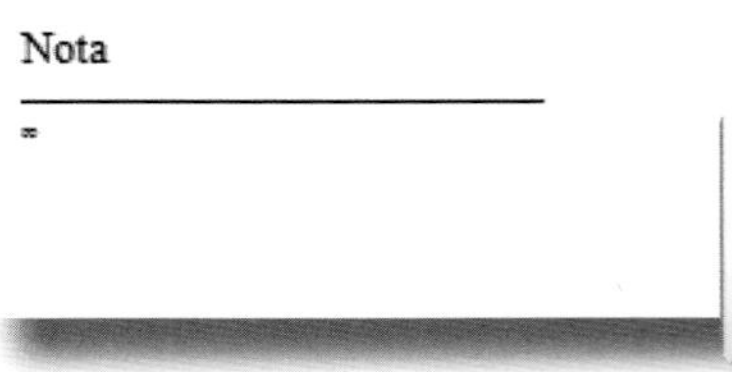


4

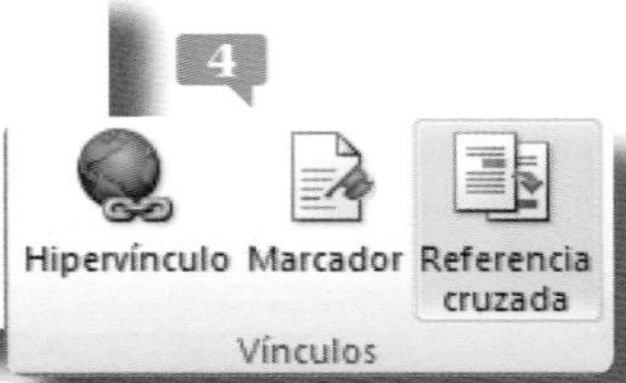


En caso de modificar la ubicación o el contenido del elemento referenciado por la referencia cruzada, el programa actualizará los cambios de forma automática.

**045**

6. Se abre el cuadro de diálogo **Referencia cruzada**. En el campo **Tipo** debemos seleccionar el tipo de información que deseamos insertar en el documento. Despliegue este campo y elija la opción **Nota al pie**. [5]

7. Como sólo hemos insertado una nota al pie en nuestro documento, el cuadro **Para qué nota al pie** ya la muestra seleccionada. En el campo **Referencia a** debemos indicar el elemento en concreto que aparecerá junto al texto introducido para la referencia, pudiendo ser éste el número de página en que se encuentra el elemento referenciado, las palabras más adelante o más atrás, dependiendo de dónde se encuentre el elemento en cuestión, la numeración de la nota, etc. Por defecto, el programa ha seleccionado la referencia al número de nota al pie. Observe que la opción **Insertar como hipervínculo** está activada, lo que hará que al pulsar sobre la referencia cruzada manteniendo pulsada la tecla **Control** nos desplacemos directamente hasta el elemento referenciado. Pulse consecutivamente los botones **Insertar** y **Cerrar**. [6]

8. Como ve, junto al texto introducido para la referencia cruzada, donde se encontraba el cursor de edición, aparece una marca correspondiente al número asignado a la nota al pie referenciada. Sitúe el puntero del ratón sobre la referencia cruzada, observe el texto que aparece y haga clic sobre ella con la tecla **Ctrl.** pulsada. [7]

9. De forma automática, el cursor se ha desplazado hasta la ubicación original de la marca de referencia de la nota al pie de página. [8] Para acabar este ejercicio, guarde los cambios pulsando la combinación de teclas **Ctrl.+ S**.

## IMPORTANTE

Obviamente, antes de crear una referencia cruzada, el elemento al que debe referirse ya debe existir. Otro detalle importante a tener en cuenta es que una referencia cruzada tan sólo puede referirse a elementos que formen parte del mismo documento, nunca a otros.

7

5

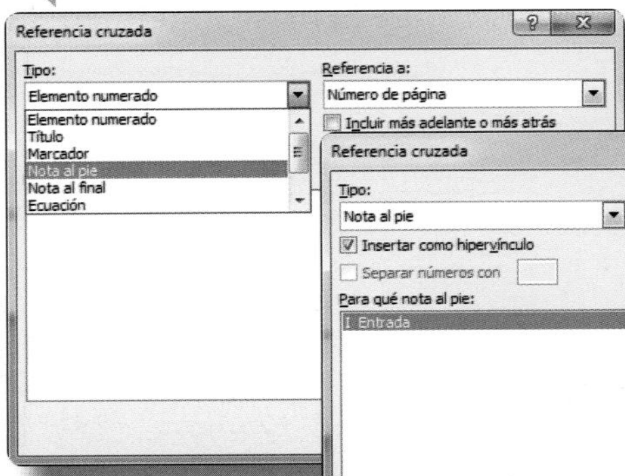


6

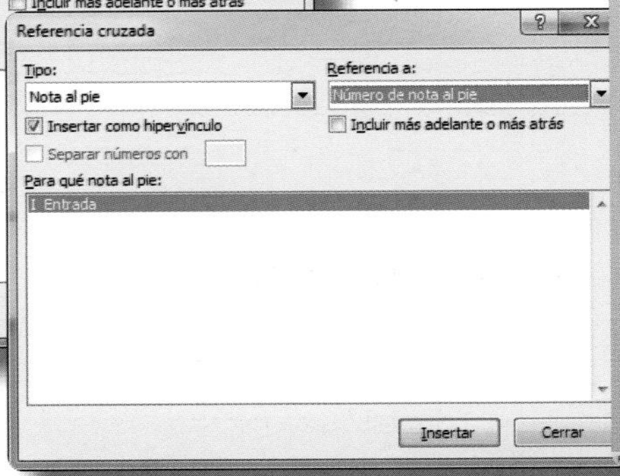


8

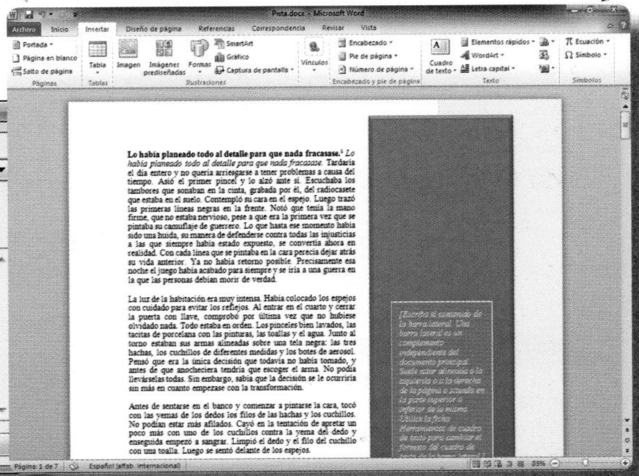

# Insertar marcadores

**IMPORTANTE**

Si insertamos y vinculamos en un documento una imagen procedente de otro, cada vez que se modifique o varíe el aspecto de la imagen en su ubicación original ésta mostrará los mismos cambios en el documento de destino.

LOS MARCADORES SON ELEMENTOS O UBICACIONES de un documento que se identifican y a los que se asigna un nombre para identificarlos para futuras referencias. Estos elementos se utilizan para desplazarse a los distintos elementos especificados a lo largo de todo un documento de forma rápida, ahorrando mucho tiempo cuando se trata de documentos muy extensos.

1. En este ejercicio aprenderemos a agregar un marcador a nuestro documento. En primer lugar, seleccione la primera frase del documento. [1]
2. En la pestaña **Insertar** de la **Cinta de opciones**, despliegue el comando **Vínculos** y haga clic en la opción **Marcador.** [2]
3. Aparece el cuadro de diálogo **Marcador**, donde debemos introducir un nombre que identificará a este elemento. En el campo **Nombre del marcador** inserte el término **negrita** y pulse el botón **Agregar** para crear el marcador. [3]
4. Como ve, de momento no se aprecia ningún cambio en el documento. Esto es debido a que, por defecto, el programa no muestra los marcadores, pero podemos cambiar esta propiedad en el cuadro de opciones de Word. Haga clic en la pestaña **Archivo** y pulse sobre el comando **Opciones.** [4]

Es importante que el nombre del marcador tenga un claro significado, ya que cuando hay muchos, pueden llegar a confundirse.

1

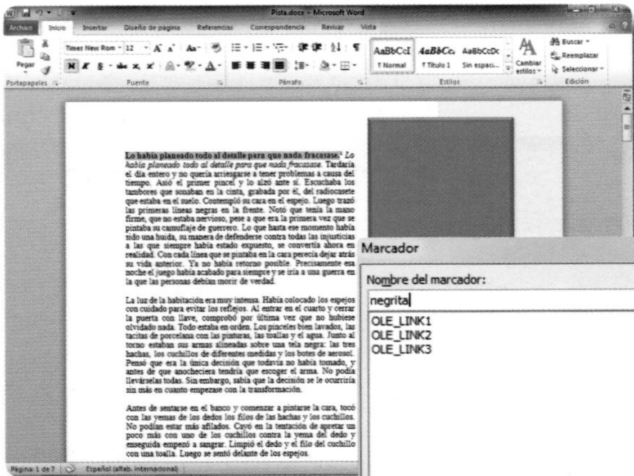

2

4

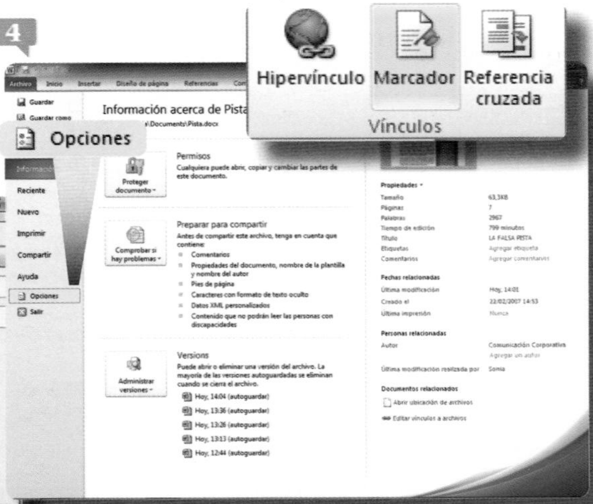


3

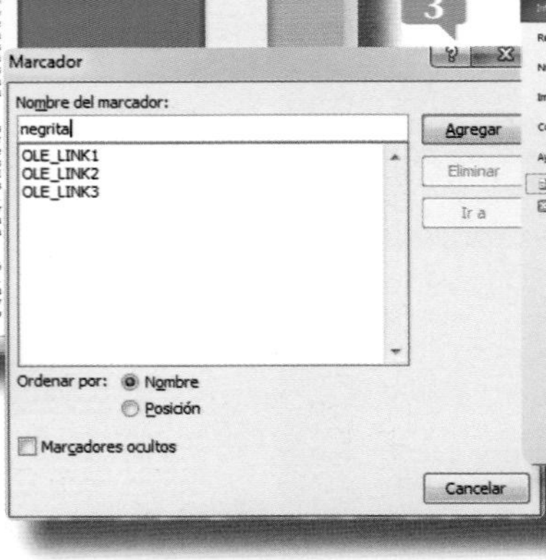


A partir de un marcador es posible crear una referencia cruzada.

# 046

5. En el cuadro **Opciones de Word**, pulse sobre la sección **Avanzadas**.
6. Haga clic en la parte inferior de la **Barra de desplazamiento vertical** para visualizar el apartado **Mostrar contenido de documento**, active la opción **Mostrar marcadores** pulsando en su casilla de verificación y pulse el botón **Aceptar** para aplicar el cambio en la configuración de Word. 5
7. Veremos ahora cómo funcionan los marcadores. Pulse la combinación de teclas **Ctrl.+Fin** para situarse al final del documento.
8. Para dirigirnos a un marcador específico debemos acceder nuevamente al cuadro **Marcador**. Despliegue el comando **Vínculos** y pulse sobre la opción **Marcador**.
9. En el cuadro **Marcador** debemos seleccionar el marcador que acabamos de crear. Antes de dirigirnos a él, comprobaremos si existen más marcadores en el documento. Haga clic en la casilla de verificación de la opción **Marcadores ocultos**. 6
10. Ahora se muestran en el cuadro todos los marcadores que contiene el documento y que corresponden a las notas, a las referencias y a los objetos insertados en ejercicios anteriores. En la lista de marcadores, pulse sobre el marcador creado y después haga clic en el botón **Ir a**. 7
11. Automáticamente nos desplazamos hasta el marcador seleccionado. 8 Cierre el cuadro **Marcador** pulsando el botón **Cerrar**.

## IMPORTANTE

Al activar la opción **Mostrar marcadores** en el cuadro de opciones del programa, Word rodea el texto al que se le ha agregado el marcador entre corchetes. Si el marcador se ha aplicado sobre una ubicación, entonces se mostrará a modo de barra vertical. Ni los corchetes ni las barras que indican la existencia de marcadores no se imprimen.

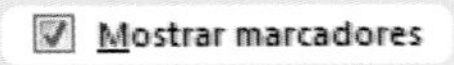


7

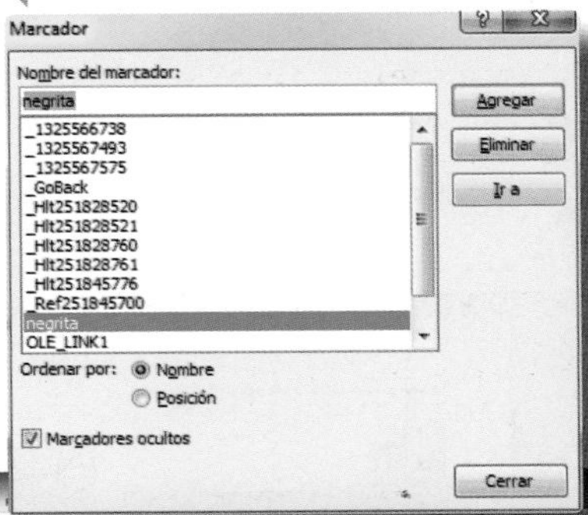


5

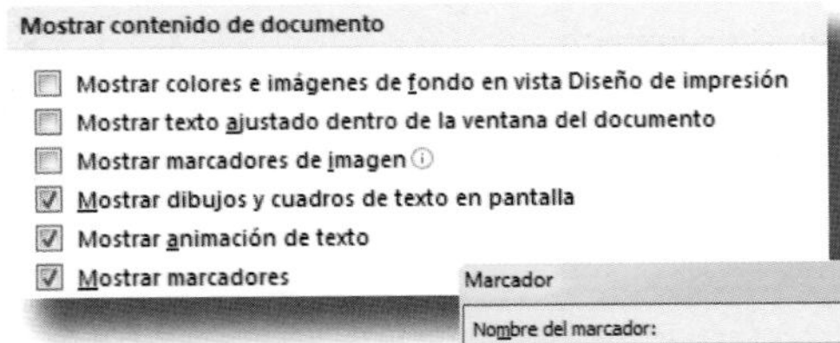


6

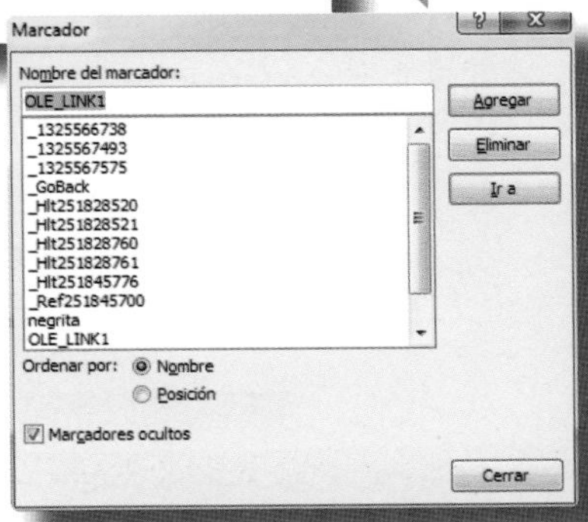

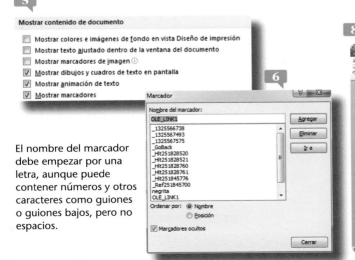

El nombre del marcador debe empezar por una letra, aunque puede contener números y otros caracteres como guiones o guiones bajos, pero no espacios.

8

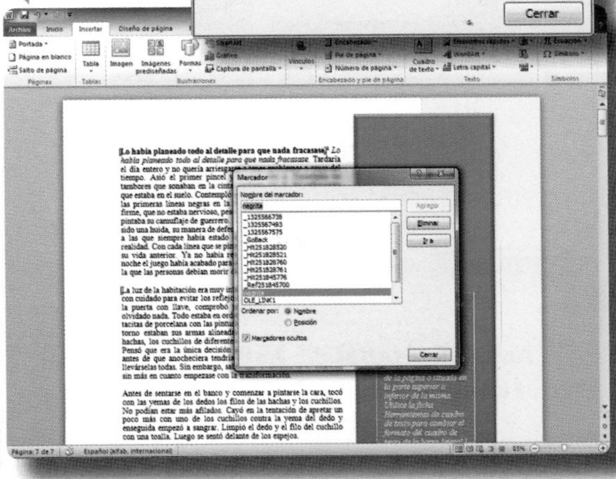

# Crear tablas de contenido

**IMPORTANTE**

La base de una tabla de contenido son, obviamente, los nombres o títulos de los distintos temas del documento. Así pues, una tabla de contenido tan sólo puede crearse si antes ha aplicado un estilo de título o un nivel de esquema a cada uno de los distintos elementos que desea formen parte del listado resultante.

LAS TABLAS DE CONTENIDO SON UNAS de las herramientas más utilizadas, junto con los índices, para crear listas de títulos en un documento. A diferencia de los índices, las tablas de contenido se utilizan para resumir los temas tratados en un documento.

1. En este ejercicio crearemos una tabla de contenido en el documento **Ilíada.docx**, que como ya sabe puede descargar de nuestra página. Cuando disponga de este archivo abierto en Word 2010, vamos a aplicar los estilos predeterminados de título 1 y título 2 a los títulos. Haga clic delante de la palabra **Canto**, pulse la tecla **Mayúsculas** y, sin soltarla, pulse al final de este título, detrás de la palabra **Cólera**. 1
2. Aplique a este texto el estilo de título principal **Título 1**, que aparece en la galería de estilos rápidos de la ficha **Inicio**. 2
3. Seguidamente, haga clic en la parte inferior de la **Barra de desplazamiento vertical** del documento y seleccione el subtítulo que empieza por el término **Texto 1**. 3
4. Haga clic en el estilo rápido **Título 2** para aplicarlo al texto seleccionado. 4

1

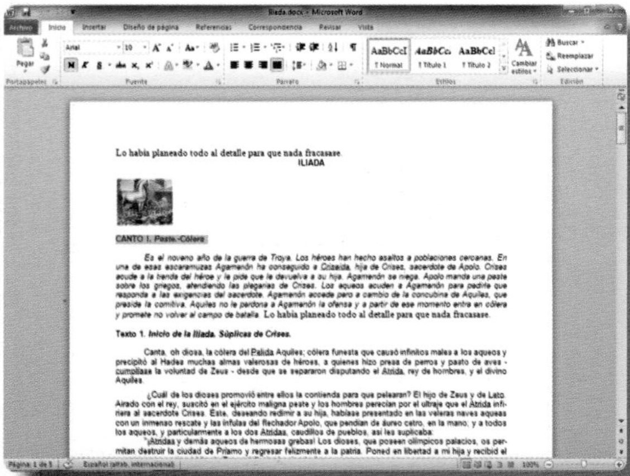

3

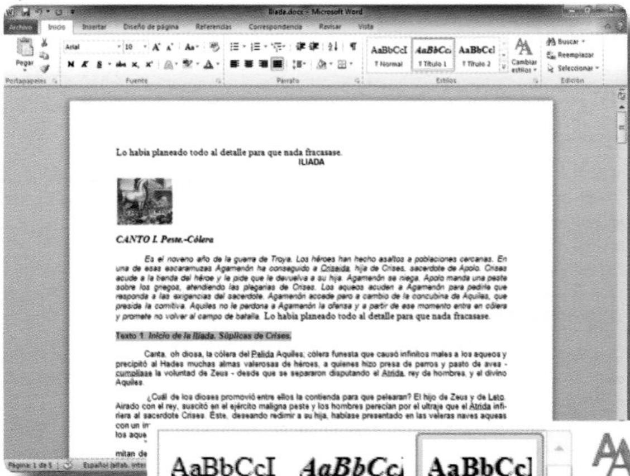

2

4

# 047

5. Repita por su cuenta esta operación con el resto de títulos y subtítulos del documento que quiera incluir en la tabla de contenido.
6. Una vez marcados todos los elementos de la tabla de contenido, ya podemos generarla. Pulse la combinación de teclas **Ctrl.+Inicio** para situar el cursor al inicio del documento.
7. Este es el lugar donde normalmente se insertan las tablas de contenido. Active la ficha **Referencias** de la **Cinta de opciones** pulsando en su pestaña, despliegue el comando **Tabla de contenido** y pulse en la opción **Insertar tabla de contenido.** 5
8. Desde el cuadro **Tabla de contenido** cambiaremos el formato de la tabla. Despliegue el campo **Formatos** y pulse sobre la opción **Sofisticado.** 6
9. Haga clic dentro del campo **Mostrar niveles** para seleccionar el valor que aparece, escriba el valor **2** 7 y pulse el botón **Aceptar** para crear la tabla de contenido. 8
10. Pulse la tecla **Control** y, sin soltarla, haga clic sobre alguno de los elementos de la tabla. 9
11. Efectivamente, el programa se sitúa en el título seleccionado. Para acabar este ejercicio, guarde los cambios realizados pulsando el icono **Guardar** de la **Barra de acceso rápido**.

## IMPORTANTE

Tenga en cuenta que si agrega o elimina títulos u otros elementos de la tabla de contenido puede actualizar automáticamente la tabla usando la herramienta **Actualizar tabla.** Y recuerde que puede quitar la tabla de contenido usando esa opción del botón **Tabla de contenido.**

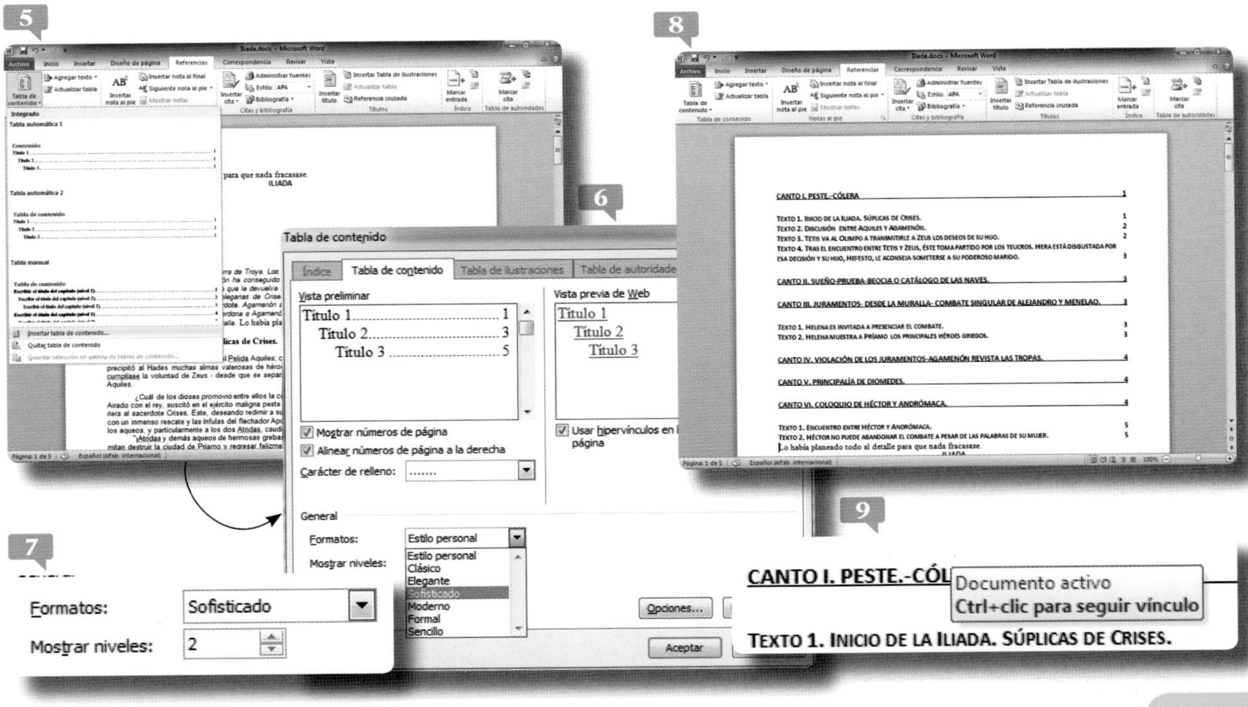

# Crear índices

**IMPORTANTE**

Al marcar un texto como entrada de índice, Word le agrega un campo especial **XE** (entrada de índice) que incluye la entrada principal y, en el caso de que la tenga, su subentrada o la referencia cruzada.

{ XE "Crises" }

UN ÍNDICE ES UNA LISTA DE PALABRAS u otros elementos que aparecen en un documento en la que se indican los números de página en que se encontrarán tales elementos una vez impresos.

1. En este ejercicio aprenderemos a crear un índice. Antes de empezar, quitaremos la tabla de contenido que insertamos en el ejercicio anterior para evitar confusiones. En la pestaña **Referencias** de la **Cinta de opciones**, despliegue el comando **Tabla de contenido** y haga clic en la opción **Quitar tabla de contenido.** [1]
2. Sitúese al inicio del documento y pulse el comando **Marcar entrada** del grupo de herramientas **Índice.** [2]
3. Se abre el cuadro **Marcar entrada de índice**. En el documento, seleccione el nombre **Crises** que aparece en el subtítulo **"Texto 1..."**, [3] haga clic dentro del campo **Entrada** para que este nombre sea una de las entradas de nuestro índice y, para marcar todas las veces que esta palabra aparece en el documento, pulse el botón **Marcar todas.** [4]
4. A continuación, marcaremos todas las veces que aparece la palabra Zeus. Haga doble clic sobre este nombre en el documento y, en el cuadro **Marcar entrada de índice**, haga clic dentro del campo **Entrada** para que se inserte como entrada. [5]

1

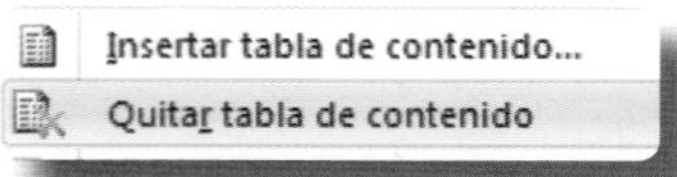


4

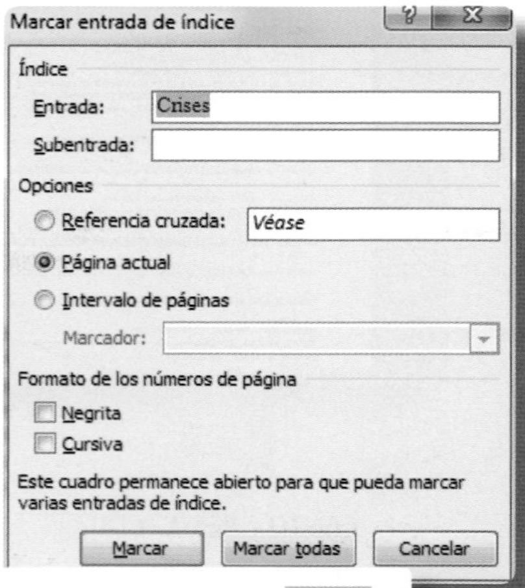


2

3

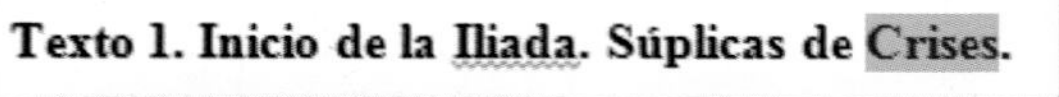


5

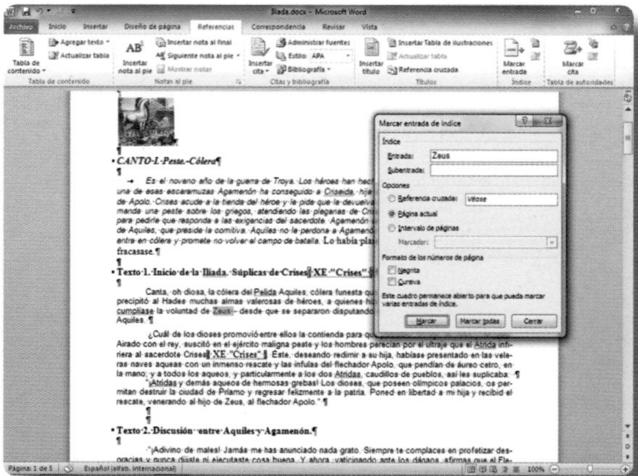

# 048

5. Puede aplicar formato a los números de página que aparecerán en el índice usando las opciones **Negrita** y **Cursiva**. Supongamos que deseamos resaltar en negrita todas las páginas en que aparece el nombre Zeus. Haga clic en la casilla de verificación de la opción **Negrita** y pulse el botón **Marcar todas**. [6]
6. Por último, antes de insertar el índice, marque el término **Aquiles** como nueva entrada siguiendo el mismo proceso que en los dos pasos anteriores. [7]
7. Una vez marcadas las entradas que deseamos que aparezcan en el índice, cierre el cuadro **Marcar entrada de índice** pulsando el botón **Cerrar**.
8. Tras situarse al final del documento, pulse el icono **Insertar índice**, el que muestra una hoja y una estrella amarilla en el grupo de herramientas **Índice**. [8]
9. En el cuadro **Índice** debemos definir el formato de índice. En el campo **Formatos**, seleccione la opción **Clásico**, inserte el valor **1** en el campo **Columnas** y pulse el botón **Aceptar**. [9]
10. Para acabar este ejercicio, haga clic en la pestaña **Inicio** de la **Cinta de opciones**, pulse el icono **Mostrar todo**, el que muestra el símbolo de párrafo en el grupo de herramientas **Párrafo** para desactivar esa opción y ocultar así las marcas. [10]

## IMPORTANTE

A diferencia de las tablas de contenido, los índices permiten marcar las entradas desde el propio cuadro de diálogo sin necesidad de aplicar niveles de estilo. Las entradas de índice son los códigos de campo que marcan el texto que figurará en el índice. Tales códigos presentan un formato que, aunque oculto, puede mostrarse a través de la herramienta **Mostrar todo** de la ficha **Inicio**. Por norma general, los índices basados en texto suelen seguir un orden alfabético.

6

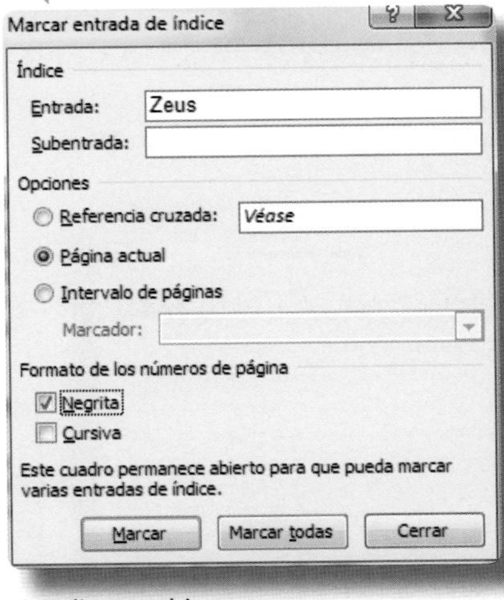

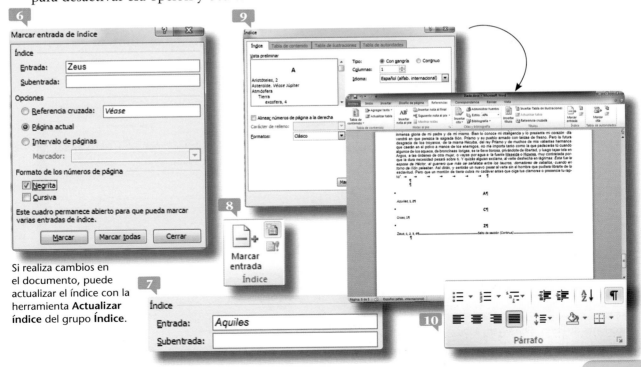

Si realiza cambios en el documento, puede actualizar el índice con la herramienta **Actualizar índice** del grupo **Índice**.

9

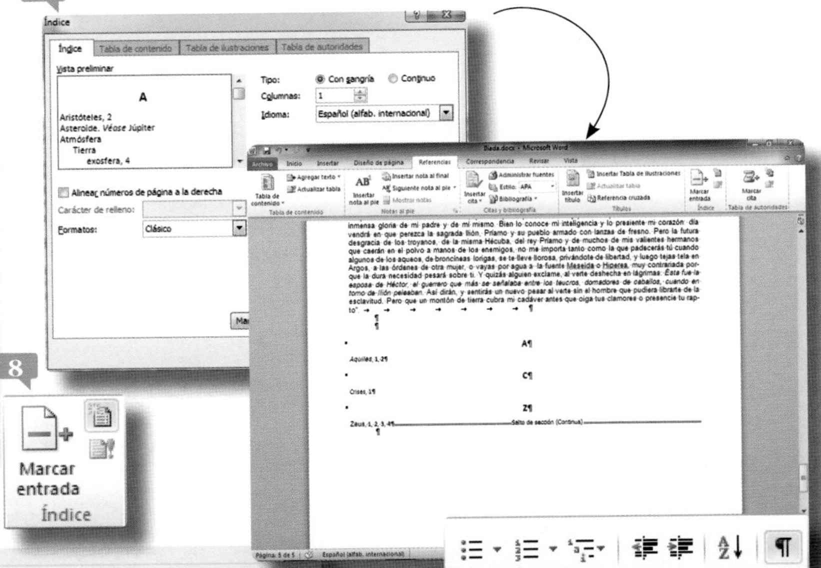

8



7

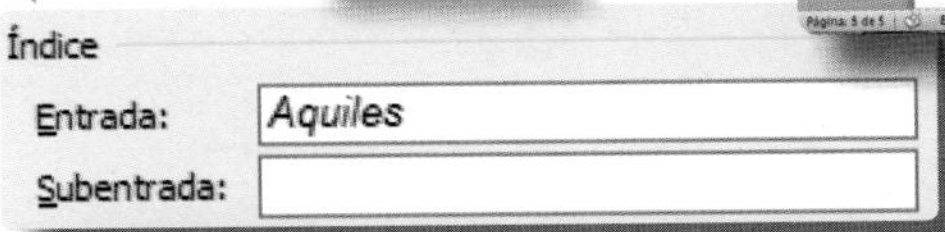


10

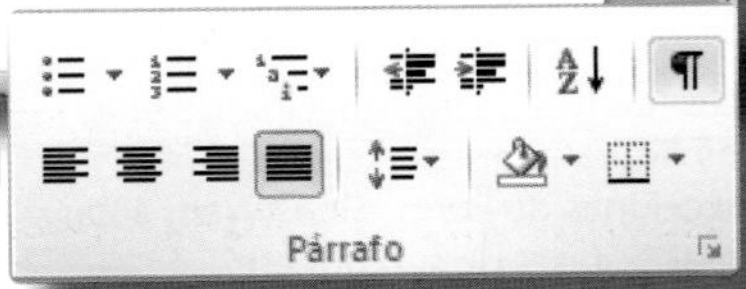

# Crear una bibliografía

## IMPORTANTE

Para insertar un marcador de posición, para después crear una cita y rellenar la información de origen, debemos usar la opción **Agregar nuevo marcador de posición**, también en el comando **Insertar cita** del grupo de herramientas **Citas y bibliografía**.

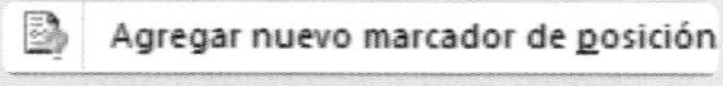


EN WORD 2010, GRACIAS AL COMANDO Bibliografía, incluido en el grupo Citas y bibliografía de la ficha Referencias, es posible crear automáticamente bibliografías tomando como base la información de origen proporcionada para el documento.

1. En este ejercicio veremos el modo de crear automáticamente una bibliografía. Para empezar, debemos agregar las citas que el programa tomará como fuente de información para la bibliografía. En este caso, situaremos una cita junto al título del documento. Haga clic al final de la palabra **ILIADA** y pulse en la pestaña **Referencias** de la **Cinta de opciones**.
2. Mantendremos el estilo APA para la cita y la fuente de información. Tanto este estilo como el MLA son los que se utilizan habitualmente en los documentos que versan sobre ciencias sociales. Despliegue el comando **Insertar cita** del grupo de herramientas **Citas y bibliografía** y haga clic sobre la opción **Agregar nueva fuente.** 1
3. Se abre así el cuadro de diálogo **Crear fuente**, donde debemos rellenar los campos que aparezcan en la bibliografía. Haga clic en el campo **Autor** y escriba el nombre **Homero.** 2
4. En el campo **Título**, escriba el nombre **Ilíada.** 3

1

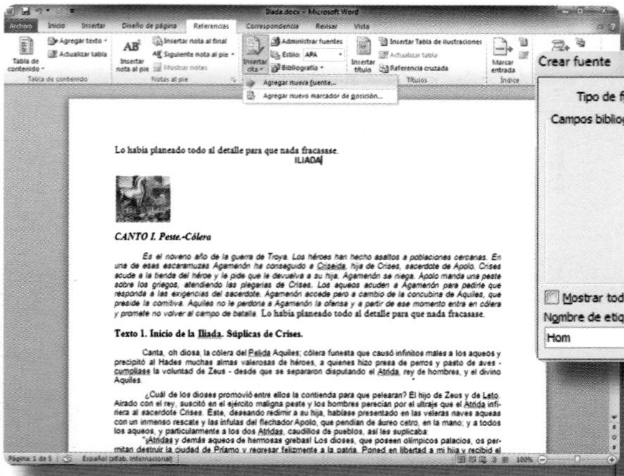

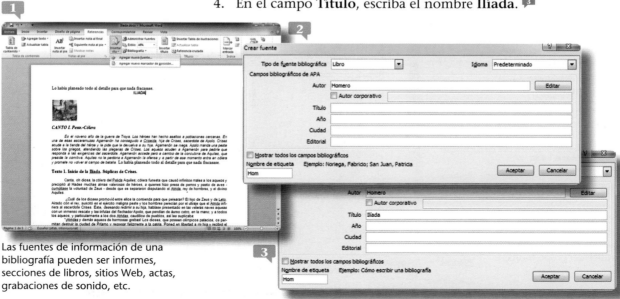

Las fuentes de información de una bibliografía pueden ser informes, secciones de libros, sitios Web, actas, grabaciones de sonido, etc.

2

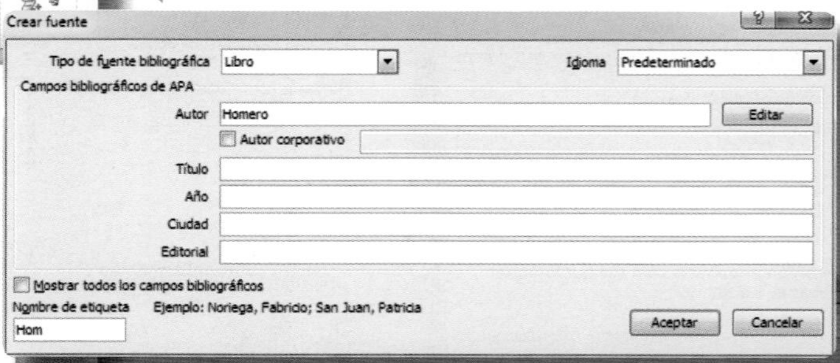


3

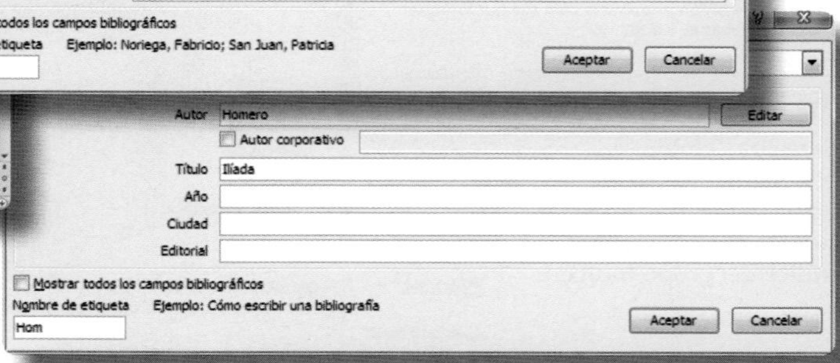

049

5. Para mostrar otros campos adicionales, haga clic en la casilla de verificación de la opción **Mostrar todos los campos bibliográficos.** [4]
6. Aparecen así todos los campos que pueden aparecer en una bibliografía y se muestran marcados con un asterisco los que se recomienda completar. Rellene los campos que a usted le interese y, una vez completados los datos de la fuente, pulse el botón **Aceptar** para crearla. [5]
7. Sitúese al final del documento, donde normalmente se insertan las bibliografías o las listas de trabajos citados, haga clic ahora en el comando **Bibliografía** del grupo de herramientas **Citas y bibliografía** y pulse sobre el formato prediseñado **Bibliografía** para añadir al documento la bibliografía con la fuente asociada. [6]
8. Como puede ver, la bibliografía se crea automáticamente tomando como base las fuentes insertadas. [7] Pulse el botón **Administrar fuentes** del grupo de herramientas **Citas y bibliografía.** [8]
9. El cuadro **Administrador de fuentes** muestra la lista de fuentes existentes en el documento, en este caso una sola, y su vista previa como entrada bibliográfica. Podemos usar el botón **Examinar** para buscar fuentes en otros documentos y el resto de botones para copiar, eliminar, editar o crear fuentes. Además, cuando la lista de fuentes es extensa, desde este cuadro también podemos ordenarla por diferentes criterios. Pulse el botón **Cerrar** de este cuadro para salir de él.

4

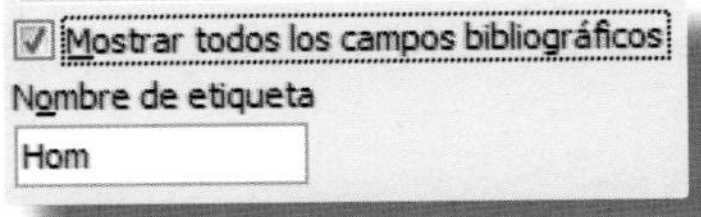


5

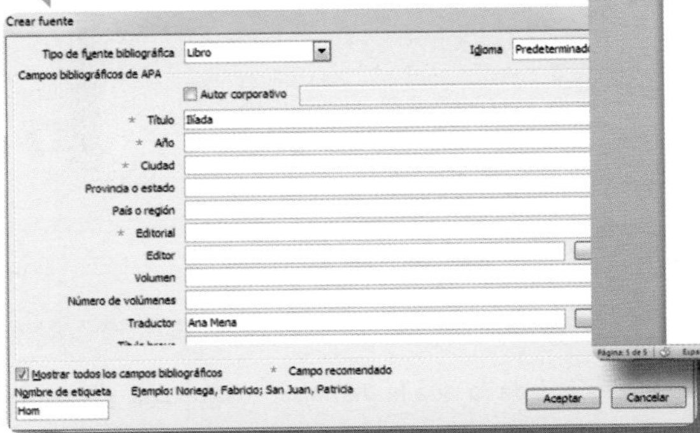


6

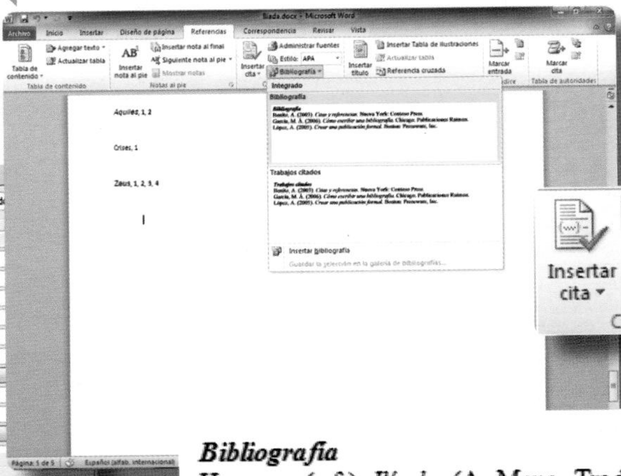


7

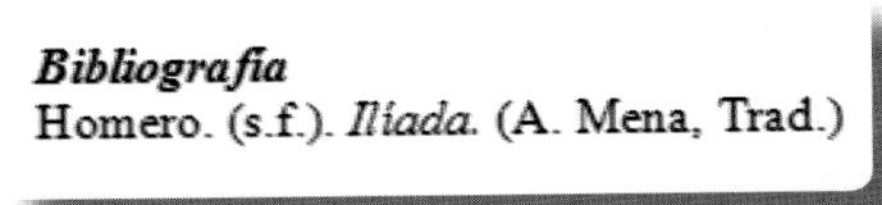


8

# Insertar citas

LA HERRAMIENTA CITAS Y BIBLIOGRAFÍA también permite, como su nombre indica, insertar citas que luego se podrán editar y actualizar. Esas citas se pueden utilizar para crear una lista de trabajos citados con un diseño predeterminado que ofrece Word 2010.

1. En este ejercicio seguiremos practicando con la herramienta **Insertar cita**. Crearemos una nueva cita y posteriormente modificaremos la fuente de la que proviene. Después, añadiremos al documento un listado de los trabajos citados y lo actualizaremos. Para empezar, escriba al final del documento el texto que servirá de cita y pulse sobre el comando **Insertar cita** del grupo de herramientas **Citas y bibliografía.** 1
2. Vamos a crear una nueva fuente, aunque sepa que podríamos utilizar la que insertamos en el ejercicio anterior. Haga clic en el botón **Agregar nueva fuente.** 2
3. En primer lugar, indicaremos que la cita procede de una película. En el cuadro **Crear fuente**, despliegue el campo **Tipo de fuente bibliográfica** y seleccione la opción **Película.** 3
4. Insertaremos sólo el título de la película, y luego veremos cómo editar y actualizar la fuente. En el campo **Título**, escriba el nombre **Troya** y pulse el botón **Aceptar.** 4
5. Como puede ver, aparece así junto a la cita el título de su fuente. 5 Antes de mostrarle cómo editar tanto la cita como

## IMPORTANTE

El cuadro **Editar cita** nos permite agregar el número de página en que ésta se encuentra así como suprimir el autor, el año o el título de la fuente.

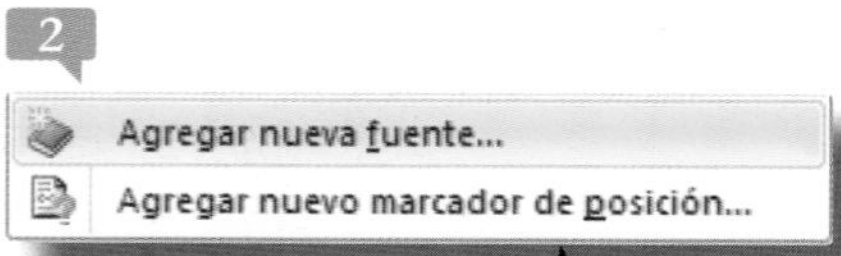


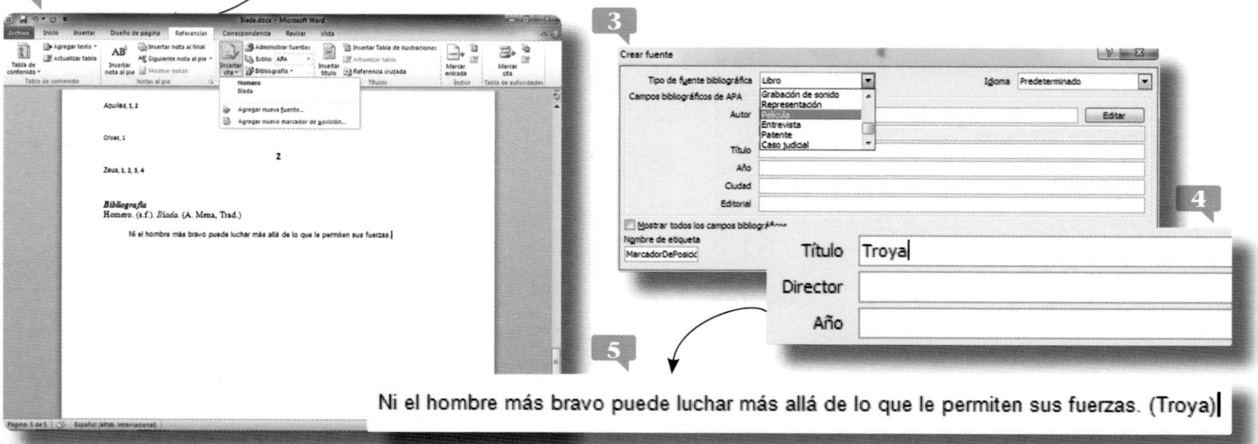

# 050

la fuente, agregaremos a nuestro documento una lista con los trabajos citados. Pulse dos veces la tecla **Retorno** para añadir dos líneas en blanco al documento, despliegue el comando **Bibliografía** y pulse sobre el estilo rápido **Trabajos citados.** [6]

6. Haga clic sobre la fuente **Troya**, al final de la cita que ha insertado, pulse en el botón de punta de flecha que aparece y, en el menú que se despliega, pulse sobre la opción **Editar fuente.** [7]
7. El cuadro **Editar fuente** nos permite añadir información sobre la fuente. En el campo **Año**, inserte el valor **2004** y pulse **Aceptar** para aplicar este sencillo cambio. [8]
8. Word nos informa ahora de que esta fuente se encuentra en la lista general de fuentes y en la del documento actual y nos pregunta si deseamos aplicar el cambio en ambas listas. Pulse el botón **Sí** en el cuadro de diálogo que aparece. [9]
9. La fuente de la cita muestra ahora también el año. [10] Vuelva a pulsar en el botón de punta de flecha de la fuente **Troya 2004** y pulse en la opción **Editar cita.** [11]
10. En el cuadro **Editar cita**, pulse en la casilla de verificación de la opción **Año**, en el apartado **Suprimir**, [12] haga clic en **Aceptar** y compruebe que el año ya no aparece en la cita. [13]
11. Por último, actualizaremos los datos de las fuentes tanto en la bibliografía como en la lista de trabajos citados. Haga clic sobre el título **Bibliografía** para seleccionar este elemento y pulse en el comando **Actualizar citas y bibliografías.**

## IMPORTANTE

Para editar una fuente, también podemos acceder al cuadro **Administrador de fuentes,** desde el comando **Administrar fuentes** del grupo de herramientas **Citas y bibliografías**, y usar el botón **Editar**.

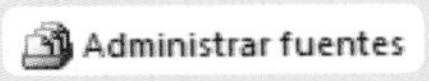

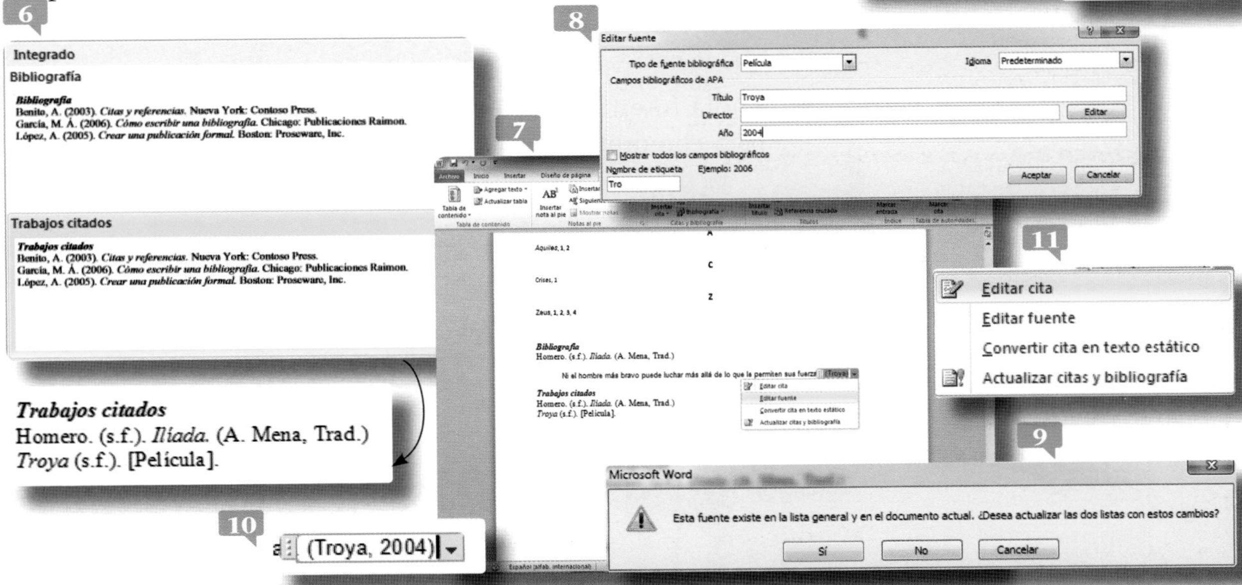

# Insertar un título

> **IMPORTANTE**
>
> En la lista **Rótulo** del cuadro de diálogo **Título** debemos seleccionar el rótulo que mejor describa al objeto, pudiendo elegir entre **Ilustración**, **Ecuación** o **Tabla**. Si no deseamos mostrar el rótulo en el título, sino sólo la numeración de la imagen, debemos activar la opción **Excluir el rótulo del título**.
>
> Excluir el rótulo del título

EL COMANDO INSERTAR TÍTULO, INCLUIDO EN el grupo de herramientas Títulos de la ficha Referencias, permite agregar un título a una imagen, a una tabla o a una ecuación. Como ya sabe, un título es un breve texto que aparece debajo o encima de un elemento para describirlo brevemente o simplemente para numerarlo.

1. En este ejercicio aprenderemos a agregar títulos automática y manualmente. Para empezar, veamos el procedimiento que debemos seguir para que al insertar un objeto concreto el programa le añada un título de manera automática. En la pestaña **Referencias** de la **Cinta de opciones**, haga clic en el comando **Insertar título** del grupo de herramientas **Títulos.** 1
2. Se abre de este modo el cuadro de diálogo **Título** en el que podemos especificar las características que tendrán los títulos que insertaremos manualmente y definir los elementos que recibirán títulos de manera automática. Pulse el botón **Autotítulo.** 2
3. En el cuadro de diálogo **Autotítulo**, marque la casilla de verificación de la opción **Diapositiva de Microsoft Office PowerPoint** para indicar que al insertar una diapositiva de PowerPoint a modo de objeto ésta reciba automáticamente el título que le corresponde y pulse el botón **Aceptar.** 3
4. Ahora insertaremos una nueva diapositiva en el documento para comprobar que Word le asigna automáticamente un tí-

1

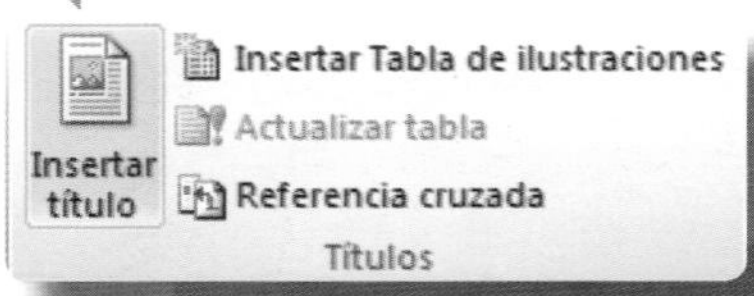


2

3

4

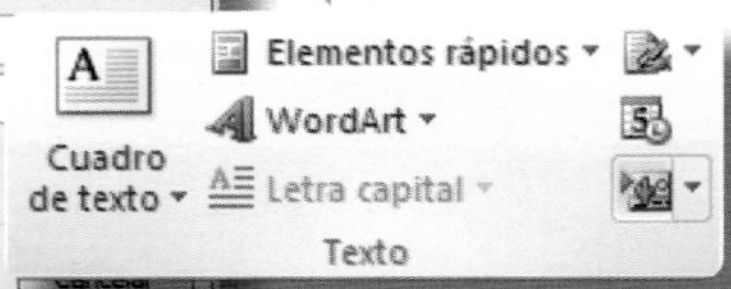

**051**

tulo. Sitúese en la ficha **Insertar** pulsando sobre su pestaña y haga clic en el último icono del grupo de herramientas **Texto**, correspondiente a la herramienta **Insertar objeto**. [4]

5. En el cuadro **Objeto**, seleccione el tipo de objeto **Diapositiva de Microsoft Office PowerPoint** y pulse el botón **Aceptar**. [5]
6. Se abre de este modo la nueva diapositiva que vamos a insertar en el documento. [6] Ciérrela pulsando el botón de aspa de su **Barra de título**.
7. Al cerrar la diapositiva, ésta se muestra seleccionada en el documento y, como puede ver, debajo de ella se muestra el título **Ilustración 1**, tal y como hemos especificado. [7] Pulse la tecla **Suprimir** para eliminar la diapositiva.
8. Ahora haga doble clic sobre el término **Ilustración** para seleccionar en este ejercicio el título de la diapositiva eliminada y pulse de nuevo la tecla **Suprimir** para quitarlo también.
9. A continuación, agregaremos un título a una de las imágenes que contiene el documento. Sitúese al inicio del documento, seleccione la imagen que aparece en pantalla, active la ficha **Referencias** pulsando en su pestaña y pulse sobre el comando **Insertar título**.
10. En el cuadro **Título**, pulse el botón **Numeración**, despliegue el campo **Formato**, seleccione el último de la lista, el correspondiente a la numeración en números romanos, y pulse el botón **Aceptar** para aplicar los cambios en la numeración de los títulos.
11. Pulse el botón **Aceptar** del cuadro **Título** para que aparezca en el documento el título de la imagen seleccionada. [8]

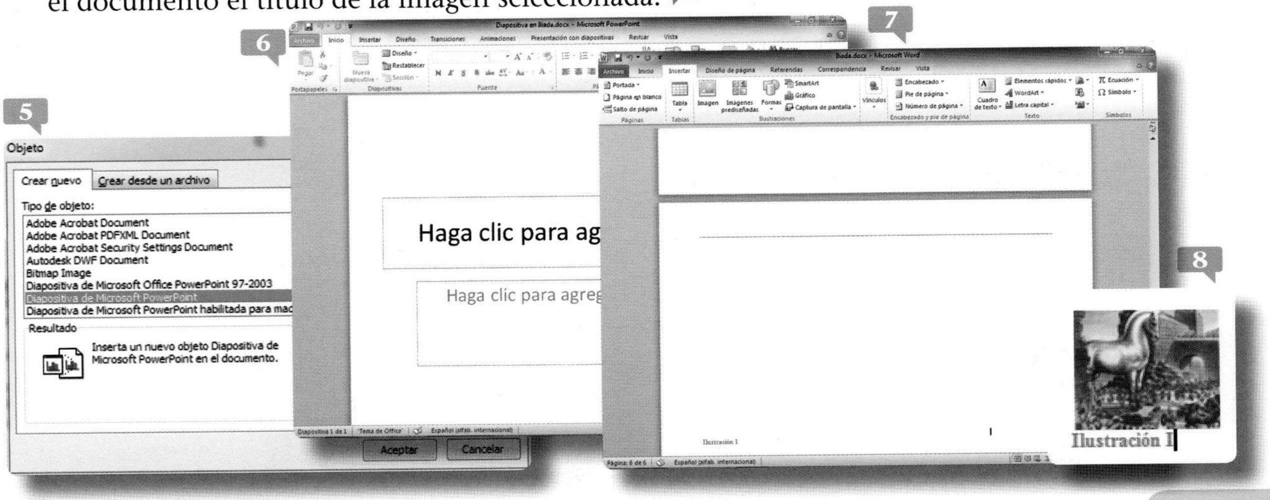

# Insertar imágenes prediseñadas

> **IMPORTANTE**
>
> Word facilita el acceso a dos colecciones. La más común es la **Colección de Office** donde es posible encontrar imágenes, películas, fotografías e incluso archivos de audio almacenados en el equipo. La segunda es la galería de imágenes de Office Online. Esta galería nos conduce a través del navegador Internet Explorer a la sede web de Microsoft, donde encontraremos infinidad de archivos multimedia que luego podremos importar a nuestro equipo.
>
> Buscar más en Office.com

MICROSOFT WORD PERMITE INSERTAR infinidad de imágenes en sus documentos. Las imágenes proporcionadas por el programa forman parte de galerías con incontables archivos organizados por categorías o temas.

1. En este ejercicio aprenderemos a insertar una imagen prediseñada en un documento de Word. Trabajaremos en esta ocasión con el documento **Pista.docx**, así que abra este archivo en Word 2010, sitúe el cursor de edición en el punto en que desee insertar la imagen y haga clic en la pestaña **Insertar** de la **Cinta de opciones**. 1
2. Pulse sobre el comando **Imágenes prediseñadas** del grupo de herramientas **Ilustraciones**. 2
3. Efectivamente, a la derecha del área de trabajo se abre el panel **Imágenes prediseñadas**, donde se encuentran las imágenes incluidas en la galería de Microsoft Office. Supongamos que deseamos encontrar una imagen relacionada con los espejos. Haga clic en el cuadro de texto **Buscar** y escriba la palabra **espejo**. 3
4. Ahora despliegue el campo **Los resultados deben ser** y desactive la casilla **Audio**. 4

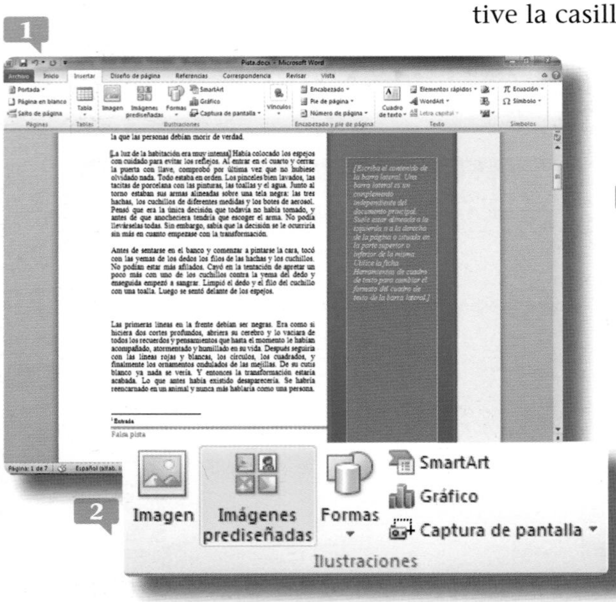


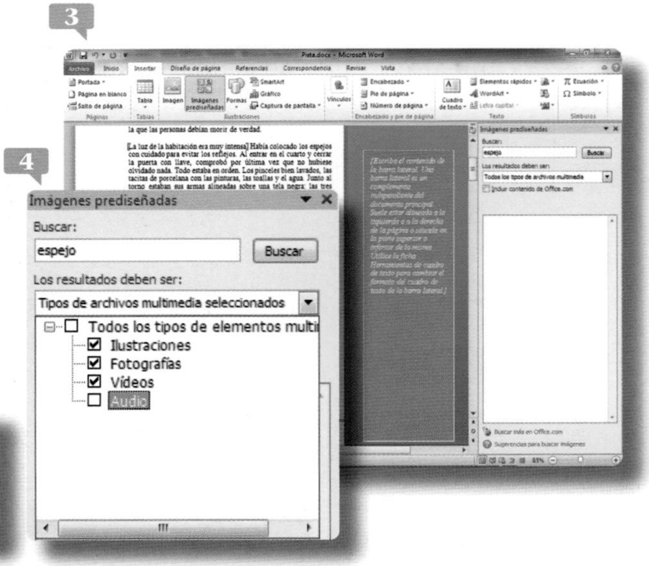

# 052

5. Marque la opción **Incluir contenido de Office.com** y haga clic en el botón **Buscar**. [5]
6. El panel **Imágenes prediseñadas** muestra varias imágenes que tienen que ver con el término introducido para la búsqueda. Sitúe el puntero del ratón sobre la imagen que desee insertar, pulse sobre el botón de punta de flecha que aparece en ella y seleccione la opción **Vista previa o propiedades**. [6]
7. Si decide que esta imagen es la apropiada, pulse el botón **Cerrar** del cuadro de diálogo **Vista previa o propiedades** [7] y, a continuación, haga clic en el centro de la imagen para insertarla.
8. La imagen se inserta en el documento a la vez que aparecen la ficha contextual **Herramientas de imagen** y la subficha **Formato**. [8] En estos momentos se encuentra seleccionada por si deseamos realizar cualquier modificación. Le aplicaremos un fondo de color. En la ficha **Formato**, pulse sobre el iniciador del cuadro de diálogo situado junto al título del grupo de herramientas **Estilos de imagen**.
9. Pulse sobre la opción **Relleno** del panel de la izquierda del cuadro **Formato de imagen**, haga clic en el botón de la opción **Relleno sólido** y pulse sobre el botón **Cerrar** para aplicar el fondo en el documento.
10. Deseleccione la imagen [9] y guarde los cambios realizados.

## IMPORTANTE

La ventana que aparece al pulsar sobre la opción **Vista previa o propiedades** del menú contextual de una imagen muestra la vista previa de la imagen junto con un resumen de sus propiedades: la extensión, el tamaño, su orientación, las palabras claves a través de las que se puede acceder a ella, etc.

9

5

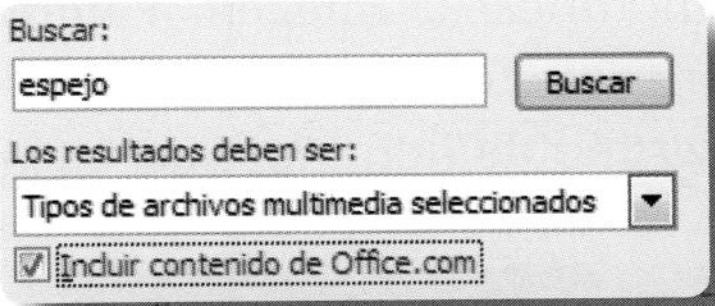


6

7

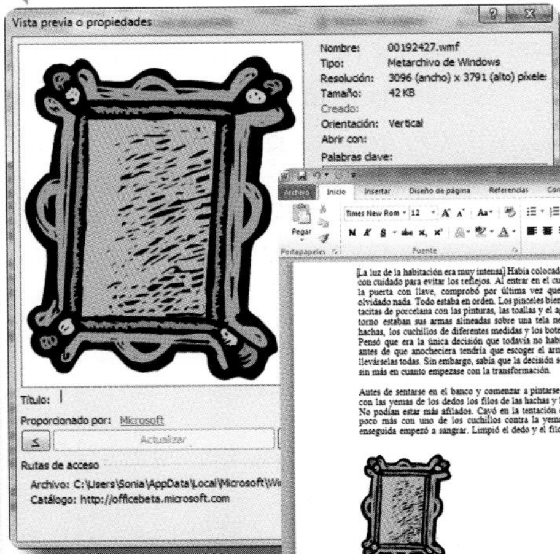


8

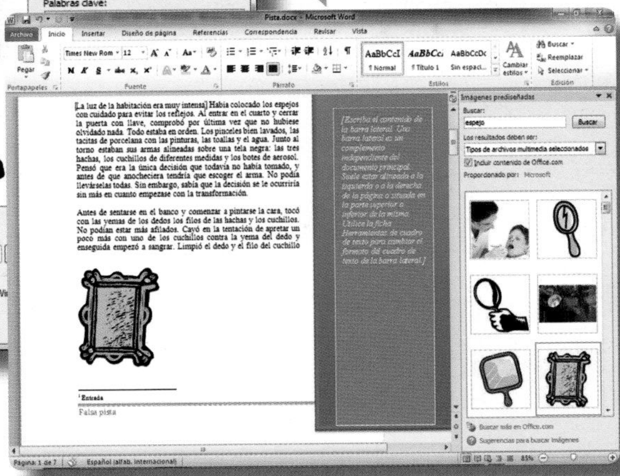

# Insertar imágenes desde archivo

## IMPORTANTE

La principal diferencia entre las imágenes insertadas desde archivo y las prediseñadas es que estas últimas forman parte de una galería compuesta por un número limitado de imágenes que no puede ser modificado por el usuario.

EN LOS DOCUMENTOS DE WORD SE PUEDEN INSERTAR fotografías e imágenes procedentes de muchos orígenes distintos, incluidas las descargadas de un sitio Web, las copiadas de una página Web o las insertadas desde cualquier archivo donde se guarden imágenes.

1. En este ejercicio aprenderemos a insertar en un documento de Word una imagen propia. Para ello, puede utilizar cualquier imagen en formato JPEG que tenga almacenada en su equipo o descargar desde nuestra página web la denominada **Guerrero.JPEG**. Sitúese al final del documento, active la ficha **Insertar** de la **Cinta de opciones** y haga clic en el comando **Imagen** del grupo de herramientas **Ilustraciones.** 1
2. La ventana **Insertar imagen** nos muestra por defecto el contenido de la carpeta **Mis imágenes** del equipo, aunque podemos buscar y seleccionar una imagen que se encuentre almacenada en cualquier otra ubicación. Seleccione la imagen que desee y pulse sobre la opción **Insertar.** 2
3. Al igual que ocurría al insertar una imagen prediseñada, aparece en la **Cinta de opciones** la ficha contextual **Herramientas de imagen**, en cuya subficha **Formato** se encuentran todas las herramientas que nos permiten modificar la imagen. Vamos a añadirle un contorno y a aplicarle un efecto. Haga clic en el botón **Contorno de imagen** del grupo de herramientas **Estilos de imagen.** 3

De manera predeterminada, la carpeta que se muestra abierta al acceder al cuadro **Insertar imagen** es la biblioteca **Imágenes**, donde Windows guarda las imágenes de muestra.

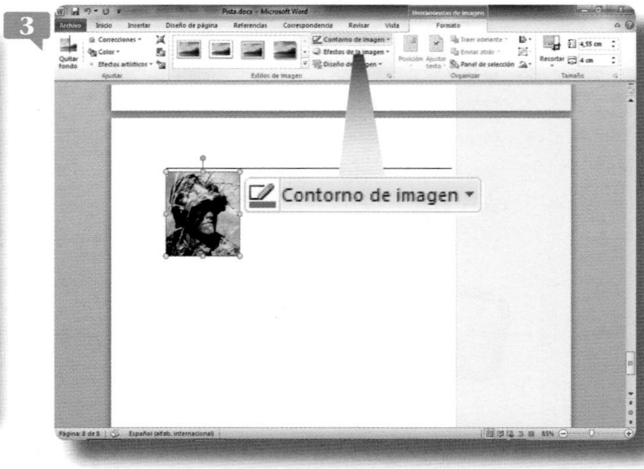

# 053

4. Pulse sobre la opción **Grosor** y seleccione el grosor de **3 puntos.** 4

5. Ahora pulse sobre el botón **Efectos de la imagen** y haga clic en la opción **Iluminado.** 5

6. En la galería de efectos que aparece, pulse sobre la segunda muestra de la segunda fila del apartado **Variaciones de iluminado.** 6

7. Las herramientas del grupo **Ajustar** permiten, como puede ver, cambiar el brillo, el contraste y el color de la imagen, así como comprimirla, acceder de nuevo al cuadro **Insertar imagen** para cambiarla por otra y restablecer la imagen tal y como se insertó, rechazando los cambios realizados en ella. Por su parte, las herramientas de los grupos **Organizar** y **Tamaño** permiten cambiar el modo en que la imagen se alinea con el texto y su tamaño. En el grupo de herramientas **Tamaño**, haga clic dentro del campo **Alto** y sustituya el valor que aparece por **4.** 7

8. Al modificar la altura de la imagen, se ajusta también proporcionalmente su anchura. Haga clic a la derecha de la imagen para deseleccionarla. 8

## IMPORTANTE

De forma predeterminada, Microsoft Word incrusta las imágenes en los documento. Para que la imagen mantenga una conexión con su archivo de origen, de manera que los cambios en éste se reflejen en el documento de destino, debemos utilizar la opción **Vincular al archivo** del botón **Insertar** del cuadro **Insertar imagen**.

Vincular al archivo

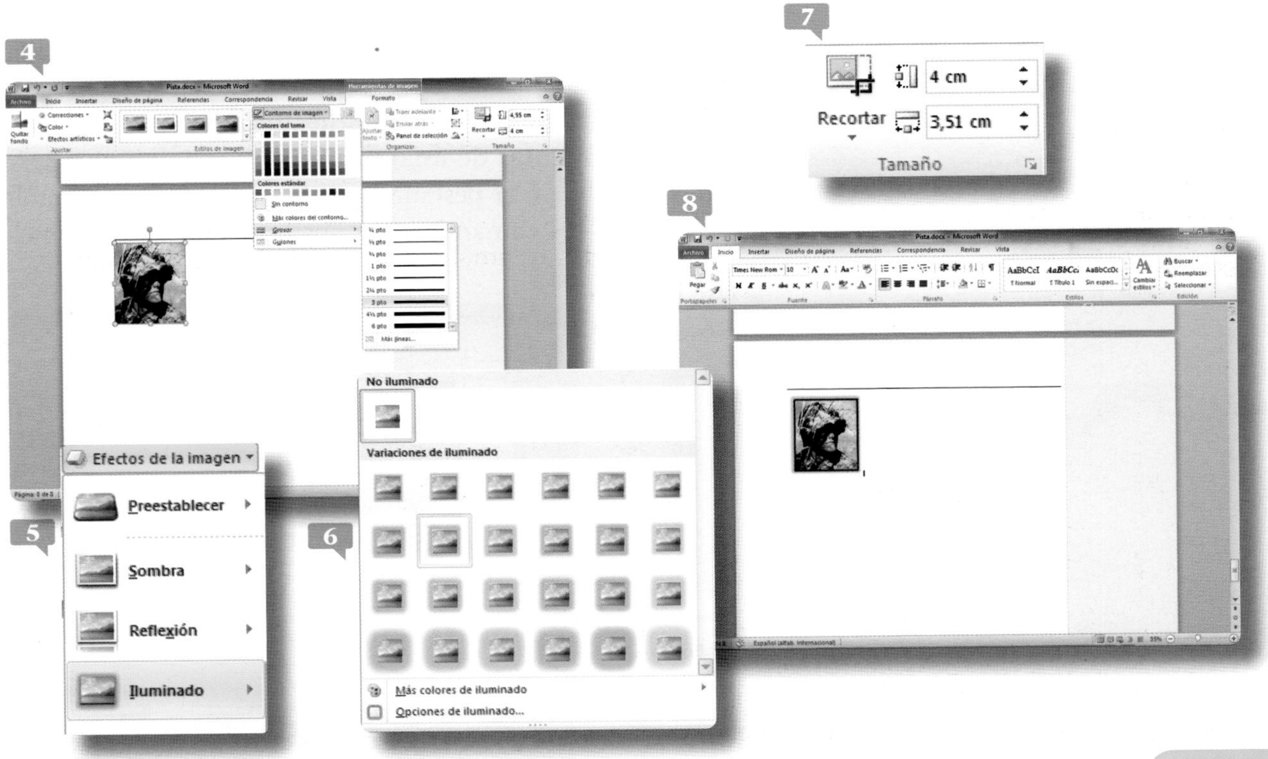

# Editar imágenes en Word 2010

## IMPORTANTE

El comando **Quitar fondo,** novedad en la versión 2010 de Word, permite eliminar partes de la imagen que no interesan. Al pulsar sobre este comando, la **Cinta de opciones** cambia para mostrar el contenido de una nueva pestaña, **Eliminación del fondo,** desde la cual es posible designar las partes de la imagen que hay que mantener o quitar, así como gestionar los cambios realizados.

LAS NUEVAS HERRAMIENTAS DE EDICIÓN DE IMÁGENES de Word 2010 permiten insertar, recortar y agregar efectos especiales de imágenes sin la necesidad de usar otros programas de edición de fotografías.

1. En este ejercicio aprenderemos a editar una imagen en un documento de Word mediante las nuevas y espectaculares herramientas que presenta esta versión del programa. Empezaremos insertando una nueva fotografía en nuestro archivo **Pista.docx**, imagen que puede descargar desde nuestra página web con el nombre **Paisaje.jpeg.** Cuando disponga de ella en su equipo, sitúese al final de documento y pulse sobre la pestaña **Insertar.** 1
2. En el grupo de herramientas **Ilustraciones**, pulse sobre el comando **Imagen.** 2
3. Elija en el cuadro de diálogo **Insertar imagen** el archivo **Paisaje.jpeg** y pulse el botón **Insertar.**
4. Como vimos en el ejercicio anterior, la imagen seleccionada se inserta en el punto del documento en el cual se encuentra el cursor de edición y se activa automáticamente la ficha contextual **Herramientas de imagen.** 3 Es en el grupo de herramientas **Ajustar** de la pestaña **Formato** de esta ficha donde se encuentran los comandos que nos interesan en estos mo-

1

2

3

# 054

mentos. Haga clic sobre el comando **Efectos artísticos** de este grupo. [4]

5. Los nuevos efectos artísticos para imágenes de Word 2010 pueden convertir sin ningún esfuerzo un simple documento en una obra de arte. En la galería de efectos que se despliega, haga clic, por ejemplo, sobre el denominado **Boceto con lápiz**, la cuarta muestra de la primera fila. [5]
6. Compruebe el espectacular efecto aplicado sobre la imagen. [6] Cada uno de estos efectos puede ser ajustado en determinados parámetros. Para ello, despliegue de nuevo el comando **Efectos artísticos** y pulse sobre la opción **Opciones de efectos artísticos.** [7]
7. Se abre el cuadro de diálogo **Formato de imagen**, desde el cual es posible modificar todas las características aplicables a una imagen en Word. En este caso, se muestra el contenido de la sección **Efectos artísticos**. Desde aquí, es posible cambiar además del efecto mismo, la transparencia y la presión de la tinta sobre la imagen. Pulse en este caso el botón **Cerrar** para salir del cuadro sin realizar cambios. [8]
8. Antes de terminar aplicaremos un espectacular efecto de imagen (no artístico) sobre la fotografía. Para ello, en el grupo de herramientas **Estilos de imagen**, despliegue el comando **Efectos de la imagen**, pulse sobre la opción **Preestablecer** y elija el segundo valor de la tercera fila. [9]
9. Por último, haga clic en una zona libre del documento para comprobar el aspecto final de la imagen. [10]

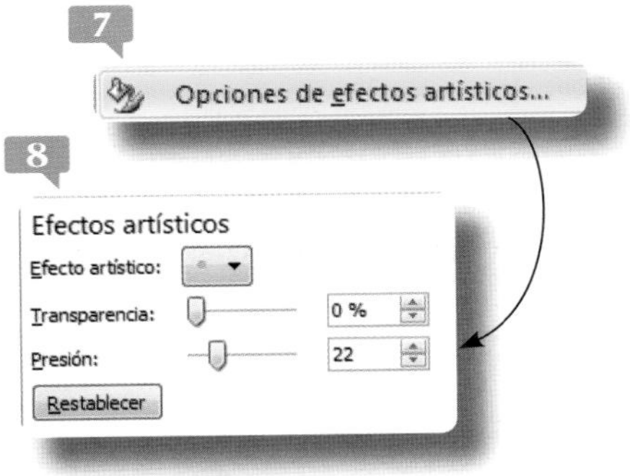

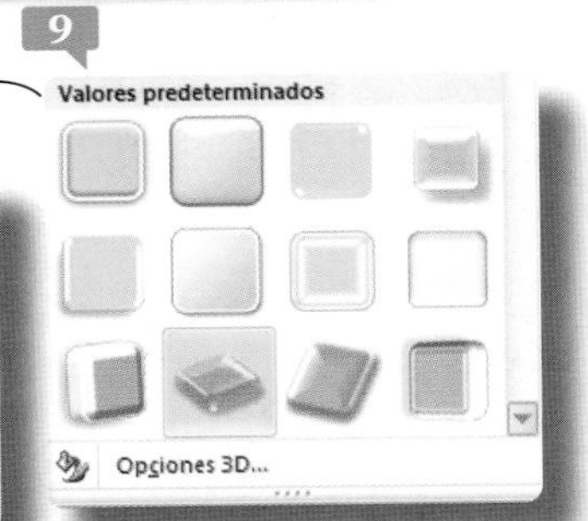

# Insertar capturas de pantalla

## IMPORTANTE

Una de las grandes ventajas que presenta el nuevo comando para la captura de pantalla es que es posible agregar una misma captura en distintos documentos. En estos casos, resulta de gran ayuda utilizar la característica de vista previa de pegado, con la cual es posible visualizar el aspecto de la imagen antes de colocarla en el documento.

WORD 2010 INCORPORA ENTRE SUS COMANDOS para la inserción y edición de imágenes uno destinado a insertar capturas de pantalla. Una captura es una instantánea de aquello que se visualiza en la pantalla del ordenador que puede guardarse con formato de imagen para ser incorporado en un documento.

1. El comando **Captura de pantalla** permite realizar capturas de dos maneras distintas. La primera de ellas consiste en aprovechar cualquier ventana que tenga abierta en su equipo para que sea Word quien la individualice y la guarde como imagen; la segunda consiste en recortar manualmente una parte del documento que nos interese. Veamos cómo llevar a cabo las dos acciones. Sin embargo, antes le instamos a que abra en segundo plano alguna imagen que tenga almacenada en su equipo con el Visualizador de fotos de Windows o, en su defecto, con el visor de imágenes de que disponga. Cuando lo haya hecho, sitúese en la pestaña **Insertar** de la **Cinta de opciones** y haga clic sobre el comando **Captura de pantalla** del grupo de herramientas **Ilustraciones**. [1]
2. Se despliega así un panel en el cual puede ver las ventanas disponibles que Word puede capturar. Pulse sobre la ventana cuya captura le interese insertar en su documento. [2]
3. La captura se inserta a modo de imagen en el punto del documento en el que se encontraba el cursor de edición. [3] Sobre

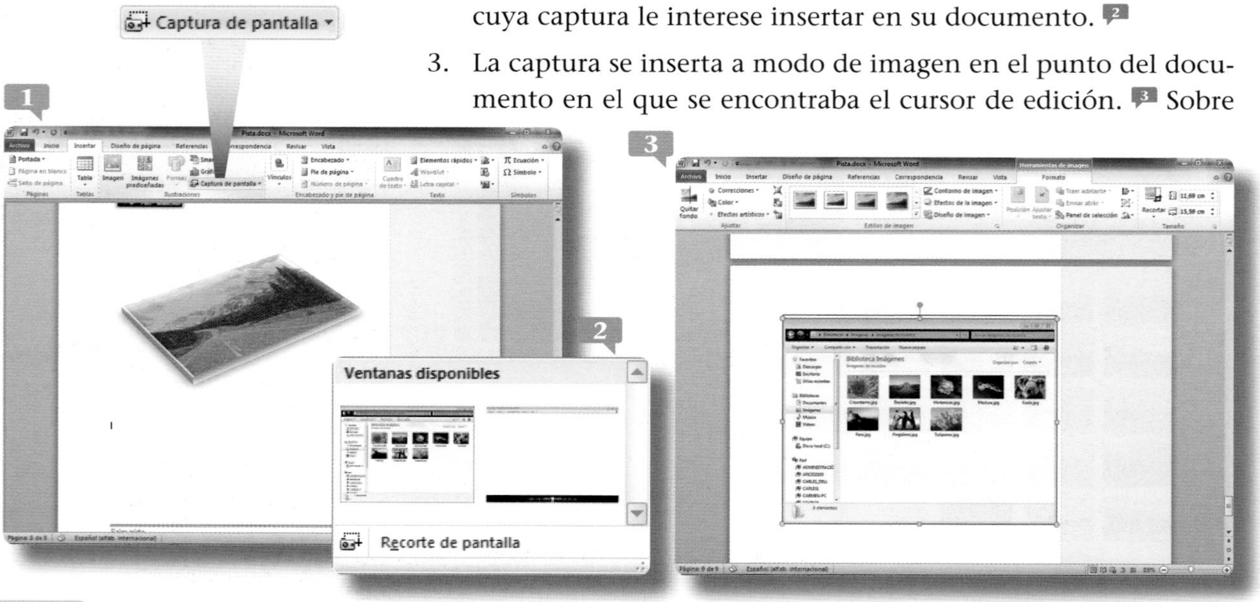

esta imagen puede lleva a cabo los cambios y las modificaciones que crea oportunos desde la pestaña **Formato** de la ficha contextual **Herramientas de imagen**. Sin embargo, en este caso, eliminaremos esta captura para pasar a mostrarle cómo capturar partes concretas de una imagen. Pulse la tecla **Suprimir**.

4. A continuación, sitúese de nuevo en la pestaña **Insertar**, despliegue el comando **Captura de pantalla** y elija esta vez la opción **Recorte de pantalla.** (4)
5. De inmediato, la ventana con la imagen o el documento que se encuentre en segundo plano pasa al primero y la pantalla queda difuminada, al tiempo que el cursor muestra el aspecto de una cruz de color negro. (5) Ahora se trata de delimitar la parte de la pantalla que desee capturar. Para ello, trace, mediante la técnica de arrastre, un rectángulo que delimite la zona que le interesa.
6. Al soltar el botón del ratón, vuelve a situarse en primer plano el documento de Word con el que estaba trabajando, mostrando en él el recorte capturado. (6) Como cualquier otra imagen, la captura insertada también puede manipularse mediante todos los comandos de edición del programa. A modo de ejemplo, despliegue el comando **Efectos artísticos** del grupo de herramientas **Ajustar** y elija el último efecto de la cuarta fila. (7)
7. Si lo desea, puede continuar retocando la imagen. Por último, haga clic en una zona libre del documento para eliminar su selección. (8)

# 055

## IMPORTANTE

Las capturas de ventanas disponibles resultan especialmente recomendables en aquellos casos en que se esté creando, por ejemplo, un documento ilustrativo acerca del funcionamiento de una aplicación.

4

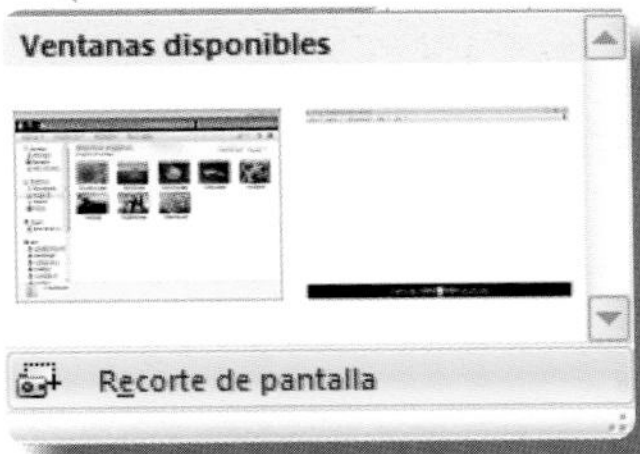


7

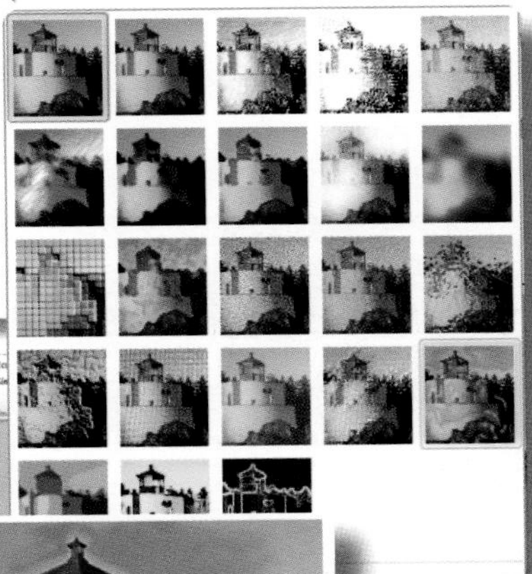

5

6

8

# Insertar WordArt

> **IMPORTANTE**
>
> Gracias a la vista previa rápida, es posible consultar el aspecto del texto ante cualquier tipo de modificación antes de aplicarla definitivamente. Al desplegar cualquier galería de estilos, colores o tamaños, vaya situando el puntero sobre cada opción para comprobar el efecto sobre el texto.

WORDART ES UNA HERRAMIENTA DESTINADA a insertar texto decorativo con el objetivo de mejorar el aspecto de sus documentos. Gracias a WordArt la creación de un título llamativo, original y completamente personalizado es más que sencillo; el usuario puede girarlo, alargarlo, sombrearlo, etc.

1. En este ejercicio aprenderemos a insertar un título para este documento con la herramienta de diseño WordArt. Sitúese al inicio del documento y, tras añadir una línea en blanco, haga clic en la pestaña **Insertar**.
2. Pulse sobre el comando **WordArt** del grupo de herramientas **Texto** y haga clic sobre el segundo modelo de la tercera fila. [1]
3. A diferencia de versiones anteriores del programa, se inserta en el documento un espacio para el nuevo texto, al tiempo que se carga en la Cinta de opciones la ficha contextual **Herramientas de dibujo**. Desde esta ficha es posible establecer las propiedades del texto WordArt. Escriba la palabra **Pista** para que se inserte en el espacio destinado al texto. [2]
4. Vamos a cambiar la forma del objeto. En el grupo de herramientas **Estilos de WordArt**, despliegue el comando **Efectos de texto**, cuyo icono muestra una letra A con un borde res-

1

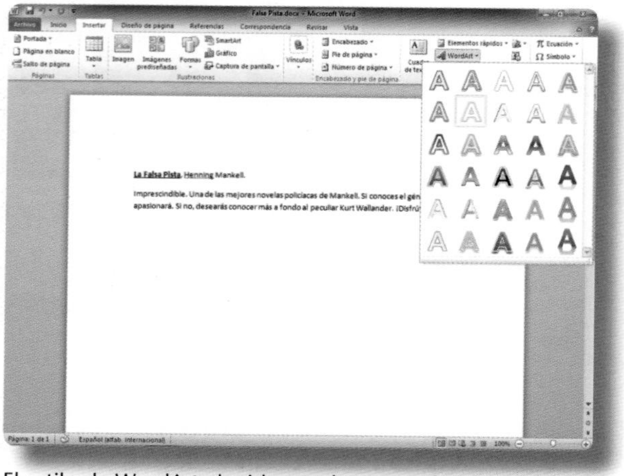

El estilo de WordArt elegido puede no ser el definitivo, puesto que puede cambiarse posteriormente desde el grupo de herramientas **Estilos de WordArt**.

2

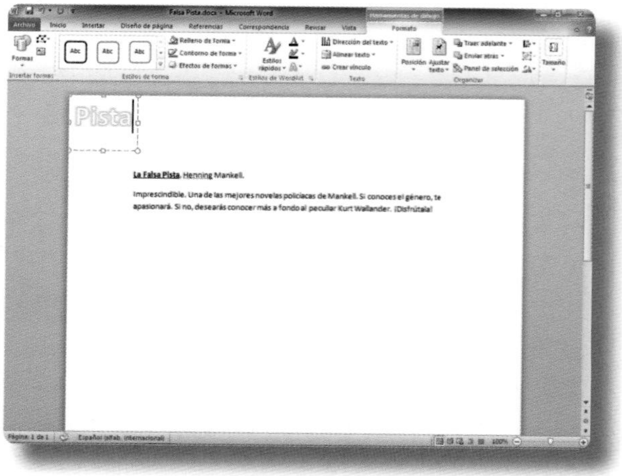

**056**

plandeciente de color azul, y pulse sobre la opción **Transformar.** 3

5. Pulse sobre la tercera forma de la cuarta fila del apartado **Retorcer** para aplicarla al objeto. 4
6. Seguidamente, rellenaremos el texto con un color sólido, aunque sepa que puede utilizar como relleno un degradado e, incluso, una imagen o una textura. Despliegue el comando **Relleno de texto**, que muestra una letra A sobre una línea de color negro en el grupo de herramientas **Estilos de WordArt**, y elija de la paleta que aparece el color que más le guste. 5
7. También podemos cambiar el contorno del texto, tanto en cuanto a su color como a su grosor. Para ello, despliegue el comando **Contorno de texto**, que muestra una letra A junto a un lápiz y sobre una línea de color negro, pulse sobre la opción **Grosor** y elija de la lista un valor mayor que el actual. 6
8. Una vez modificado el aspecto de nuestro título, cambiaremos su posición en el documento con respecto al texto. Por defecto, el cuadro de texto que contiene el título se sitúa en la parte superior izquierda de la página. En el grupo de herramientas **Organizar**, despliegue el comando **Posición** y pulse sobre la opción que aparece en la sección **En línea con el texto.** 7
9. Puede continuar retocando el texto WordArt hasta conseguir exactamente el efecto que desee. Nosotros dejaremos aquí el proceso. Pulse a la derecha del cuadro de texto para eliminar la selección actual.

5

3

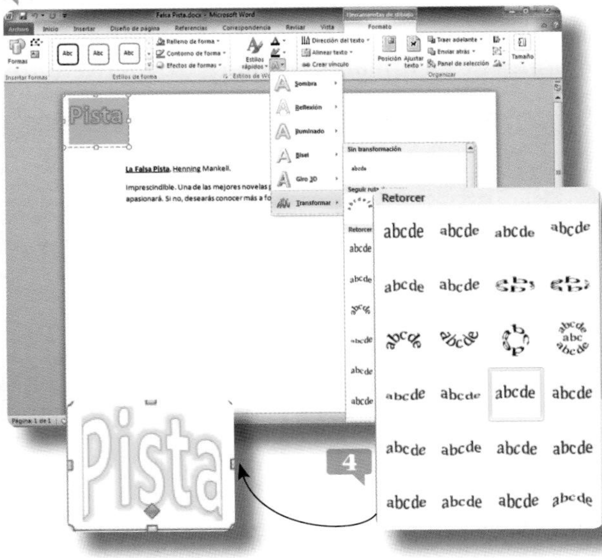


6

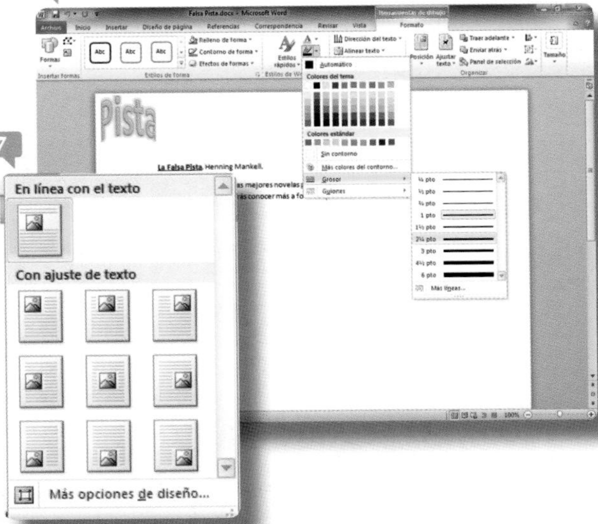

7

# Insertar gráficos

## IMPORTANTE

Debe saber que los gráficos que creemos en Word se incrustarán en el documento y los datos a los que hagan referencia se guardarán en una hoja de cálculo que se incorporará al documento.

EL OBJETIVO DE UN GRÁFICO ES REPRESENTAR de forma agradable e inteligible las series de datos que, en ocasiones, presentan ciertas tablas de un documento, o simplemente mostrar una serie de datos que tal vez no figuren en ninguna otra parte del documento y que simplemente se desea representar a través de un gráfico.

1. En este ejercicio aprenderemos a insertar un gráfico en un documento de Word. Para empezar, como viene siendo habitual, sitúe el cursor de edición en el punto donde desee insertar el objeto.
2. Una vez ubicado el cursor, active la ficha **Insertar** de la **Cinta de opciones** pulsando en su pestaña y haga clic en el comando **Gráfico** del grupo de herramientas **Ilustraciones.** [1]
3. Se abre de este modo el cuadro de diálogo **Insertar gráfico**, donde debemos escoger el tipo de gráfico que nos interesa crear. Muestre el contenido de la sección **Circular**, haga clic sobre el quinto estilo de gráfico para seleccionarlo y pulse el botón **Aceptar.** [2]
4. El gráfico provisional se inserta en el punto indicado, al tiempo que se abre una hoja de cálculo de Excel donde aparecen unos datos de muestra que podemos modificar según sean nuestras necesidades. [3] Imaginemos que deseamos representar sobre el gráfico los millones de ejemplares vendidos de cuatro libros

1

2

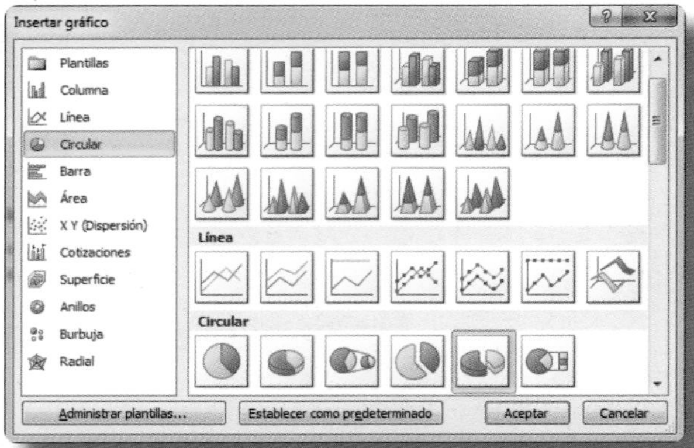


3

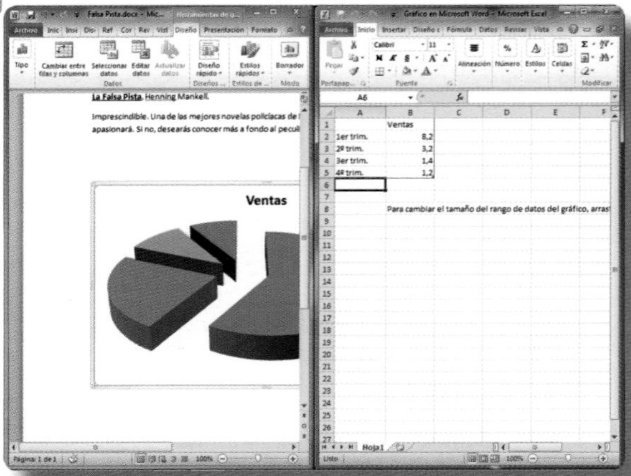

# 057

concretos. En la celda **A2**, escriba el término **Pista** e introduzca en las celdas **A3**, **A4** y **A5** tres títulos más. [4]

5. Una vez editados los datos que desea representar sobre el gráfico, cierre la hoja de cálculo.
6. Como ve, los nombres introducidos se muestran correctamente reflejados en el gráfico. Vamos a cambiar, en primer lugar, el diseño de este gráfico. En la pestaña **Diseño** de la ficha contextual **Herramientas de gráficos**, despliegue el comando **Diseño rápido** del grupo de herramientas **Diseños de gráfico** y pulse sobre el tercer diseño de la segunda fila. [5]
7. De este modo, el gráfico muestra ahora en cada porción el porcentaje de ventas. Pulse ahora en el botón **Estilos rápidos**, en el grupo de herramientas **Estilos de diseño**, y seleccione el segundo estilo de la última fila para aplicarlo a nuestro gráfico. [6]
8. Imagine ahora que desea cambiar el fondo del gráfico. Para ello, haga clic en la pestaña **Presentación**. [7]
9. Mantenga el elemento **Área del gráfico** seleccionado en el grupo de herramientas **Selección actual** y pulse sobre el botón **Aplicar formato a la selección**. [8]
10. Se abre así el cuadro de diálogo **Formato del área del gráfico** que nos permite modificar todas las características de este elemento. Aplique el color que desee como fondo y pulse el botón **Cerrar** para observar el resultado en el gráfico. [9]

## IMPORTANTE

Si una vez aplicados los cambios de formato al gráfico necesita modificar los atributos del texto, por ejemplo, de la leyenda o el título, debe seleccionar cada uno de estos elementos y situarse en la pestaña **Inicio** de la **Cinta de opciones**. Desde el grupo de herramientas **Fuente** de esta pestaña podrá realizar todos los cambios que necesite sobre el texto.

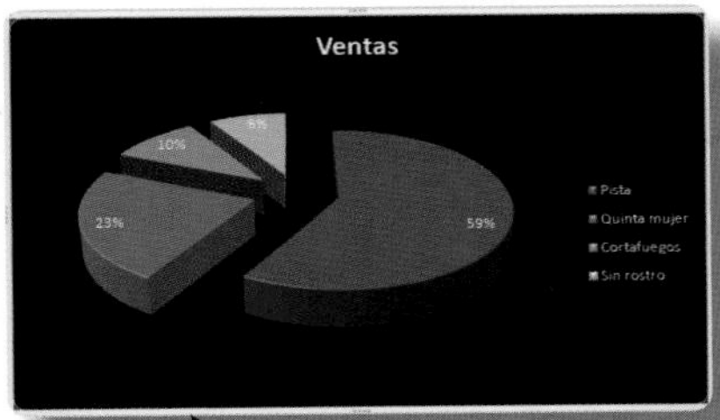


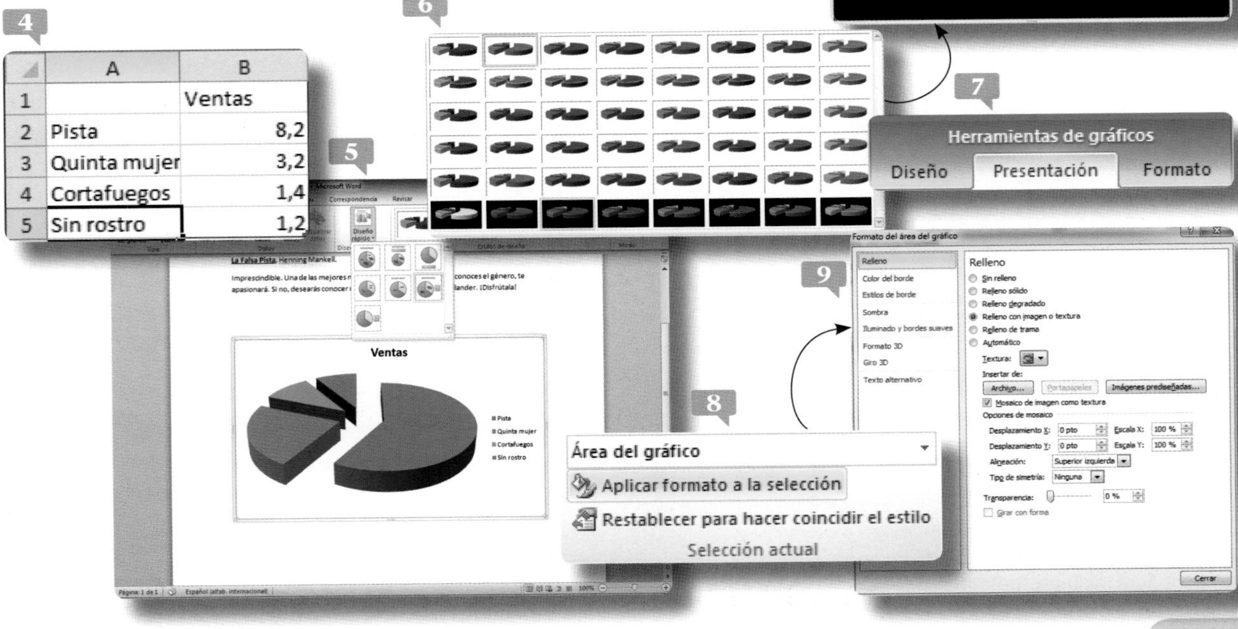

# Insertar un gráfico SmartArt

## IMPORTANTE

Los gráficos SmartArt se utilizan para ilustrar conceptos, de forma que luego puedan incluirse en documentos con el fin de aclarar ideas y obtener una mejor presentación.
En función del tipo de información que se desea representar gráficamente, el usuario debe seleccionar el tipo de gráfico SmartArt que más le convenga.

LOS GRÁFICOS SMARTART PERMITEN LA representación gráfica de una información, representación que se puede crear fácil y rápidamente gracias a los diferentes diseños que ofrece Word 2010. La nueva versión del programa ha agregado nuevos estilos que ayudan a proporcionar impactos visuales a los documentos.

1. Para empezar este ejercicio, sitúe el cursor de edición en el punto donde desee insertar el gráfico SmartArt y haga clic en la pestaña **Insertar** de la **Cinta de opciones**.
2. Pulse sobre el comando **SmartArt** del grupo de herramientas **Ilustraciones.** [1]
3. Se abre de este modo el cuadro **Elegir un gráfico SmartArt**, donde se muestra una lista de todos los tipos de gráficos SmartArt que ofrece Office 2010 y los diferentes diseños disponibles en cada uno de ellos. En este caso, supondremos que queremos representar gráficamente un sencillo proceso de tres pasos. Pulse sobre el tipo de gráfico **Proceso.** [2]
4. Word 2010 ha ampliado la galería de gráficos, agregando estilos realmente originales, aplicables a contenido concreto. Haga clic sobre el primer diseño de la tercera fila, denominado **Bloque continuo**, y pulse el botón **Aceptar.** [3]

1

2

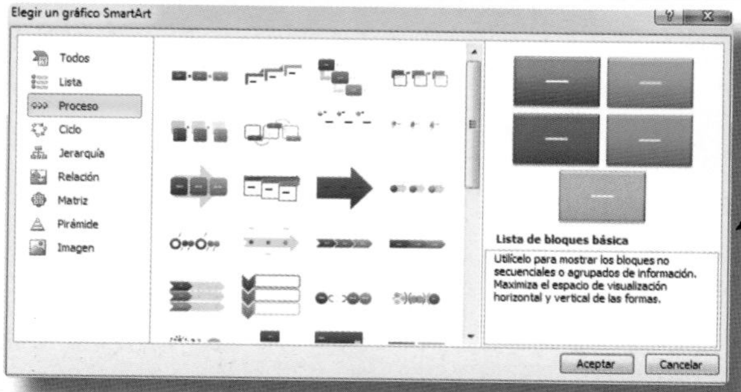


La sección **Imagen** es una novedad en esta versión del programa. Los gráficos aquí incluidos permiten trabajar con imágenes y texto.

3

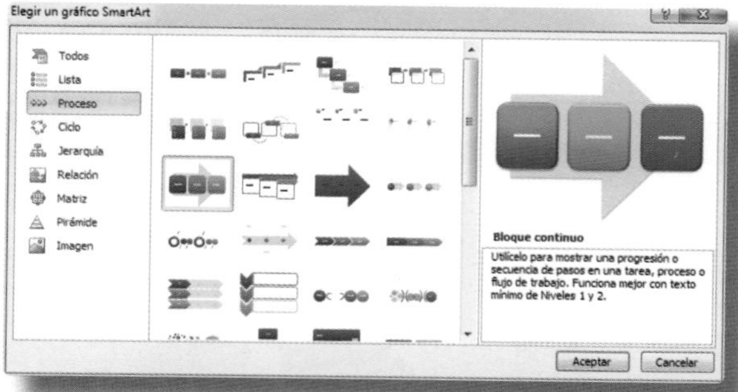


Al seleccionar cada uno de los estilos de gráfico disponibles, se muestra en la parte derecha del cuadro de diálogo una vista previa aumentada del mismo, así como una descripción recomendada de su uso.

# 058

5. Aparece el gráfico y su correspondiente panel de texto, en el que debemos introducir el texto que se va a mostrar. Compruebe que también se ha activado la ficha contextual **Herramientas de SmartArt**. Escriba el término **Buscar pistas** en el primer elemento del gráfico. 4
6. Ahora pulse sobre la palabra **Texto** correspondiente al segundo elemento del gráfico, en el panel de texto, y escriba el término **Poner en común**. 5
7. Por último, haga clic en el tercer elemento del panel de texto y escriba el término **Resolver**.
8. Una vez introducido el texto que se debe mostrar en el gráfico, oculte el panel de texto pulsando en el botón de aspa de su cabecera. 6
9. Vamos a cambiar ahora los colores y el estilo del gráfico. Haga clic en el botón **Cambiar colores** del grupo de herramientas **Estilos SmartArt** y pulse sobre la tercera combinación de colores del apartado **Multicolor**. 7
10. A continuación, haga clic en el botón **Más** del apartado **Estilos SmartArt** y haga clic sobre el estilo que más le guste del apartado **3D** para aplicarlo al gráfico. 8
11. De este modo podemos ir modificando el gráfico hasta darle el aspecto deseado. Guarde los cambios pulsando el icono **Guardar** de la **Barra de herramientas de acceso rápido**.

## IMPORTANTE

Puede mostrar u ocultar el Panel de texto en cualquier momento activando o desactivando el comando **Panel de texto** del grupo de herramientas **Crear gráfico**.

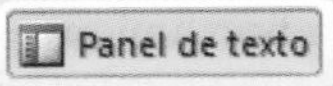


8

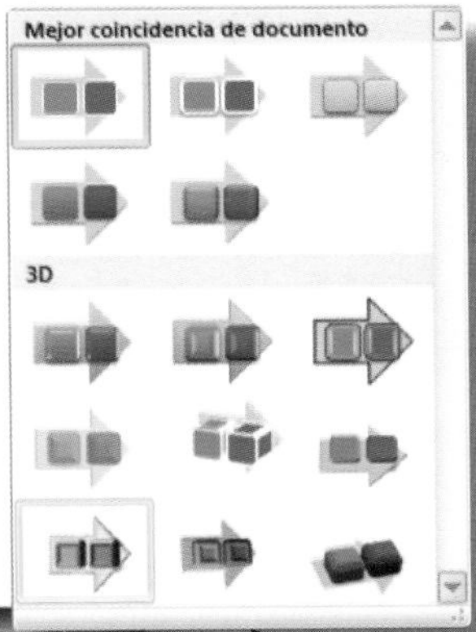


4

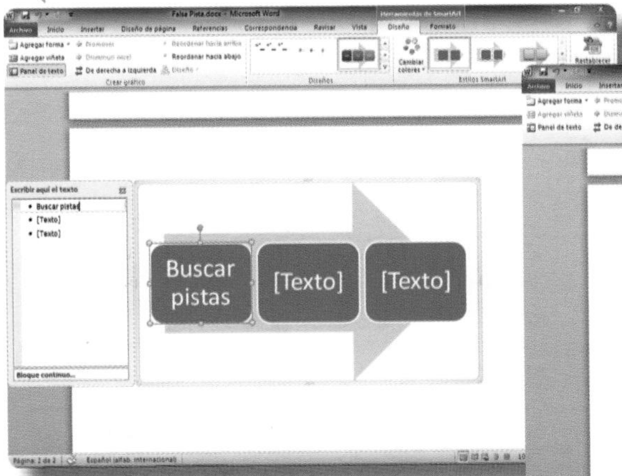


7

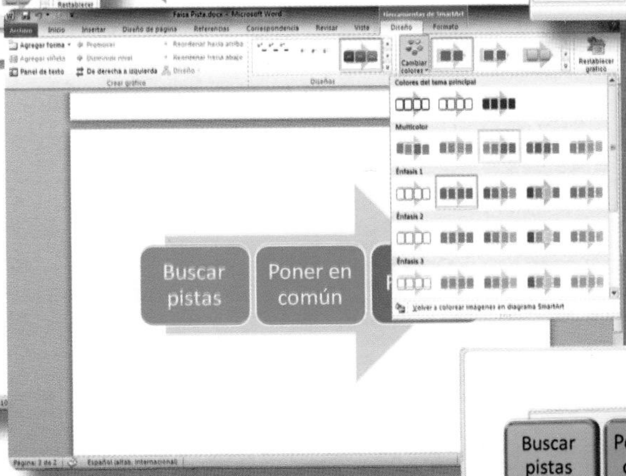


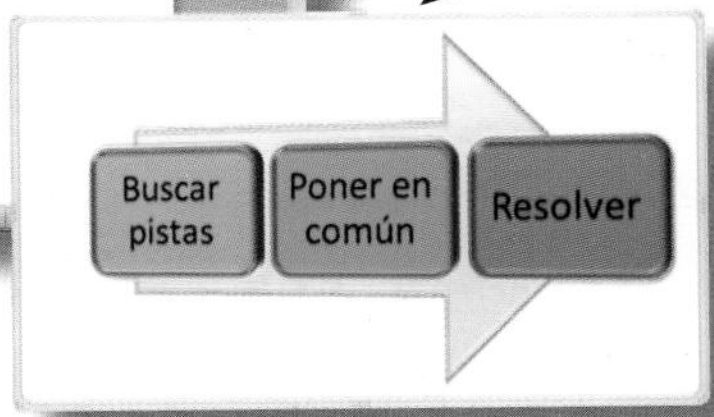


5

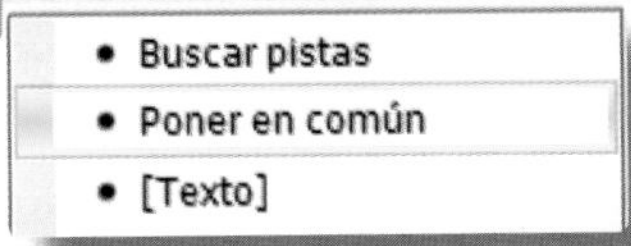


6

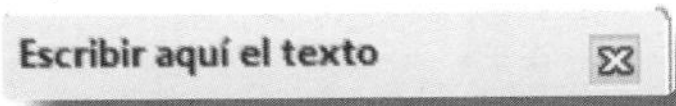

# Aplicar atributos al texto

## IMPORTANTE

Cabe destacar que gran parte de estos atributos pueden combinarse entre ellos, así como aplicarse a través de combinaciones de teclas, desde el menú contextual del texto seleccionado o desde la **Barra de herramientas Mini**.

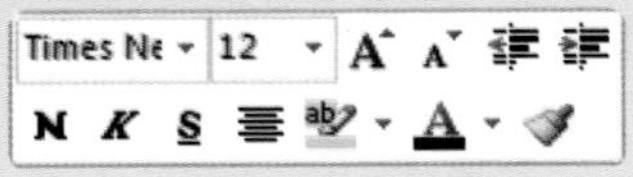


LOS ATRIBUTOS DE TEXTO SE UTILIZAN con el fin de destacar ciertas partes de un documento como, por ejemplo, títulos, subtítulos, palabras importantes, encabezados, etc. El objetivo es mejorar el aspecto y la presentación de los documentos.

1. En este ejercicio aprenderemos a cambiar algunos atributos de un fragmento de texto. Para empezar, pues, seleccionaremos el fragmento con el que vamos a practicar (continuamos trabajando sobre el documento **Pista.docx**). Pulse la combinación de teclas **Ctrl.+Inicio** para situarse al inicio del documento, haga clic delante de la palabra **Tardaría**, pulse la tecla **Mayúsculas** y, sin soltarla, pulse detrás del punto que aparece tras la palabra **suelo**, en la cuarta línea de este mismo párrafo. 1
2. Empecemos modificando el estilo de fuente, para lo cual accederemos al cuadro de diálogo **Fuente**. Pulse en el iniciador de cuadro de diálogo del grupo de herramientas **Fuente** de la pestaña **Inicio** de la **Cinta de opciones**. 2
3. La principal novedad que presenta el cuadro **Fuente** con respecto a versiones anteriores del programa es el botón **Efectos de texto**, que permite aplicar efectos visuales espectaculares al texto seleccionado. Estos efectos serán tratados exclusivamente en el ejercicio 64 del libro. Seleccione el estilo **Cursiva** en el cuadro del apartado **Estilo de fuente**. 3
4. En el campo **Tamaño**, seleccione el valor **14** y haga clic sobre el botón **Aceptar**. 4

1

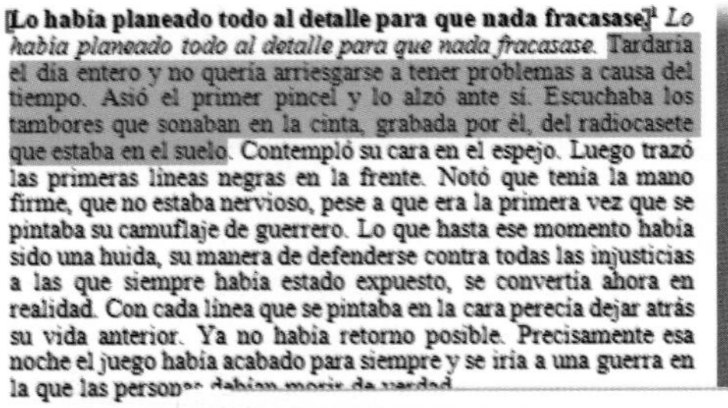

**Lo había planeado todo al detalle para que nada fracasase**[1] *Lo había planeado todo al detalle para que nada fracasase.* Tardaría el día entero y no quería arriesgarse a tener problemas a causa del tiempo. Asió el primer pincel y lo alzó ante sí. Escuchaba los tambores que sonaban en la cinta, grabada por él, del radiocasete que estaba en el suelo. Contempló su cara en el espejo. Luego trazó las primeras líneas negras en la frente. Notó que tenía la mano firme, que no estaba nervioso, pese a que era la primera vez que se pintaba su camuflaje de guerrero. Lo que hasta ese momento había sido una huida, su manera de defenderse contra todas las injusticias a las que siempre había estado expuesto, se convertía ahora en realidad. Con cada línea que se pintaba en la cara perecía dejar atrás su vida anterior. Ya no había retorno posible. Precisamente esa noche el juego había acabado para siempre y se iría a una guerra en la que las person...

2

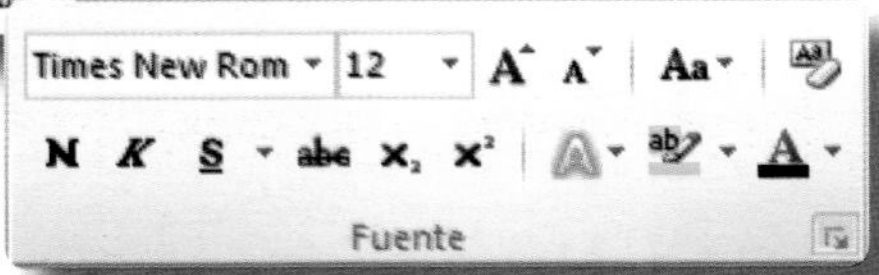


3

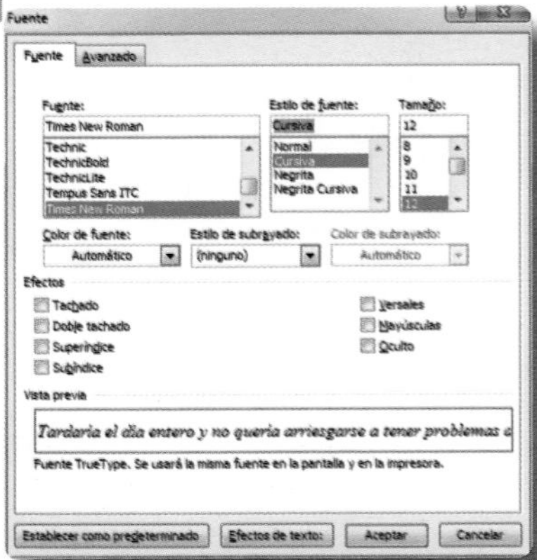


4

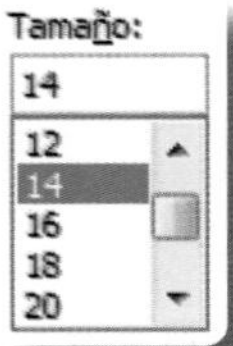


El cuadro de diálogo **Fuente** presenta algunas opciones más que el grupo de herramientas **Fuente**. Por ejemplo, una gran cantidad de efectos.

# 059

5. En el grupo de herramientas **Fuente** se reflejan los nuevos atributos. Seguiremos realizando cambios desde este grupo de herramientas. Despliegue el campo **Fuente**, donde se muestra la fuente Times New Roman, y seleccione el tipo **Arial.** 5
6. Ahora utilizaremos las combinaciones de teclas existentes para modificar los atributos de texto. En estos momentos el comando **Cursiva**, representado por la letra K en mayúsculas, está activado. Pulse la combinación de teclas **Ctrl. + I** para desactivar este atributo y pulse la combinación **Ctrl. + B** para aplicar el estilo **Negrita** al texto seleccionado. 6
7. Haga clic al final de la selección y pulse la tecla **Retorno** para separar este fragmento del resto del texto.
8. Seleccione ahora la primera frase del nuevo párrafo que acabamos de crear y haga clic en el iniciador de cuadro de diálogo del apartado **Fuente**.
9. Se abre de este modo el cuadro de diálogo **Fuente**. Active la ficha **Avanzado**, despliegue el campo **Espaciado**, seleccione la opción **Expandido** y pulse el botón **Aceptar** para aplicar los cambios de formato. 7
10. En el grupo de herramientas **Fuente**, haga clic en el comando **Cambiar mayúsculas y minúsculas**, cuyo icono muestra una A en mayúsculas y una en minúsculas, y de la lista de opciones que aparece seleccione con un clic **Poner en mayúsculas cada palabra.** 8

## IMPORTANTE

La letra I de la combinación de teclas que aplica el atributo cursiva se debe al término inglés *italic*, del mismo modo que la letra B que se utiliza en la combinación que aplica negrita al texto responde al nombre *Bold*.

**N** ***K***

5

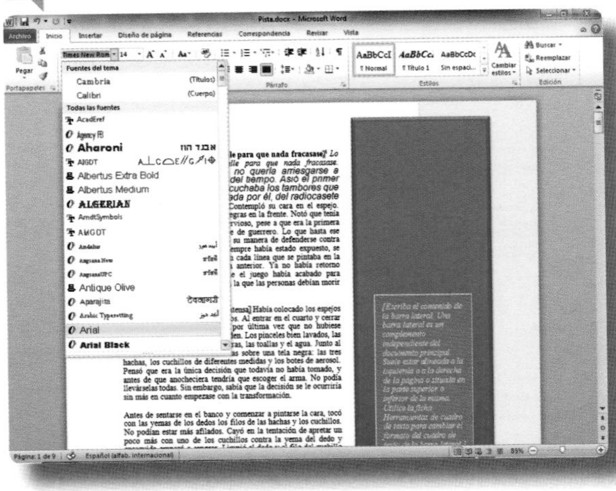

7

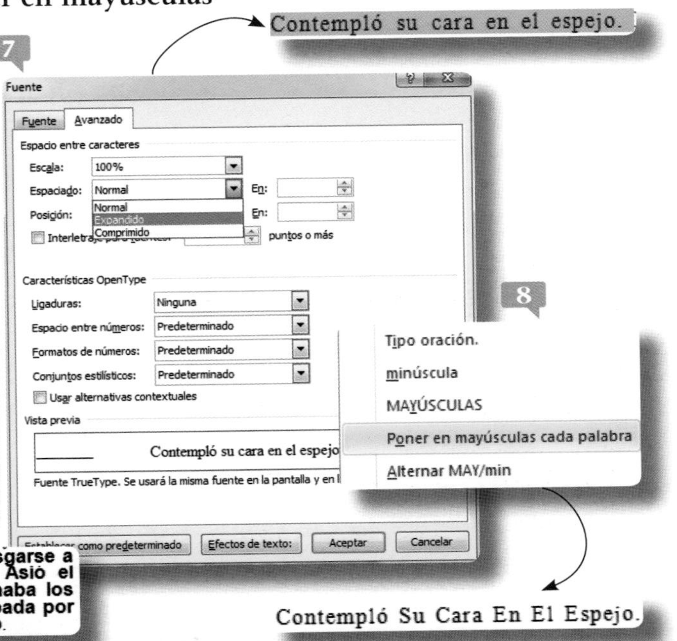


8

6

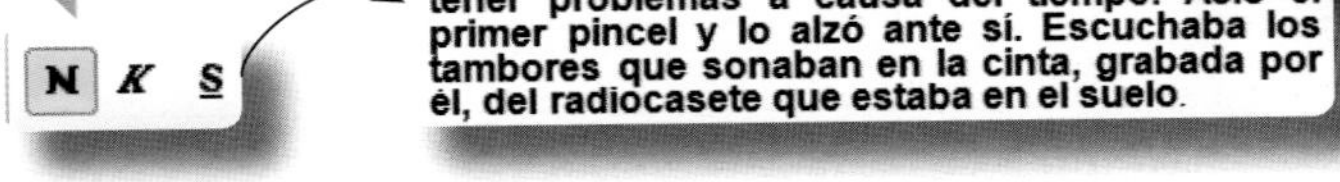

# Alinear texto

LA ALINEACIÓN ES LA COLOCACIÓN DEL TEXTO respecto a los márgenes del documento y puede ser de cuatro tipos: izquierda, que es la alineación predeterminada en Word para todos los párrafos, centrada, derecha y justificada.

1. En el sencillo ejercicio que proponemos a continuación, trabajaremos con las diferentes alineaciones de texto que ofrece Word. Para empezar, seleccione el tercer párrafo del documento activo pulsando dos veces en el margen izquierdo de la línea que empieza por la frase entre corchetes. 1
2. Compruebe en el apartado **Párrafo** de la ficha **Inicio** que la alineación establecida por defecto para este párrafo es la justificada. Este tipo de alineación alinea el texto en los márgenes izquierdo y derecho agregando los espacios adicionales entre palabras que sean necesarios. Haga clic en el iniciador de cuadro de diálogo de este grupo de herramientas. 2
3. Aparece el cuadro de diálogo **Párrafo** mostrando activa la ficha **Sangría y espacio**. La vista previa del cuadro de diálogo muestra el aspecto que tendrá el párrafo seleccionado al cambiar su alineación. Despliegue el campo **Alineación** y pulse sobre la opción **Centrada**. 3
4. Puede ver el resultado que obtendremos si aplicamos el cambio en el apartado de vista previa. 4 Despliegue nuevamente

## IMPORTANTE

La alineación forma parte de la configuración de los párrafos y, como tal, se define desde el apartado **Párrafo** de la ficha **Inicio** de la **Cinta de opciones** o bien desde el cuadro de diálogo **Párrafo**, al que se accede mediante el iniciador de cuadro de diálogo del mencionado apartado o mediante la opción adecuada del menú contextual del texto.

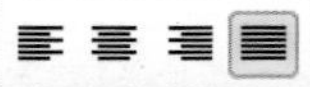

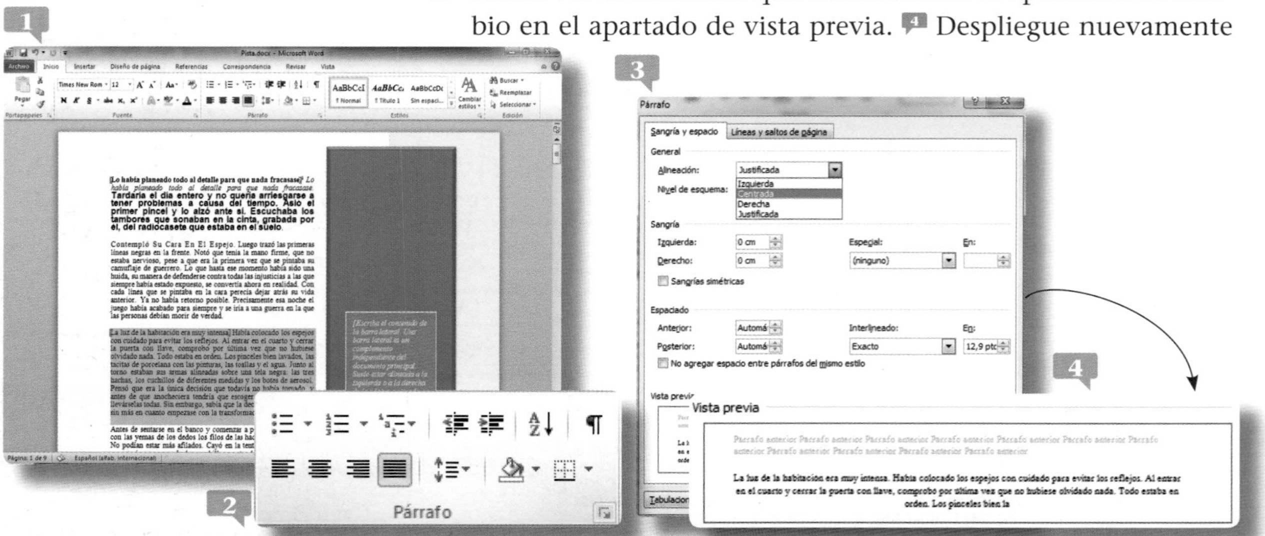

# 060

la lista de opciones de alineación y pulse sobre la opción **Derecha**. 5

5. Por último, aplicaremos una alineación izquierda, pero esta vez usando la herramienta apropiada de la ficha **Inicio** de la **Cinta de opciones**. Pulse el botón **Aceptar** del cuadro **Párrafo** para aplicar los cambios.
6. La alineación derecha, como puede ver, alinea todo el texto de un párrafo en el margen derecho. 6 Pulse sobre el comando **Alinear texto a la izquierda**, cuyo icono muestra un grupo de líneas alineadas a la izquierda en el grupo de herramientas **Párrafo**. 7
7. Eliminemos la selección para observar mejor el aspecto de la nueva alineación. Haga clic al final de la última línea seleccionada. 8
8. Antes de terminar, aplicaremos el tipo de alineación justificada a todo el documento. Pulse la combinación de teclas **Ctrl. + A** para seleccionar todo el documento.
9. En estos momentos no hay ningún icono de alineación activado, dado que dentro de este documento existen dos tipos distintos: izquierda y justificada. En el grupo de herramientas **Párrafo**, haga clic sobre el comando **Justificada**, el cuarto de los iconos de alineación. 9
10. Como ve, todo el texto ha adoptado la alineación justificada. Pulse al inicio del primer párrafo del documento para eliminar la selección. 10

## IMPORTANTE

En lugar de utilizar la combinación de teclas oportuna, también puede seleccionar todo el texto mediante la opción **Seleccionar todo** del comando **Seleccionar** del grupo de herramientas **Edición**.

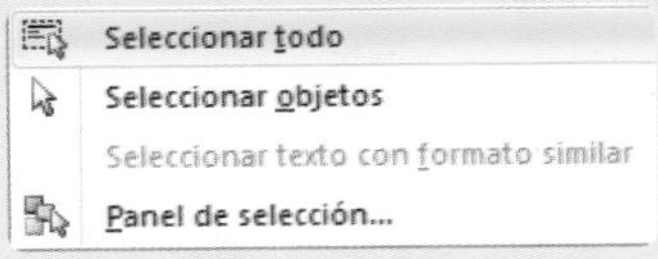


5

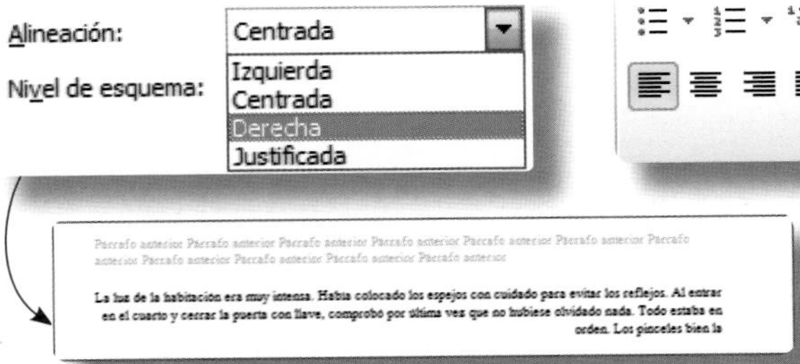


7

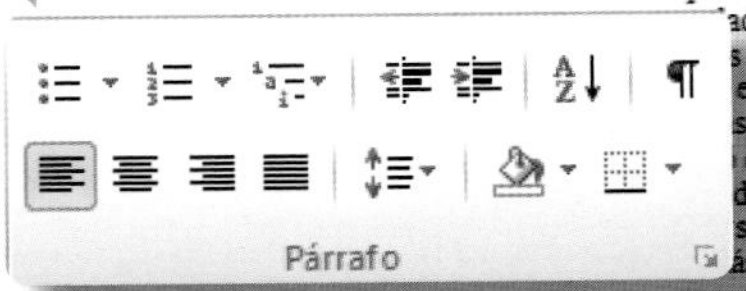


8

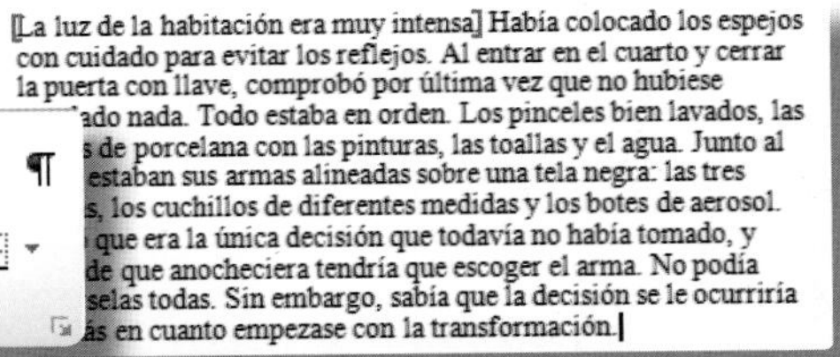

[La luz de la habitación era muy intensa] Había colocado los espejos con cuidado para evitar los reflejos. Al entrar en el cuarto y cerrar la puerta con llave, comprobó por última vez que no hubiese ...ado nada. Todo estaba en orden. Los pinceles bien lavados, las ...s de porcelana con las pinturas, las toallas y el agua. Junto al ... estaban sus armas alineadas sobre una tela negra: las tres ...s, los cuchillos de diferentes medidas y los botes de aerosol. ... que era la única decisión que todavía no había tomado, y ...de que anocheciera tendría que escoger el arma. No podía ...selas todas. Sin embargo, sabía que la decisión se le ocurriría ...ás en cuanto empezase con la transformación.

6

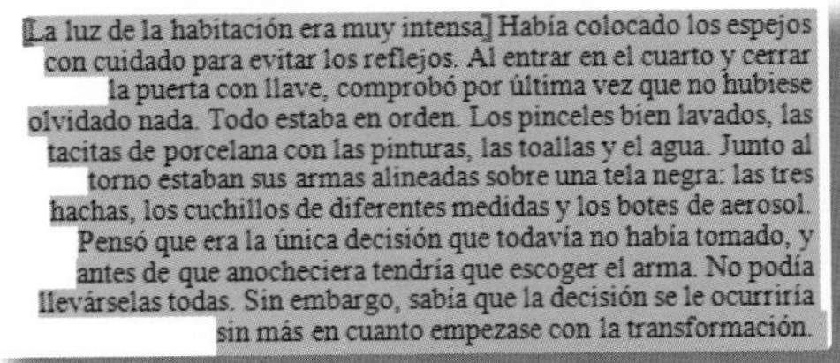

[La luz de la habitación era muy intensa] Había colocado los espejos con cuidado para evitar los reflejos. Al entrar en el cuarto y cerrar la puerta con llave, comprobó por última vez que no hubiese olvidado nada. Todo estaba en orden. Los pinceles bien lavados, las tacitas de porcelana con las pinturas, las toallas y el agua. Junto al torno estaban sus armas alineadas sobre una tela negra: las tres hachas, los cuchillos de diferentes medidas y los botes de aerosol. Pensó que era la única decisión que todavía no había tomado, y antes de que anocheciera tendría que escoger el arma. No podía llevárselas todas. Sin embargo, sabía que la decisión se le ocurriría sin más en cuanto empezase con la transformación.

9

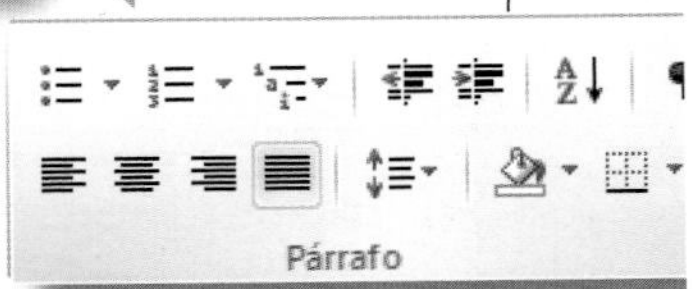


10

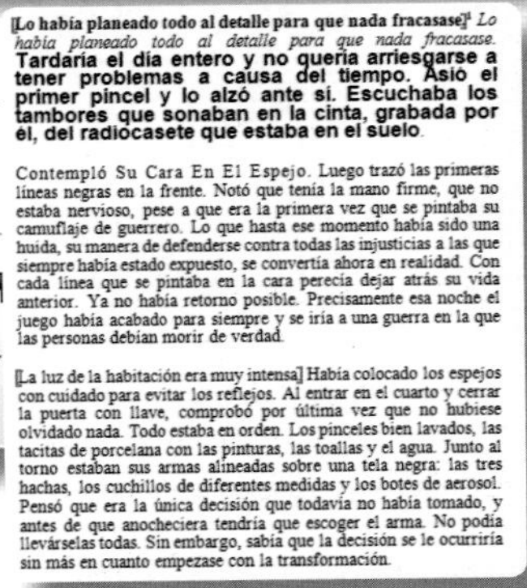

**[Lo había planeado todo al detalle para que nada fracasase]**[1] *Lo había planeado todo al detalle para que nada fracasase.* **Tardaría el día entero y no quería arriesgarse a tener problemas a causa del tiempo. Asió el primer pincel y lo alzó ante sí. Escuchaba los tambores que sonaban en la cinta, grabada por él, del radiocasete que estaba en el suelo.**

Contempló Su Cara En El Espejo. Luego trazó las primeras líneas negras en la frente. Notó que tenía la mano firme, que no estaba nervioso, pese a que era la primera vez que se pintaba su camuflaje de guerrero. Lo que hasta ese momento había sido una huida, su manera de defenderse contra todas las injusticias a las que siempre había estado expuesto, se convertía ahora en realidad. Con cada línea que se pintaba en la cara perecía dejar atrás su vida anterior. Ya no había retorno posible. Precisamente esa noche el juego había acabado para siempre y se iría a una guerra en la que las personas debían morir de verdad.

[La luz de la habitación era muy intensa] Había colocado los espejos con cuidado para evitar los reflejos. Al entrar en el cuarto y cerrar la puerta con llave, comprobó por última vez que no hubiese olvidado nada. Todo estaba en orden. Los pinceles bien lavados, las tacitas de porcelana con las pinturas, las toallas y el agua. Junto al torno estaban sus armas alineadas sobre una tela negra: las tres hachas, los cuchillos de diferentes medidas y los botes de aerosol. Pensó que era la única decisión que todavía no había tomado, y antes de que anocheciera tendría que escoger el arma. No podía llevárselas todas. Sin embargo, sabía que la decisión se le ocurriría sin más en cuanto empezase con la transformación.

# Aplicar sangrías

> **IMPORTANTE**
>
> Cuando los cambios de sangrado se realizan sobre un solo párrafo, el único requisito imprescindible es que el cursor esté situado en cualquier punto del mismo. La selección del texto tan sólo es necesaria cuando las modificaciones se van a realizar sobre dos o más párrafos.

LA SANGRÍA DE UN PÁRRAFO ES LA DISTANCIA establecida entre el texto y los márgenes dispuestos en el documento, tanto el derecho como el izquierdo. Generalmente se aplica a un párrafo, aunque puede aplicarse también sólo a una línea.

1. En este ejercicio aprenderemos a aplicar sangrías a un texto. Seleccione el tercer párrafo del documento haciendo dos veces clic sobre el margen izquierdo de la frase incluida entre corchetes.
2. Antes de empezar a trabajar con las sangrías, activaremos la regla para tener un punto de referencia y, más adelante, utilizarla para aplicar cierto tipo de sangrías. Haga clic en el comando **Regla** situado sobre la **Barra de desplazamiento vertical.** [1]
3. Empecemos aumentando la sangría izquierda. Haga clic sobre el comando **Aumentar sangría**, quinto icono del grupo de herramientas **Párrafo.** [2]
4. El texto se ha desplazado hacia la derecha al igual que el marcador situado en el lado izquierdo de la regla horizontal. [3] Desharemos ahora la sangría a la izquierda y observaremos de nuevo el desplazamiento del mencionado marcador de la regla. Pulse el botón **Deshacer** de la **Barra de acceso rápido.**

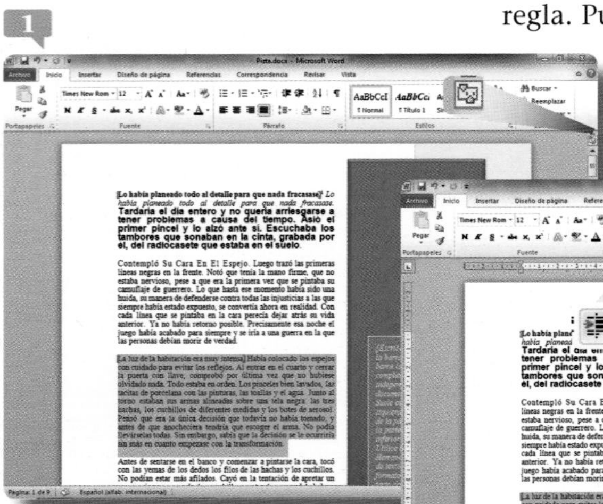

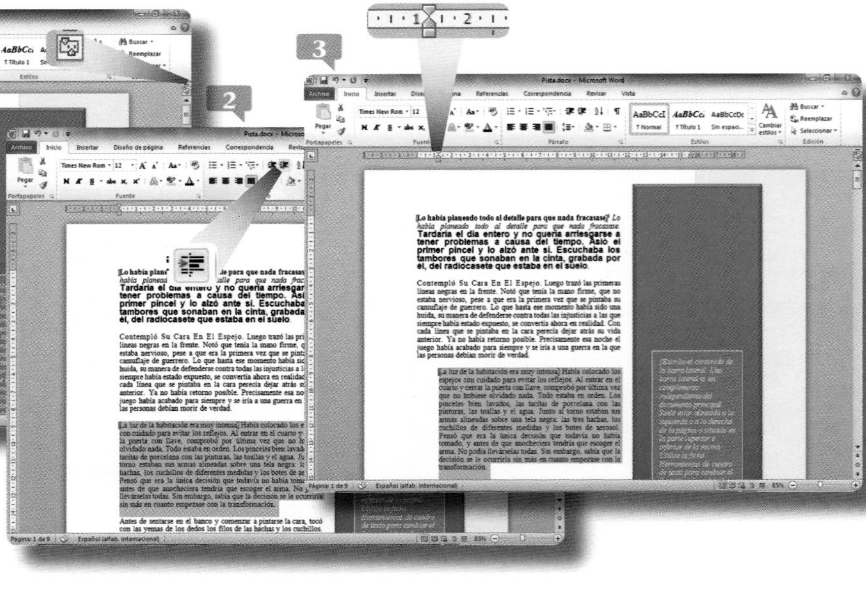

La regla también puede activarse y desactivarse desde el grupo de herramientas **Mostrar** de la pestaña **Vista**.

# 061

5. Haga clic sobre el marcador **Sangría derecha** y, sin soltar el botón del ratón, arrástrelo hasta alcanzar el número **14** de la regla horizontal, momento en que podrá liberar el botón del ratón. [4]
6. Observe sobre la regla que se ha establecido una sangría derecha con respecto al margen del párrafo. Pulse de nuevo el icono **Deshacer**. [5]
7. Veamos a continuación cómo aplicar una sangría de primera línea. Haga clic en el iniciador de cuadro de diálogo del grupo de herramientas **Párrafo** para abrir el cuadro de diálogo de ese nombre. [6]
8. Como ve, la ficha **Sangría y espacio** del cuadro de diálogo **Párrafo** cuenta con un apartado llamado **Sangría**. En este caso practicaremos con las sangrías especiales. Despliegue el campo **Especial**, seleccione la opción **Sangría francesa** y pulse el botón **Aceptar**. [7]
9. El resultado es claro: la única línea que no ha aumentado su sangría es la primera del párrafo. [8] Como este tipo de sangría suele utilizarse en listas con viñetas o numeradas vamos a deshacerla para buscar otro tipo de sangría más adecuado. Nuevamente, acceda al cuadro de diálogo **Párrafo** pulsando sobre su iniciador.
10. Despliegue el campo **Especial**, seleccione la opción **Primera línea** y pulse el botón **Aceptar**. [9]
11. Dejaremos el párrafo tal y como ha quedado con este tipo de sangría. Haga clic al inicio de la primera línea del párrafo seleccionado para eliminar la selección. [10]

## IMPORTANTE

El color blanco de la regla indica los límites de los márgenes, mientras que la situación de los marcadores de la misma señaliza la posición de las sangrías.

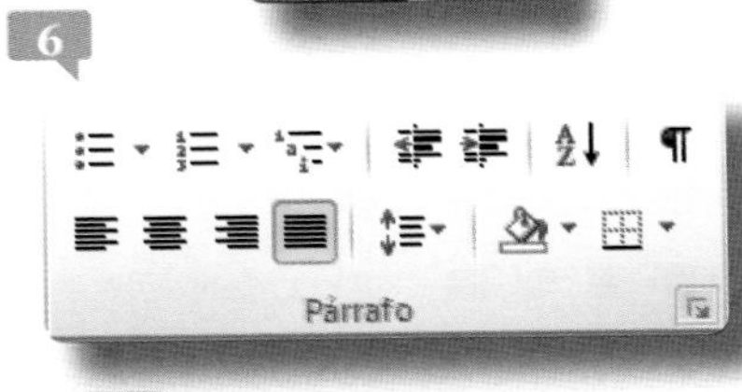

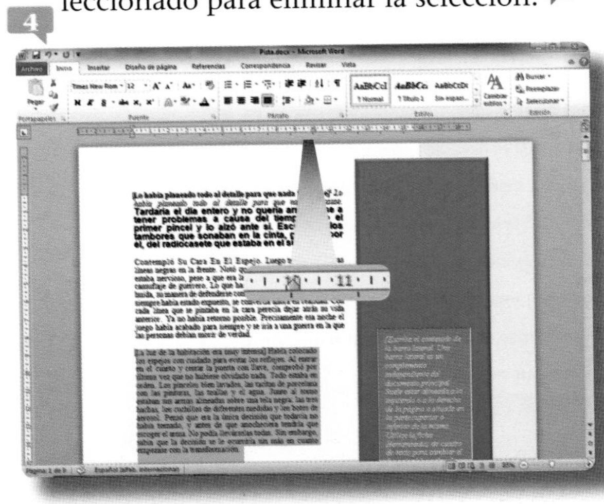

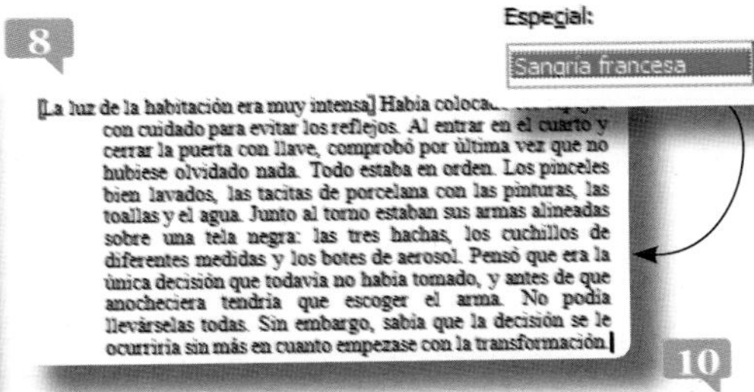

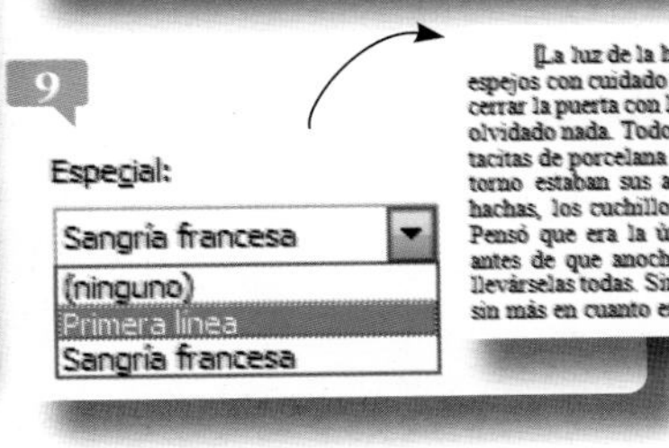


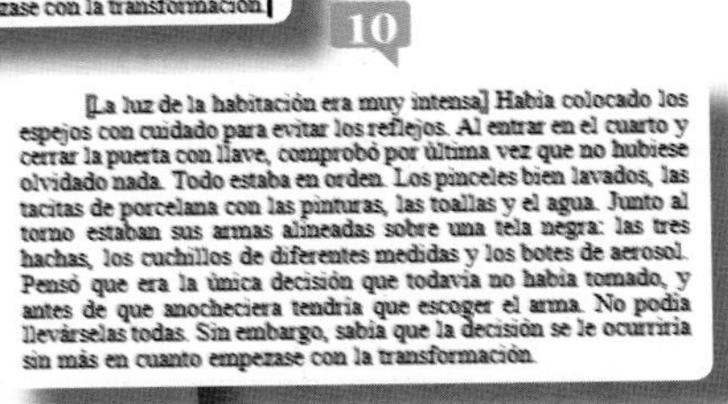

# Cambiar el interlineado del texto

EL INTERLINEADO ES EL ESPACIO EXISTENTE entre las líneas de un párrafo. De forma predeterminada, el interlineado aplicado por Microsoft Word es el sencillo, aunque existen otros tipos: 1,5 líneas, doble, mínimo, exacto, múltiple, etc.

1. En este ejercicio practicaremos con el tercer párrafo del documento abierto, que también hemos utilizado para aplicar los diferentes tipos de alineación disponibles. Con el cursor situado al inicio de dicho párrafo, haga clic en el iniciador de cuadro de diálogo del grupo de herramientas **Párrafo** de la ficha **Inicio**. [1]
2. Se abre el cuadro de diálogo **Párrafo**. Dentro del apartado **Espaciado** se encuentra la opción **Interlineado** que, en este caso, muestra seleccionado el tipo **Exacto**. Despliegue este campo, seleccione el tipo **Doble** y pulse **Aceptar**. [2]
3. El espacio entre las líneas de este párrafo del documento ha aumentado considerablemente. [3] Comprobaremos ahora cuál es el valor correspondiente a dicho espacio entre líneas utilizando el comando **Interlineado** de la ficha **Inicio**. Despliegue dicho comando, situado a la derecha del comando **Justificado** en el grupo de herramientas **Párrafo**. [4]

**IMPORTANTE**

La aplicación de un tipo de interlineado u otro depende de las exigencias de formato de cada párrafo o documento. En un documento que se utilice como borrador, por ejemplo, puede ser de gran utilidad insertar un interlineado doble con el fin de visualizar mejor cualquier tipo de anotación o comentario.

1

2

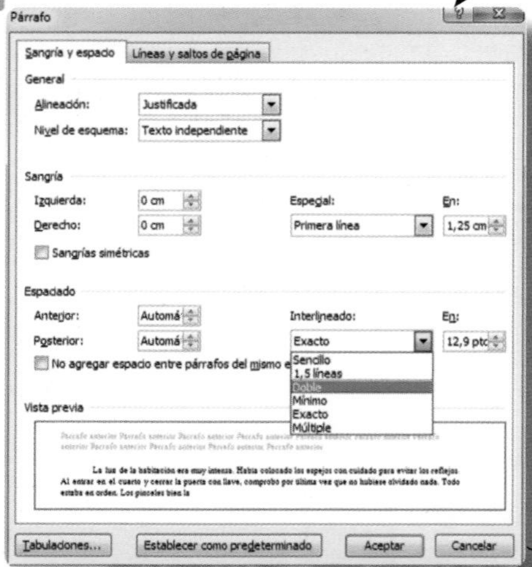


3

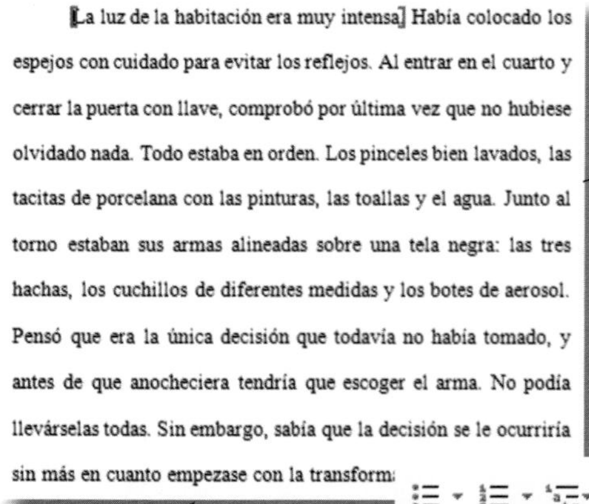
La luz de la habitación era muy intensa. Había colocado los espejos con cuidado para evitar los reflejos. Al entrar en el cuarto y cerrar la puerta con llave, comprobó por última vez que no hubiese olvidado nada. Todo estaba en orden. Los pinceles bien lavados, las tacitas de porcelana con las pinturas, las toallas y el agua. Junto al torno estaban sus armas alineadas sobre una tela negra: las tres hachas, los cuchillos de diferentes medidas y los botes de aerosol. Pensó que era la única decisión que todavía no había tomado, y antes de que anocheciera tendría que escoger el arma. No podía llevárselas todas. Sin embargo, sabía que la decisión se le ocurriría sin más en cuanto empezase con la transform

4

4. El valor preestablecido del tipo de interlineado **Doble** es 2 puntos. Desde este icono también podemos acceder a las opciones de interlineado así como agregar espacios antes o después del párrafo. Active el valor **3,0** y observe el cambio. [5]
5. El interlineado ha aumentado todavía más. [6] Veamos ahora a qué tipo de los establecidos en el cuadro de diálogo **Párrafo** corresponde este valor predeterminado. Pulse de nuevo sobre el iniciador de cuadro de diálogo del grupo de herramientas **Párrafo**.
6. Como ve, el tipo de interlineado seleccionado es el denominado **Múltiple**. [7] Despliegue el campo **Interlineado** y seleccione la opción **Sencillo**. [8]
7. Antes de terminar, modificaremos el espacio entre párrafos ya que ésta es otra de las opciones que, junto con **Interlineado**, aparece en el apartado **Espaciado**. En el campo **Posterior**, inserte el valor **24** y luego pulse el botón **Aceptar**. [9]
8. El párrafo muestra ahora el interlineado **Sencillo** y aumenta ligeramente la separación entre el tercer párrafo y el cuarto. [10] Antes de guardar los cambios, veamos otra de las funciones del comando **Interlineado**. Haga clic tras el punto y aparte del tercer párrafo, despliegue dicho comando y seleccione la opción **Quitar espacio después del párrafo**. [11]

Efectivamente, la acción realizada ha devuelto a su estado anterior este espaciado.

# 062

## IMPORTANTE

La modificación del interlineado de un párrafo no requiere la selección del mismo, sino que basta con situar el cursor sobre cualquier punto de éste. La selección de texto tan sólo es necesaria cuando se desea modificar la alineación de dos o más párrafos.

8

9
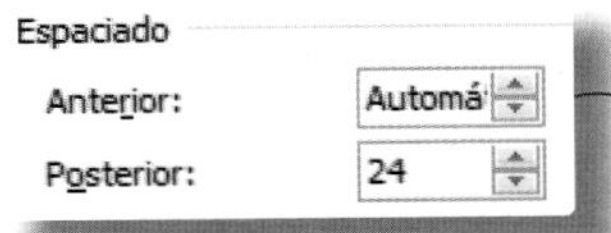


5
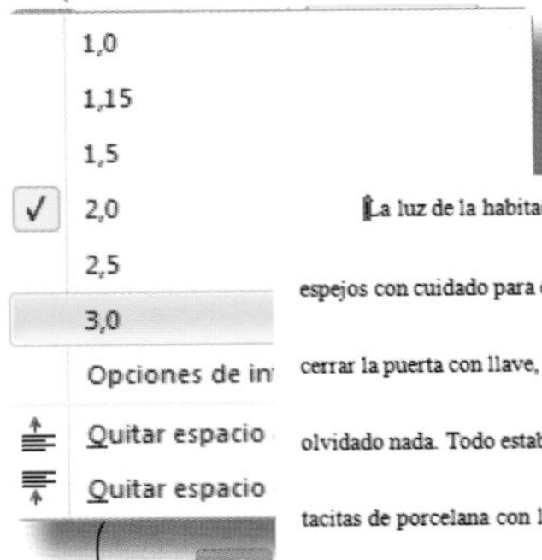


7

6
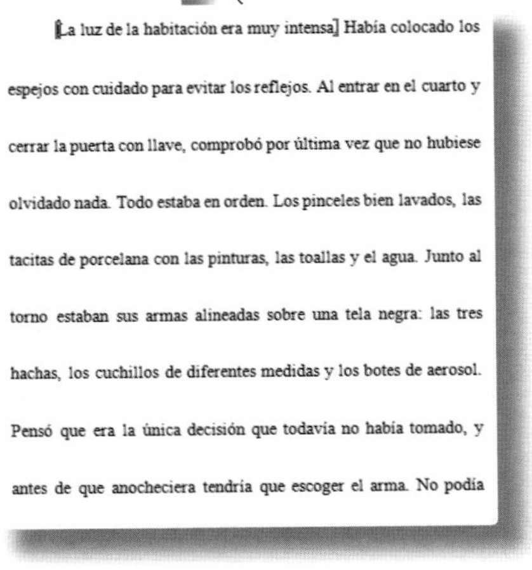


10
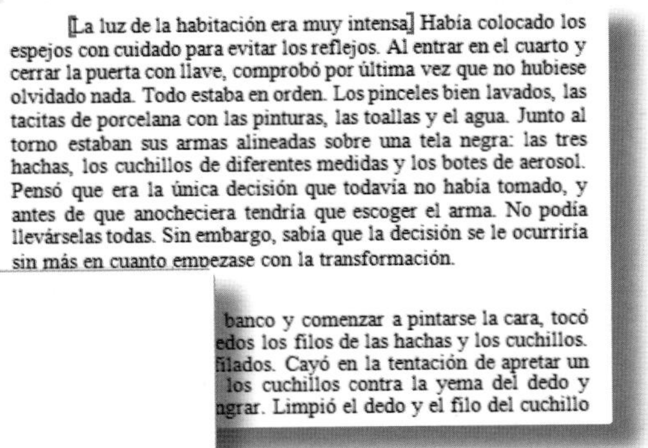


11
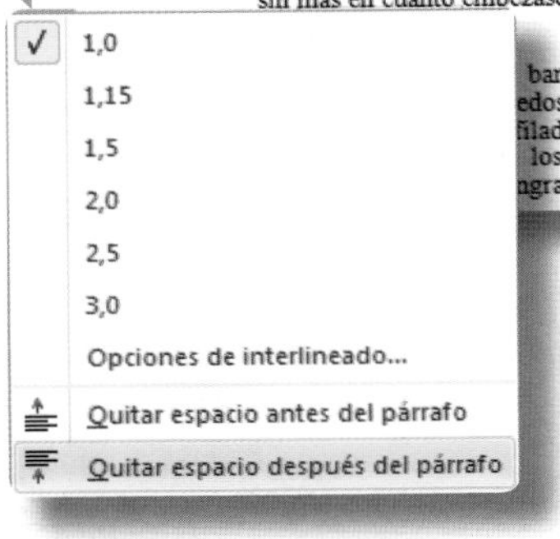

# Estilos y formato

## IMPORTANTE

Si en el apartado **Aplicar a** del cuadro **Bordes y sombreado** se encuentra seleccionada la opción **Párrafo**, el nuevo estilo se aplicará a todo el párrafo en el que se encuentra el cursor.

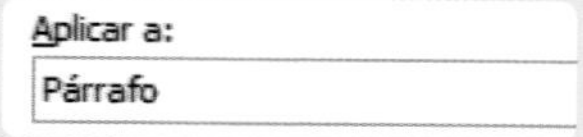


EL ESTILO ES UN CONJUNTO DE ATRIBUTOS de formato, por ejemplo, fuente, tamaño de fuente, sangría, etc., que recibe un nombre y se almacena como un único elemento. Al aplicar un estilo sobre un texto, todo el conjunto de atributos que conforman dicho estilo se aplican sobre el texto en cuestión.

1. En este ejercicio aprenderemos a aplicar un estilo concreto a un texto. En esta ocasión, copie un fragmento del documento **Ilíada.docx** y péguelo en un nuevo documento para trabajar con él. Para empezar, comprobaremos cuáles son los atributos de formato aplicados a la primera línea de este documento. Haga clic en el margen izquierdo de la primera línea del documento para seleccionarla y, para mostrar el panel **Estilos**, pulse sobre el iniciador de cuadro de diálogo situado junto al título del grupo de herramientas **Estilos.** 1
2. En el panel **Estilos** se muestra seleccionado el estilo **Normal**, al que corresponde nuestra selección. Vamos a aplicar a la selección uno de los estilos que aparecen en la lista, pero antes modificaremos uno de sus atributos principales. Sitúe el puntero del ratón sobre el estilo **Cita destacada**, pulse sobre el botón de punta de flecha que aparece y haga clic sobre la opción **Modificar.** 2
3. Imaginemos que queremos cambiar la fuente de este estilo. Para ello, haga clic en el botón **Formato** y seleccione la opción **Fuente.** 3

1

2

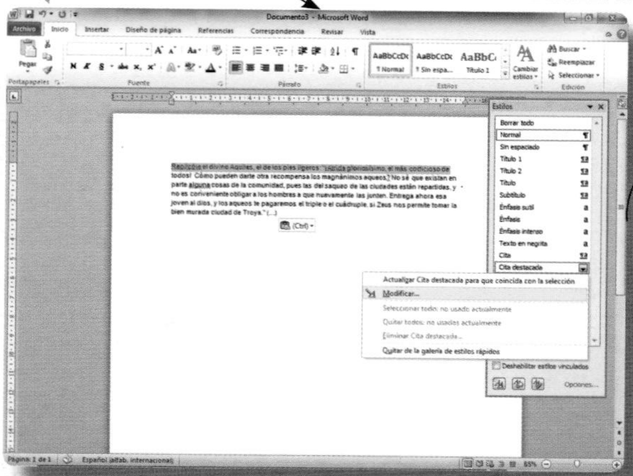

Si mantiene unos segundos el puntero del ratón sobre el nombre de alguno de los estilos, aparecerá una etiqueta emergente con las características de dicho estilo.

3

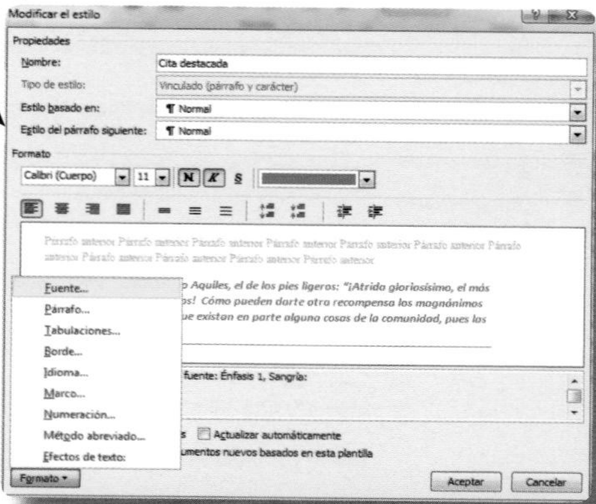

4. Tras situarse en la pestaña **Fuente** del cuadro de diálogo del mismo nombre, seleccione la fuente **Arial**, pulse el botón **Aceptar** del cuadro de diálogo **Fuente** para aplicar el cambio y pulse también el botón **Aceptar** para cerrar el cuadro **Modificar estilo**.
5. Una vez modificado el estilo **Cita destacada**, lo aplicaremos al fragmento de texto seleccionado. Pulse sobre él en el panel **Estilos**. 4
6. Observe cómo cambia el aspecto de la línea seleccionada. 5 A continuación, crearemos un nuevo estilo que almacenaremos en la galería de estilos para poder utilizarlo siempre que queramos. Haga clic en el icono **Nuevo estilo**, el primero de los que se encuentran al pie del panel **Estilos**. 6
7. Se abre así el cuadro de diálogo **Crear nuevo estilo a partir del formato**, donde definiremos los atributos de nuestro nuevo estilo. En el campo **Nombre**, escriba la palabra **prueba**.
8. Haga clic en el botón **Formato** y pulse sobre la opción **Borde**. 7
9. Aparece en pantalla el cuadro **Bordes y sombreado**. Haga clic en el valor **Cuadro**, despliegue el campo **Color** y seleccione el color rojo en la paleta de muestras de colores estándar. 8
10. Pulse el botón **Aceptar** del cuadro **Bordes y sombreado** y repita la operación con el cuadro **Crear nuevo estilo a partir de formato**.

El estilo **prueba** se ha aplicado a todo el párrafo a la vez que se ha añadido a la lista de estilos y a la galería que aparece en el grupo de herramientas **Estilo** de la ficha **Inicio**. 9

6

7

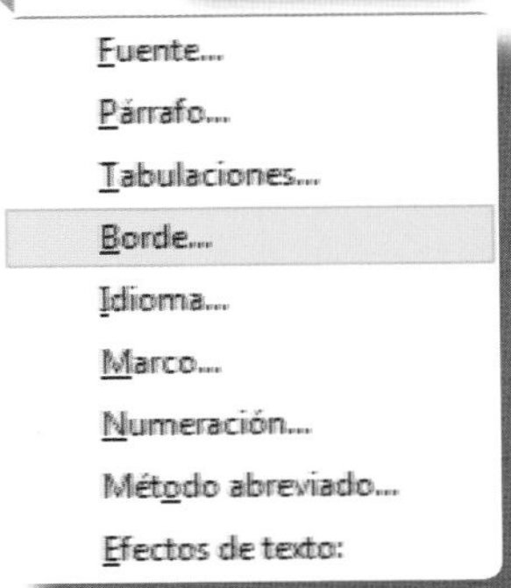


4

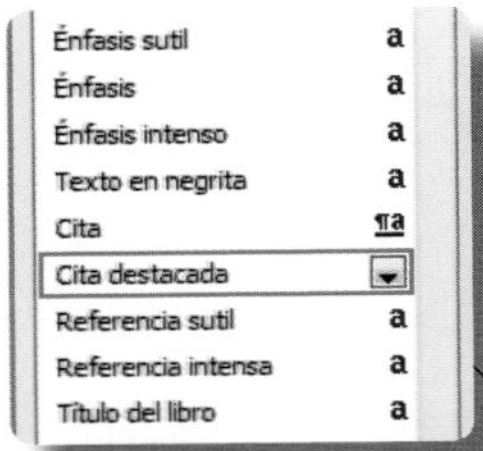


8

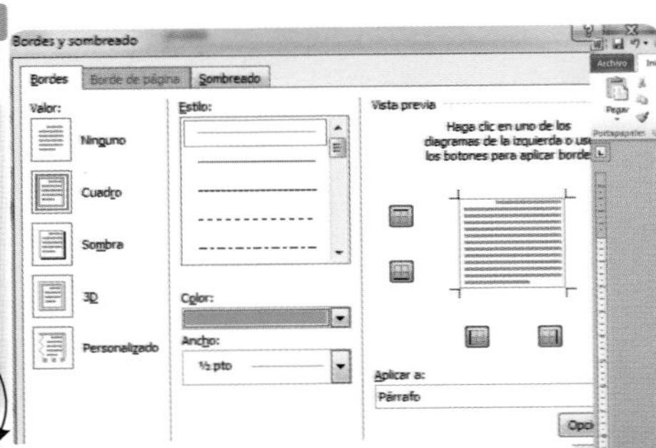


9

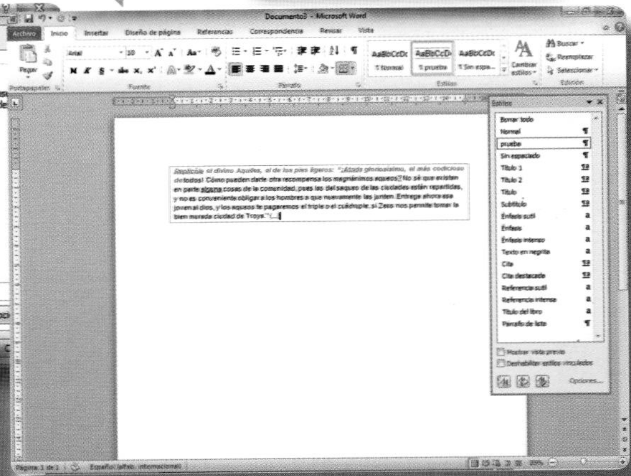

5

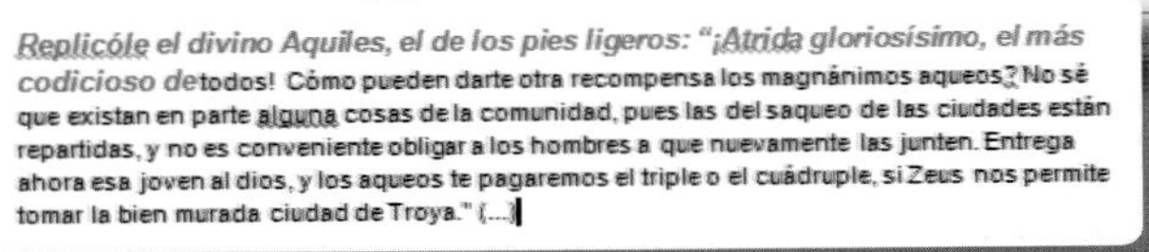

# Aplicar efectos visuales

## IMPORTANTE

Además de permitir la aplicación de espectaculares efectos visuales sobre el texto de un documento, Word 2010 también permite aplicar formato al texto para que se fusione a la perfección con las imágenes incluidas. Gracias a estos nuevos efectos visuales, un sencillo documento de Word puede convertirse de manera rápida y sencilla en una presentación profesional.

EN WORD 2010, ES POSIBLE APLICAR EFECTOS VISUALES propios de imágenes, como sombras, biseles, iluminación o reflejos, sobre un texto. El comando desplegable Efectos de texto incluido en el grupo de herramientas Fuente de la ficha Inicio contiene, organizado por categorías, todos los efectos visuales disponibles.

1. En este ejercicio insertaremos una imagen en nuestro documento y agregaremos un texto encima, el cual manipularemos con los nuevos efectos visuales. Puede utilizar cualquier imagen que tenga almacenada en el equipo o descargar de nuestra página web la denominada **alas.jpeg.** Cuando disponga de ella en su equipo, insértela en el documento. [1]
2. A continuación, insertaremos el texto sobre la imagen. ¿Cómo? Agregando previamente un cuadro de texto. Desde la pestaña **Insertar**, despliegue el comando **Cuadro de texto** del grupo de herramientas **Texto** y elija la opción **Dibujar cuadro de texto.** [2]
3. De esta forma podemos crear el cuadro con unas medidas personalizadas. Haga clic en el vértice superior izquierdo de al imagen y, sin soltar el botón del ratón, arrastre en diagonal y hacia abajo hasta crear un rectángulo sobre el fondo de la misma. [3]
4. Aplicaremos al cuadro de texto un color de fondo transparente. Para ello, despliegue el comando **Relleno de forma** del

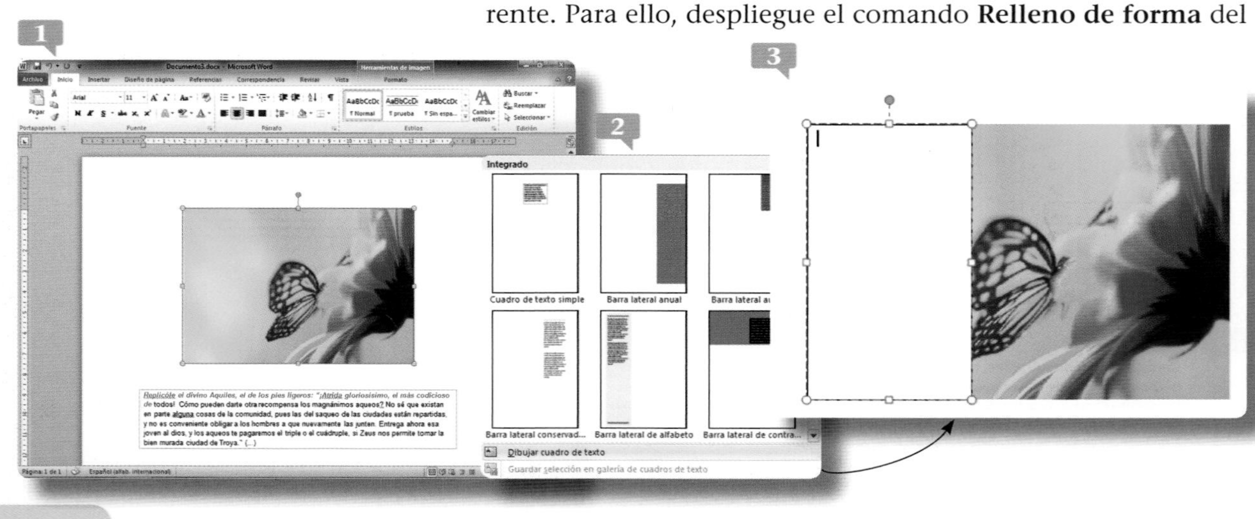

064

grupo de herramientas **Estilos de forma**, en la ficha contextual **Herramientas de dibujo**, y elija la opción **Sin relleno** del panel que se despliega. 4

5. Ahora sí, ya podemos escribir el texto que nos interesa. Escriba al inicio del cuadro de texto el nombre **Aquiles**, selecciónelo haciendo doble clic sobre él, despliegue el comando **Dirección del texto** del grupo de herramientas **Texto**, en la ficha contextual **Herramientas de dibujo**, y elija la opción **Girar todo el texto 270 grados.** 5
6. Seguidamente iniciaremos la manipulación del texto insertado. Sitúese en la pestaña **Inicio** de la Cinta de opciones, despliegue el comando **Tamaño de fuente**, en el grupo de herramientas **Fuente** y elija un tamaño grande, por ejemplo, 48 puntos. 6
7. A continuación, en el mismo grupo de herramientas, despliegue el comando **Efectos de texto**, que muestra una A con un borde resplandeciente de color azul, pulse sobre la opción **Sombra** y elija el primer efecto de sombra en perspectiva. 7
8. La sombra se aplica debajo del texto. Lo que haremos a continuación es acceder al cuadro de opciones del efecto para comprobar si podemos modificarlo en algún aspecto. Despliegue de nuevo el comando **Efecto de texto**, haga clic sobre la opción **Sombra** y pulse en este caso sobre **Opciones de sombra**.
9. Se abre el cuadro de diálogo **Formato de efectos de texto**, mostrando las opciones del efecto aplicado en estos momentos, **Sombra**. Observe que puede cambiar el color de la sombra, su porcentaje de transparencia, el tamaño, el desenfoque, entre otras características. Realice los cambios que desee y, cuando termine, pulse el botón **Aceptar** para aplicarlos. 8

8

4

5

6

7

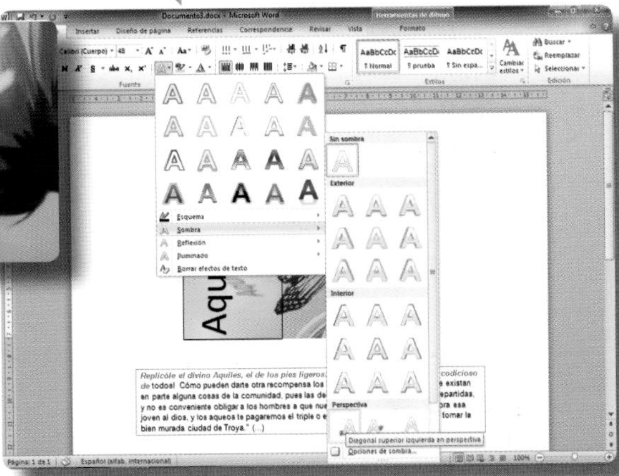

# Crear tabulaciones

## IMPORTANTE

Por defecto, la tecla **Tabulador** mueve el cursor 1,25 cm a lo largo del ancho de la página, a no ser que se hayan especificado unas tabulaciones específicas. Las tabulaciones pueden modificarse manualmente desde la regla horizontal o desde el cuadro de diálogo **Tabulaciones**, al que se accede desde el cuadro **Párrafo**.

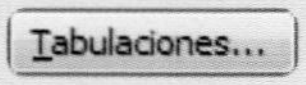


LAS TABULACIONES SON UNAS POSICIONES en la regla horizontal que se utilizan para ubicar y alinear el texto en una posición determinada de la página. Existen cuatro tipos de tabulaciones que alinean el texto de diferente forma: izquierda, derecha, centrada y decimal.

1. En este ejercicio practicaremos con las diferentes tabulaciones que pueden establecerse en un documento. Para ello, recupere el documento **Ilíada.docx** y seleccione en él el primer párrafo del denominado Texto 1, en la primera página. Empecemos con la tabulación izquierda. Haga clic en la parte inferior del número **2** de la regla horizontal. 1
2. Observe que ha aparecido una pequeña marca en el punto donde hemos pulsado para indicar que en él se sitúa la tabulación izquierda. Pulse sobre el iniciador de cuadro de diálogo del grupo de herramientas **Párrafo**. 2
3. En el cuadro **Párrafo**, pulse sobre el botón **Tabulaciones.** 3
4. En este cuadro figura el tabulador izquierdo especificado anteriormente. Insertemos ahora la tabulación centrada. En el apartado **Alineación**, haga clic en el botón de opción correspondiente a **Centrada.** 4

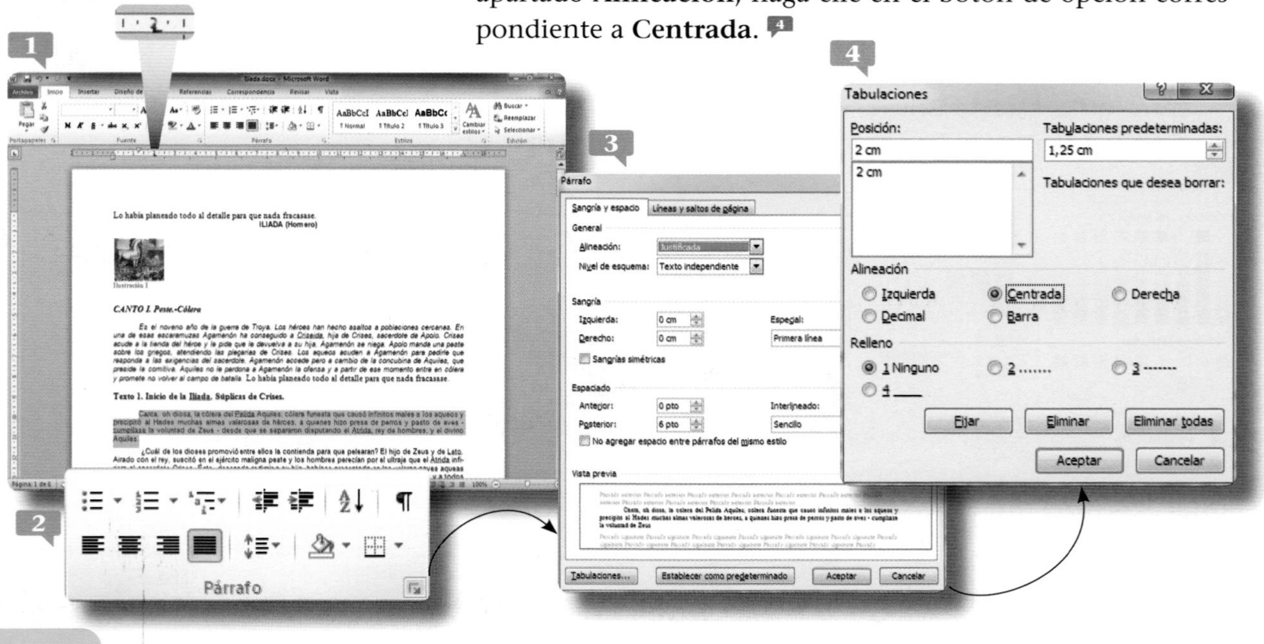

5. Introduzca el número **8** en el campo **Posición**, pulse sobre el botón de opción **2** del apartado **Relleno** y, por último, pulse el botón **Fijar**. 5
6. Sigamos ahora con el último tipo de tabulación con el que practicaremos en este ejercicio: la derecha. Pulse ahora sobre el botón de opción correspondiente a **Derecha** en el apartado **Alineación**. 6
7. En el campo **Posición**, inserte el número **13**, pulse sobre el botón de opción **2** en el apartado **Relleno** y luego pulse el botón **Fijar**.
8. Ya hemos insertado todas las tabulaciones que nos interesaban. Pulse el botón **Aceptar**.
9. Observe que en la regla horizontal aparecen las marcas de las tabulaciones establecidas. 7 Comprobemos ahora cuál es la función de las mismas. Haga clic al inicio del texto seleccionado y pulse la tecla **Tabulador**.
10. El inicio de este párrafo se sitúa en el punto de la regla horizontal donde hemos establecido la tabulación izquierda. A continuación, haga clic justo antes de la palabra **Pelida** de esta primera línea de párrafo y pulse dos veces la tecla **Tabulador**.
11. En este caso, el texto se desplaza hasta la siguiente tabulación, la centrada, que hemos fijado en 8 cm y rellenado con puntos. 8 Para terminar, haga clic justo delante de la palabra **héroes** de la segunda línea de este mismo párrafo y pulse dos veces la tecla **Tabulador**. 9

# 065

## IMPORTANTE

En el extremo izquierdo de la regla horizontal se encuentra un recuadro de color gris con un símbolo en forma de ele. Dicho símbolo representa la tabulación izquierda. A través de este recuadro se puede seleccionar cualquier tabulador. Una vez seleccionado, tan solo son necesarias dos operaciones: situar el cursor en el párrafo al que deseamos aplicar la tabulación y hacer clic en el lugar de la regla en que deseamos establecer dicho tabulador.

5

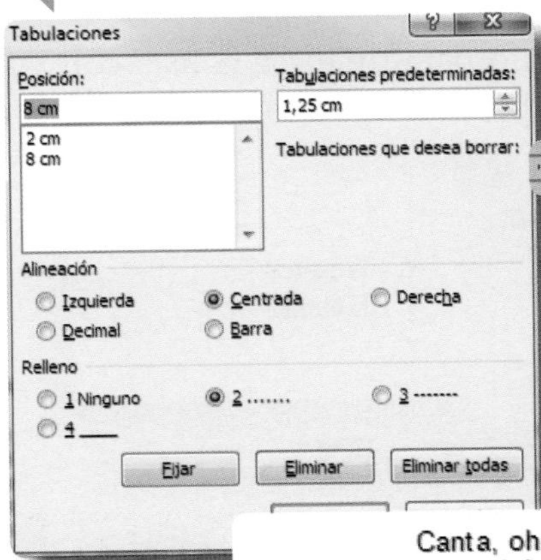


6

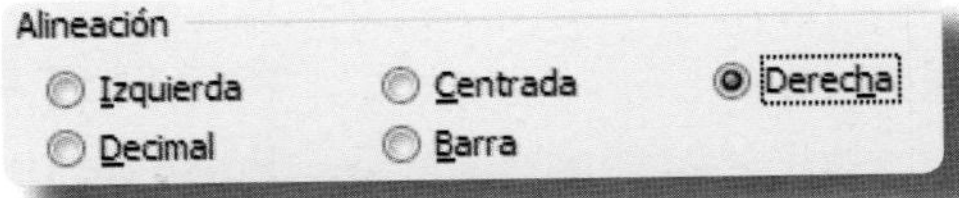


7

8

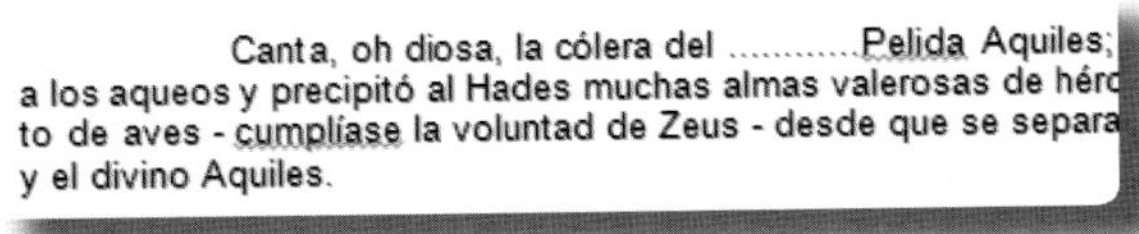


9

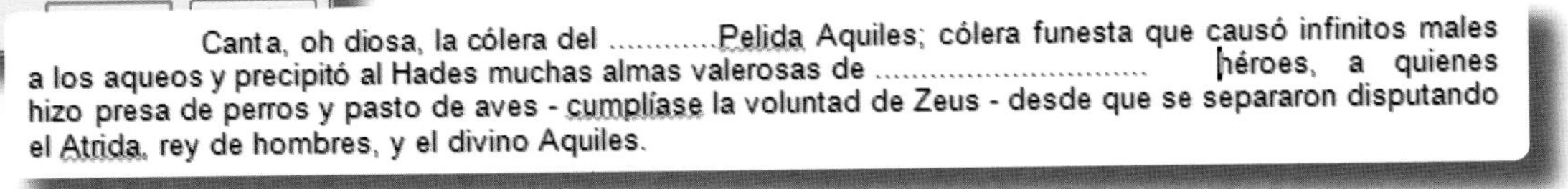

# Aplicar viñetas

LAS VIÑETAS SON HERRAMIENTAS DE FORMATO sumamente útiles a la hora de presentar y configurar listas de información en los documentos. Las viñetas son símbolos que se insertan delante de cada entrada y que suelen utilizarse cuando los distintos elementos de la lista no siguen ningún orden establecido, es decir, cuando se trata de una simple relación.

## IMPORTANTE

La utilización de viñetas constituye una forma perfecta de separar los distintos pasos a seguir en un procedimiento, o las distintas partes de un elemento. Por defecto, los símbolos que utiliza Microsoft Word para sus viñetas son unas bolas negras que presentan unas sangrías predeterminadas.

1. El comando **Viñetas** se encuentra en el grupo de herramientas **Párrafo** y su icono muestra tres líneas encabezadas por tres puntos de color azul. Vamos a acceder a la biblioteca de viñetas para ver las opciones que nos ofrece. Despliegue el comando **Viñetas**. [1]
2. Aparece así una galería en la cual se muestran las viñetas usadas recientemente, la biblioteca de viñetas y las viñetas utilizadas en el documento. Sitúe el puntero del ratón sobre la viñeta que muestra un signo de verificación negro en la Biblioteca de viñetas y aplíquela pulsando sobre ella. [2]
3. Observe que el icono **Viñetas** permanecerá sombreado mientras el cursor se encuentre en una línea con viñeta. Escriba el nombre **Aquiles** como primer elemento de la lista y pulse la tecla **Retorno**. [3]
4. En la nueva viñeta escriba el nombre **Helena** y pulse **Retorno** para crear una nueva viñeta. [4]
5. Pulse de nuevo la tecla **Retorno** para finalizar la lista con viñetas. [5]

1

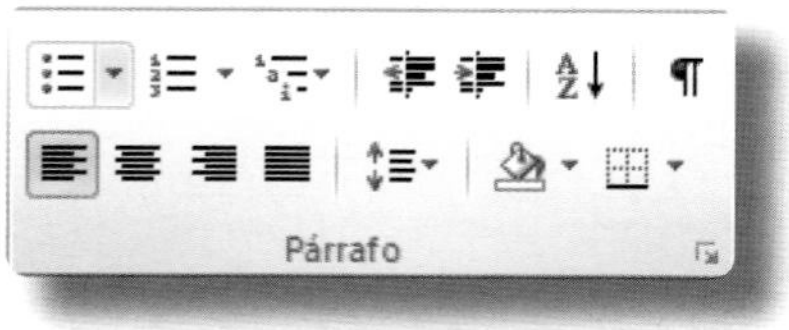


2

3

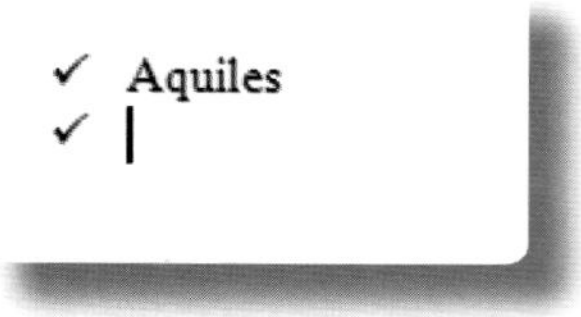


4

5

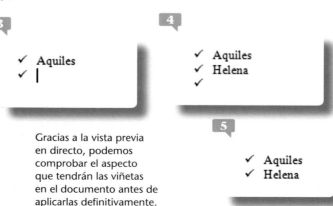

Gracias a la vista previa en directo, podemos comprobar el aspecto que tendrán las viñetas en el documento antes de aplicarlas definitivamente.

# 066

6. Ahora crearemos una nueva viñeta utilizando como icono una imagen. (Puede utilizar una imagen propia o descargar de nuestra página web la denominada **Mosaico.jpeg.**) Haga clic en el botón de punta de flecha del icono **Viñetas** y pulse sobre la opción **Definir nueva viñeta.** 6
7. En el cuadro de diálogo **Definir nueva viñeta**, haga clic sobre el botón **Imagen** y, en el cuadro **Viñeta de imagen**, pulse el botón **Importar.** 7
8. Aparece ahora el cuadro **Agregar clips a la galería**, mostrando por defecto el contenido de la biblioteca **Imágenes**. Seleccione la imagen **Mosaico** y pulse los botones **Agregar** y **Aceptar**.
9. Mantendremos la alineación izquierda que aparece seleccionada por defecto, teniendo en cuenta que ésta puede ser a la derecha o centrada. Pulse el botón **Aceptar** del cuadro **Definir nueva viñeta.** 8
10. Se inicia una nueva línea de la viñeta con la imagen seleccionada. Escriba el nombre **Apolo** y pulse la tecla **Retorno.** 9
11. Por último, veremos cómo cambiar el nivel de una lista. Supongamos que queremos que el margen izquierdo para el nuevo elemento de la lista sea mayor que para el resto de elementos. Despliegue el comando **Viñetas**, haga clic en la opción **Cambiar nivel de lista** y, en el submenú que aparece, seleccione la tercera opción. 10
12. En la nueva línea de la viñeta introduzca el nombre **Zeus** y pulse cuatro veces la tecla **Retorno** para finalizar el listado. 11

## IMPORTANTE

Mientras el comando **Viñetas** esté activado, cada vez que pulsemos la tecla **Retorno** se creará un nuevo elemento para la lista. Para finalizar la lista con viñetas podemos pulsar dos veces la tecla **Retorno** o bien una vez la tecla **Retroceso** para eliminar la última viñeta.

9

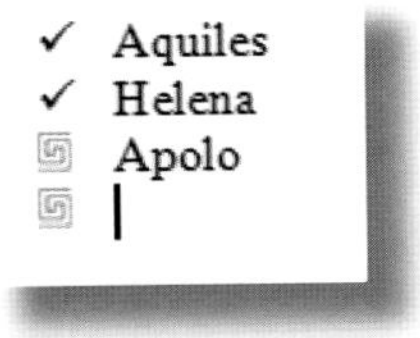


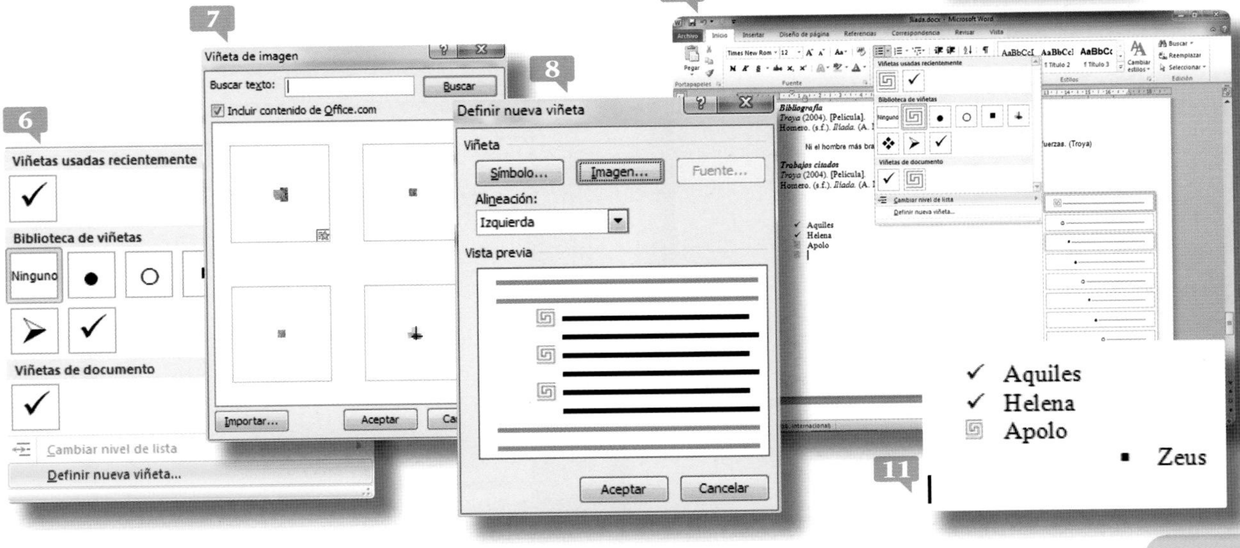

# Crear listas numeradas

## IMPORTANTE

La renumeración automática es una de las grandes ventajas de las listas numeradas. Gracias a ella, cuando se añaden o se eliminan elementos de la lista, Word mantiene siempre la numeración correlativa de forma correcta.

1.
2.

LAS LISTAS NUMERADAS SON HERRAMIENTAS de formato que, al igual que las viñetas, resultan sumamente útiles a la hora de configurar listas de información. La gran diferencia es que las listas numeradas, tal y como su nombre indica, numeran los distintos elementos de la lista, por lo que suelen utilizarse en aquellas relaciones en las que hay un orden establecido.

1. En este ejercicio aprenderemos a crear una lista numerada. El comando **Numeración** se encuentra justo a la derecha del comando **Viñetas**, en el grupo de herramientas **Párrafo**, representado por tres líneas numeradas. Pulse sobre dicho comando. [1]
2. Como ve, la línea en la que se encuentra el cursor de edición ha adoptado una sangría distinta y ahora aparece numerada. Escriba el nombre **Troya** como primer elemento de la lista numerada y pulse la tecla **Retorno**. [2]
3. Mientras el comando **Numeración** esté activado, cada vez que pulsemos la tecla **Retorno** el programa creará una nueva línea numerada. Pulse la tecla **Retroceso** para borrar el número **2** y desactivar la herramienta **Numeración**. [3]
4. A continuación, crearemos una nueva lista numerada usando otro de los estilos de numeración que ofrece Word. Despliegue

1

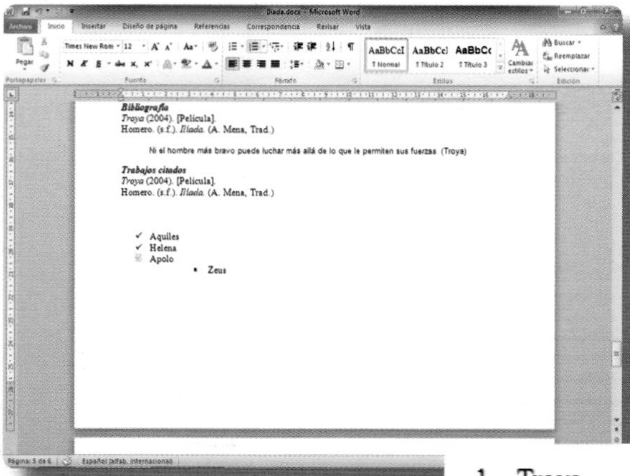

2

3

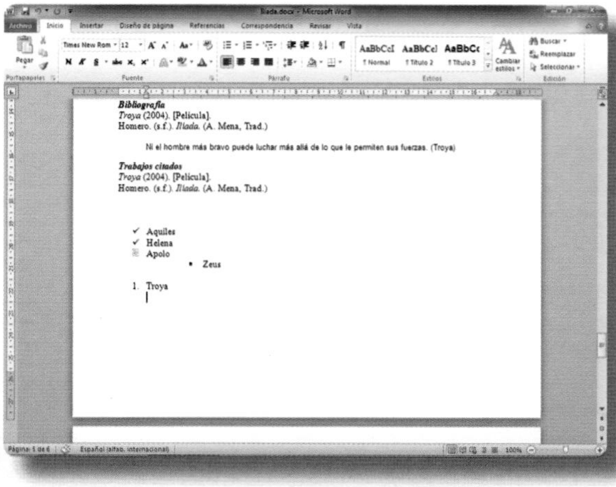

el comando **Numeración** para ver la biblioteca de numeración, sitúe el puntero del ratón sobre el cuarto elemento de la biblioteca y, tras comprobar el efecto en el documento, aplíquelo pulsando sobre él. [4]

5. Una vez aplicada una numeración, podemos cambiar el nivel de la lista así como establecer un nuevo valor para la numeración. Despliegue el comando **Numeración** y haga clic en la opción **Establecer valor de numeración.** [5]
6. Se abre de este modo el cuadro **Establecer el valor de numeración** que nos permite iniciar una nueva lista con el valor que establezcamos o bien continuar la numeración a partir de una lista anterior. Mantenga seleccionada la opción **Iniciar nueva lista** y pulse el botón **Aceptar.** [6]
7. Ahora cambiaremos el formato de número de este listado. Despliegue el comando **Numeración** y haga clic en la opción **Definir nuevo formato de número**.
8. Aparece el cuadro **Definir nuevo formato de número**, donde especificaremos el estilo y el formato de numeración que vamos a aplicar a la lista. Despliegue el campo **Estilo de número** y seleccione la opción **1º, 2º, 3º...** [7]
9. Cambie si lo desea también la fuente y pulse el botón **Aceptar** para aplicarla. [8]
10. Pulse la tecla **Retorno** para finalizar la introducción de elementos de la lista.

# 067

## IMPORTANTE

Otra de las características de Word 2010 es la aplicación automática de las listas de numeración que se puede establecer en el cuadro de opciones del programa y que permite proporcionar el formato propio de una lista numerada o de una viñeta a varios elementos que el programa puede considerar como elementos de una lista.

4

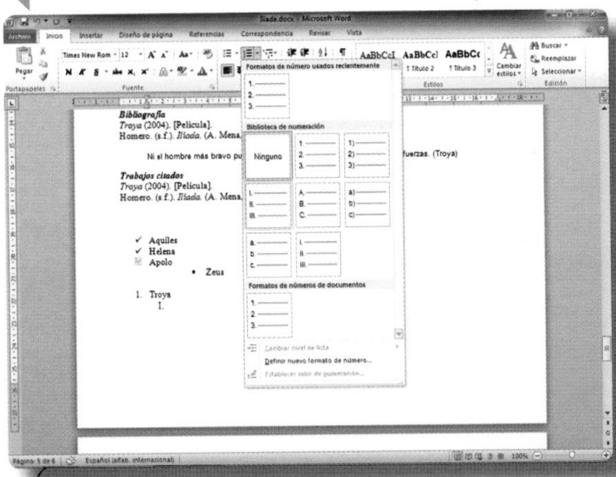

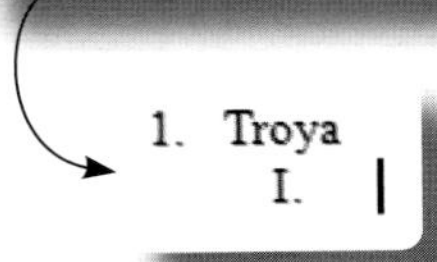


5

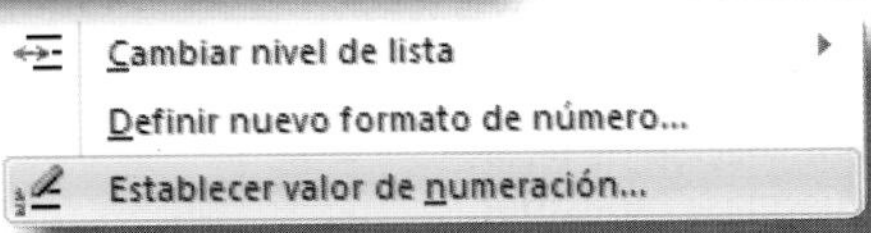


6

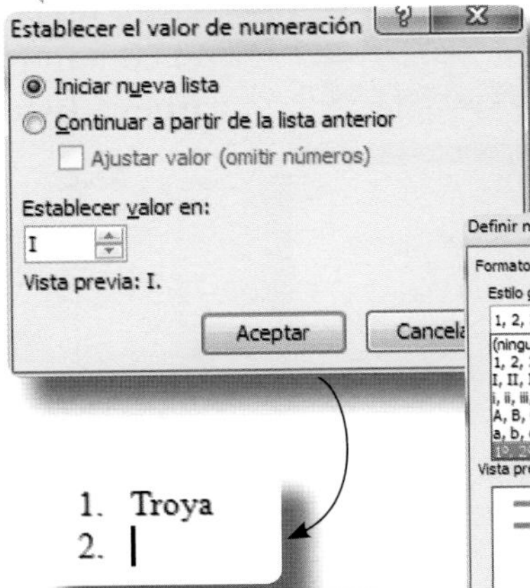


7

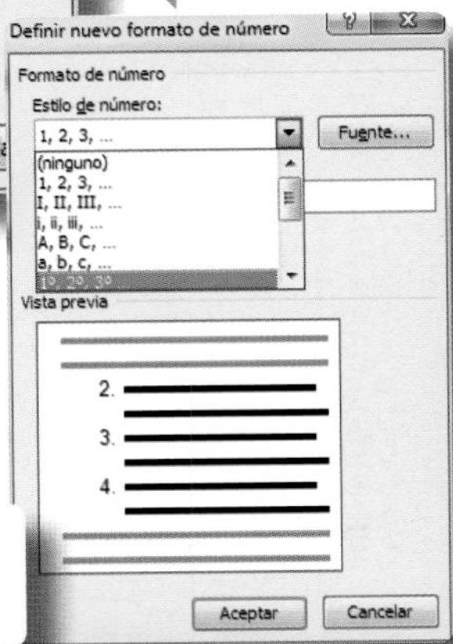


8

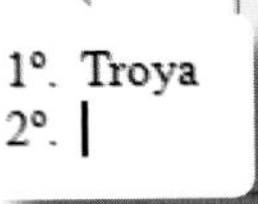

# Crear listas multinivel

## IMPORTANTE

Al igual que ocurre con las listas numeradas, la introducción o supresión de cualquiera de los niveles de un esquema numerado implica una actualización automática por parte del programa.

LOS ESQUEMAS NUMERADOS SON DE GRAN utilidad en aquellas listas que presentan varios niveles. Dichas listas pueden contar con varios niveles de sangrías y pueden tener tanto números como viñetas.

1. Empezaremos este ejercicio creando una lista multinivel con uno de los estilos disponibles. Despliegue el comando **Lista multinivel**, cuyo icono muestra una lista de varios niveles en el grupo de herramientas **Párrafo**. 1
2. En el apartado **Biblioteca de listas**, seleccione la primera de la segunda fila para crear el primer elemento de la lista. 2
3. Aparece así el símbolo de viñeta predeterminado para el primer elemento de esta lista. Escriba el nombre **Menelao** y pulse la tecla **Retorno** para crear el segundo elemento de la lista. 3
4. Pulse la tecla **Tabulador**, escriba el nombre **Alejandro** y pulse la tecla **Retorno** para pasar al tercer elemento de la lista. 4
5. Pulse de nuevo la tecla **Tabulador** para añadir un tercer nivel a esta lista, escriba el nombre **Ulises** y pulse **Retorno**. 5
6. Todos los estilos de listas multinivel se pueden modificar para que muestren en sus diferentes niveles un símbolo, una imagen o una fuente concretos. Veamos cómo hacerlo. Despliegue el comando **Lista multinivel** y pulse sobre la opción **Definir nueva lista multinivel**. 6

1

2

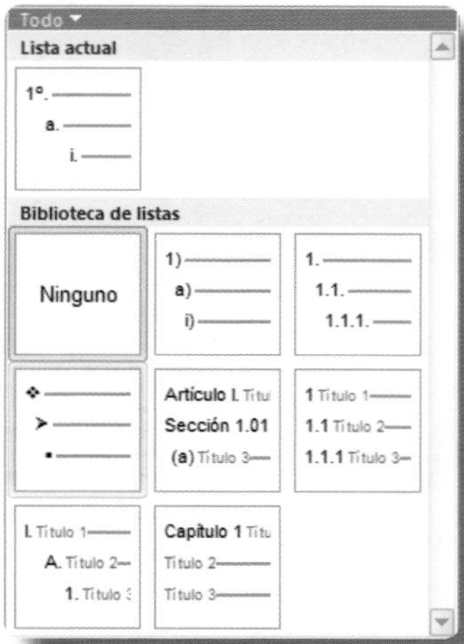


3

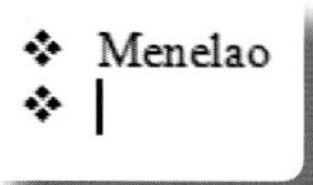


4

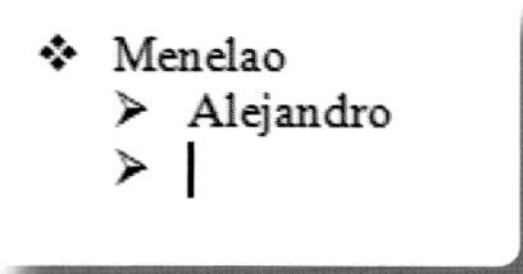

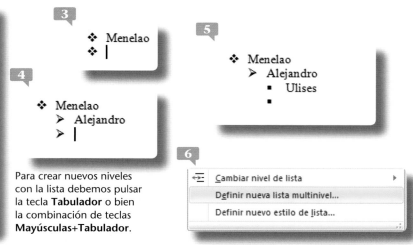

Para crear nuevos niveles con la lista debemos pulsar la tecla **Tabulador** o bien la combinación de teclas **Mayúsculas+Tabulador**.

5

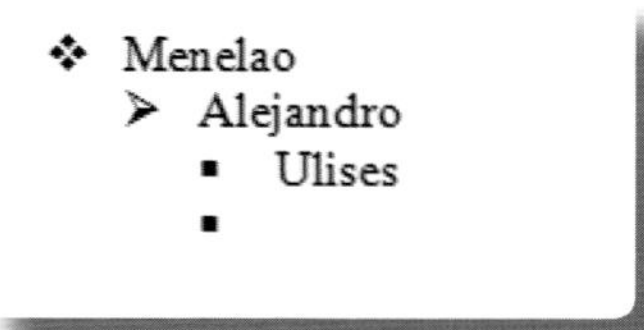


6

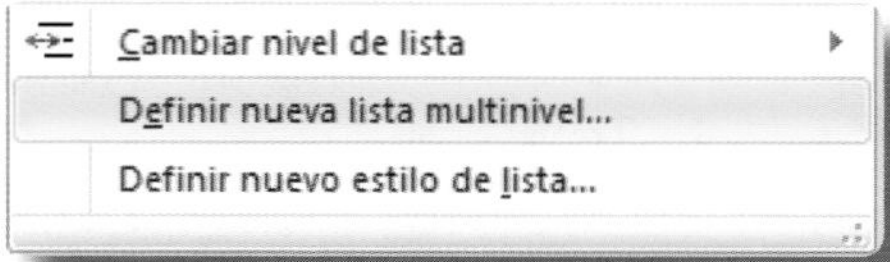

**068**

7. Se abre el cuadro **Definir nueva lista con varios niveles**, donde podemos modificar el formato y el estilo de cada uno de los niveles de la lista. Vamos a hacer que el nivel 3, seleccionado en estos momentos, muestre una imagen en vez de la viñeta preestablecida. Despliegue el campo **Estilo de número para este nivel** y pulse sobre la opción **Nueva imagen.** [7]
8. En el cuadro **Viñeta de imagen**, seleccione la primera imagen de la segunda fila de la galería, pulse el botón **Aceptar** [8] y, una vez seleccionado el estilo para este nivel, pulse el botón **Aceptar** para aplicarlo a la lista multinivel ya creada. [9]
9. Ahora crearemos un nuevo estilo de lista personalizado que se guardará en la biblioteca para que podamos utilizarlo siempre que queramos. Pulse tres veces la tecla **Retorno** para finalizar la lista, despliegue una vez más el comando **Lista multinivel** y pulse sobre la opción **Definir nuevo estilo de lista**.
10. En el cuadro **Definir nuevo estilo de lista** despliegue el campo que muestra la numeración **1, 2, 3**, seleccione la tercera opción de la lista que se despliega, la correspondiente a los números romanos, y seleccione un nuevo color. [10]
11. Seguidamente, aplicaremos un nuevo formato al segundo nivel de la lista. Despliegue el campo **Aplicar formato a**, seleccione la opción **Segundo nivel**, active la opción **Viñetas** pulsando sobre el icono que muestra una lista con viñetas sobre el cuadro de vista previa y pulse el botón **Aceptar**.
12. El primer elemento de la lista que acabamos de crear aparece ya en el documento mostrando las propiedades que hemos establecido. Escriba el término **Afrodita**, pulse **Retorno** y pulse la tecla **Tabulador** para cambiar el nivel de la lista y comprobar que también se aplica el estilo personalizado para este segundo nivel. [11]

7

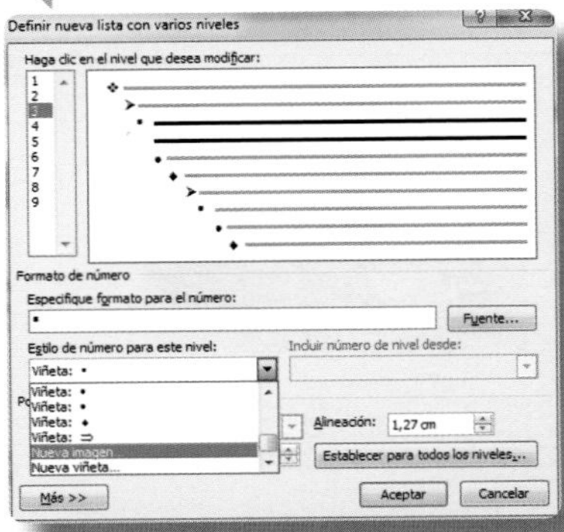


8

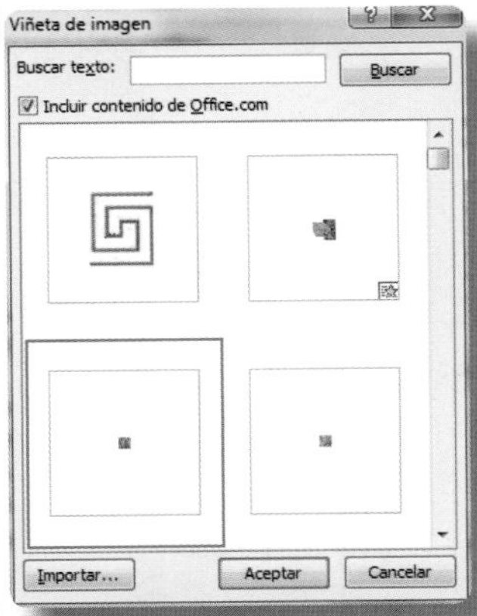


9

10

11

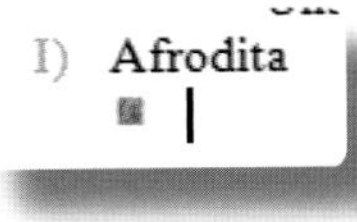


Desde el cuadro **Definir nueva lista con varios niveles** también podemos cambiar la posición de la viñeta respecto al texto.

# Aplicar bordes y sombreados

EL COMANDO BORDES Y SOMBREADO abre el cuadro de diálogo del mismo nombre, desde el cual es posible aplicar color de relleno a un elemento concreto, encuadrar la página con un borde, encuadrar partes o elementos determinados de una página, insertar un filete de división horizontal, etc.

1. En este ejercicio, vamos a practicar la aplicación de bordes y sombreados. Para empezar, despliegue el comando **Borde inferior**, cuyo icono muestra un cuadro dividido en cuatro partes en el grupo de herramientas **Párrafo**, y haga clic en la opción **Bordes y sombreado.** 1
2. Aparece el cuadro de diálogo **Bordes y sombreado** mostrando la ficha **Bordes** activa. Haga clic en la pestaña **Borde de página** para activar esta ficha. 2
3. En el panel **Valor**, pulse sobre la opción **Cuadro** para seleccionarla. 3
4. A continuación, aplicaremos como borde de la página uno de los diseños de Word. Despliegue el campo **Arte**, localice en la lista de diseños el que más le guste y pulse sobre él para seleccionarlo. 4

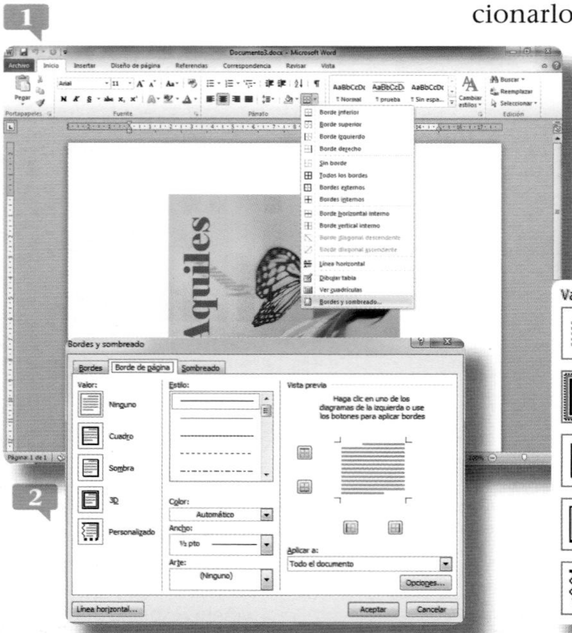


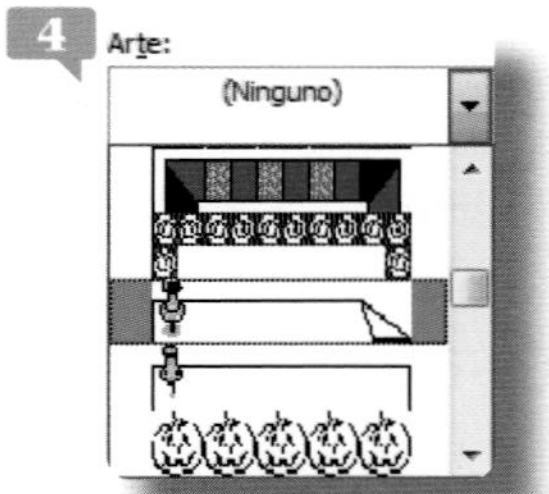

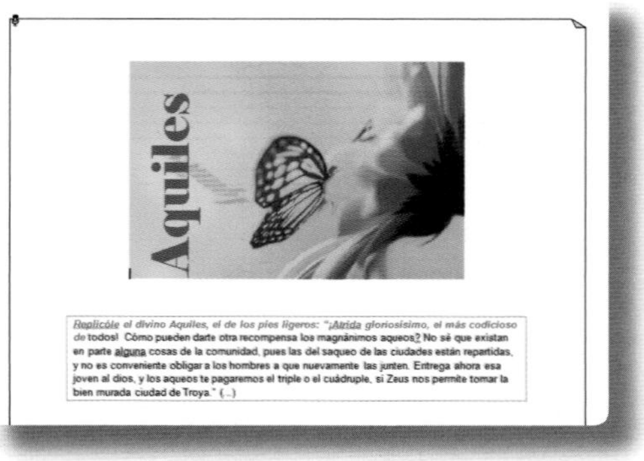

# 069

5. Observe que al aplicar uno de los diseños de la galería **Arte** no es posible modificar el color, pero sí la anchura. En el campo **Ancho**, escriba el valor **14** y pulse el botón **Aceptar**.
6. A continuación, vamos a aplicar un color de fondo a toda la página. Haga clic en la pestaña **Diseño de página** de la **Cinta de opciones**, pulse sobre la herramienta **Color de página** del grupo de herramientas **Fondo de página** y pulse sobre la opción **Efectos de relleno**.
7. Se abre así el cuadro **Efectos de relleno**, que nos permite aplicar un degradado, una textura, una trama o una imagen como relleno de la página. Haga clic en el botón de opción **Dos colores**.
8. Seleccione los colores que desee en los campos **Color 1** y **Color 2** y pulse el botón **Aceptar**.
9. Antes de acabar el ejercicio, veremos el modo de agregar al documento una línea horizontal a modo de filete ornamental. Haga clic en el botón **Bordes de página** del grupo de herramientas **Fondo de página**.
10. En el cuadro **Bordes y sombreado**, pulse sobre el botón **Línea horizontal**.
11. Se abre el cuadro de diálogo **Línea horizontal** que muestra distintos modelos de líneas horizontales. Seleccione el modelo que más le guste y pulse el botón **Aceptar**.

## IMPORTANTE

También es posible acceder a la ficha **Borde de página** del cuadro **Bordes y sombreados** usando la herramienta **Bordes de página**, incluida en el grupo de herramientas **Fondo de página** de la ficha **Diseño de página** de la **Cinta de opciones**.

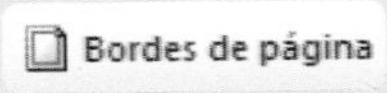


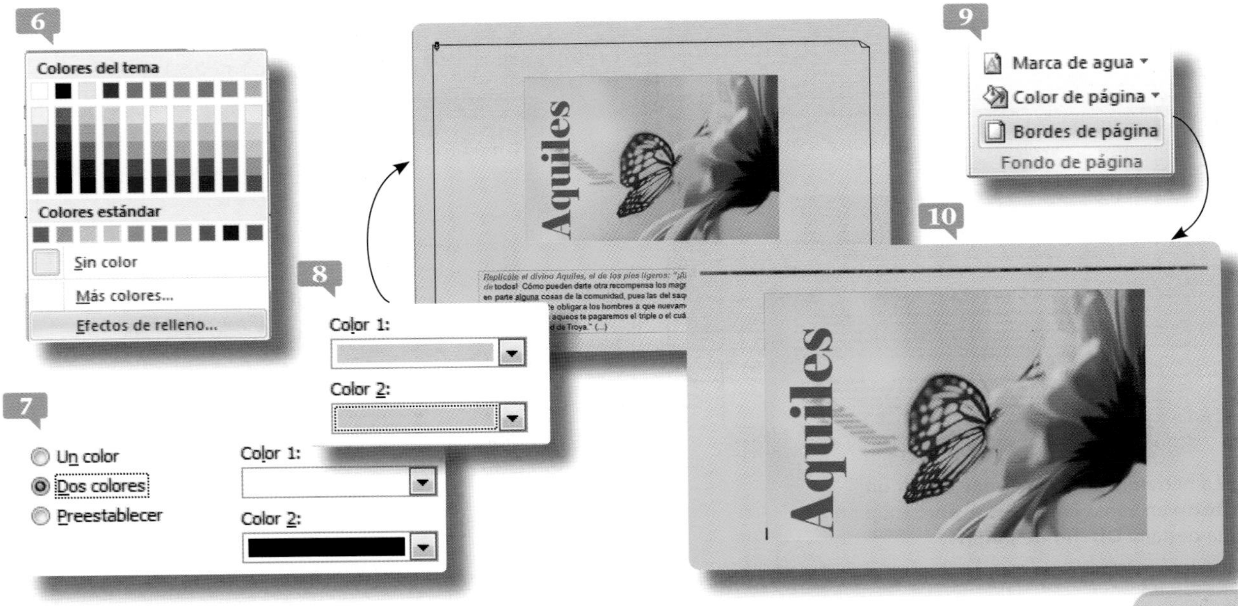

# Insertar columnas

## IMPORTANTE

En el cuadro de diálogo **Columnas** se indicará el número de columnas que se desea crear, la distancia que existirá entre ellas, a partir de dónde se formarán y se estarán separadas por un línea vertical. La vista previa que ofrece este cuadro permite comprobar el aspecto de las columnas antes de crearlas definitivamente.

LAS COLUMNAS SON UN TIPO DE FORMATO que suele aplicarse a documentos de tipo periodístico, a folletos, a boletines, etc. Para crear columnas es necesario situar el cursor allí donde se desea que empiece este tipo de formato y utilizar el comando Columnas del grupo de herramientas Configurar página de la ficha Diseño de página.

1. Para llevar a cabo este ejercicio utilizaremos el documento denominado **Metamorfosis.docx**, ya utilizado en ejercicios anteriores. Ya sabe que si no dispone de él, puede descargarlo de nuestra página web. Vamos a dividir en dos columnas el primer párrafo de este documento. Seleccione este párrafo y pulse en la pestaña **Diseño de página.** 1
2. En el grupo de herramientas Configurar página, despliegue el comando **Columnas** y pulse sobre la opción **Dos.** 2
3. El texto seleccionado se ha dividido en dos columnas tal y como hemos indicado. Sin embargo, la anchura predeterminada de las dos columnas hace que el texto de la segunda no se muestre completo. Despliegue nuevamente el comando **Columnas** y haga clic en la opción **Más columnas.** 3

1

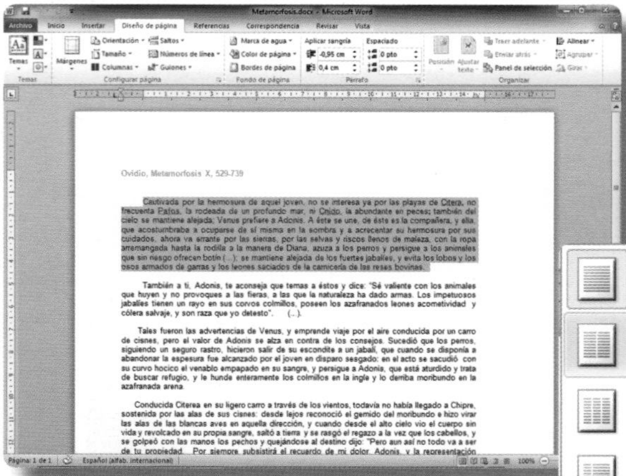

La herramienta que permite dividir un texto en varias columnas se encuentra en la pestaña **Diseño de página**.

2

3

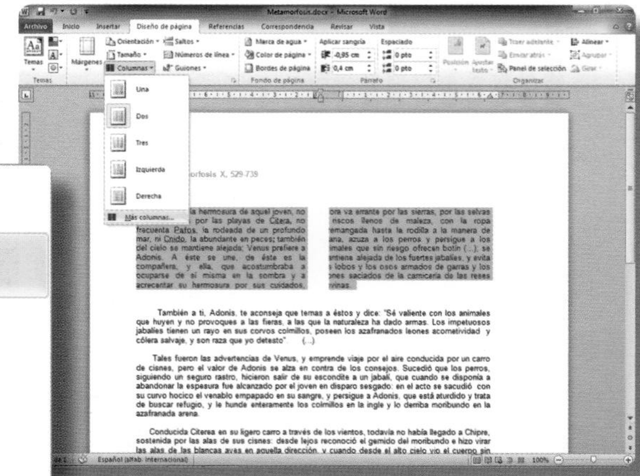

# 070

4. Se abre el cuadro **Columnas**, donde, como puede ver, se encuentra seleccionada la opción **Dos** y se muestran la anchura de las columnas y el espacio existente entre ellas. En el campo **Ancho**, escriba el valor **6,5** utilizando la coma del teclado alfanumérico como separador de decimales.
5. Puesto que la opción **Columnas de igual ancho** está activada, ambas columnas tendrán la misma anchura cuando apliquemos los cambios. Active la opción **Línea entre columnas** pulsando en su casilla de verificación.
6. Compruebe que al activar esta opción, se ha ajustado automáticamente el valor correspondiente al espacio que debe haber entre las columnas. Sepa que esta configuración puede aplicarse al texto seleccionado, opción activada por defecto, o bien a todo el documento. Pulse el botón **Aceptar** del cuadro **Columnas** para aplicar el cambio.
7. Ahora las dos columnas muestran el contenido correctamente y ha aparecido una línea vertical que las separa. Deseleccione el texto pulsando al inicio de su título.
8. Para acabar este sencillo ejercicio en el que hemos aprendido a crear texto en columnas, guarde los cambios pulsando el icono **Guardar** de la **Barra de herramientas de acceso rápido**.

## IMPORTANTE

El comando **Columnas** del grupo de herramientas **Configurar página** incluye cinco tipos de columnas y permite acceder al cuadro **Columnas,** en el que podemos establecer manualmente las dimensiones de las columnas y la distancia que debe existir entre ellas.

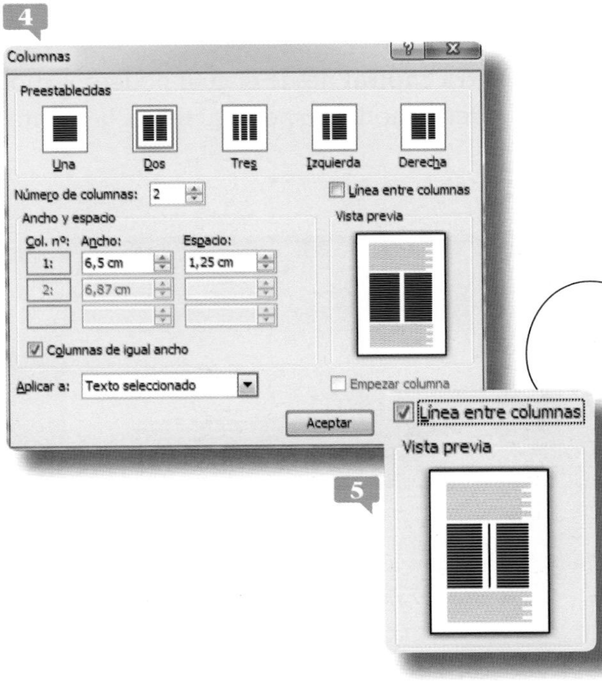


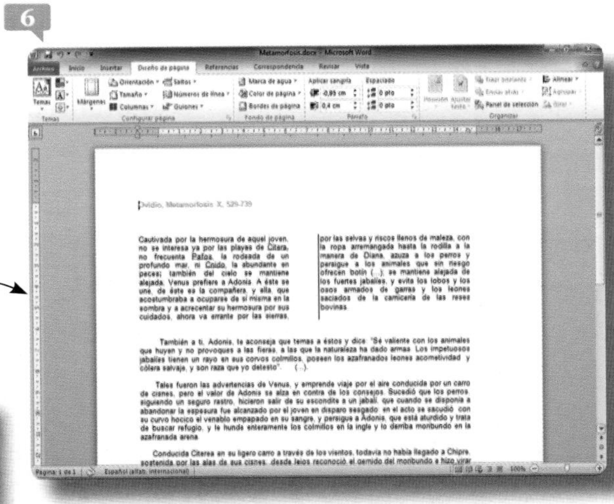

# Insertar una letra capital

## IMPORTANTE

Desde el cuadro de diálogo **Letra capital** es posible cambiar la posición de la letra capital en el texto y modificar la fuente, las líneas que ocupa y la distancia que existirá entre ella y el texto. Una vez insertada, es posible decorarla con bordes y sombreados o volver a editarla.

LAS LETRAS CAPITALES SON LETRAS MAYÚSCULAS de gran tamaño situadas al inicio de un párrafo. La herramienta Letra capital cumple la función de crear y dar formato a la primera letra de cualquier párrafo, que puede servir para empezar de manera destacada un documento, un capítulo o, simplemente, para agregar interés a un texto.

1. En este ejercicio aprenderemos a crear y a editar una letra capital. Para empezar, debemos ubicar el cursor en el párrafo al que deseamos aplicar dicha letra. Haga clic al inicio del primer párrafo, delante de la palabra **Cautivada.** 1
2. Pulse en la pestaña **Insertar** de la **Cinta de opciones**, despliegue el comando **Letra capital**, incluido en el grupo de herramientas **Texto**, y pulse sobre la opción **En texto.** 2
3. La primera letra del párrafo en que se encontraba el cursor ha aumentado de tamaño y, aunque sigue integrada en el cuerpo del párrafo al que pertenece, ahora se encuentra seleccionada como un objeto independiente. Haga clic con el botón derecho del ratón en el margen de la letra capital y pulse sobre la opción **Letra capital.** 3
4. Se abre así el cuadro **Letra capital** desde el cual podemos modificar la posición de la letra capital respecto al texto, la fuente,

1

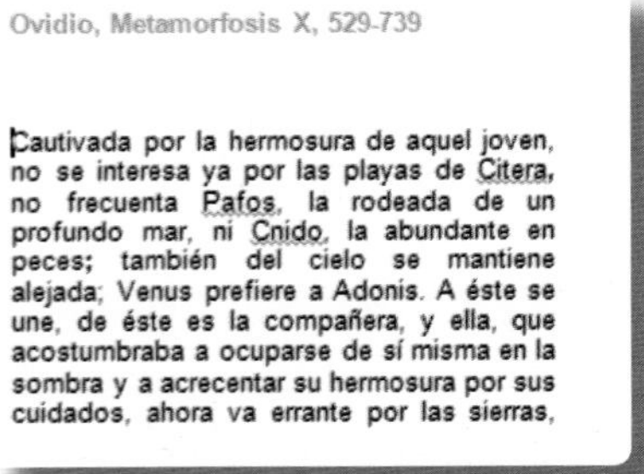

Ovidio, Metamorfosis X, 529-739

Cautivada por la hermosura de aquel joven, no se interesa ya por las playas de Citera, no frecuenta Pafos, la rodeada de un profundo mar, ni Cnido, la abundante en peces; también del cielo se mantiene alejada; Venus prefiere a Adonis. A éste se une, de éste es la compañera, y ella, que acostumbraba a ocuparse de sí misma en la sombra y a acrecentar su hermosura por sus cuidados, ahora va errante por las sierras,

2

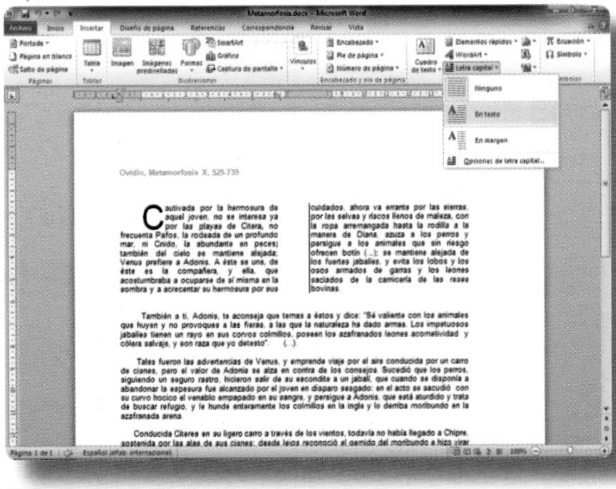

3

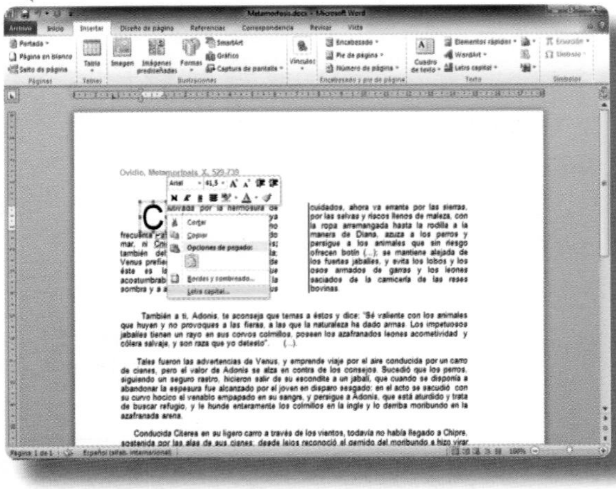

**071**

las líneas que ocupa y la distancia desde el texto. Despliegue el campo **Fuente** y seleccione la denominada **Castellar**. [4]

5. Seguidamente indicaremos que la letra capital debe ocupar únicamente 2 líneas de texto. En el campo **Líneas que ocupa**, escriba el valor **2**. [5]
6. A continuación, en el campo **Distancia desde el texto**, inserte el valor **0,5**, utilizando la coma del teclado alfanumérico para separar los decimales, y pulse el botón **Aceptar** para salir del cuadro **Letra capital**. [6]
7. Los nuevos parámetros se aplican sobre la letra capital. [7] Antes de acabar este sencillo ejercicio le aplicaremos un borde decorativo. Haga clic con el botón derecho del ratón en el borde de la letra capital y, en el menú contextual que aparece, pulse sobre la opción **Bordes y sombreado**. [8]
8. Se abre así el cuadro **Bordes y sombreado**, con el que ya hemos trabajado en alguna otra ocasión. En el apartado **Valor**, seleccione la opción **Cuadro**. [9]
9. Pulse ahora en el botón de punta de flecha del campo **Color**, seleccione la muestra de color que más le guste y, manteniendo el resto de opciones tal y como se muestran, pulse el botón **Aceptar** para aplicar el borde a la letra capital.
10. Haga clic delante del título del texto para deseleccionar la letra capital y poder comprobar su aspecto. [10]

## IMPORTANTE

Los puntos de anclaje que rodean la letra capital permiten modificar su tamaño manualmente.

El hecho de que la letra capital aparezca unos centímetros hacia dentro del párrafo se debe a la sangría aplicada sobre el mismo. Puede eliminar esta sangría desde el grupo de herramientas **Párrafo** de la pestaña **Inicio**.

4

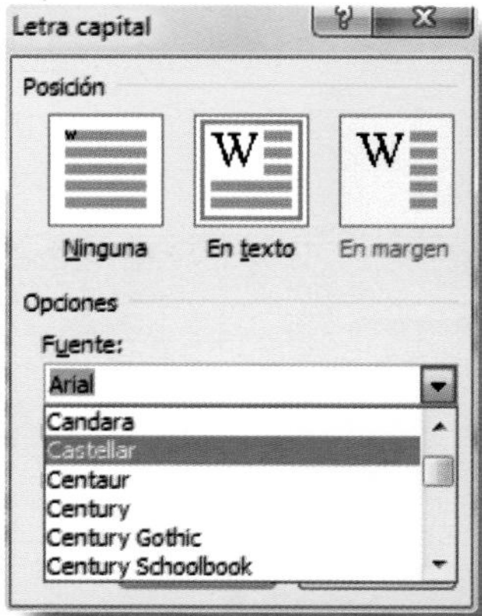


5

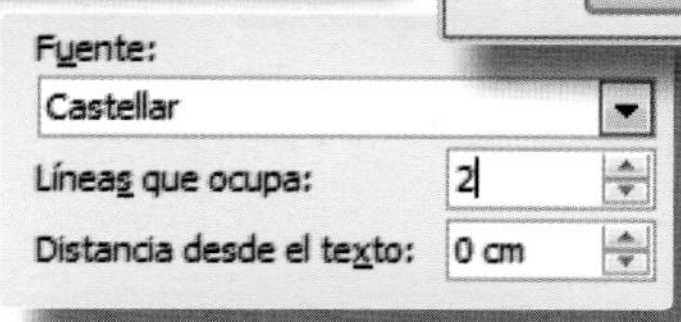


6

7

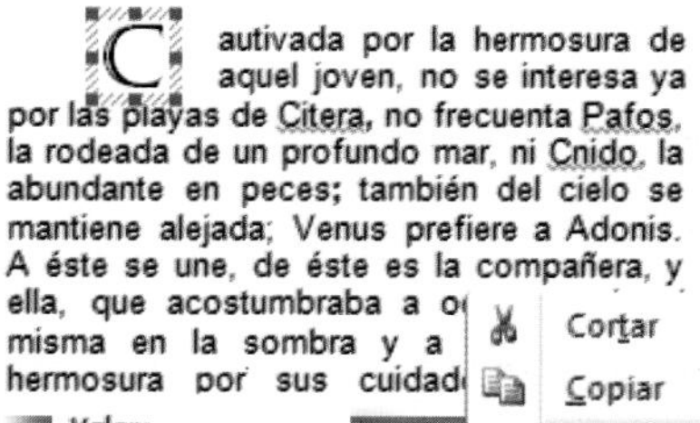


8

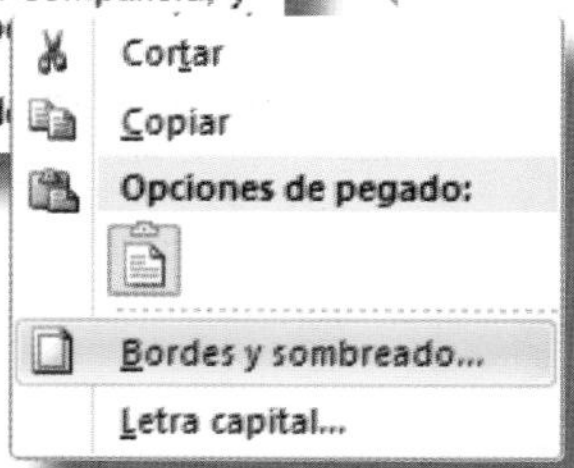


9

10

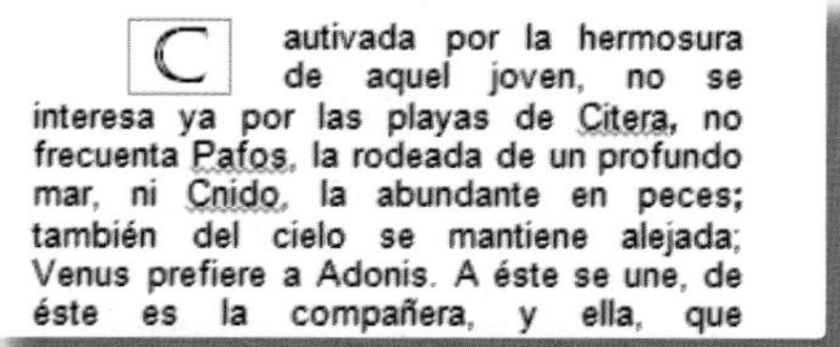

# Aplicar un fondo a la página

## IMPORTANTE

Es posible aplicar como fondo tanto degradados, tramas y texturas, como imágenes almacenadas en el equipo y colores sólidos. Los degradados, tramas, imágenes y texturas se disponen en mosaico o se repiten para rellenar completamente la página.

LOS FONDOS O PÁGINAS DE COLOR SE SUELEN aplicar a aquellos documentos que se van a visualizar en un explorador Web para conferirles un aspecto más atractivo. Los fondos de página pueden verse en todas las vistas excepto en las denominadas Borrador y Esquema.

1. En este ejercicio veremos el modo de colorear una página y de aplicar una imagen como fondo. Para empezar, active la ficha **Diseño de página** pulsando sobre su pestaña. 1
2. En primer lugar, colorearemos el fondo de la página con un color personalizado. Haga clic en la herramienta **Color de página** del grupo de herramientas **Fondo de página** y pulse en la opción **Más colores**. 2
3. Se abre así el cuadro de diálogo **Colores**, cuyas fichas **Estándar** y **Personalizado** incluyen una paleta de colores más amplia. Pulse sobre la pestaña **Personalizado**. 3
4. Incluya en el campo **Rojo** el valor **251**, en el campo **Verde**, el valor **205** y en el campo **Azul**, el valor **155** y pulse el botón **Aceptar** para aplicarlo como fondo de la página. 4 (Si lo desea cree un color distinto al propuesto aplicando otros valores.)

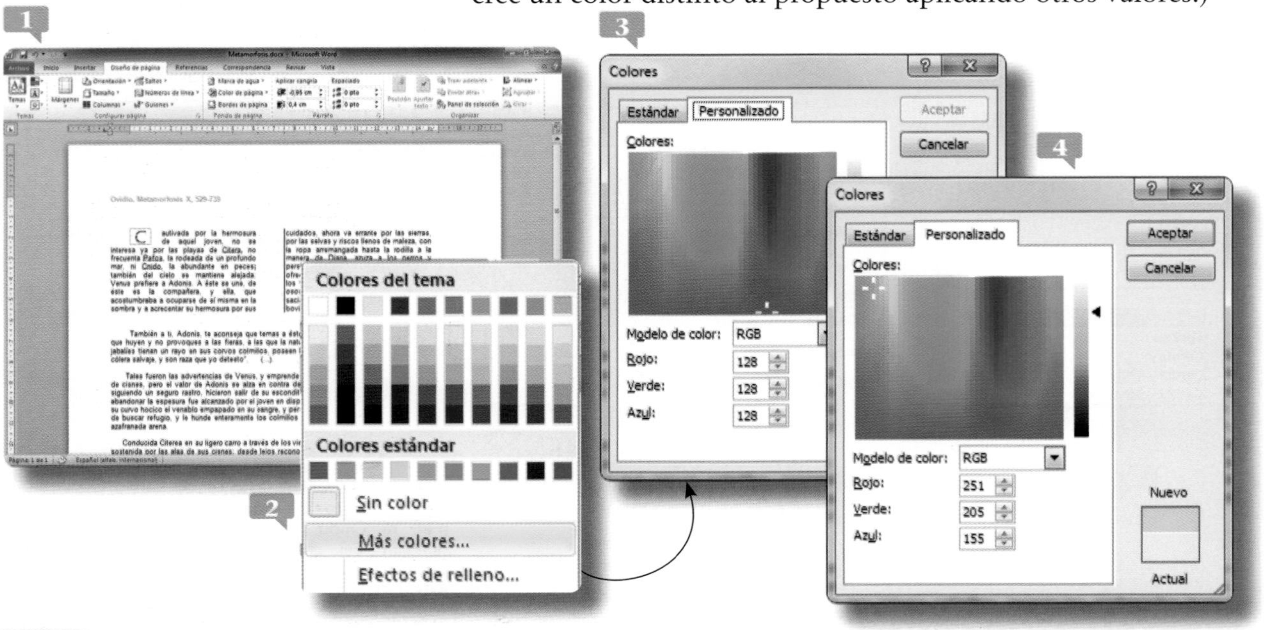

5. A continuación, aplicaremos como fondo de página una imagen, denominada **Ovidio.jpeg**, que puede descargar desde nuestra página web. Si lo desea puede utilizar cualquier otra imagen propia en este formato. Haga clic en el botón **Color de página** del grupo de herramientas **Fondo de página** y pulse en la opción **Efectos de relleno.** 5
6. Se abre así el cuadro **Efectos de relleno**, desde el que podemos aplicar un degradado, una textura, una trama o una imagen como fondo de página. Pulse sobre la pestaña **Imagen** y haga clic sobre el botón **Seleccionar imagen.** 6
7. Seleccione con un clic la imagen que desee utilizar, pulse el botón **Insertar** y haga clic sobre el botón **Aceptar** para aplicar esta imagen como fondo de página. 7
8. Como puede ver, al aplicar una imagen como fondo de página, ésta se muestra a modo de mosaico para rellenarla por completo. 8 Para acabar el ejercicio, volveremos a mostrar la página sin ningún fondo y guardaremos los cambios. Pulse nuevamente en el botón **Color de página** y haga clic en la opción **Sin color.** 9
9. Guarde los cambios pulsando el icono **Guardar** de la **Barra de herramientas de acceso rápido** para dar por acabado el ejercicio.

# 072

## IMPORTANTE

Al guardar un documento como una página Web, las texturas y los degradados se guardan como archivos de imagen jpeg, mientras que las tramas se guardan como archivos de imagen gif.

5

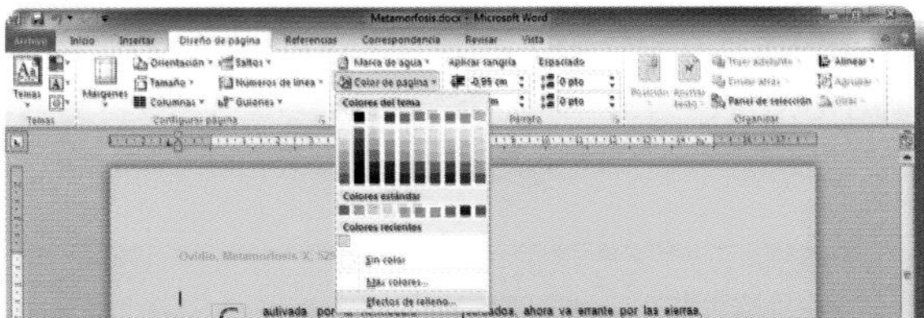

6

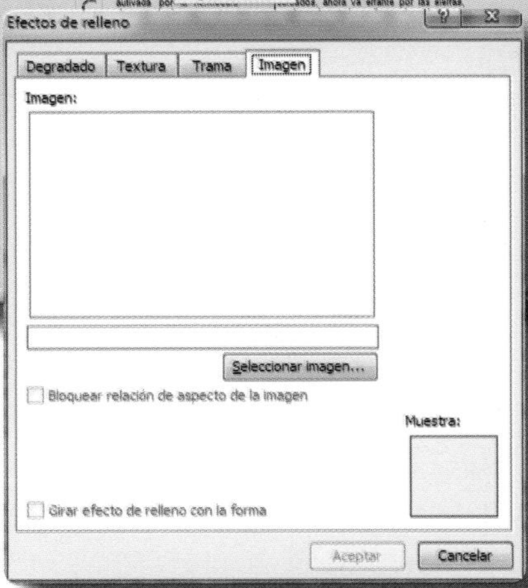


7

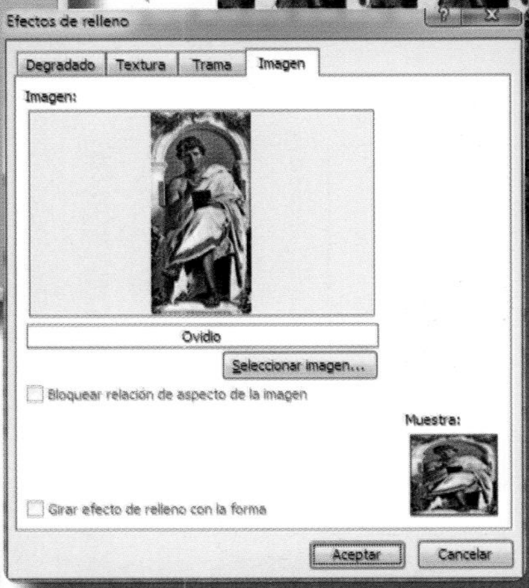


8

9

# Insertar marcas de agua

UNA MARCA DE AGUA ES UNA IMAGEN o un texto que se muestra con diferente espesor en una hoja de papel con la finalidad de evitar la falsificación o copia indebida de documentos, para demostrar su autenticidad o bien simplemente para adornar el papel.

1. En el sencillo ejercicio que proponemos a continuación aprenderemos a añadir marcas de agua a un documento. Haga clic en el comando **Marca de agua** del grupo de herramientas **Fondo de página**, en la ficha **Diseño de página**. 1
2. Aparece así la galería de marcas de agua y las opciones que permiten crear estas marcas, quitarlas del documento y guardar una selección en la galería de marcas de agua. Haga clic sobre la primera marca de agua, **NO COPIAR 1**, para aplicarla al documento. 2
3. La marca de agua seleccionada se muestra ya en el documento. 3 Para quitar esta marca, haga clic en el comando **Marca de agua** y pulse sobre la opción **Quitar marca de agua**. 4
4. A continuación crearemos una marca de agua personalizada con la imagen que hemos utilizado anteriormente como fondo de página, **Ovidio.jpeg**, que, como recordará, puede des-

## IMPORTANTE

Hay que tener en cuenta que una marca de agua se añade de manera automática a todas las hojas que componen el documento y que puede eliminarse mediante la opción **Quitar marca de agua**, también incluida en el comando **Marca de agua**.

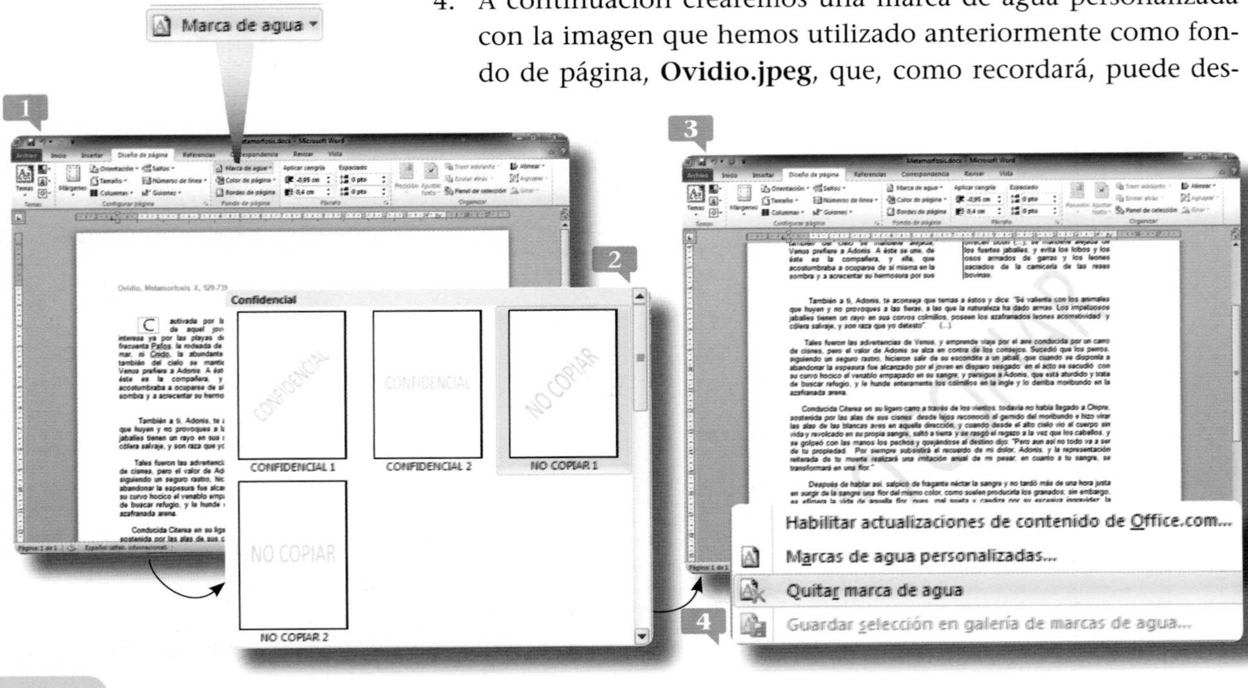

cargar desde nuestra página web. Despliegue nuevamente el comando **Marca de agua** y haga clic en la opción **Marcas de agua personalizadas.** 5

5. En el cuadro de diálogo **Marca de agua impresa**, haga clic en el botón de opción **Marca de agua de imagen** y pulse el botón **Seleccionar imagen.** 6
6. En el cuadro **Insertar imagen**, seleccione con un clic la imagen **Ovidio** y pulse el botón **Insertar**.
7. En función del tamaño original de la imagen que utilicemos para crear la marca de agua deberemos modificar la escala con la que se aplicará. En este caso mantendremos la opción **Automático** para que la imagen se ajuste automáticamente a la página. También dejaremos activada la opción **Decolorar** para que la imagen se muestre difuminada. 7 Pulse el botón **Aceptar** para que aparezca la marca de agua que acabamos de crear. 8
8. Debe saber que una marca de agua sólo se puede ver en las vistas **Diseño de impresión** y **Lectura a pantalla completa**, además de en las páginas impresas. Pulse la combinación de teclas **Ctrl. +Inicio** para situarse al inicio del documento. 9
9. Pulse el botón **Guardar** de la **Barra de herramientas de acceso rápido** para guardar los cambios y dar por acabado el ejercicio.

# 073

## IMPORTANTE

Desde el cuadro **Marca de agua impresa** podemos crear una marca de agua de texto. En esta opción podemos definir el idioma, el texto que mostrará la marca, la fuente, el tamaño, el color y el grado de transparencia de la misma y su distribución en la hoja.

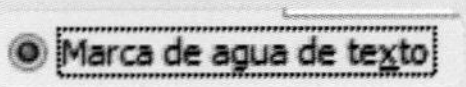


5

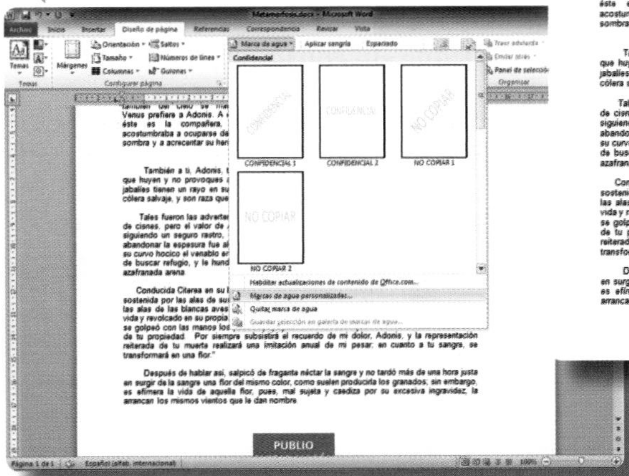


8

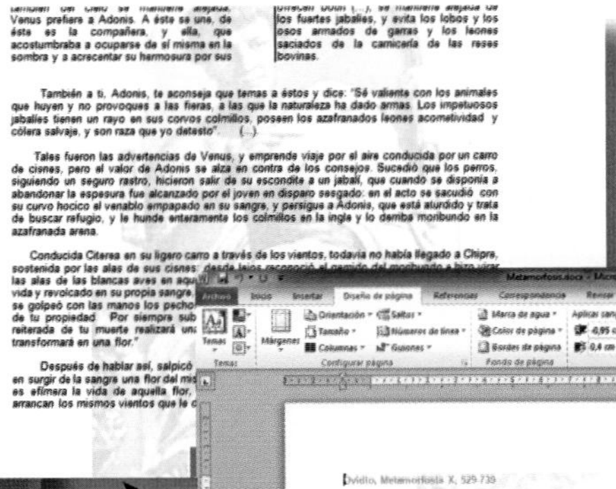

9

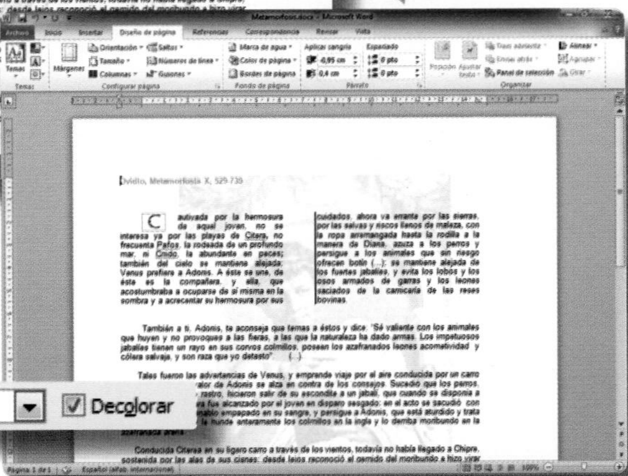

6

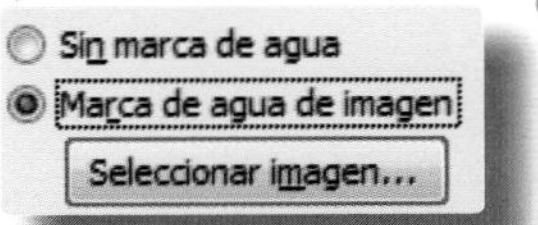


7

# Utilizar marcos

## IMPORTANTE

Los marcos suelen utilizarse para mostrar la tabla de contenido de un sitio web con varias páginas, facilitando así el acceso a la información. Cada marco es independiente del contenido de los demás.

LOS MARCOS SON SUBVENTANAS DE UNA PÁGINA de marcos que, a su vez, son páginas web divididas en varias áreas desplazables o marcos que pueden mostrar otras páginas web o hipervínculos en su interior.

1. En este ejercicio crearemos la página de marcos con sus marcos correspondientes para el documento **Ilíada.docx**. Cuando disponga de este documento en pantalla, haga clic en el botón de punta de flecha situado a la derecha de la **Barra de herramientas de acceso rápido** y pulse sobre la opción **Más comandos** del menú que se despliega. 1
2. Despliegue el campo **Comandos disponibles en**, seleccione la opción **Todos los comandos**, localice y seleccione el comando **Marcos** y pulse los botones **Agregar** y **Aceptar** para agregar el comando a la **Barra de herramientas de acceso rápido.** 2
3. Ahora, despliegue el comando **Marcos** de la **Barra de acceso rápido** y pulse sobre la opción **Nueva página de marcos.** 3
4. Se abre en pantalla una nueva página de marcos en modo de visualización **Diseño Web.** 4 Vamos a añadir a este documento su tabla de contenido en marco y después lo guardaremos como página web. Haga clic de nuevo en la herramienta **Marcos** y pulse sobre la opción **Tabla de contenido en marco.** 5
5. Aparece así a la izquierda de la página el marco creado, donde se muestran los elementos del documento a los que se les ha

1

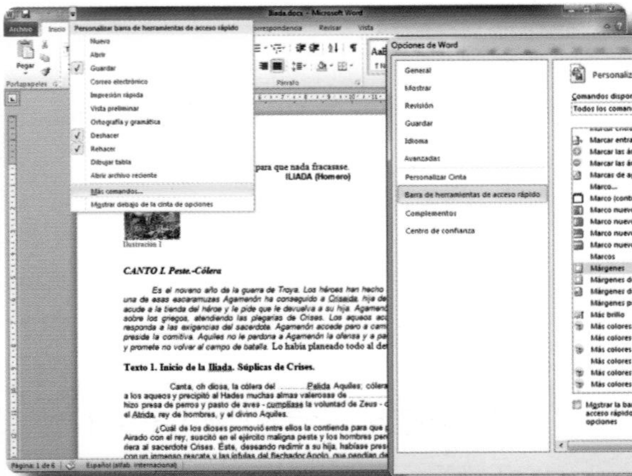

2

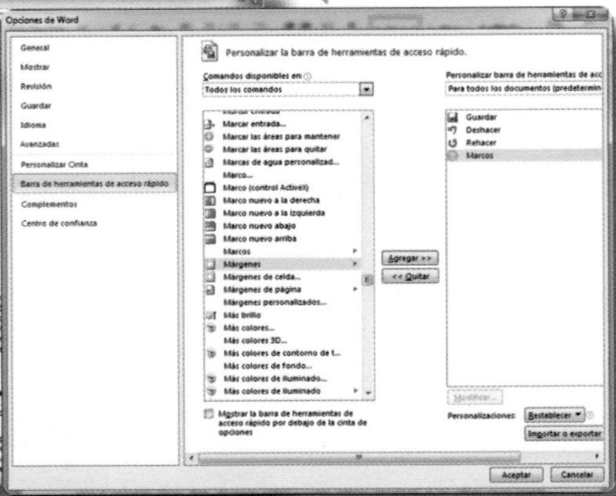

3

4

5

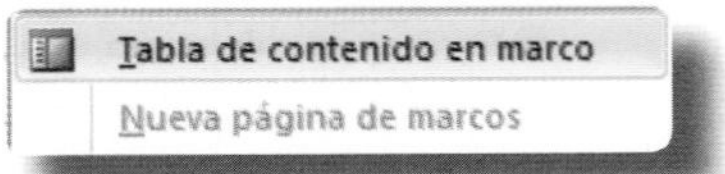

**074**

aplicado un estilo de título que los distingue del resto de texto. En la tabla de contenido en marco, pulse sobre el vínculo **Texto2. Discusión entre Aquiles y Agamenón** manteniendo a la vez pulsada la tecla **Control.**

6. Como novedad en esta versión del programa, aparece un cuadro de advertencia de seguridad que nos informa acerca de los peligros del uso de hipervínculos. Como sabemos que este hipervínculo es de confianza, pulse en **Sí** en este cuadro.
7. Automáticamente nos hemos desplazado hasta el fragmento de texto con el título seleccionado. Veamos ahora las propiedades predeterminadas de un marco. Haga clic con el botón derecho del ratón en una zona libre del interior del marco que contiene la tabla de contenido y pulse sobre la opción **Propiedades del marco.**
8. Se abre el cuadro de diálogo **Propiedades del marco**. En la ficha **Marco** aparece el nombre que le ha concedido el programa de forma predeterminada y su tamaño. Pulse en la pestaña **Bordes**.
9. Vamos a cambiar el color del borde y haremos que se muestre siempre en el marco la barra de desplazamiento vertical. Elija el color que desee del campo **Color del borde**, despliegue el campo **Mostrar en el explorador las barras**, seleccione la opción **Siempre** y pulse el botón **Aceptar**.
10. Para terminar, guardaremos el documento activo como una página web. Haga clic en la pestaña **Archivo**, pulse sobre el comando **Guardar como**, asigne un nombre al archivo, elija como tipo la opción **Página web** y pulse el botón **Guardar**.

6

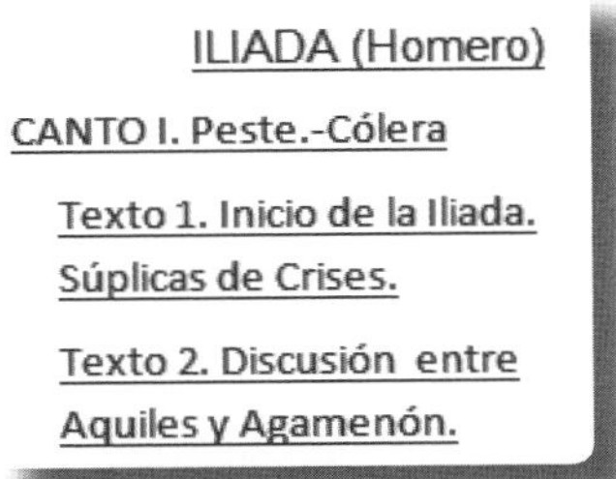

ILIADA (Homero)
CANTO I. Peste.-Cólera
Texto 1. Inicio de la Iliada. Súplicas de Crises.
Texto 2. Discusión entre Aquiles y Agamenón.


8

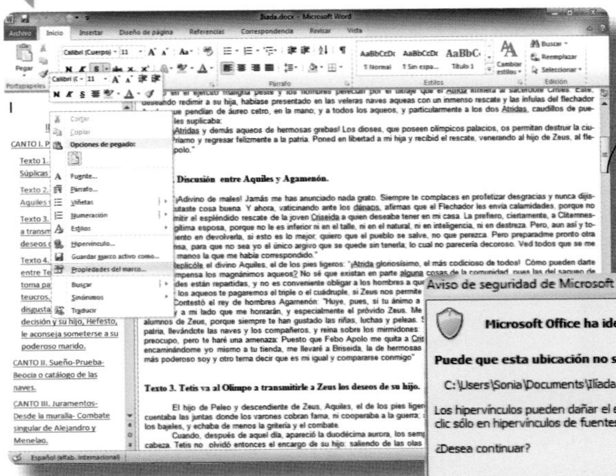


7

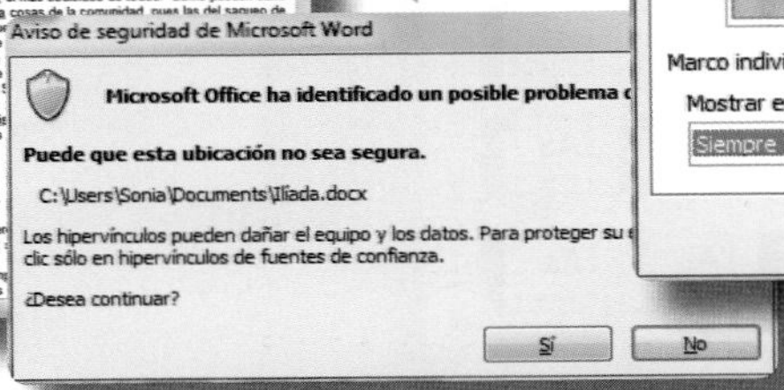


9

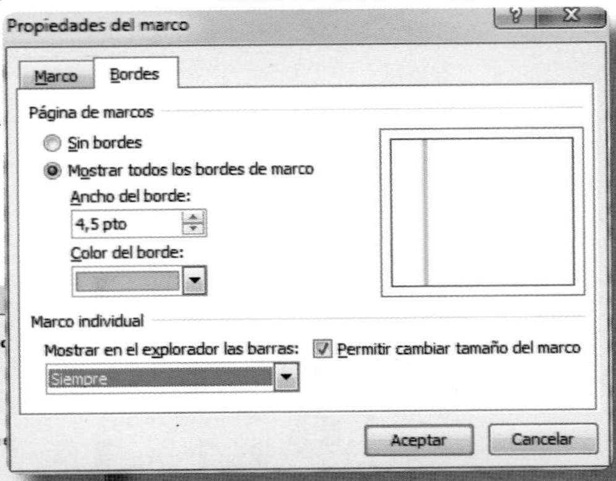

# Aplicar temas

## IMPORTANTE

Los temas modifican las listas, los colores de los hipervínculos, los colores de las tablas, las líneas horizontales, los colores, gráficos o textos de fondo, los estilos de cuerpo, etc., con el fin de unificar el aspecto del documento. El tema que Word utiliza por defecto al crear un documento en blanco es el llamado **tema de Office**, que muestra un fondo en blanco y colores y efectos sutiles. Tenga en cuenta que todo el contenido de un documento (texto, tablas, gráficos SmartArt, etc.) está vinculado al tema, por lo que al cambiarlo, se modificará toda la apariencia de dicho contenido.

UN TEMA ES UN CONJUNTO DE ELEMENTOS de diseño, imágenes de fondo, combinaciones de colores, etc., que se aplican a los documentos con el objetivo de embellecerlos y conferirles un aspecto más profesional.

1. En esta ocasión, vamos a trabajar con el documento **Falsa Pista**. Como recordará, en ejercicios anteriores, agregamos un gráfico y un gráfico SmartArt al final de este documento. Esto nos ayudará a comprobar que el cambio de tema afecta también a esos elementos. Active la ficha **Diseño de página** pulsando en su pestaña. 1
2. Haga clic en el botón **Temas** del grupo de herramientas del mismo nombre y, en la galería de temas predeterminados, pulse sobre el llamado **Opulento** para aplicarlo al documento. 2
3. Ahora cambiaremos los estilos de la página y guardaremos en la galería el tema resultante de la modificación para poder utilizarlo siempre que queramos. Haga clic en la pestaña **Inicio** y pulse sobre el botón **Cambiar estilos** del grupo de herramientas **Estilos**. 3
4. Haga clic en el comando **Colores** y pulse sobre la combinación de colores denominada **Brío**. 4

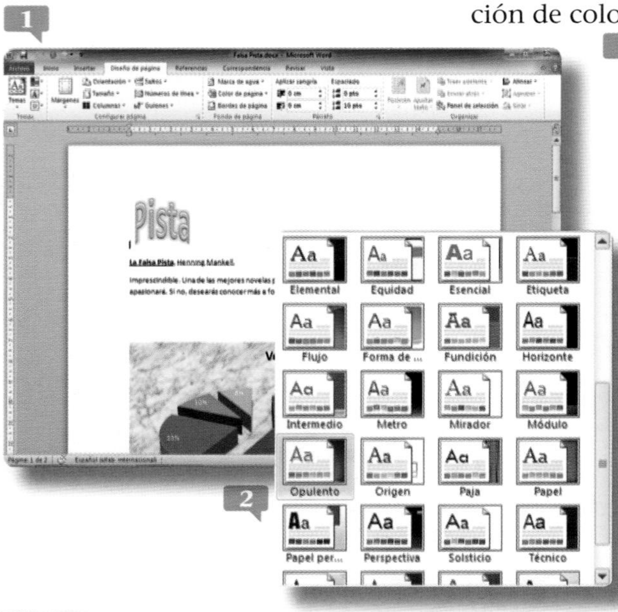


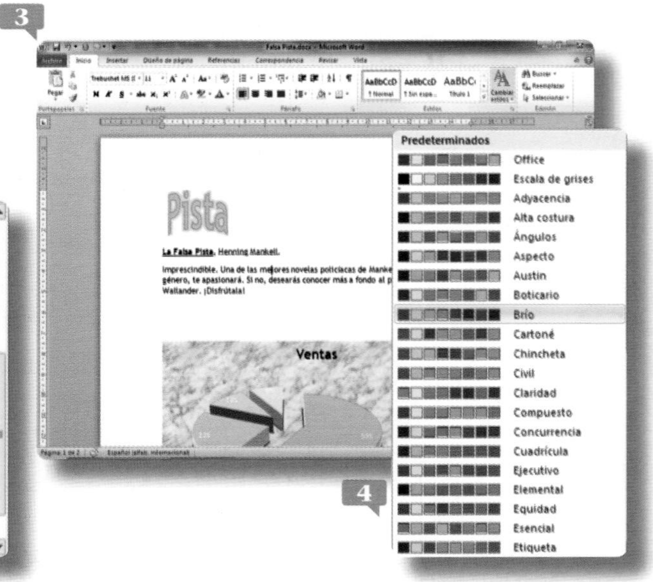

# 075

5. A continuación, pulse de nuevo en el botón **Cambiar estilos**, haga clic sobre el comando **Fuentes** y, de la lista de fuentes predeterminadas que se muestra, elija con un clic la llamada **Aspecto**, en la que tanto los títulos como el texto normal se crearán con la fuente Verdana. [5]
6. Una vez modificado el tema actual, active la ficha **Diseño de página**, haga clic en el botón **Temas** y pulse sobre la opción **Guardar tema actual.** [6]
7. Se abre el cuadro **Guardar tema actual**, mostrando las tres carpetas de documentos de tema que incluye Office por defecto. En el campo **Nombre de archivo**, escriba el término **Prueba** y pulse el botón **Guardar.** [7]
8. Para acabar, comprobaremos que el tema **Prueba** que acabamos de configurar se encuentra ya disponible en la galería de temas y puede aplicarse a cualquier otro documento. Abra el documento **Metamorfosis.docx**, active la ficha **Diseño de página**, pulse sobre el botón **Temas** y, tras comprobar que el tema personalizado **Prueba** se encuentra ya en la galería, pulse sobre él para aplicarlo al documento. [8]
9. Si ahora accediéramos a los conjuntos de colores, de fuentes y de efectos de tema podríamos ver que son los que hemos establecido para el tema **Prueba**. Cierre el documento **Metamorfosis** sin guardar los cambios realizados.

## IMPORTANTE

Desde el comando **Cambiar estilos** podemos cambiar el conjunto de estilos por otro de los predeterminados, así como modificar los colores y las fuentes y establecer el estilo resultante como predeterminado para que todos los nuevos documentos de Word se basen en él.

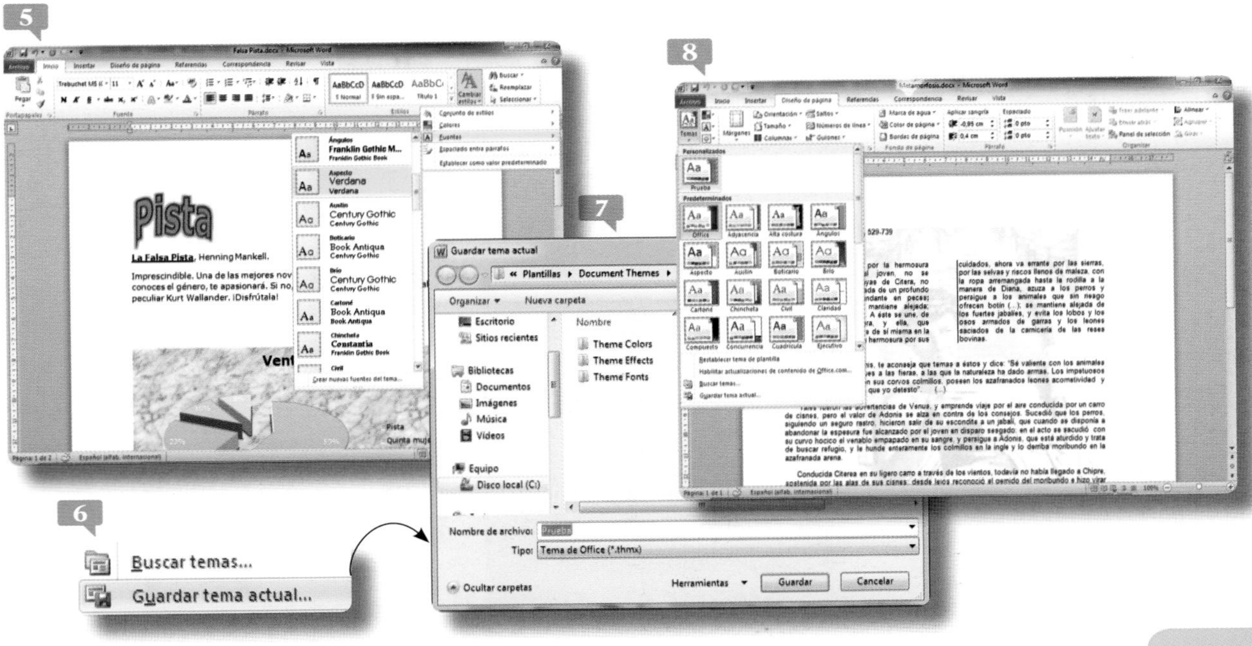

# Configurar la cuadrícula

LAS LÍNEAS DE CUADRÍCULA SON UNAS FINAS LÍNEAS que se pueden mostrar en la vista Diseño de impresión para utilizarlas como pauta al escribir o al insertar objetos en un documento. Estas líneas no aparecen al imprimir el documento.

1. En este ejercicio aprenderemos a mostrar y ocultar la cuadrícula de un documento y a modificar sus propiedades. Para empezar, sitúese al inicio del documento **Pista**.
2. Vamos a ver cómo podemos mostrar las líneas de cuadrícula de dos maneras diferentes. Active la ficha **Vista** y, en el grupo de herramientas **Mostrar u ocultar**, haga clic en la opción **Líneas de la cuadrícula**. 1
3. Aparece así en el fondo de la página la cuadrícula con sus características predeterminadas. Haga clic en el modo de visualización **Lectura de pantalla completa** del grupo de herramientas **Vistas de documento**. 2
4. Puede comprobar que la cuadrícula no se muestra en esta vista; únicamente podemos activarla en la vista **Diseño de impresión**. Pulse el botón **Cerrar** para volver a mostrar el documento en esta vista. 3

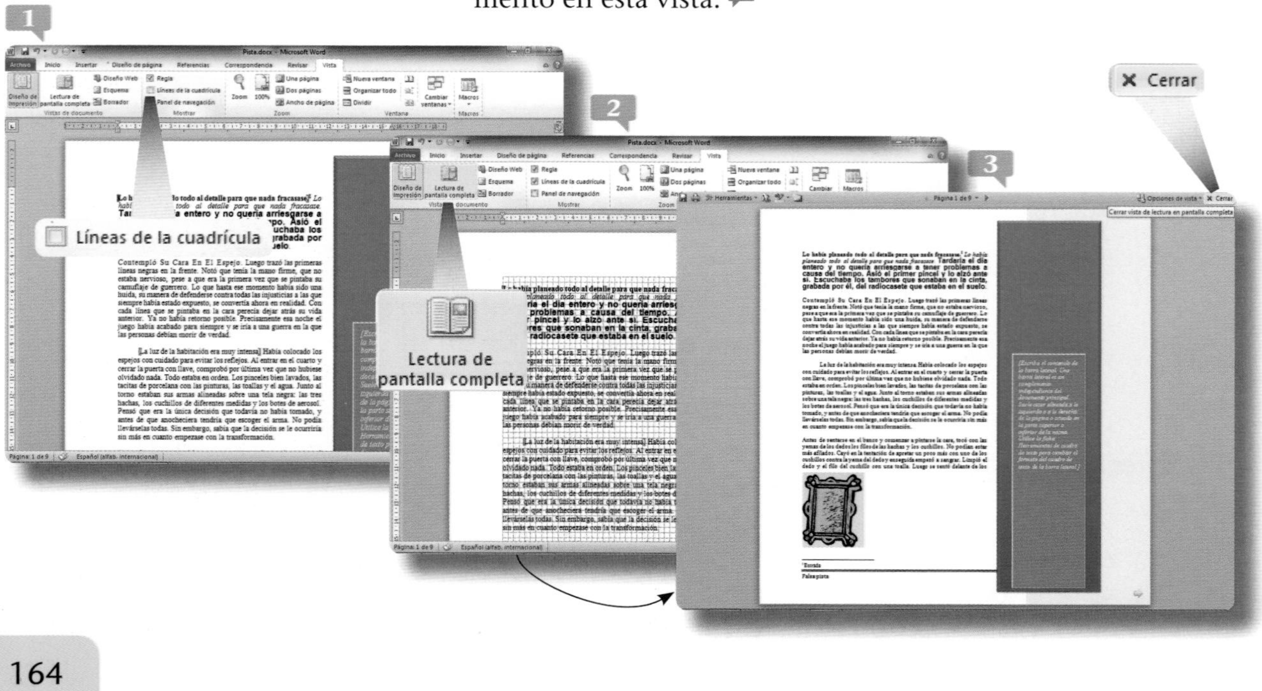

076

5. También desde la ficha **Diseño de página** podemos mostrar y ocultar las líneas de división. Además, en esa ficha se encuentra el comando que nos permitirá modificar las propiedades de la cuadrícula. Active la mencionada ficha y, en el grupo de herramientas **Organizar**, despliegue el comando **Alinear**.
6. Haga clic en la opción **Configuración de la cuadrícula**.
7. Se abre de este modo el cuadro **Cuadrícula de dibujo**, desde el cual, como ve, también podemos mostrar u ocultar las líneas de cuadrícula en pantalla. En primer lugar vamos a cambiar el espaciado de las cuadrículas. Escriba el valor **1** tanto en el campo **Espaciado horizontal** como **Espaciado vertical.**
8. El botón **Establecer como predeterminado** nos permite guardar esta configuración de la cuadrícula para que siempre sea la misma. Por otra parte, para que las líneas de la cuadrícula se muestren en toda la extensión de la página, y no sólo a partir de los márgenes, deberíamos desactivar la opción **Utilizar márgenes.** Al hacerlo, se activarán las opciones **Origen horizontal** y **Origen vertical** para que podamos establecer manualmente el origen de la cuadrícula. En el campo **Vertical cada**, escriba el valor **2** y pulse el botón **Aceptar** para aplicar los cambios a la cuadrícula.
9. Puede ver que el aspecto de la cuadrícula se ha modificado sensiblemente. Para ocultar la cuadrícula, haga clic en el botón del grupo de herramientas **Organizar**, pulse sobre el comando **Alinear** y haga clic en la opción **Ver líneas de división.**

6

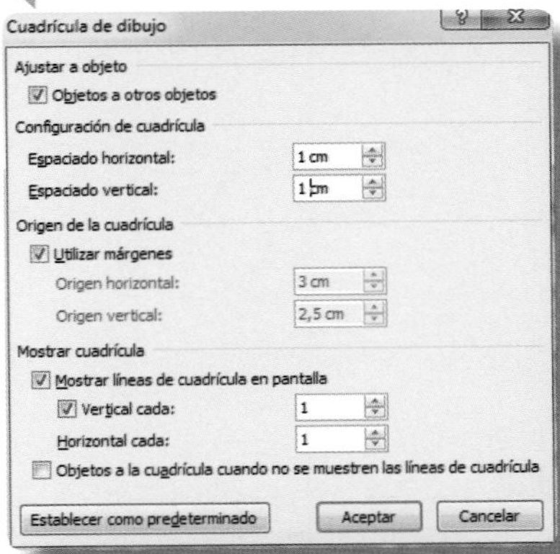


4

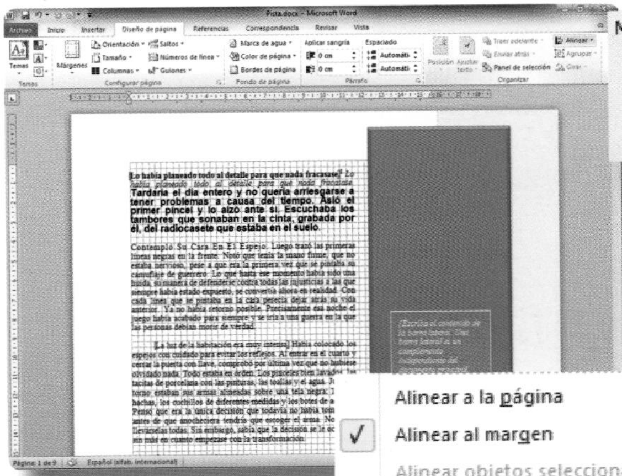

7

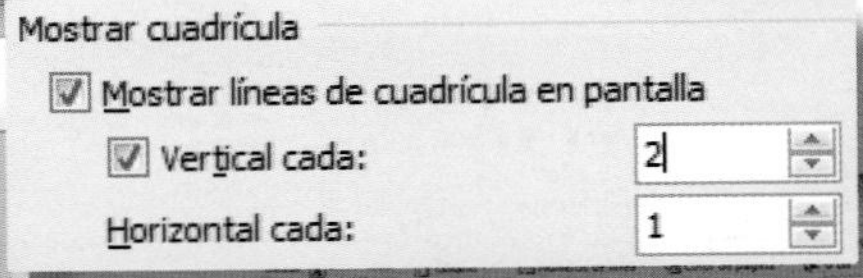


8

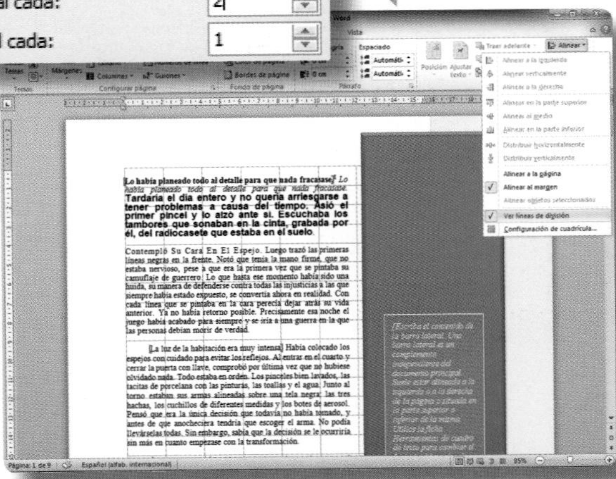

5

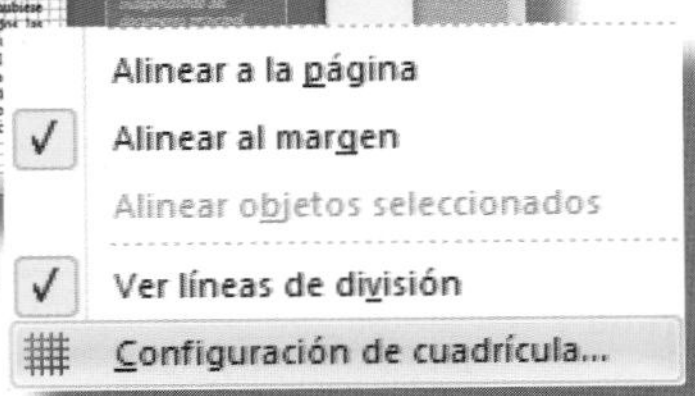

# Revisar la ortografía y la gramática

## IMPORTANTE

La función **Ortografía y gramática** presenta una serie de opciones que permiten escoger entre aplicar o no la corrección mientras se escribe, mostrar o no los errores identificados, y crear nuevas reglas gramaticales o nuevas palabras, entre otras acciones.

LA REVISIÓN ORTOGRÁFICA Y GRAMATICAL de un documento se puede realizar de forma automática mientras se escribe, si así se establece en el cuadro de opciones de Word. De este modo, nos podemos encontrar con palabras subrayadas por una línea ondulada roja que indican un error ortográfico y otras con el mismo tipo de línea pero de color verde que indican la existencia de un posible error gramatical.

1. En este ejercicio aprenderemos a revisar la ortografía y la gramática de un documento. Para ello, utilizaremos un nuevo documento, denominado **Eneida.docx**, que puede descargar desde nuestra página web. Cuando disponga de él, ábralo en Word 2010.
2. Pulse con el botón derecho del ratón sobre la palabra **heroe**, subrayada en color rojo, y en el menú contextual que aparece, pulse sobre la opción **héroe** para proceder a la corrección del término.
3. Continuemos la revisión con la ayuda de los comandos de la **Cinta de opciones**. Sitúese en la ficha **Revisar** y, en el grupo de herramientas **Revisión**, pulse sobre el comando **Ortografía y gramática**.

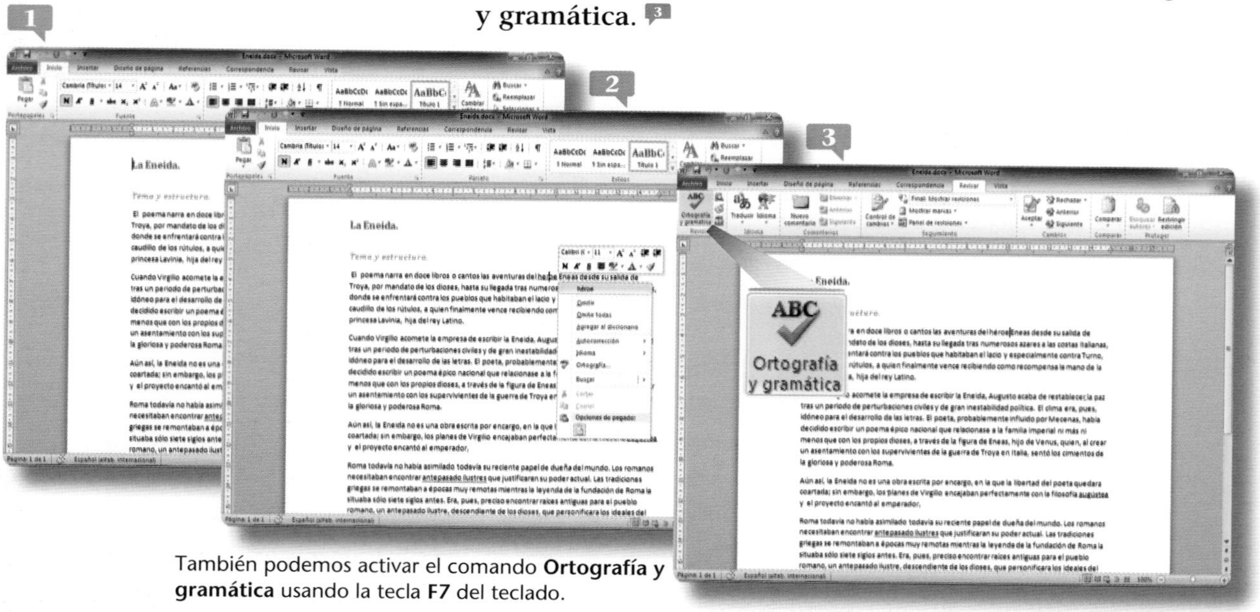


También podemos activar el comando **Ortografía y gramática** usando la tecla **F7** del teclado.

# 077

4. La revisión ortográfica y gramatical empieza por la palabra **augústea**. En el cuadro **No se encontró** aparece marcada en color rojo la palabra que Word no ha encontrado en su diccionario, y en el cuadro **Sugerencias** se muestran todas las opciones de corrección posibles. Para que el programa añada a su diccionario este término, pulse el botón **Agregar al diccionario**. [4]
5. El siguiente término que se muestra en este cuadro es un error de tipo gramatical, por lo que aparece en color verde. Este tipo de errores se marcan en el documento con una línea ondulada de ese color. En este caso, cambiaremos el término erróneo por la sugerencia que hace el programa. Pulse el botón **Cambiar**. [5]
6. Ahora aparece en el cuadro de revisión un nombre propio, cuya corrección omitiremos todas las veces que se muestre en el documento. Pulse el botón **Omitir todas**. [6]
7. Pulse el botón **Cambiar** para corregir la siguiente palabra sin acento por su forma correcta con acento. [7]
8. Pulse el botón **Omitir todas** para que el programa no corrija el término escrito en latín **pietas**. [8]
9. De este modo hemos llegado al final de la corrección, tal y como indica el cuadro de advertencia que estamos viendo en pantalla. Pulse el botón **Aceptar**. [9]
10. Pulse la combinación de teclas **Ctrl.+Inicio** para situarse al principio del documento y comprobar que, tras la revisión, no aparecen términos marcados como errores ortográficos o gramaticales.

## IMPORTANTE

El menú contextual de una palabra marcada como errónea muestra una opción alternativa a la palabra subrayada y, además, permite omitir la palabra, agregarla al diccionario, modificar el idioma en base al cual se realiza la revisión, acceder al cuadro de opciones de autocorrección, etc. Cabe destacar que desde este menú también es posible acceder a la función **Ortografía y gramática**.

7

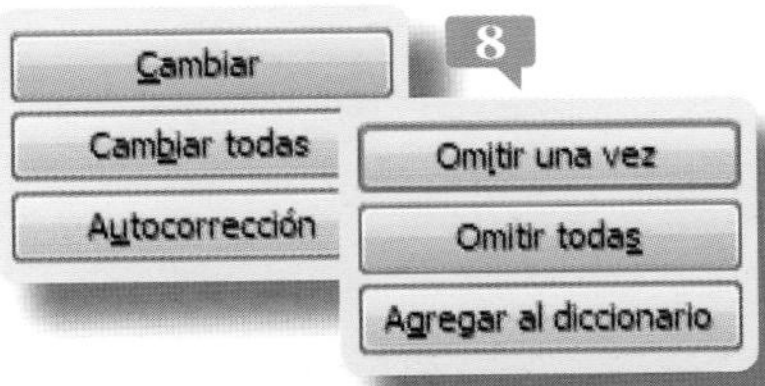


8

6

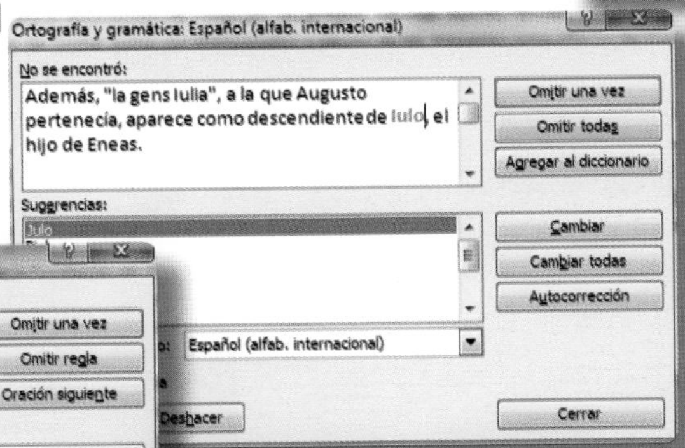


4

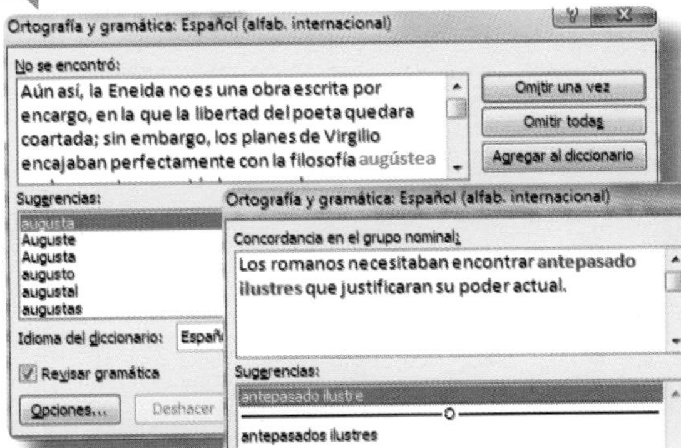


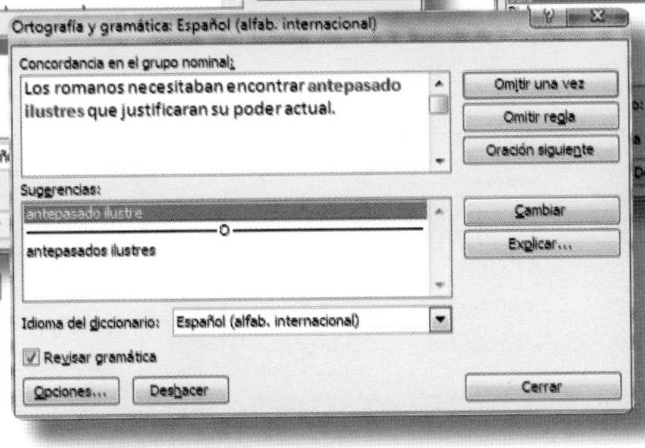


5

9

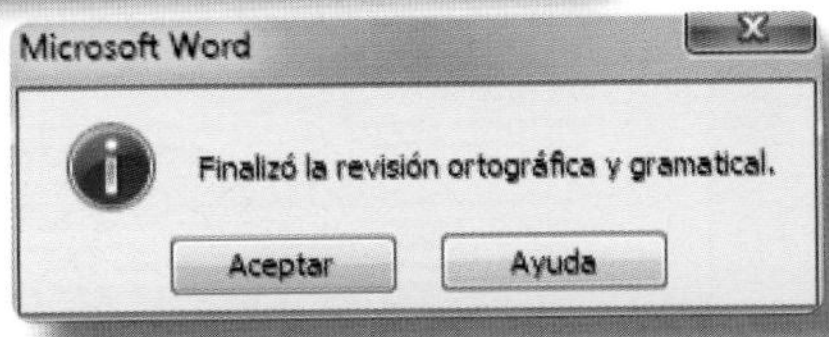

# Buscar sinónimos

## IMPORTANTE

También es posible acceder al panel **Referencia** usando el comando del mismo nombre de la ficha **Revisar** o la combinación de teclas **Mayúsculas+F7**. Además, el menú contextual de cualquier palabra dispone de la función **Sinónimos**, que también nos permite buscar palabras en el diccionario de sinónimos de Word.

EL COMANDO SINÓNIMOS, QUE ENCONTRAMOS en el grupo de herramientas Revisión de la ficha Revisar, nos conduce al panel Referencia, donde podemos buscar sinónimos (diferentes palabras con un mismo significado) y antónimos (palabras con el significado opuesto a la seleccionada).

1. En este ejercicio aprenderemos a buscar sinónimos en Word. Para ello, seguiremos trabajando con el documento **Eneida**. Haga clic con el botón derecho del ratón sobre el término **pueblos**, en la tercera línea del primer párrafo, y, en el menú contextual que aparece, seleccione la opción **Sinónimos**. 1
2. Aparecen varios sinónimos entre los que puede elegir. En caso de pulsar sobre cualquiera de ellos éste se insertará automáticamente en el documento sustituyendo a la palabra **pueblos**. Haga clic sobre la palabra **poblados**. 2
3. Efectivamente, la palabra **pueblos** ha sido sustituida por **poblados**. A continuación, accederemos al panel **Referencia**. Tras situarse en la pestaña **Revisar** de la **Cinta de opciones**, haga clic en el comando **Sinónimos**, que muestra un libro abierto en el grupo de herramientas **Revisión**. 3
4. Se abre el panel **Referencia**, mostrando los sinónimos de la palabra en la que se encontraba el cursor de edición. Vamos a utilizar este panel para localizar sinónimos de la palabra **recompensa**. En el campo **Buscar** escriba dicho término y pulse la tecla **Retorno**. 4

1

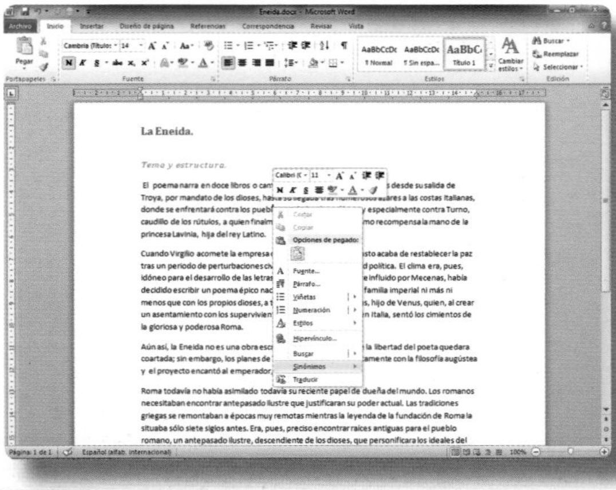


2

3

4

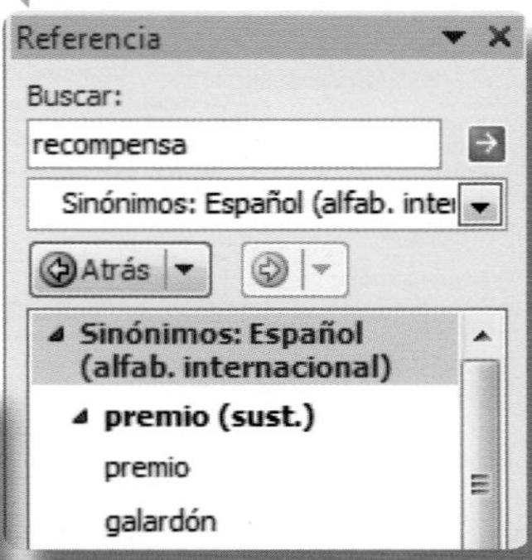

# 078

5. Automáticamente Word busca y muestra los sinónimos en español de la palabra **recompensa** que ha encontrado en su diccionario. Sobre el texto del documento, seleccione con un doble clic esta palabra que aparece en la cuarta línea del primer párrafo. 5

6. Vamos a sustituir esta palabra por uno de los sinónimos que se muestran en el panel **Referencia**. Sitúe el puntero del ratón sobre el término **galardón**, pulse sobre el botón de punta de flecha que aparece y, del menú de opciones que se despliega, elija con un clic la opción **Insertar**. 6

7. La palabra seleccionada se inserta en el documento sustituyendo al término **recompensa**. Ahora vamos a utilizar el panel **Referencia** para buscar sinónimos de la palabra **medalla**. Sitúe el puntero del ratón sobre esta palabra, pulse en el botón de punta de flecha que aparece y haga clic en la opción **Buscar**. 7

8. De nuevo el motor de búsqueda de sinónimos se pone en marcha y aparecen los sinónimos de la palabra **medalla** que Word ha encontrado en su diccionario. 8 Haga clic en el vínculo **Opciones de referencia**, en la parte inferior del panel. 9

9. Se abre así el cuadro **Opciones de referencia**, en el que podemos seleccionar el libro de referencia del idioma que deseamos utilizar. Cierre este cuadro pulsando el botón **Cancelar**. 10

10. Cierre también el panel **Referencia** pulsando el botón de aspa de su cabecera.

## IMPORTANTE

Debe saber que también es posible buscar palabras en un diccionario de sinónimos correspondiente a otro idioma. Por ejemplo, si el documento está en catalán y desea buscar sinónimos, debemos activar el libro de referencia de ese idioma en el cuadro de opciones de referencia.

8

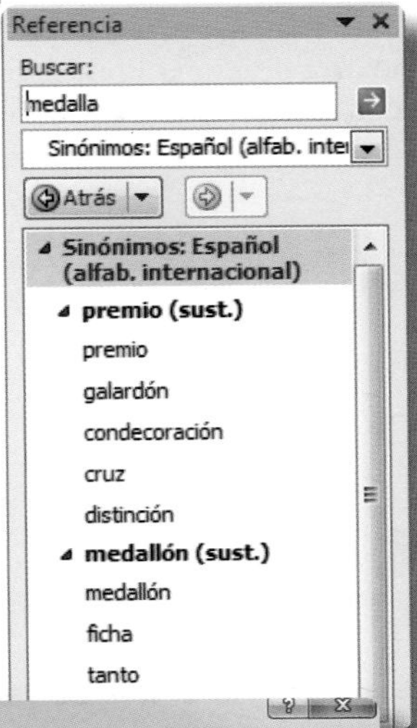


7

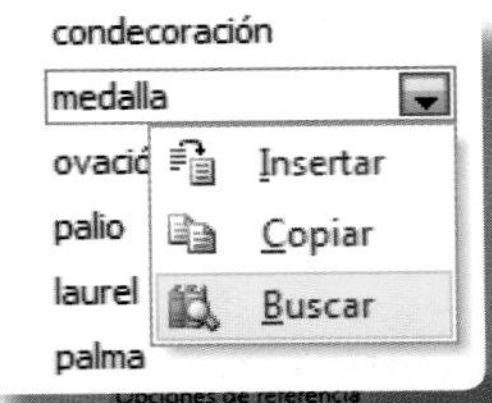


5

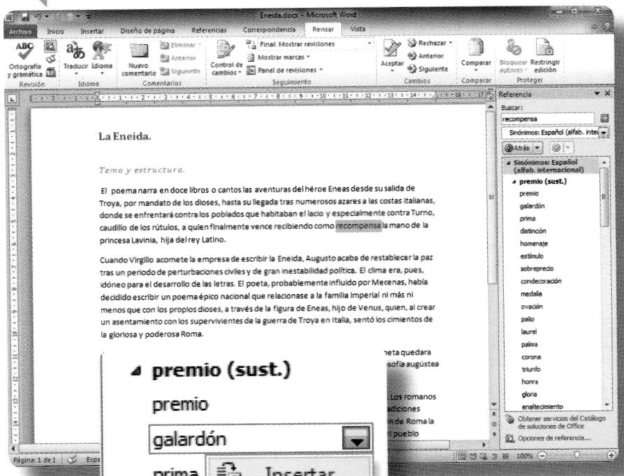

6

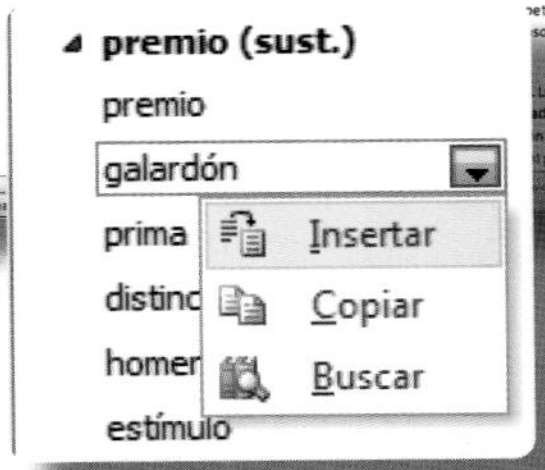


10

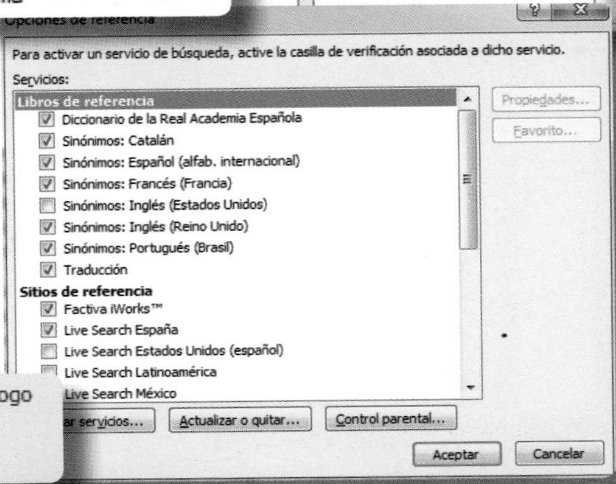


9

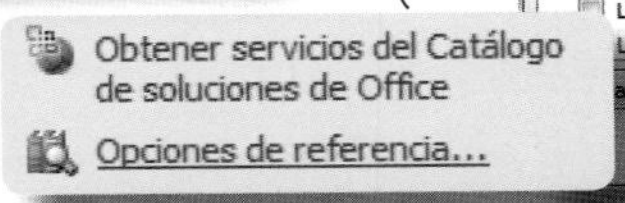

# Partir palabras

POR DEFECTO, MICROSOFT WORD NO SEPARA las palabras con guiones sino que, cuando no caben en una línea, automáticamente las sitúa en la línea siguiente. Pero hay ocasiones en las que la separación de palabras puede beneficiar el aspecto del documento. Normalmente, la separación con guiones se utiliza en los textos con alineación justificada ya que en ellos siempre hay muchos espacios en blanco que dan un aspecto un tanto desigual.

1. Empezaremos este ejercicio realizando una partición de palabras manual en todo el documento, para lo cual lo justificaremos. En el documento **Eneida.docx**, pulse la combinación de teclas **Ctrl.+A** para seleccionar todo el documento.
2. Sitúese en la ficha **Inicio** de la **Cinta de opciones** y haga clic en el comando **Justificar**, el que muestra varias líneas horizontales de igual tamaño en el grupo de herramientas **Párrafo**. 1
3. Active la ficha **Diseño de página**, despliegue el comando **Guiones** del grupo de herramientas **Configurar página** y, en el menú que aparece, haga clic sobre la opción **Manual**. 2
4. Aparece un cuadro en el que figura la primera palabra que el programa propone para realizar una división con guiones. Acepte la división propuesta por el programa pulsando el botón **Sí**. 3

## IMPORTANTE

La división de palabras con guiones puede omitirse en uno o más párrafos siempre que se abra la pestaña **Líneas y saltos de página** del cuadro de diálogo **Párrafo** y se active la opción **No dividir con guiones**. Obviamente, para aplicar esta función primero es necesario seleccionar el texto en el que se omitirá la división. De este modo, cuando se realice una partición automática o manual, el texto seleccionado no será considerado para una posible partición.

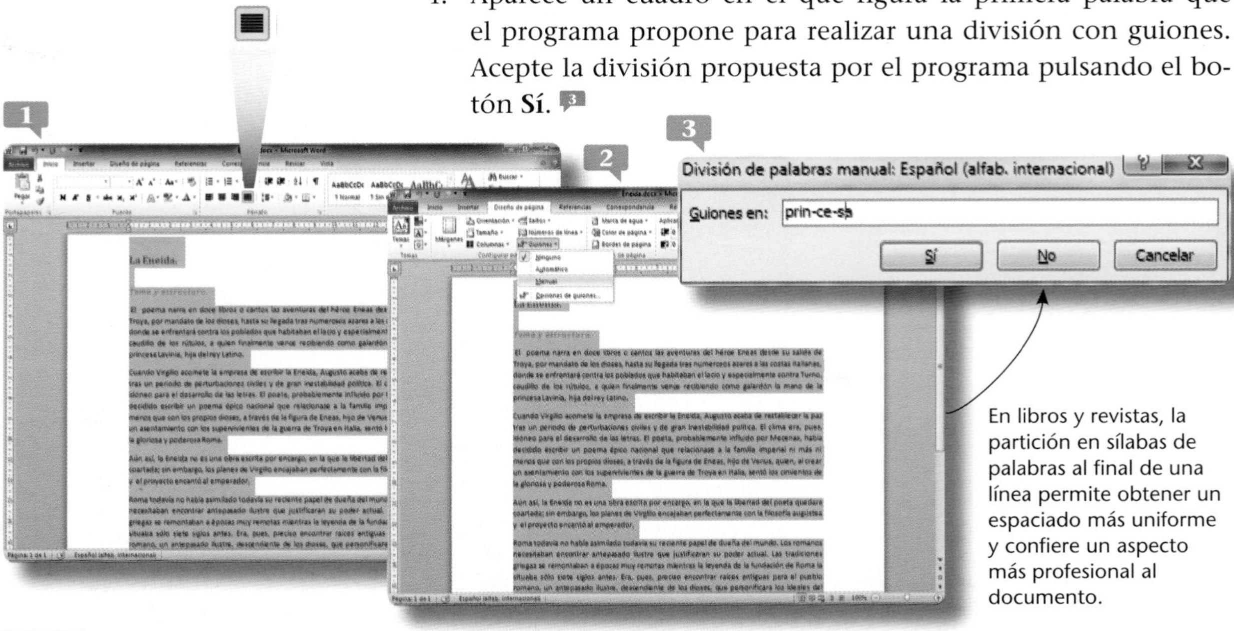


En libros y revistas, la partición en sílabas de palabras al final de una línea permite obtener un espaciado más uniforme y confiere un aspecto más profesional al documento.

5. La siguiente palabra presentada para ser dividida es **menos**. En este caso no aceptaremos la división propuesta por el programa y dejaremos esta palabra tal y como está. Pulse el botón **No.** [4]

6. Veamos el último ejercicio de división de palabras manual. En este caso, supondremos que preferimos dividir la palabra en otro punto. Para ello, deberá desplazar el cursor hasta el punto en que se desea aplicar la nueva división y luego confirmar el cambio. Pulse la **tecla de dirección hacia la derecha** dos veces consecutivas y luego haga clic sobre el botón **Sí.** [5]

7. Aunque podríamos seguir, dejaremos la división manual en este punto para seguir con la automática. Pulse sobre el botón **Cancelar**.

8. Activaremos ahora la división automática para comprobar cómo divide Word un texto con guiones. Despliegue de nuevo el comando **Guiones** y pulse sobre la opción **Automático.** [6]

9. Seguidamente, accederemos al cuadro de opciones de los guiones. Despliegue una vez más el comando **Guiones** y seleccione la opción **Opciones de guiones.** [7]

10. Inserte el valor **0,5** en el cuadro de la opción **Zona de división**, inserte el valor **3** en el cuadro de la opción **Limitar guiones consecutivos a** y pulse el botón **Aceptar.** [8]

# 079

## IMPORTANTE

Para reducir el número de guiones lo más práctico es especificar un ancho mayor en la zona de división, mientras que para aumentar su número y así evitar espacios en blanco o el aspecto irregular del margen derecho, deberá disminuir la zona de división.

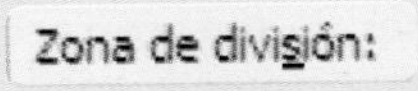


4

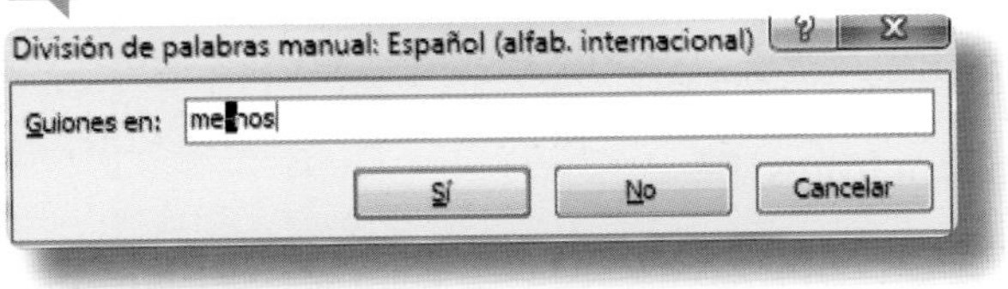


5

6

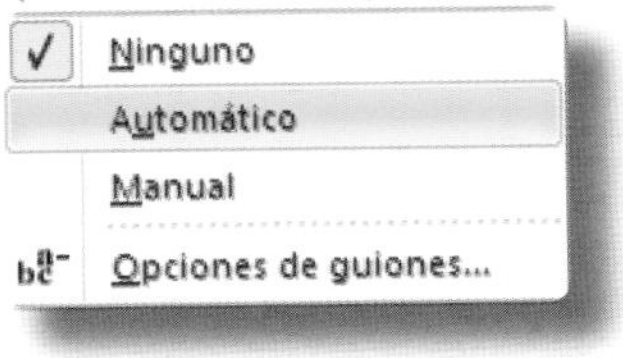


Si quiere realizar la división de las palabras de un solo párrafo de texto, debe seleccionarlo previamente.

7

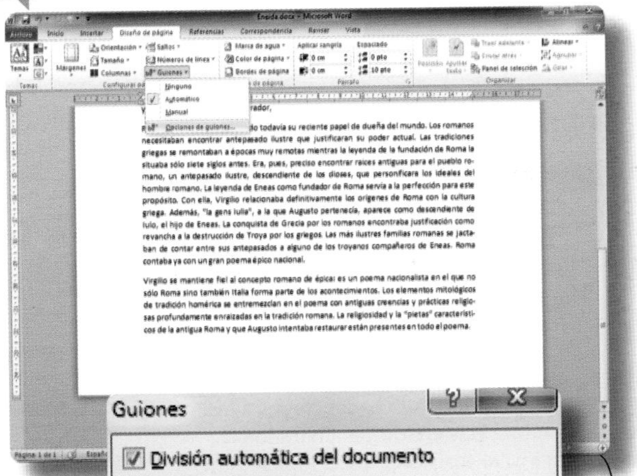

8

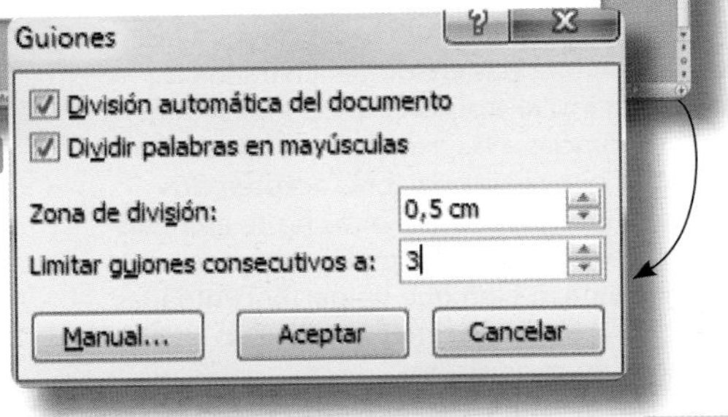

# Trabajar con la autocorrección I

## IMPORTANTE

El cuadro de diálogo **Autocorrección** se activa desde la categoría **Revisión** del cuadro de opciones de Word y en él aparecen cinco fichas con distintos aspectos de las correcciones que el programa lleva a cabo de manera automática. La opción **Mostrar los botones de las opciones de Autocorrección** es la que permite la aparición de la etiqueta inteligente **Opciones de Autocorrección**.

LA FICHA AUTOCORRECCIÓN DEL CUADRO del mismo nombre se refiere básicamente a todas aquellas correcciones de tipo ortográfico, gramatical o léxico y permite configurar si el programa debe corregir la escritura de dos mayúsculas seguidas, la inserción de una letra minúscula después de un punto, etc.

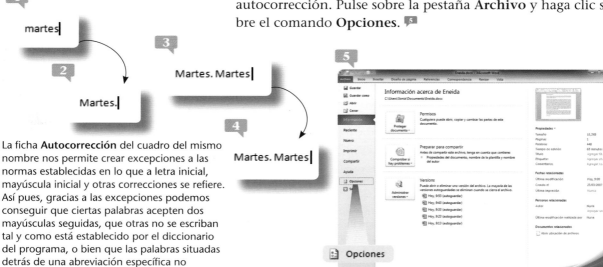

1. En esta lección comprobaremos los efectos de las opciones de la función **Autocorrección** en el documento **Eneida**. Escriba, en minúsculas, la palabra **martes** seguida de un punto. 1
2. Automáticamente, el programa ha cambiado la m minúscula por una m mayúscula obedeciendo a dos de las reglas de la autocorrección. 2 La primera regla es que al iniciar una frase, la primera letra debe estar en mayúsculas y la segunda, que los días de la semana siempre deben mostrar también su inicial en mayúsculas (opción esta última adoptada por Word del inglés). A continuación, pulse la **barra espaciadora**, inserte de nuevo la palabra **MArtes** pero con las dos primeras letras en mayúsculas y pulse de nuevo la **barra espaciadora**. 3
3. Como ve, el programa ha detectado la existencia de dos mayúsculas seguidas y automáticamente ha corregido el error. 4 Veamos ahora cómo añadir nuevas palabras en el cuadro de autocorrección. Pulse sobre la pestaña **Archivo** y haga clic sobre el comando **Opciones**. 5

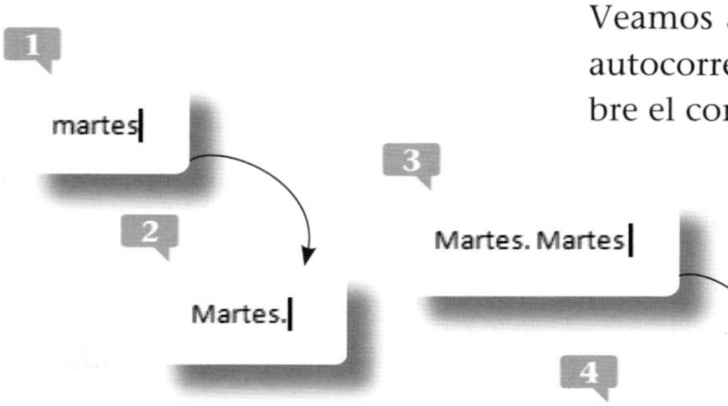

La ficha **Autocorrección** del cuadro del mismo nombre nos permite crear excepciones a las normas establecidas en lo que a letra inicial, mayúscula inicial y otras correcciones se refiere. Así pues, gracias a las excepciones podemos conseguir que ciertas palabras acepten dos mayúsculas seguidas, que otras no se escriban tal y como está establecido por el diccionario del programa, o bien que las palabras situadas detrás de una abreviación específica no empiecen en mayúsculas.

4. Haga clic en la categoría **Revisión** y pulse el botón **Opciones de Autocorrección.** 6
5. Desde el apartado **Reemplazar texto mientras escribe** del cuadro **Autocorrección** podemos conseguir que cada vez que escribamos una palabra de manera incorrecta el programa la sustituya por la forma correcta. En el cuadro **Reemplazar** de este apartado escriba la palabra incorrecta **pomea.** 7
6. A continuación, escriba la forma correcta **poema** en el cuadro de texto **Con** y pulse el botón **Agregar** para confirmar la nueva entrada. 8
7. En estos momentos el botón **Eliminar** se ha activado por lo que, en caso de querer suprimir alguna de las entradas de autocorrección, tan sólo debería seleccionarla y luego pulsar dicho botón. En este caso, aceptaremos el cuadro para verificar si el programa ha asimilado la nueva entrada de autocorrección. Pulse el botón **Aceptar** de los cuadros **Autocorrección** y **Opciones de Word.**
8. De nuevo en el documento, inserte en minúsculas la forma incorrecta **pomea** 9 y pulse la **barra espaciadora.**

Efectivamente, el programa ha reemplazado la palabra por la forma correcta **poema.** 10 En el siguiente ejercicio seguiremos trabajando con las opciones de autocorrección que Word 2010 pone a nuestra disposición.

# 080

## IMPORTANTE

En el cuadro **Autocorrección,** al insertar la primera letra de la palabra en el campo **Reemplazar,** el listado situado en la parte inferior del cuadro **Reemplazar texto mientras escribe** muestra las entradas que ya tiene registradas y que empiezan por esa misma letra.

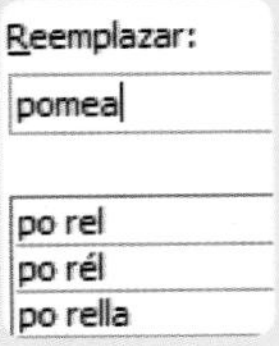


6

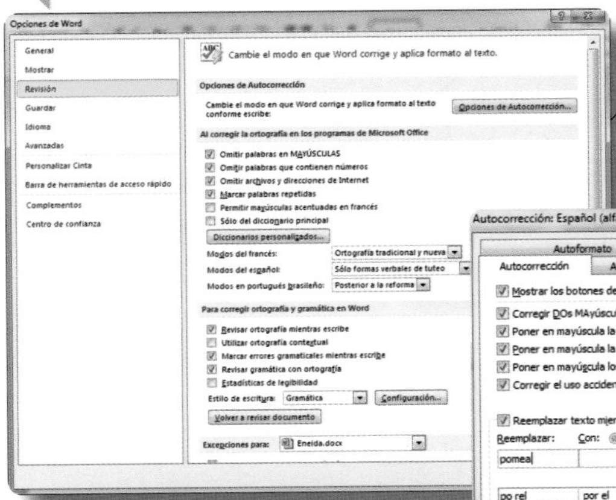


7

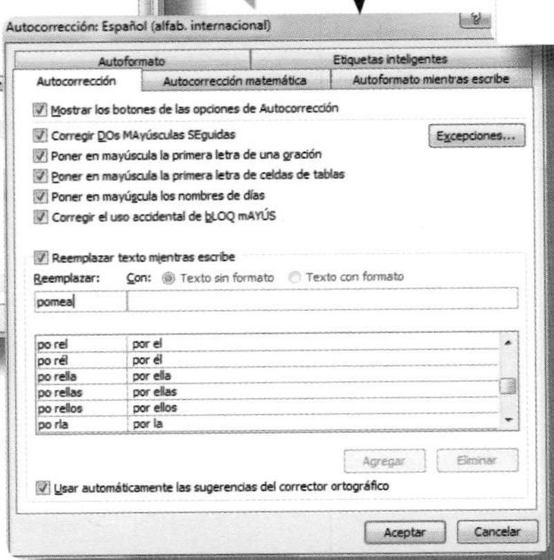


8

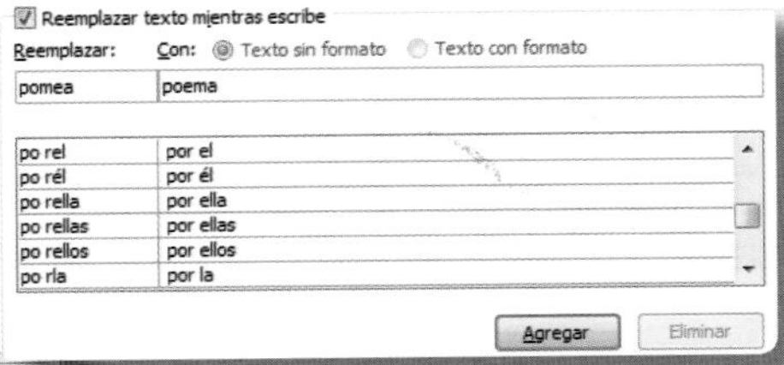


9

10

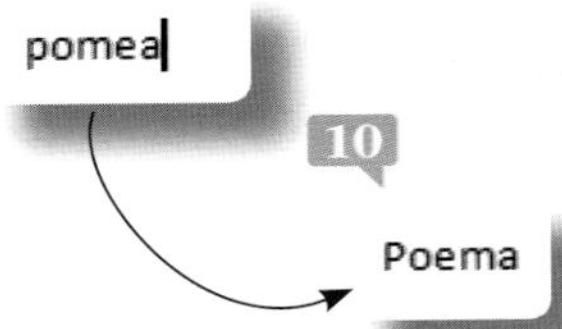

# Trabajar con la autocorrección II

## IMPORTANTE

Gracias a las excepciones podemos conseguir que ciertas palabras acepten dos mayúsculas seguidas, que otras no se escriban tal y como está establecido por el diccionario del programa, o bien que las palabras situadas detrás de una abreviación específica no empiecen en mayúsculas.

LA FICHA AUTOCORRECCIÓN DEL CUADRO DE DIÁLOGO del mismo nombre nos permite crear excepciones a las normas establecidas en lo que a letra inicial, mayúscula inicial y otras correcciones se refiere.

1. En este ejercicio seguiremos trabajando con las opciones de autocorrección de Word. En concreto, aprenderemos a crear excepciones a las reglas del programa. Para empezar, haga clic la pestaña **Archivo**, pulse sobre el comando **Opciones**, active la categoría **Revisión** en el cuadro de diálogo **Opciones de Word** y pulse sobre el botón **Opciones de autocorrección.** 1
2. En la ficha **Autocorrección**, pulse sobre el botón **Excepciones.** 2
3. La primera de las tres fichas del cuadro de diálogo **Excepciones de Autocorrección**, **Letra inicial**, permite insertar una abreviación o cualquier otra palabra seguida de un punto después de la cual no es necesario que se escriban mayúsculas. En este caso, agregaremos la abreviatura de la palabra **capítulo**. Escriba la abreviación **cap.** y pulse el botón **Agregar.** 3
4. A continuación, pulse sobre la pestaña **MAyúscula Inicial** para activar esa ficha. 4

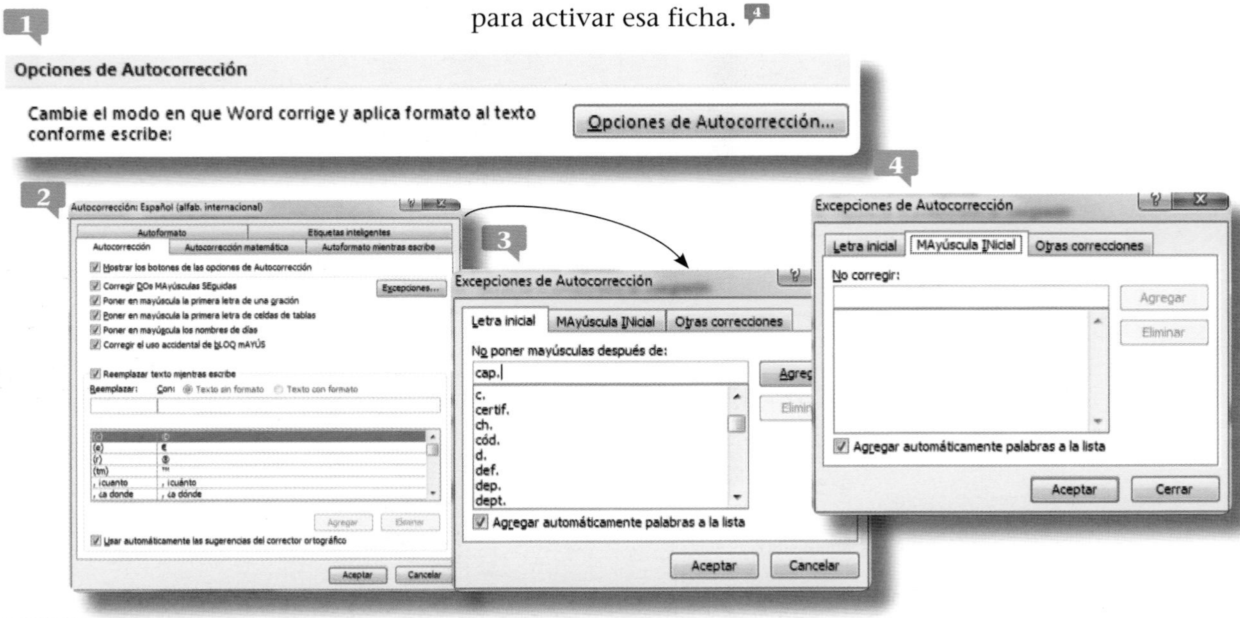

5. En esta ficha se insertan aquellas palabras que pueden contener, a diferencia del resto, más de una letra en mayúsculas. Haga clic en el campo **No corregir**, escriba la palabra **CAso** con las dos primeras letras en mayúsculas y pulse el botón **Agregar**.
6. Active ahora la ficha **Otras correcciones**.
7. La última de las fichas del cuadro de diálogo **Excepciones de Autocorrección** se utiliza para insertar aquellas palabras que no desea sean corregidas. En el cuadro **No corregir** deberá insertarse la palabra mal escrita. Haga clic dentro de este campo, escriba en minúsculas la palabra **lapiz** sin acento, pulse el botón **Agregar** y seguidamente el botón **Aceptar**.
8. Termine la operación pulsando sobre el botón **Aceptar** del cuadro de diálogo **Autocorrección** y cierre también el cuadro **Opciones de Word** pulsando el botón **Aceptar**.
9. A continuación, comprobaremos si el programa ha asimilado las excepciones que acabamos de introducir. Escriba la abreviatura **cap.** y luego pulse la **barra espaciadora**.
10. Seguidamente, inserte la palabra **CAso** con las dos primeras letras en mayúsculas y pulse la **barra espaciadora**.
11. Por último, inserte en minúsculas la palabra **lapiz**, sin acento, y pulse la tecla **Retorno**.

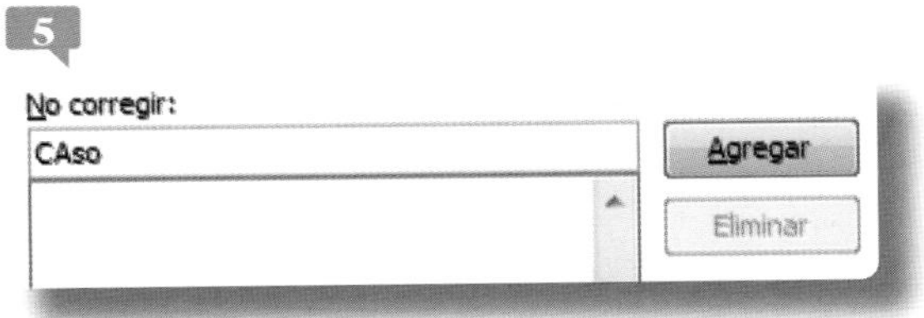


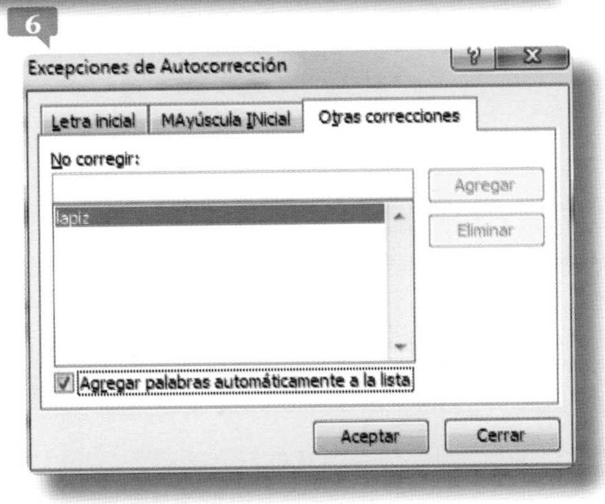


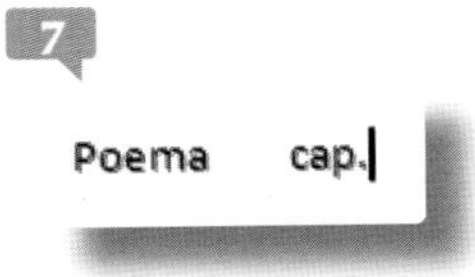


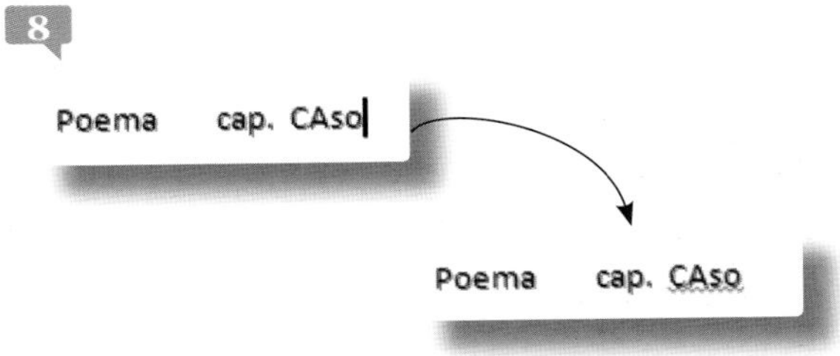


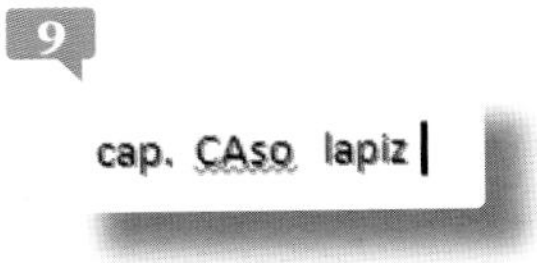

# Configurar las opciones de autocorrección

## IMPORTANTE

El pequeño indicador de la etiqueta **Opciones de Autocorrección** sólo es visible si pasamos el puntero del ratón sobre la palabra o letra en cuestión, momento en que muestra todo el icono entero. Al igual que ocurre con el resto de etiquetas inteligentes, las opciones se adaptan a cada caso, pudiendo ser muy distintas entre ellas.

Poema

LAS OPCIONES DE AUTOCORRECCIÓN NO SÓLO figuran dentro del cuadro de diálogo Autocorrección sino que también se presentan en forma de etiqueta inteligente. Microsoft Word identifica aquellas palabras que podrían ser objeto de cualquier modificación o cambio desde el cuadro de autocorrección y las identifica situando una pequeña línea de color azul bajo las mismas.

1. En este ejercicio practicaremos con la etiqueta inteligente **Opciones de Autocorrección**, que nos ofrece una serie de acciones que podemos llevar a cabo con una palabra que Word no encuentra en su diccionario. Escriba en minúsculas la palabra **lapiz**, sin acento, y pulse la **barra espaciadora.** 1
2. Automáticamente, Word aplica la regla por la cual las oraciones deben empezar en mayúsculas. 2 Sitúe el puntero del ratón sobre la letra L de esta palabra y, cuando aparezca una pequeña línea azul que la subraya, 3 haga clic sobre ella para ver las opciones de la etiqueta inteligente **Opciones de Autocorrección.** 4
3. Seleccione **Controlar opciones de Autocorrección.** 5
4. Aparece en pantalla el cuadro de diálogo **Autocorrección** con la ficha de igual nombre activada. De este modo, queda clara

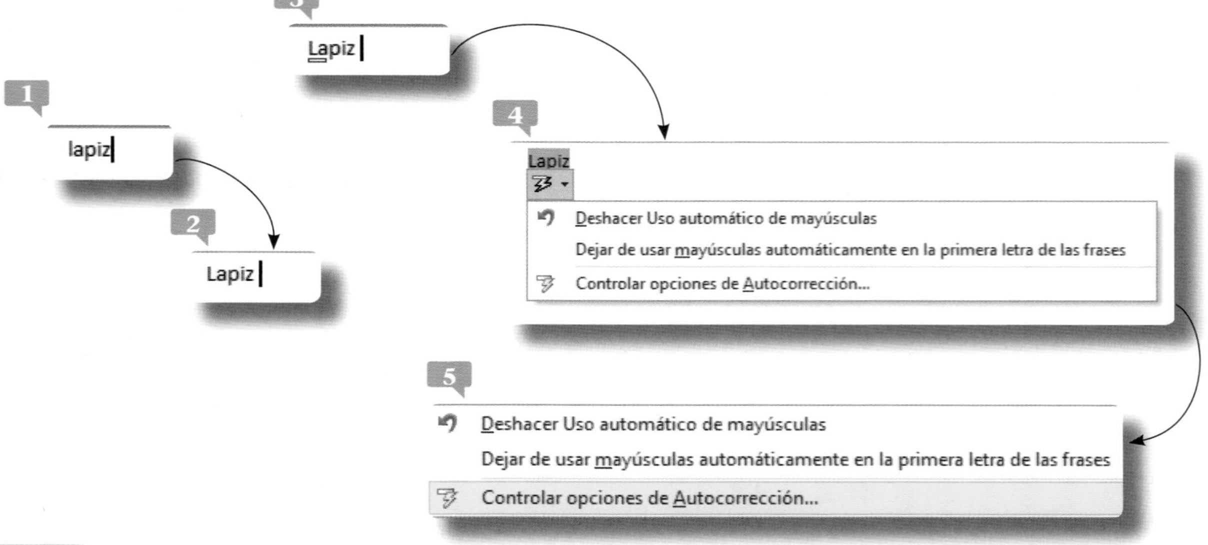

# 082

la relación entre la etiqueta inteligente **Opciones de Autocorrección** y el comando de la ficha **Revisión** del cuadro **Opciones**. Pulse el botón **Aceptar**.

5. A continuación, sitúe de nuevo el puntero sobre la letra L de la palabra **Lapiz** y, cuando aparezca la línea azul, pulse sobre ella para volver a desplegar las opciones de autocorrección.
6. Las opciones de la etiqueta inteligente **Opciones de Autocorrección** dependen de la palabra y la regla que se aplique a la misma. Como ve, en este caso las opciones tienen relación con el uso de las mayúsculas. Haga clic sobre la opción **Deshacer uso automático de mayúsculas.**
7. La palabra se muestra ahora en minúsculas, lo que indica que no se aplicado la regla de mayúsculas al inicio de oración. Pulse la **barra espaciadora**, escriba la palabra errónea **pomea** y pulse de nuevo la **barra espaciadora.**
8. Sitúe el puntero del ratón sobre la letra **p** de esta palabra y, cuando aparezca la barra azul, haga clic sobre ella para ver las opciones de autocorrección para este término.
9. En este caso, como la palabra que hemos escrito fue añadida anteriormente a la lista de correcciones automáticas, el programa nos ofrece la posibilidad de volver a la forma incorrecta o de detener la corrección automática de dicho término. Pulse sobre la opción **Volver a pomea**.

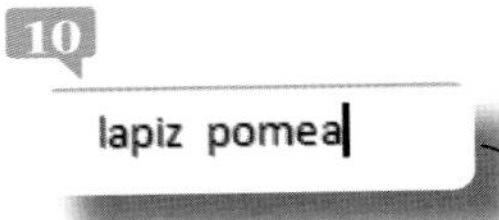

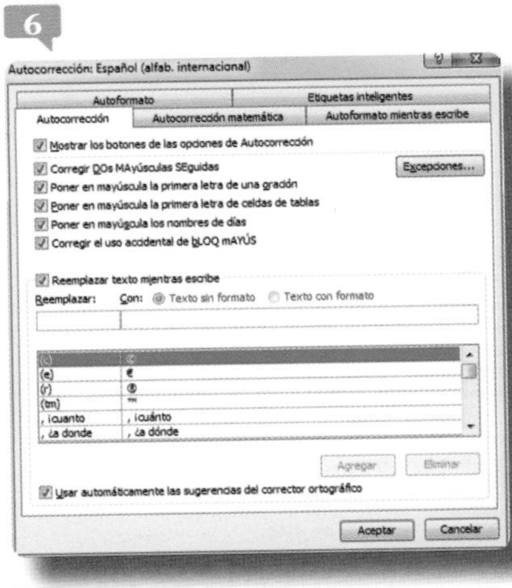


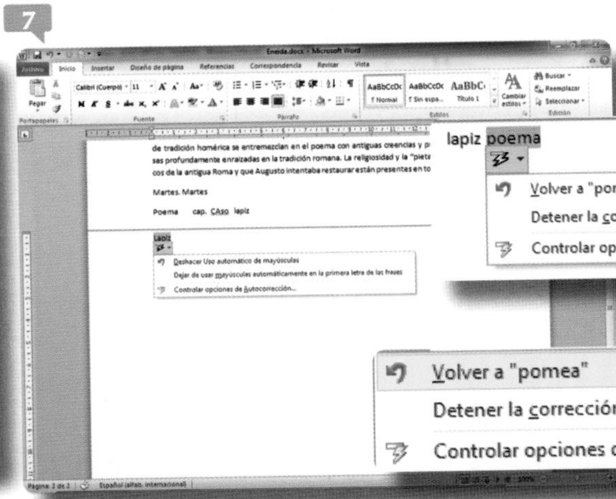


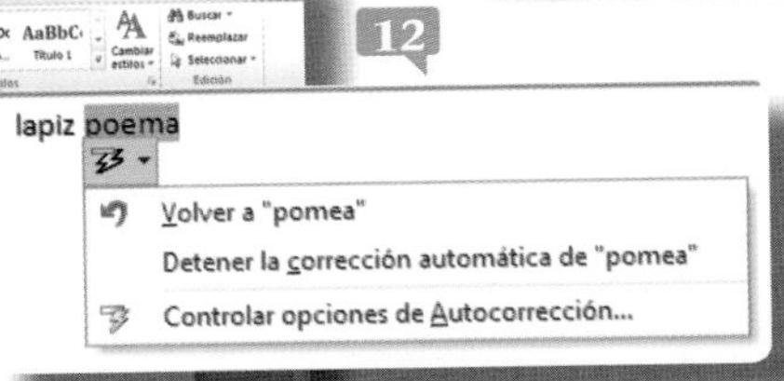


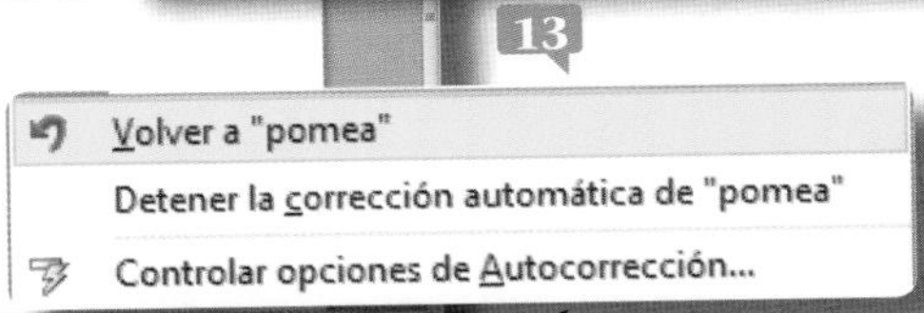

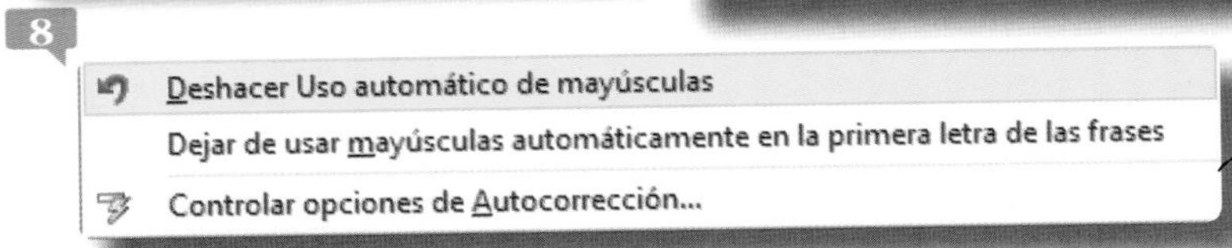

# Trabajar con la función de autoformato

## IMPORTANTE

Aunque la función **Autoformato** que se incluía en Office 2003 no se encuentra en Office 2010, es posible servirse de sus funcionalidades gracias a las opciones que aparecen en las fichas **Autoformato mientras escribe** y **Autoformato** del cuadro **Autocorrección**.

EL FORMATO AUTOMÁTICO FACILITA y agiliza la entrada de determinado tipo de texto. Las opciones específicas disponibles en estas dos fichas del cuadro Autocorrección dependen del programa de la suite de Office que utilice. En Word 2010, entre las acciones realizadas por el autoformato destacan la aplicación de estilos, el reemplazo de quebrados por caracteres de fracción y el de números ordinales de tipo 1o por superíndice.

1. Para empezar, haga clic en la pestaña **Archivo** y pulse sobre el comando **Opciones**. [1]
2. En el cuadro **Opciones de Word**, pulse sobre la categoría **Revisión** del panel de la izquierda y haga clic en el botón **Opciones de Autocorrección**. [2]
3. Como puede ver, el cuadro de diálogo **Autocorrección** incluye dos fichas que hacen referencia al formato automático: **Autoformato** y **Autoformato mientras escribe**. Haga clic en la segunda de ellas para visualizar su contenido. [3]
4. En esta ficha se encuentran una serie de opciones de formato automático de texto que pueden facilitar y agilizar enorme-

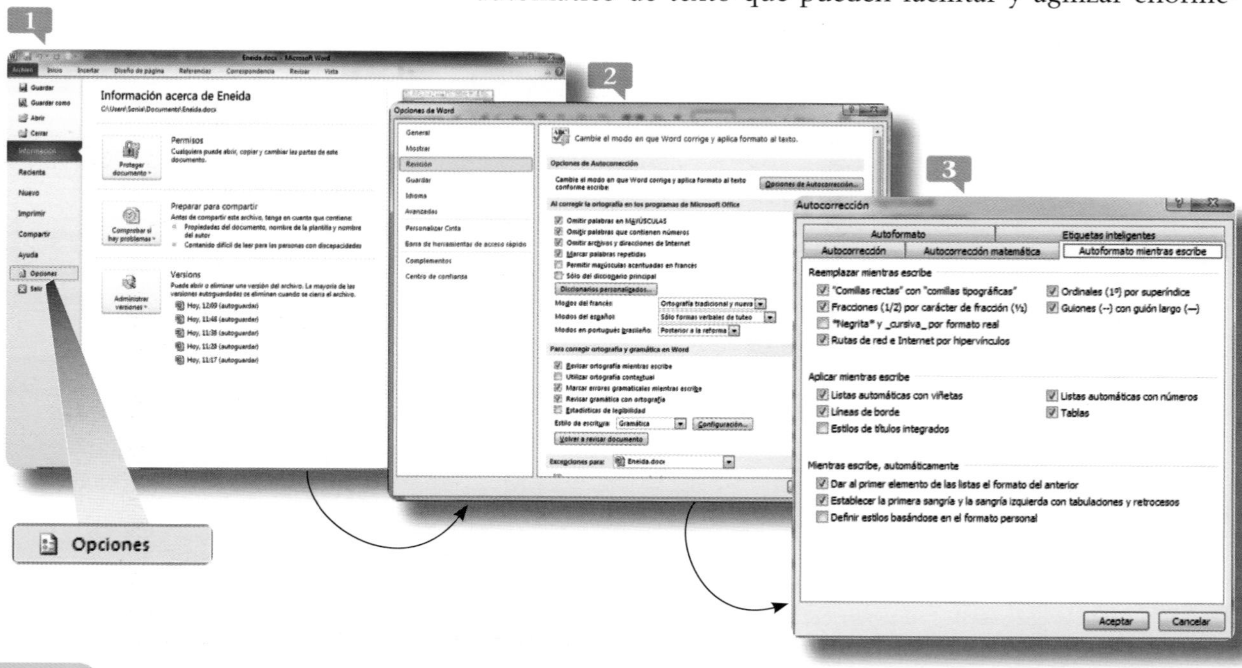

**083**

mente la introducción de determinados tipos de texto. Como ve, entre otras acciones, Word cambiará automáticamente las fracciones escritas con caracteres normales por fracciones con caracteres de fracción y también los números ordinales por superíndices. Además, aplicará mientras escribe listas automáticas con viñetas y con números, líneas de borde y tablas. Para cambiar el estado de cualquiera de las opciones de autoformato que se muestran en esta ficha, basta con pulsar en su casilla de verificación. Mantenga las opciones de autoformato mientras escribe tal y como aparecen en esta ficha y pulse el botón **Aceptar**.

5. Salga también del cuadro **Opciones de Word** pulsando el botón **Aceptar**.
6. Vamos a comprobar ahora que, efectivamente, las funciones de autoformato activadas hacen que se aplique un formato de texto específico a determinados tipos de texto. Escriba la fracción **1/2** [4] y pulse la **barra espaciadora**.
7. Automáticamente la fracción pasa a mostrarse con caracteres de fracción, más pequeños que los normales. [5] Ahora escriba la combinación **1o** [6] y pulse la **barra espaciadora**.
8. También en este caso se aplica la opción de formato automático correspondiente, la que convierte la letra **o** en un superíndice. [7] Una vez comprobado que las opciones de autoformato se aplican correctamente, acabaremos este sencillo ejercicio guardando los cambios. Pulse el icono **Guardar** de la **Barra de herramientas de acceso rápido** para almacenar los cambios y dar por acabado el ejercicio. [8]

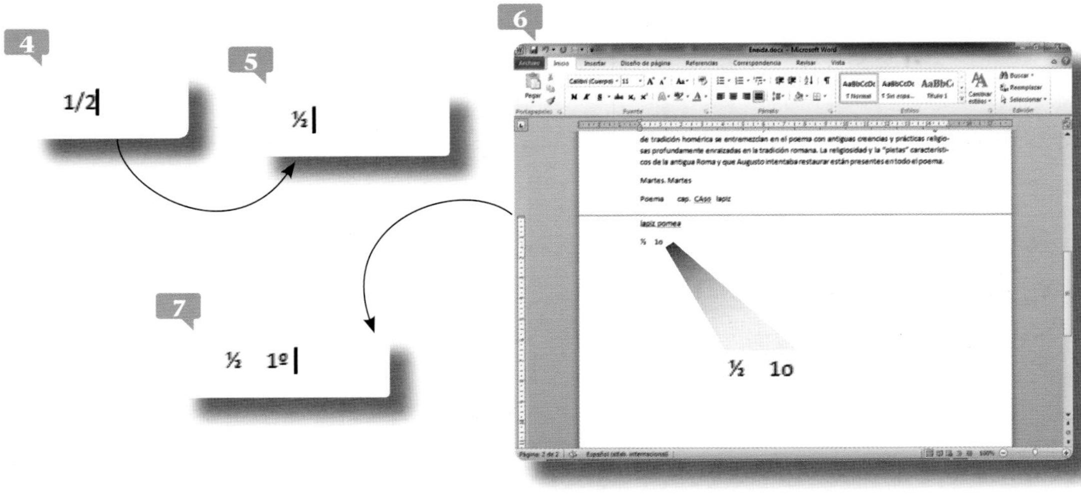

# Crear un elemento de autocorrección

ES POSIBLE AÑADIR UN ELEMENTO PROPIO de autocorrección al listado de textos para reemplazar; para ello, basta con seleccionar el símbolo que queramos en el cuadro Símbolo y utilizar el botón Autocorrección para asignarle una combinación de texto específica. Siempre y cuando se encuentre activada la opción de autocorrección, al insertar esa combinación en el documento, ésta se sustituirá por el símbolo indicado.

1. En este ejercicio vamos a aprender a configurar nuestro propio elemento de autocorrección. Haremos que una combinación concreta de texto se sustituya automáticamente por un símbolo al insertarla en el documento. Para empezar, debemos acceder al cuadro **Símbolo**. Haga clic en la pestaña **Insertar** de la **Cinta de opciones**. 1
2. En el grupo de herramientas **Símbolos**, despliegue el comando **Símbolo** y pulse sobre la opción **Más símbolos.** 2
3. Como puede ver, la ficha **Símbolos** del cuadro **Símbolo** incluye el botón **Autocorrección**, a través del cual podemos hacer que una combinación de texto se corrija automáticamente por uno de los símbolos disponibles. Seleccione con un clic el símbolo que desee. 3
4. Pulse el botón **Autocorrección.** 4

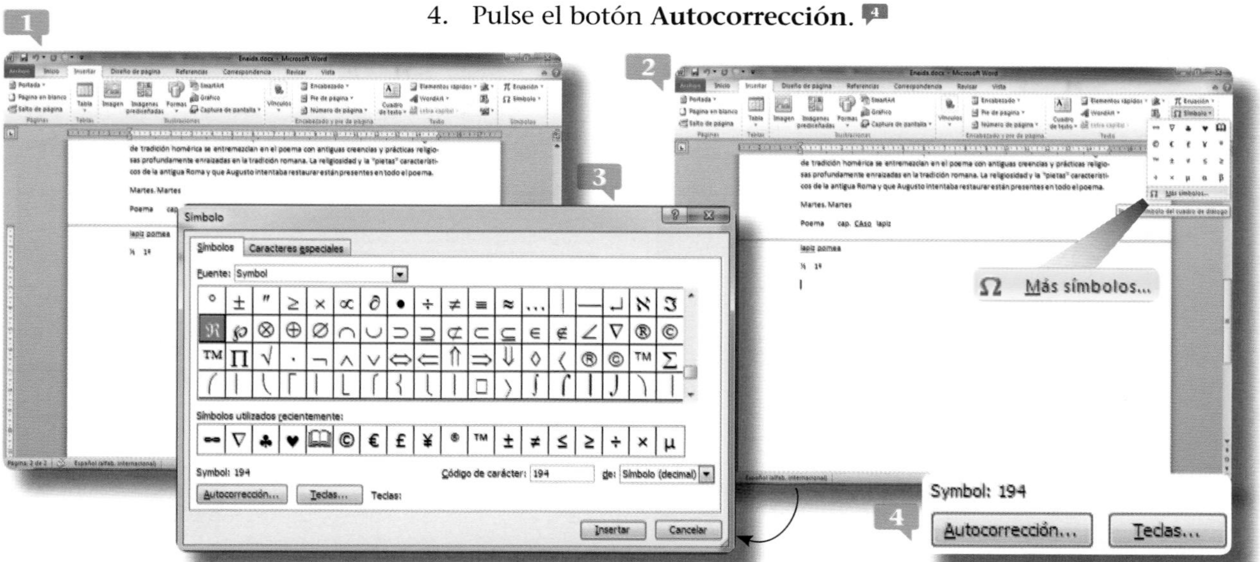

084

5. Se abre de este modo el cuadro **Autocorrección**, en cuyo apartado **Reemplazar texto mientras escribe** debemos introducir la combinación de texto que queremos utilizar para insertar automáticamente el símbolo seleccionado. Observe que dicho símbolo aparece ya en el campo **Con**. En el campo **Reemplazar**, donde ya se encuentra el cursor de edición, escriba la combinación **/r/**. 5
6. Pulse el botón **Agregar**.
7. Una vez agregado el elemento de autocorrección a la lista, 6 pulse el botón **Aceptar** para salir del cuadro **Autocorrección**.
8. Recuerde que usando el botón **Insertar** del cuadro **Símbolos** el símbolo que se encuentra seleccionado en estos momentos se insertará en el punto en que se halla el cursor de edición. Como queremos comprobar que la configuración del elemento de autocorrección que acabamos de llevar a cabo es correcta, cierre el cuadro **Símbolo** pulsando el botón **Cerrar**. 7
9. Escriba ahora la combinación **/r/**. 8
10. Efectivamente, al insertar la segunda barra, la combinación se convierte de manera automática en el símbolo que hemos indicado. 9 Para acabar este sencillo ejercicio en el que hemos aprendido a crear nuestro propio elemento de autocorrección, guarde los cambios pulsando el icono **Guardar** de la **Barra de herramientas de acceso rápido**. 10

5

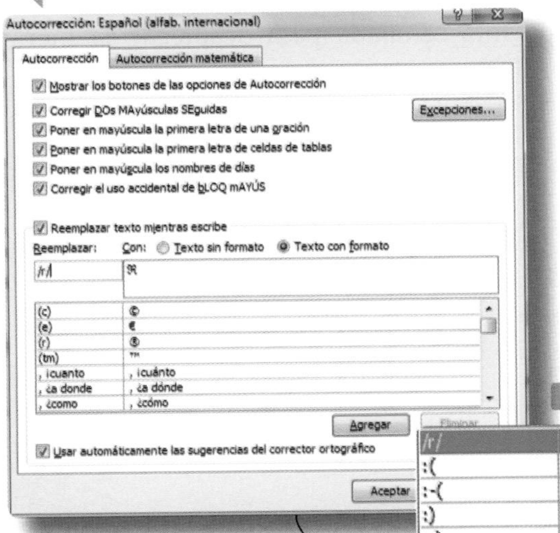


6

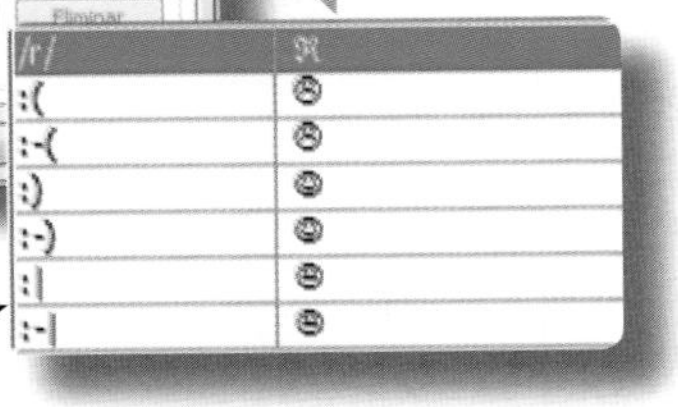


7

8

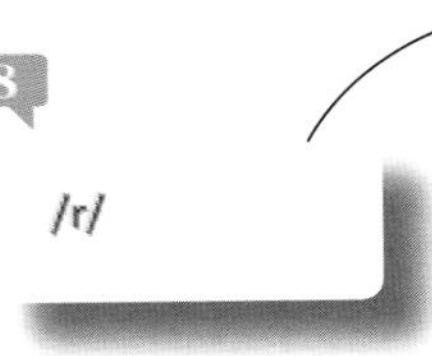


9

10

# Establecer el idioma de corrección

## IMPORTANTE

Para que Word realmente detecte los idiomas de forma automática, es necesario configurar el equipo para que éste pueda editar los documentos en varios idiomas, instalando todos los archivos necesarios.

EL COMANDO ESTABLECER EL IDIOMA DE CORRECCIÓN, que se incluye en esta versión del programa en el nuevo grupo de herramientas Idioma de la ficha Revisar, permite definir el idioma y los diccionarios que se utilizarán tanto para la revisión ortográfica y gramatical como para las herramientas de autocorrección, autotexto, etc.

1. Para empezar, sitúese en la pestaña **Revisar**, despliegue el comando **Idioma** del grupo de herramientas del mismo nombre y elija la opción **Establecer el idioma de corrección.** [1]
2. Se abre de este modo el cuadro de diálogo **Idioma.** Tras comprobar todas las opciones que aparecen en él, pulse sobre el botón **Aceptar.** [2]
3. A continuación, escribiremos alguna palabra en inglés para ver si el programa la corrige y la identifica como distinta al idioma predefinido, en este caso, el español de España con alfabeto internacional. Escriba en minúsculas el término **peace** [3] y pulse la **barra espaciadora.**
4. Como puede ver, el programa marca automáticamente la palabra como un error ortográfico, ya que no la encuentra en su diccionario de español. [4] Haga clic con el botón derecho del ratón sobre la palabra señalada para desplegar su menú contextual. [5]

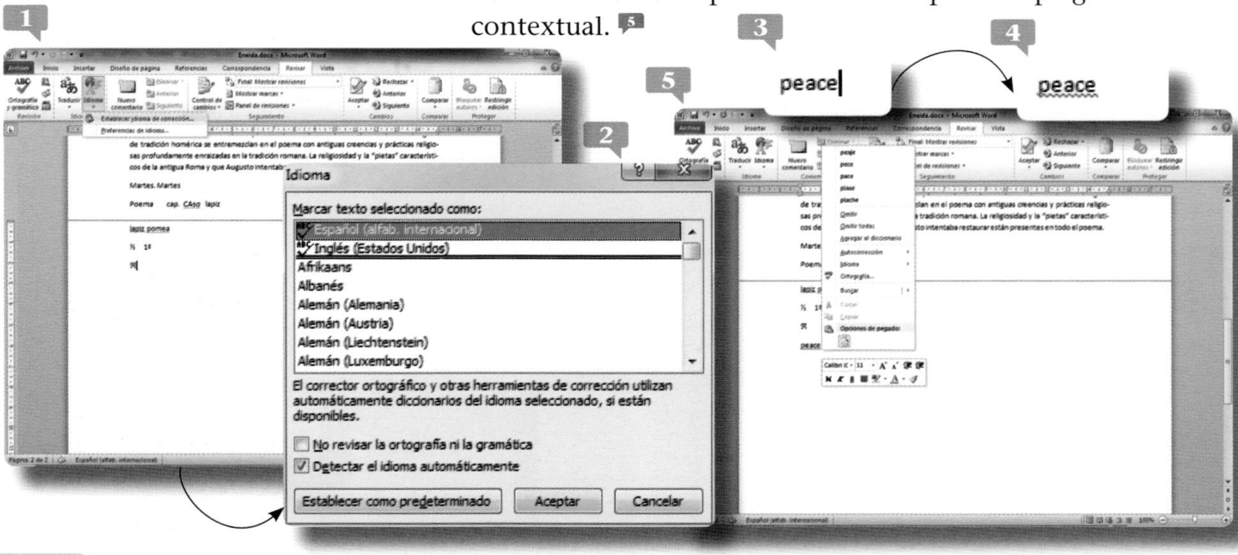

# 085

5. El menú contextual del término ofrece las sugerencias de corrección del mismo y permite también acceder al cuadro **Idioma** para definir el idioma. Pulse sobre la opción **Idioma** y haga clic en el comando **Inglés (Estados Unidos).**
6. Como ve, la **Barra de estado** muestra el idioma configurado para el texto seleccionado. Seguidamente, iniciaremos la revisión ortográfica y gramatical para ver en qué idioma se realiza la revisión ahora. Pulse sobre el comando **Ortografía y gramática**, en el grupo de herramientas **Revisión.**
7. En el cuadro de diálogo **Ortografía y gramática** el idioma del diccionario es el Inglés (Estados Unidos). En este caso, el programa propone poner en mayúsculas el término **peace**, ya que se encuentra al principio de una frase. Acepte la sugerencia de corrección pulsando el botón **Cambiar** y el botón **Cerrar.**
8. A continuación, veremos cómo cambiar la configuración de idioma predeterminada. Despliegue de nuevo el comando **Idioma** del grupo de herramientas del mismo nombre y elija la opción **Establecer idioma de corrección.**
9. En el cuadro **Idioma**, haga clic sobre el idioma **Español (alfab. internacional)** y pulse el botón **Establecer como predeterminado.**
10. Word entiende así que deseamos predeterminar el idioma español para todos los documentos nuevos del programa basados en la plantilla Normal. Pulse el botón **Sí.**

## IMPORTANTE

En el cuadro **Idioma,** la marca de verificación situada junto al nombre de los idiomas significa que los archivos de ortografía de los mismos están instalados o bien que pueden instalarse desde el CD-ROM original. El recuadro en el que aparecen los primeros dos idiomas se irá modificando a medida que vaya seleccionando nuevos idiomas. Observe también que la opción **Detectar el idioma automáticamente** está activada por defecto.

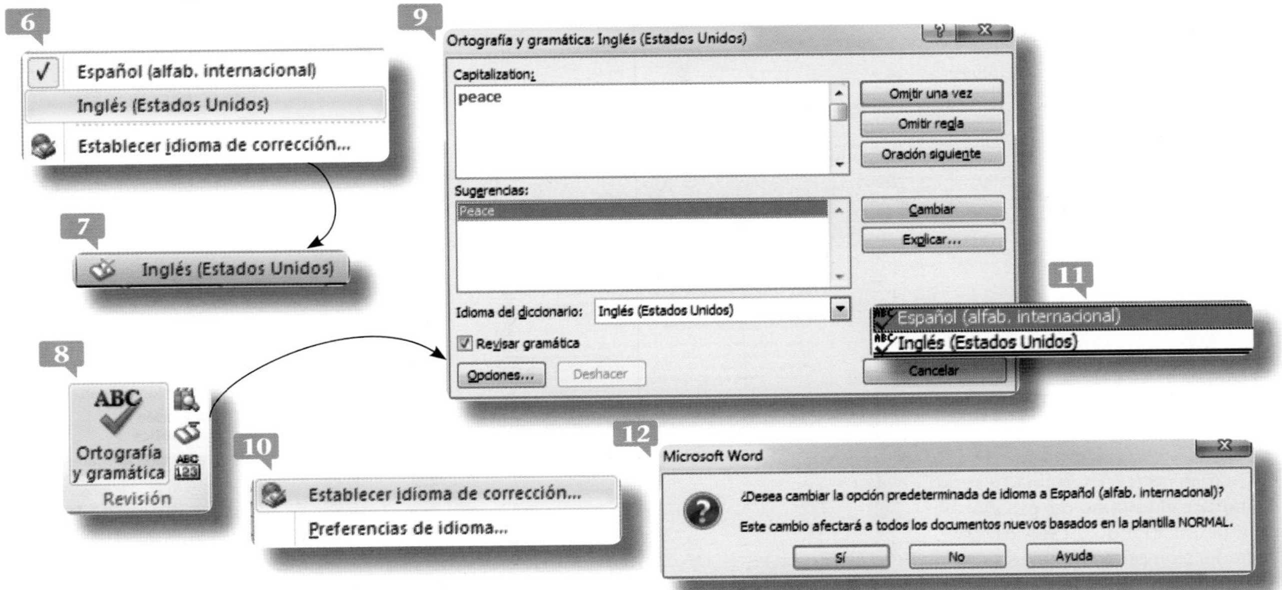

# Traducir

## IMPORTANTE

La traducción automática puede resultar muy útil para hacerse una idea del contenido de un documento, pero se recomiendan las traducciones humanas cuando el documento es importante o se necesita una traducción afinada y precisa.

LA FUNCIÓN REFERENCIA PERMITE TRADUCIR palabras o frases cortas, utilizando para ello diccionarios bilingües, o bien traducir un documento entero con los servicios de traducción automática basada en Web que ofrece Word.

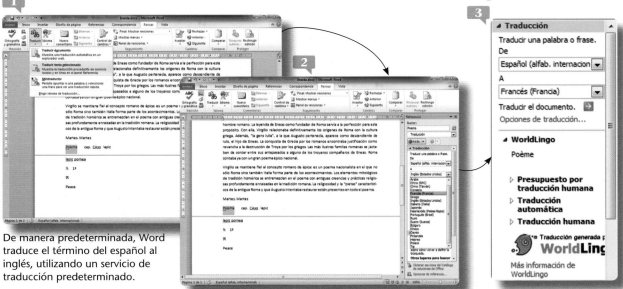

1. En este ejercicio aprenderemos a traducir una palabra concreta, una frase y un documento entero utilizando para ello las herramientas de traducción que Word 2010 pone a nuestra disposición. Empezaremos seleccionando una palabra. Haga doble clic sobre la palabra **poema**, pulse sobre el comando **Traducir**, incluido en el nuevo grupo de herramientas **Idioma** de la ficha **Revisar**, y elija de la lista la opción **Traducir texto seleccionado.** 1
2. Aparece el panel de tareas **Referencia** con la función **Traducción** activada. Para traducir el término al francés, haga clic en el botón de punta de flecha del campo **A**, donde se muestra la opción **Inglés (Estados Unidos)** y seleccione la opción **Francés.** 2
3. El programa pone en marcha su motor de traducción predeterminado y busca la palabra adecuada, que en este caso es **poème.** 3 Veamos ahora cómo traducir una palabra sin necesidad

1

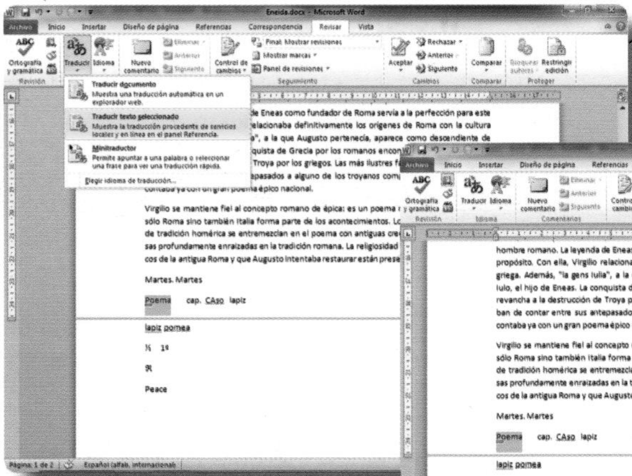

De manera predeterminada, Word traduce el término del español al inglés, utilizando un servicio de traducción predeterminado.

2

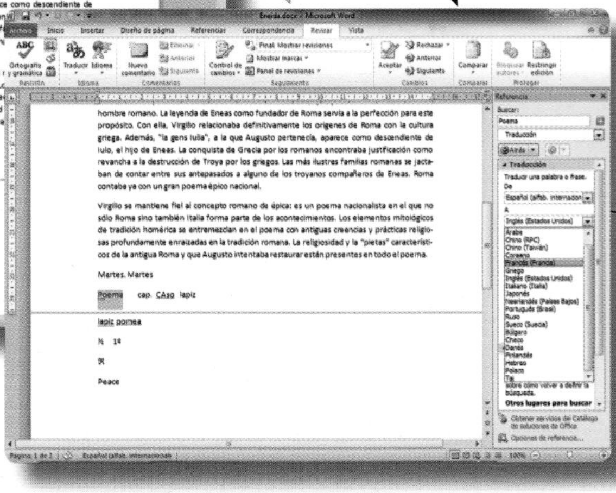

3

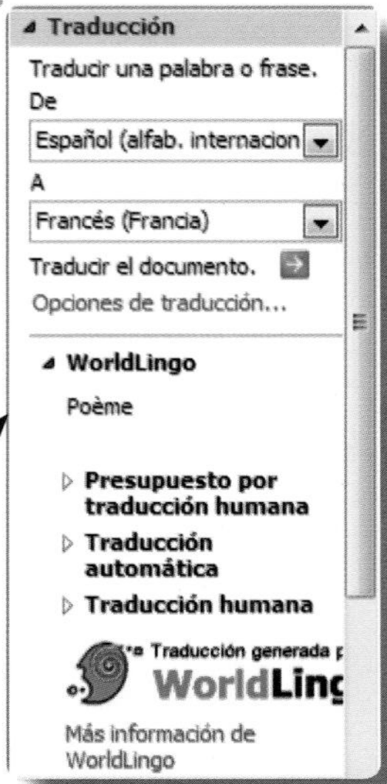

de que ésta pertenezca al documento activo, sino simplemente a modo de consulta. En el campo **Buscar** del panel **Referencia**, escriba la palabra **flor** y pulse el botón **Iniciar búsqueda**, el que muestra una flecha sobre un fondo verde. [4]

4. Efectivamente, el cuadro **Traducción** muestra su equivalente en francés, **fleur**. [5] Pulse el botón de aspa de la **Barra de título** del panel **Referencia** para cerrarlo.
5. Sitúese al inicio del documento, haga clic delante de la palabra **por** de la segunda línea del primer párrafo, pulse la tecla **Mayúsculas** y, sin liberarla, haga clic al final de la palabra **dioses** de esa misma línea. [6]
6. Pulse la tecla **Alt.** y, sin soltarla, haga clic sobre el fragmento de texto seleccionado.
7. Se abre nuevamente el panel **Referencia** mostrando la traducción al francés del fragmento de texto seleccionado. [7] Antes de acabar este ejercicio en el que hemos aprendido a traducir texto en Word, traduciremos todo el documento actual al francés. Haga clic sobre el botón de flecha que aparece junto a la opción **Traducir el documento** en el panel [8] y pulse el botón **Enviar** del cuadro **Traducir todo el documento** para proceder a la traducción.

Se abre así su navegador de Internet mostrando el resultado de la traducción de nuestro documento al francés en la página del traductor predeterminado. [9]

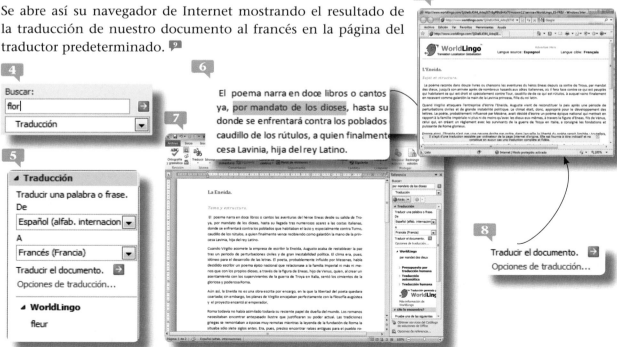

# 086

## IMPORTANTE

Sepa que también es posible acceder a este panel usando la opción **Traducir** del menú contextual de la palabra. Para personalizar los recursos que Word usa para las traducciones debemos acceder al cuadro **Opciones de traducción** pulsando sobre el vínculo correspondiente del panel **Referencias**. Además, este mismo panel muestra vínculos a distintas páginas web que ofrecen servicios de traducción automática.

9

4

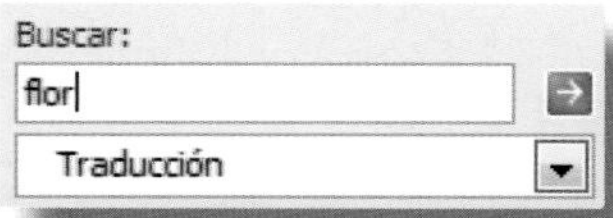


6

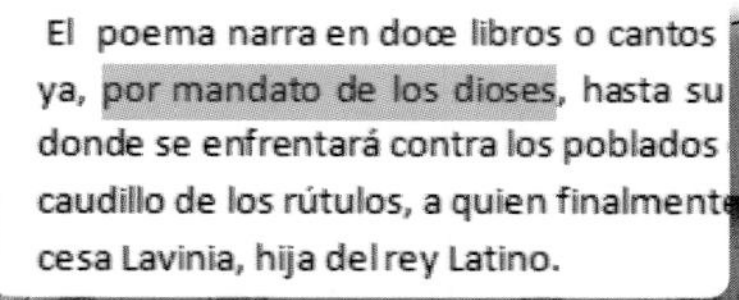


7

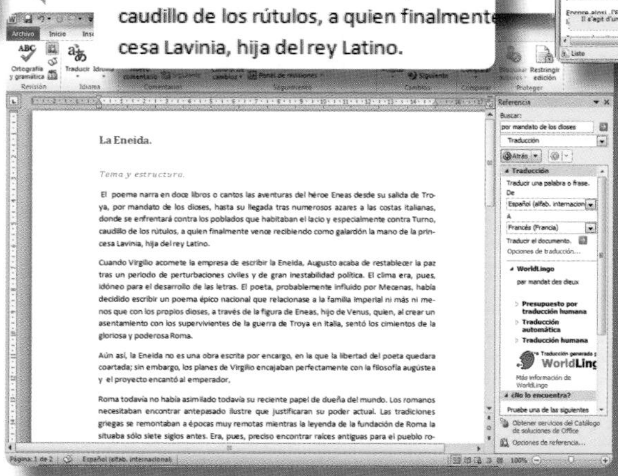


5

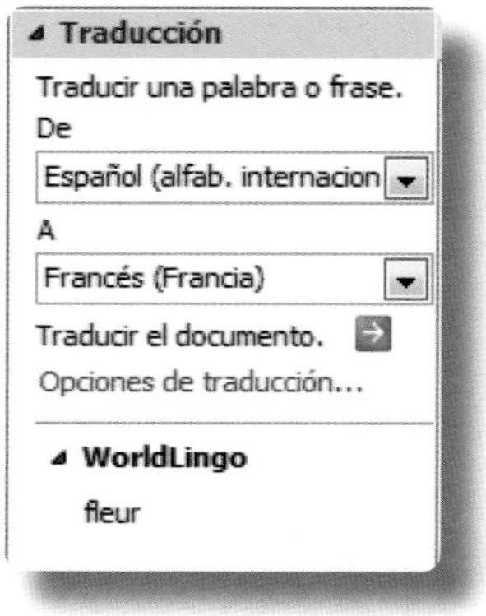


8

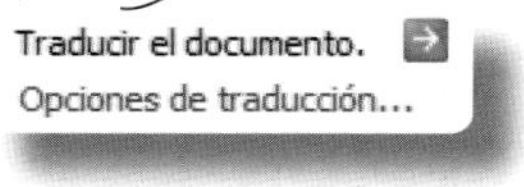

# Combinar correspondencia I

> **IMPORTANTE**
>
> Las fuentes de datos son las bases de datos en las que figura toda la información necesaria que puede requerirse al realizar tales documentos. El fichero de fuentes de datos contiene una lista de nombres y direcciones para que el documento tipo se remita de forma personalizada a cada uno de ellos. De esta forma, no es necesaria la creación de un documento por y para cada destinatario.

LA COMBINACIÓN DE CORRESPONDENCIA automatiza el proceso de insertar información personal, como un nombre o una dirección, en un documento que se debe enviar a muchas personas. Estos documentos podrían ser mensajes electrónicos, sobres, etiquetas, cartas, etc.

1. Imaginemos que deseamos enviar el documento **Eneida** a varios destinatarios como si fuera una carta. Lo primero que debemos hacer es crear un fichero con los datos de los destinatarios, acción que llevaremos a cabo mediante el Asistente para combinar correspondencia. Sitúese en la ficha **Correspondencia** de la **Cinta de opciones**, despliegue el comando **Iniciar combinación de correspondencia** y seleccione la opción **Paso a paso por el Asistente para combinar correspondencia.** 1
2. Se abre de este modo a la derecha del área de trabajo el panel **Combinar correspondencia**. En el apartado **Seleccione el tipo de documento** mantenga seleccionada la opción **Cartas** y pulse sobre el vínculo **Siguiente: Inicie el documento.** 2
3. También en este paso mantendremos la opción que aparece seleccionada por defecto, por la cual el programa utilizará el documento actual para configurar las cartas. 3 Nuevamente pulse sobre el vínculo **Siguiente.** 4

1

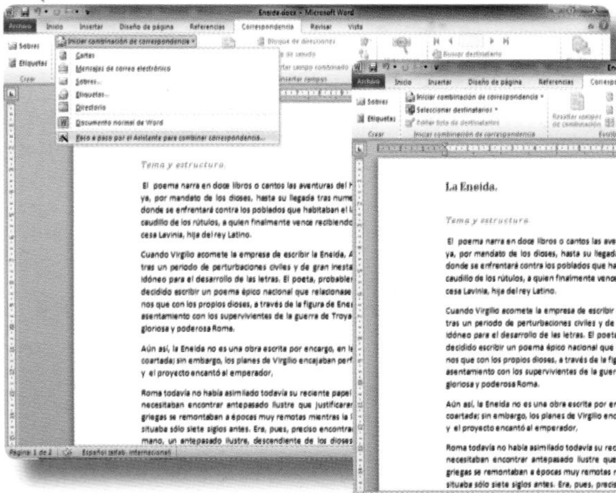

2

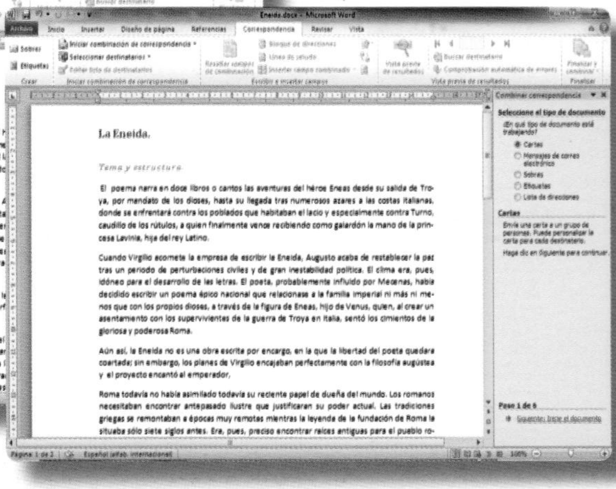

3

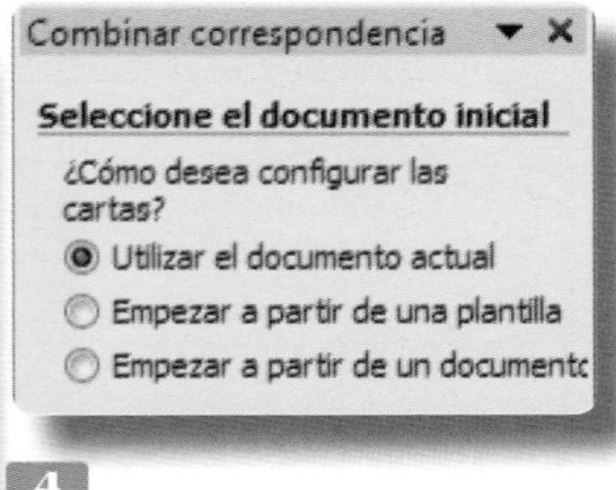


4

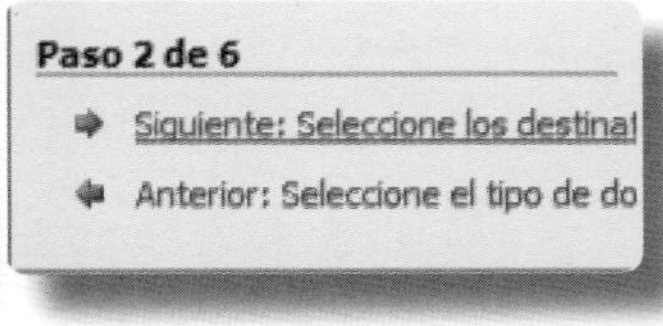

4. En este paso debemos seleccionar los destinatarios pero, como de momento no disponemos de ninguna lista, utilizaremos el asistente para crear una partiendo de cero. Marque la opción **Escribir una lista nueva** y pulse sobre el vínculo **Crear.** 5
5. Aparece en pantalla el cuadro de diálogo **Nueva lista de direcciones**. Incluya al menos un par de direcciones y pulse sobre el botón **Aceptar** cuando haya terminado. 6
6. El programa le pide que almacene los registros introducidos. Como ve, la carpeta que aparece por defecto es **Mis archivos de origen de datos**. En el campo **Nombre de archivo** escriba la palabra **contactos** y pulse el botón **Guardar.** 7
7. Se abre el cuadro de diálogo **Destinatarios de combinar correspondencia**, donde aparecen todos los miembros de la lista de contactos y es aquí donde deberá seleccionar los que desea incluir en la lista de destinatarios. Mantenga seleccionados los dos contactos y pulse el botón **Aceptar.** 8
8. Compruebe que en el texto situado bajo el título del apartado **Utilice una lista existente** aparece el nombre del archivo **contactos** como fuente de origen de los destinatarios. 9 Así pues, el primer objetivo ya se ha cumplido. Hemos creado la fuente de datos necesaria para combinar correspondencia. El resto de pasos del proceso los ejecutaremos en el ejercicio siguiente. Pulse en el vínculo **Siguiente** para acceder al cuarto paso del asistente y acabar en este punto el ejercicio. 10

# 087

## IMPORTANTE

Las fuentes de datos pueden crearse desde Microsoft Word o bien importarse de otras aplicaciones como Outlook, Access, Excel, etc. Toda la información de estas fuentes se recoge en registros y campos. Cada registro contiene varios campos. La creación de las fuentes de datos puede realizarse desde el Asistente para combinar correspondencia o bien desde la opción **Seleccionar destinatarios,** también incluida en la ficha **Correspondencia**.

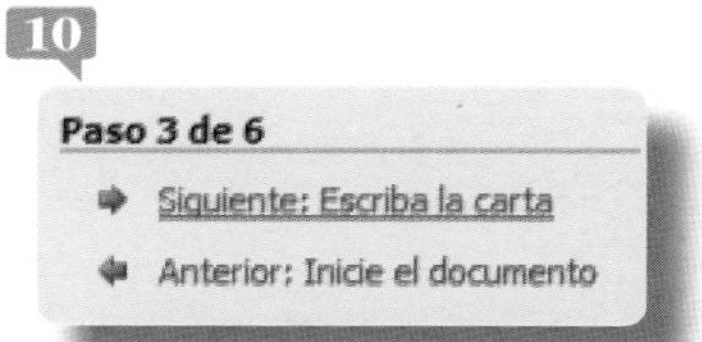

# Combinar correspondencia II

EN ESTE EJERCICIO, EJECUTAREMOS LOS PASOS que faltan con el objetivo de finalizar todo el proceso y generar las cartas que se dirigirán a los destinatarios escogidos. Una vez creada la fuente de datos, debemos especificar las distintas opciones de formato.

1. En estos momentos nos encontramos en la mitad del proceso del **Asistente para combinar correspondencia**. El panel **Combinar correspondencia** muestra el cuarto paso en pantalla. Para empezar situaremos el cursor en el punto donde deseamos insertar la dirección de los destinatarios. Pulse la tecla **Retorno** para añadir una línea en blanco al documento y sitúe en ella el cursor de edición. [1]
2. Haga clic en el vínculo **Bloque de direcciones** del panel **Combinar correspondencia**. [2]
3. Se abre el cuadro de diálogo **Insertar bloque de direcciones** mostrando varias opciones sobre cómo insertar esta información. En el apartado **Corregir problemas**, pulse el botón **Asignar campos**. [3]
4. En el cuadro de diálogo **Asignar campos** podemos ver y modificar la correspondencia entre los campos de la fuente de datos y la información de dirección requerida. En este caso, mantendremos los campos tal y como se muestran por defecto. Pulse el botón **Aceptar**. [4]

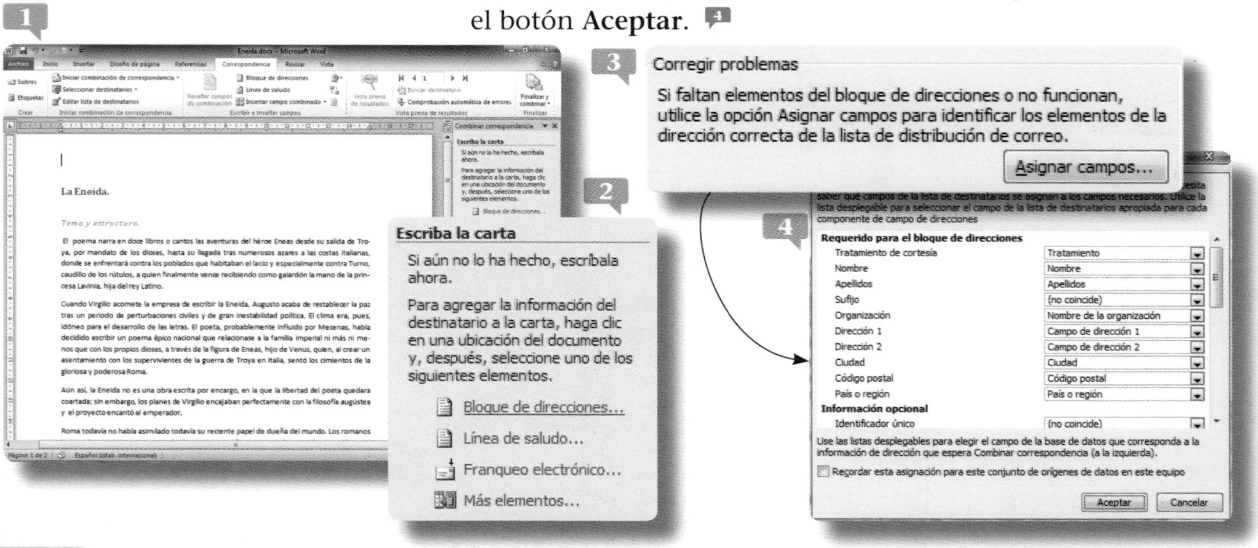

**088**

5. Haga clic en el botón de punta de flecha que señala hacia la derecha situado junto al campo que muestra el número 1, correspondiente al primer destinatario, situado en el apartado **Vista previa.** [5]
6. Aparece así una vista previa de los datos de nuestro segundo destinatario. [6] Pulse el botón **Aceptar**.
7. El siguiente paso del Asistente nos mostrará la vista previa del resultado. Haga clic sobre la opción **Siguiente.** [7]
8. Tenga en cuenta que el formato del bloque de dirección será el que esté aplicado al párrafo en que se encuentra. [8] Veamos cuál será el aspecto del primer registro o destinatario. Pulse sobre el botón con una doble punta de flecha situado a la izquierda del texto **Destinatario2** en el apartado **Vista previa de las cartas.** [9]
9. Por última vez, haga clic sobre el vínculo **Siguiente.** [10]
10. Como ya no queremos realizar ningún tipo de cambio o personalización en las cartas combinadas pasaremos a imprimirlas. Pulse sobre la opción **Imprimir.** [11]
11. Se abre el cuadro de diálogo **Combinar al imprimir** con la opción **Todos** seleccionada. Haga clic sobre el botón **Aceptar** [12] y, en el cuadro **Imprimir**, pulse el botón **Aceptar** para llevar a cabo la impresión de los registros sobre el documento.

## IMPORTANTE

Desde el quinto paso del asistente podemos excluir de la combinación a los destinatarios que queremos así como acceder al cuadro de edición de destinatarios para modificar sus datos.

8

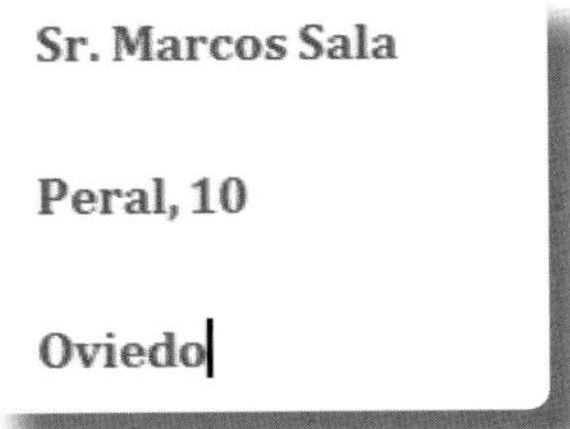


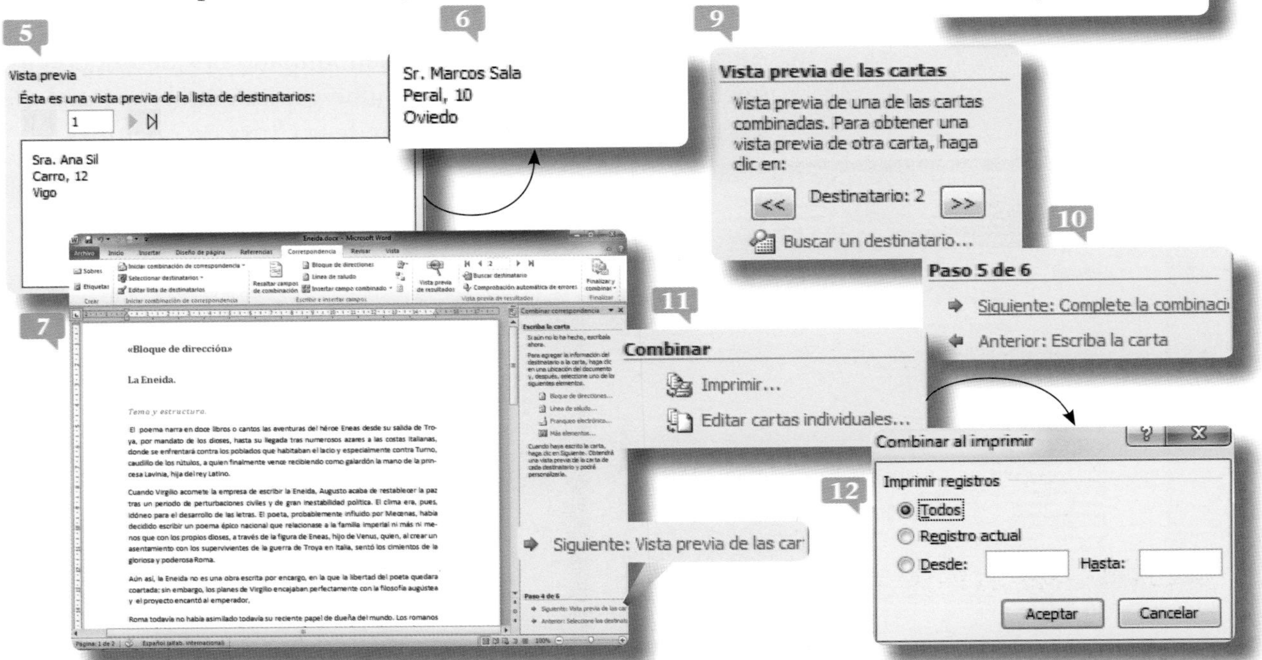

# Crear etiquetas

> **IMPORTANTE**
>
> La combinación de correspondencia que toma como documento tipo un sobre o una etiqueta puede ejecutarse a través del **Asistente para combinar correspondencia** o bien a través de las herramientas de la ficha **Correspondencia**. Asimismo, tanto los sobres como las etiquetas pueden configurarse en cuanto a tamaño y modo de impresión mediante los comandos **Sobres** y **Etiquetas** de la mencionada ficha.

LAS ETIQUETAS Y LOS SOBRES, AL IGUAL QUE las cartas o los mensajes electrónicos, pueden ser objeto de la combinación de correspondencia ya que son dos de los documentos que más habitualmente necesitan crearse siguiendo un único patrón pero con datos distintos.

1. Para empezar, pulse sobre el comando **Etiquetas** del grupo de herramientas **Crear** de la ficha **Correspondencia.** [1]
2. Se abre de este modo el cuadro de diálogo **Sobres y etiquetas**, mostrando activa la ficha **Etiquetas**. Pulse la tecla **Suprimir** para eliminar los datos utilizados por defecto como dirección para las etiquetas y haga clic sobre el botón **Opciones.** [2]
3. Pulse el botón **Detalles** para ver las propiedades del modelo de etiqueta seleccionado en estos momentos. [3]
4. Aparece un cuadro informativo con todas las dimensiones de la etiqueta. [4] Cierre este cuadro de información pulsando el botón **Aceptar** y cierre también el cuadro **Opciones para etiquetas** pulsando el botón **Aceptar**.
5. A continuación, pulse sobre el botón **Nuevo documento**.
6. Se abre un nuevo documento denominado **Etiquetas1** con los registros que se utilizarán para albergar las etiquetas. Haga clic en la pestaña **Correspondencia** de la **Cinta de opciones**.

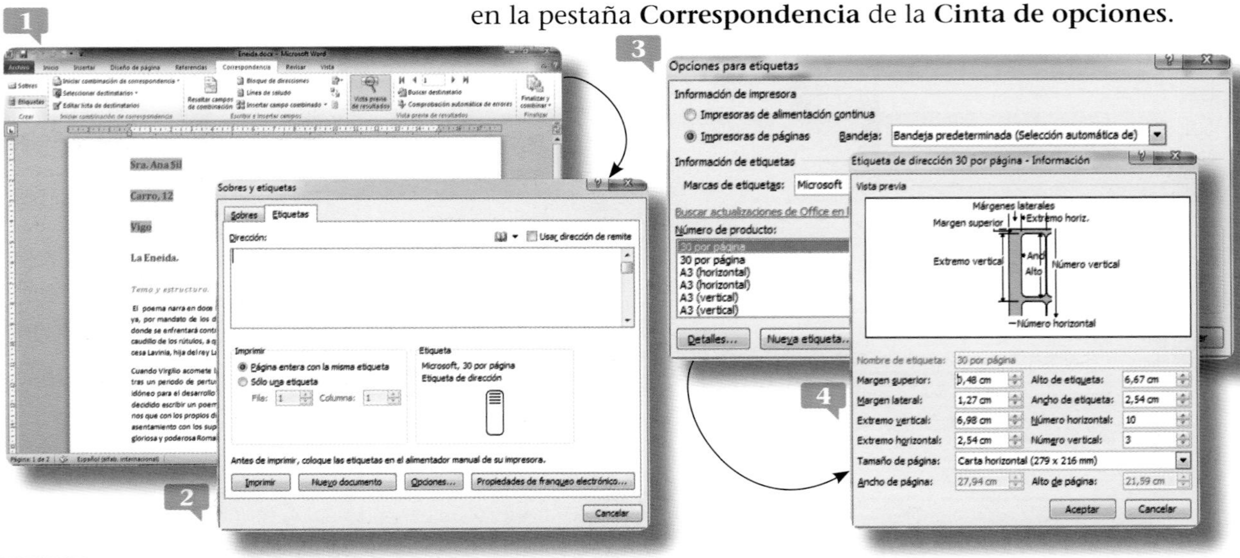

# 089

7. Despliegue el comando **Iniciar combinación de correspondencia** y seleccione la opción **Etiquetas.** 5
8. Aparece nuevamente el cuadro de opciones de las etiquetas. Pulse el botón **Aceptar** para mantener el formato seleccionado por defecto y haga clic también en **Aceptar** del cuadro **Combinar correspondencia**.
9. El siguiente paso consiste en seleccionar la fuente de datos de donde extraeremos los destinatarios. Despliegue el comando **Seleccionar destinatarios** y pulse sobre la opción **Usar lista existente.** 6
10. Seleccione el archivo **contactos** en el cuadro **Seleccionar archivos de origen de datos**, 7 que como recordará hemos creado y guardado en ejercicios anteriores, y pulse el botón **Abrir**.
11. Ahora debemos indicar los campos que queremos que se muestren en las etiquetas. Haga clic en el comando **Bloque de direcciones** del grupo de herramientas **Escribir e insertar campos** 8 y pulse el botón **Aceptar** del cuadro **Insertar bloque de direcciones**.
12. Para que nuestras etiquetas estén actualizadas y muestren todos los destinatarios de nuestra lista de contactos, pulse el comando **Actualizar etiquetas**, situado a la derecha del comando **Insertar campo combinado.** 9
13. Para obtener una vista previa de los resultados, haga clic en el comando **Vista previa de resultados** del grupo de herramientas del mismo nombre. 10

## IMPORTANTE

El cuadro de diálogo **Opciones para etiquetas** nos permite modificar el tamaño de la etiqueta e incluso crear un modelo nuevo en el que podamos establecer los márgenes y dimensiones según nuestro propio criterio. También nos permite seleccionar cualquiera de los modelos de etiquetas presentados por el programa e incluso configurar el tipo de impresora que utilizaremos.

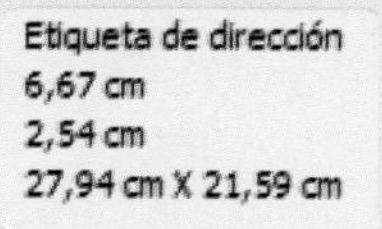


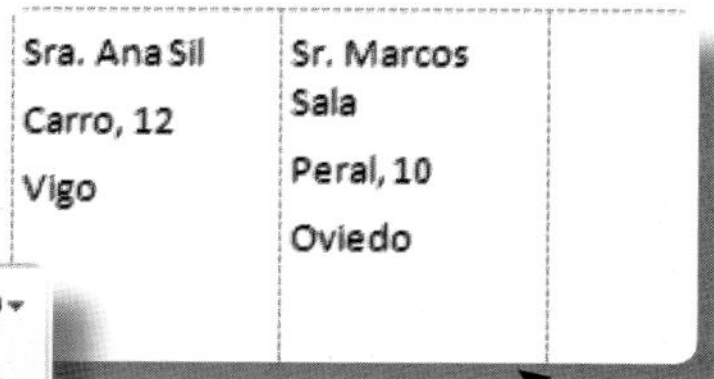


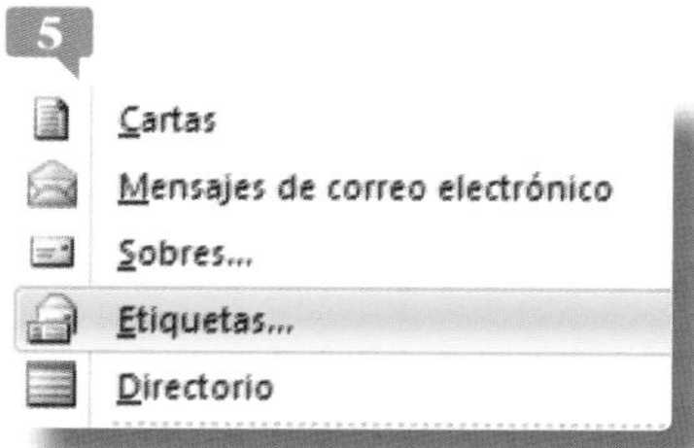


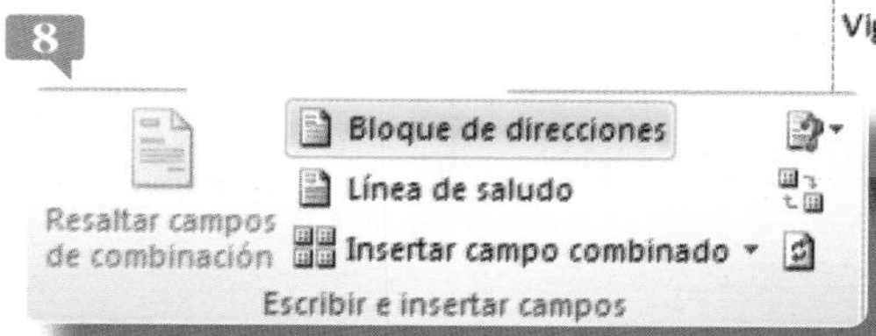


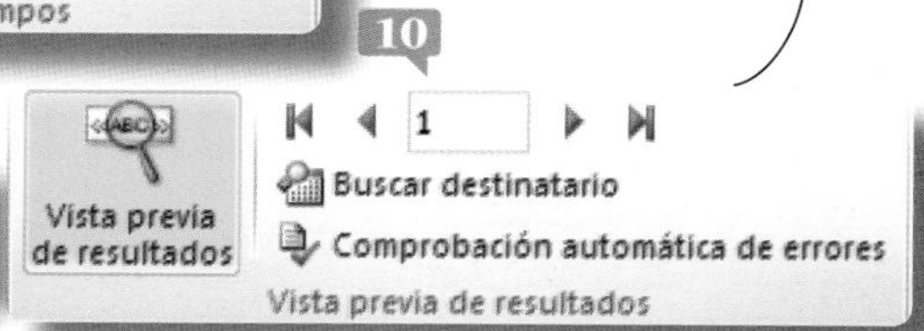

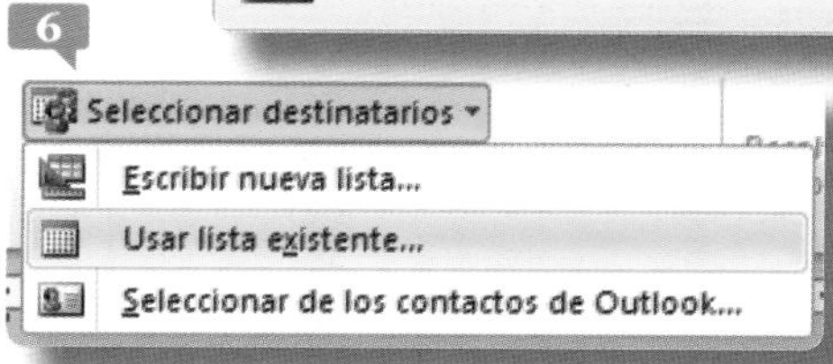


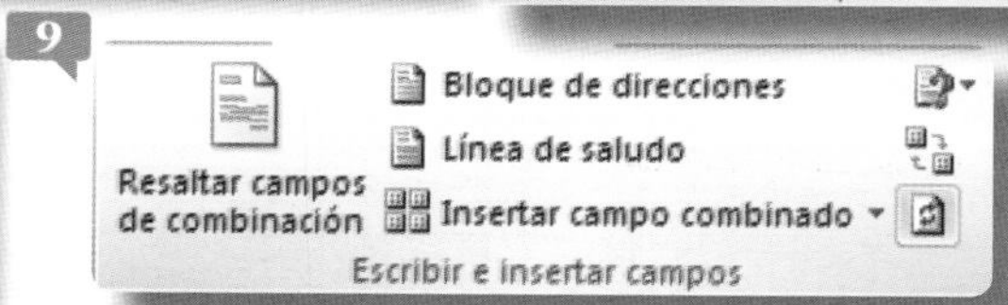

# Combinar en correo electrónico

IMPORTANTE

La combinación de correspondencia para mensajes de correo electrónico permite que cada mensaje sea un correo independiente en el que cada destinatario es único, a diferencia de los mensajes de correo electrónico que se envían a un grupo de destinatarios o a destinatarios ocultos de la línea de la copia oculta del mensaje.

EL COMANDO INICIAR COMBINACIÓN DE correspondencia de la ficha Correspondencia permite enviar un documento de Word a modo de mensaje de correo electrónico a los destinatarios de una lista de direcciones existente o de una nueva lista.

1. Para empezar, despliegue el comando **Iniciar combinación de correspondencia** y pulse sobre la opción **Mensajes de correo electrónico.** [1]
2. Automáticamente se activa el modo de visualización **Diseño Web.** Ahora debemos seleccionar los destinatarios del mensaje de una lista ya existente o bien crear una nueva. En este caso, despliegue el comando **Seleccionar destinatarios** y haga clic en la opción **Usar lista existente.** [2]
3. En el cuadro **Seleccionar archivos de origen de datos**, seleccione el archivo **contactos** y pulse el botón **Abrir.** [3]
4. Pulse el comando **Editar lista de destinatarios,** [4] seleccione el archivo **contactos.mdb** en el apartado **Origen de datos** del cuadro que ha aparecido y pulse el botón **Edición.** [5]
5. En el cuadro **Modificar origen de datos**, añada la dirección de correo electrónico de los dos contactos existentes [6] y pulse el botón **Aceptar** para aplicar los cambios.

1

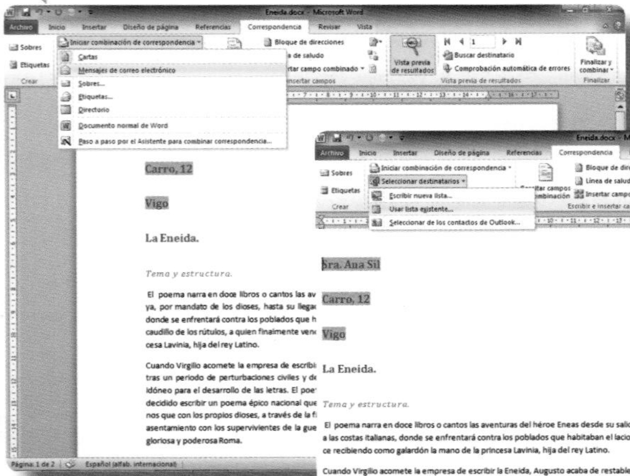

2

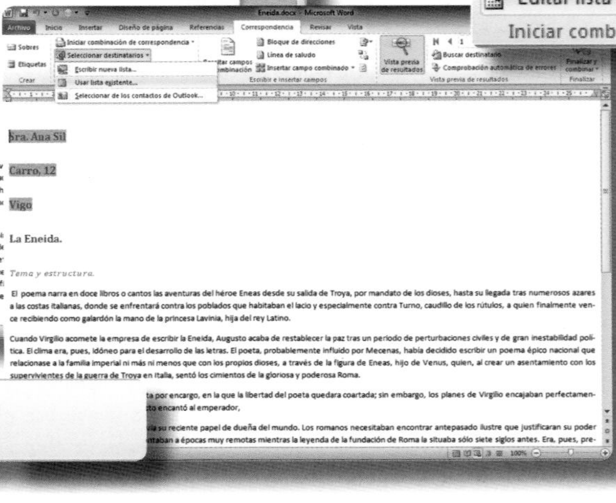

3

4

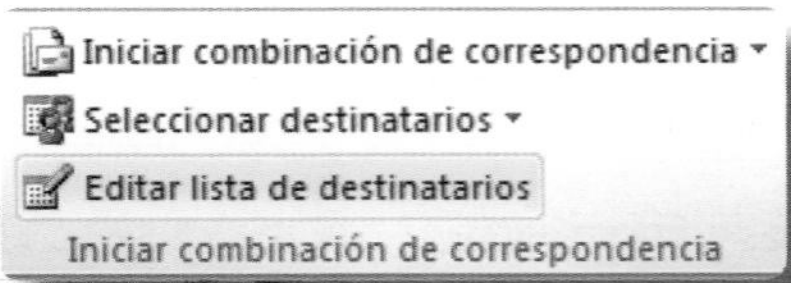


5

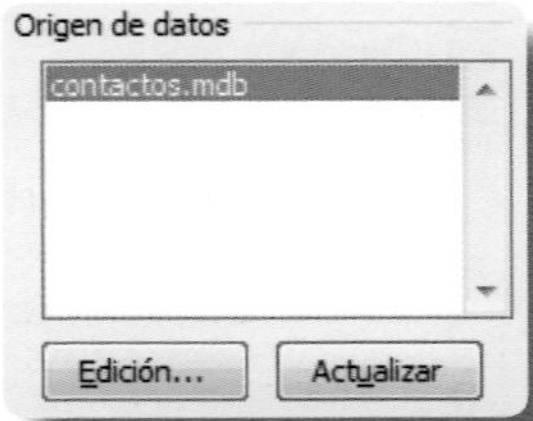


6

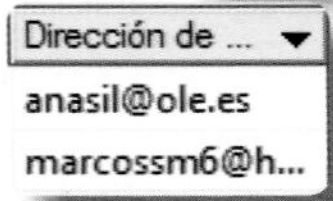

**090**

6. En el cuadro de diálogo que aparece, pulse el botón **Sí** para confirmar que deseamos actualizar la lista de destinatarios y guardar los cambios [7] y haga clic en **Aceptar** del cuadro **Destinatarios de combinar correspondencia**.
7. Los comandos del grupo **Escribir e insertar campos** permiten añadir al mensaje diferentes campos, como direcciones y saludos personalizados. En este caso, pulse sobre el comando **Línea de saludo.** [8]
8. En el cuadro **Insertar línea de saludo**, despliegue el campo que muestra el texto **Querido**, seleccione la opción **Estimado** y pulse el botón **Aceptar.** [9]
9. Como el comando **Vista previa de resultados** del grupo de herramientas del mismo nombre se encuentra activado por defecto, podemos comprobar cómo se añade la línea de saludo al documento. Haga clic ahora en el botón **Finalizar y combinar** y pulse sobre la opción **Enviar mensajes de correo electrónico.** [10]
10. En el cuadro **Combinar en correo electrónico** indicaremos que el documento debe enviarse a modo de archivo adjunto al mensaje y no con formato HTML, opción seleccionada por defecto. Despliegue el campo **Formato de correo** y elija la opción **Datos adjuntos.**
11. Mantenga seleccionada la opción **Todos** en el apartado **Enviar registros** para que el mensaje se envíe a todos los destinatarios de nuestra lista y pulse el botón **Aceptar.** [11]

## IMPORTANTE

Tras pulsar el botón **Aceptar** en el cuadro **Combinar en correo electrónico,** aparece un cuadro de advertencia de seguridad desde el cual debemos permitir el acceso a las direcciones de correo electrónico de Outlook, el programa que se utiliza para los envíos desde Word. Dicha advertencia de seguridad es una novedad en esta versión 2010 del programa.

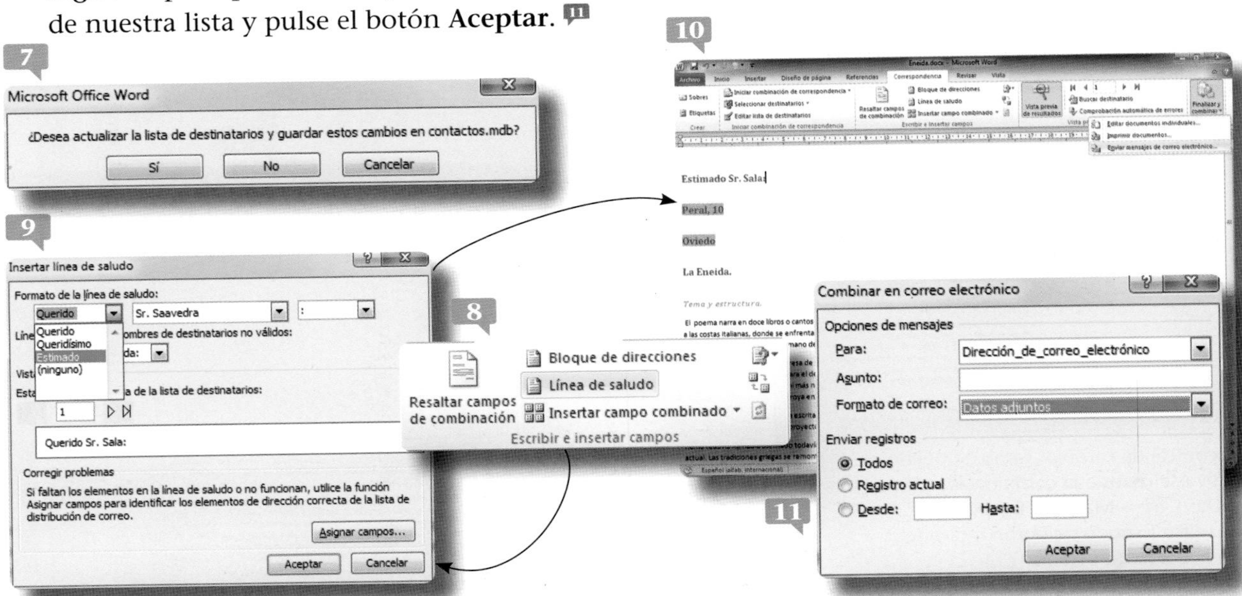

# Controlar cambios

## IMPORTANTE

Desde el panel de revisiones podemos controlar los cambios en los encabezados y pies de página, en los cuadros de texto y en las notas al pie y al final de página. Además, con sólo pulsar sobre las modificaciones, el programa se situará automáticamente en el punto en que se encuentran, lo que facilita la tarea cuando los documentos son extensos.

EL COMANDO CONTROL DE CAMBIOS controla y marca todos los cambios realizados en un documento, desde inserciones o eliminaciones de texto o gráficos hasta cambios de formato o desplazamiento de ciertos elementos, lo que puede ser de gran utilidad a la hora de corregir y comparar documentos.

1. En este ejercicio realizaremos varios cambios en el documento **Eneida.docx** para comprobar como Word controla y muestra todas esas modificaciones. Para empezar, haga clic en la pestaña **Revisar** de la **Cinta de opciones** y, en el botón del grupo de herramientas **Seguimiento**, haga clic en el comando **Control de cambios.** 1
2. Veamos cómo se marca, por ejemplo, la eliminación de un texto. Seleccione cualquier fragmento y pulse la tecla **Suprimir.** 2
3. Como puede ver, la eliminación de texto queda marcada por defecto mediante el tachado en color rojo del mismo. Además, al inicio de la línea que contiene el cambio aparece una barra vertical. Ahora inserte algún texto para ver cómo queda marcada esa modificación. 3

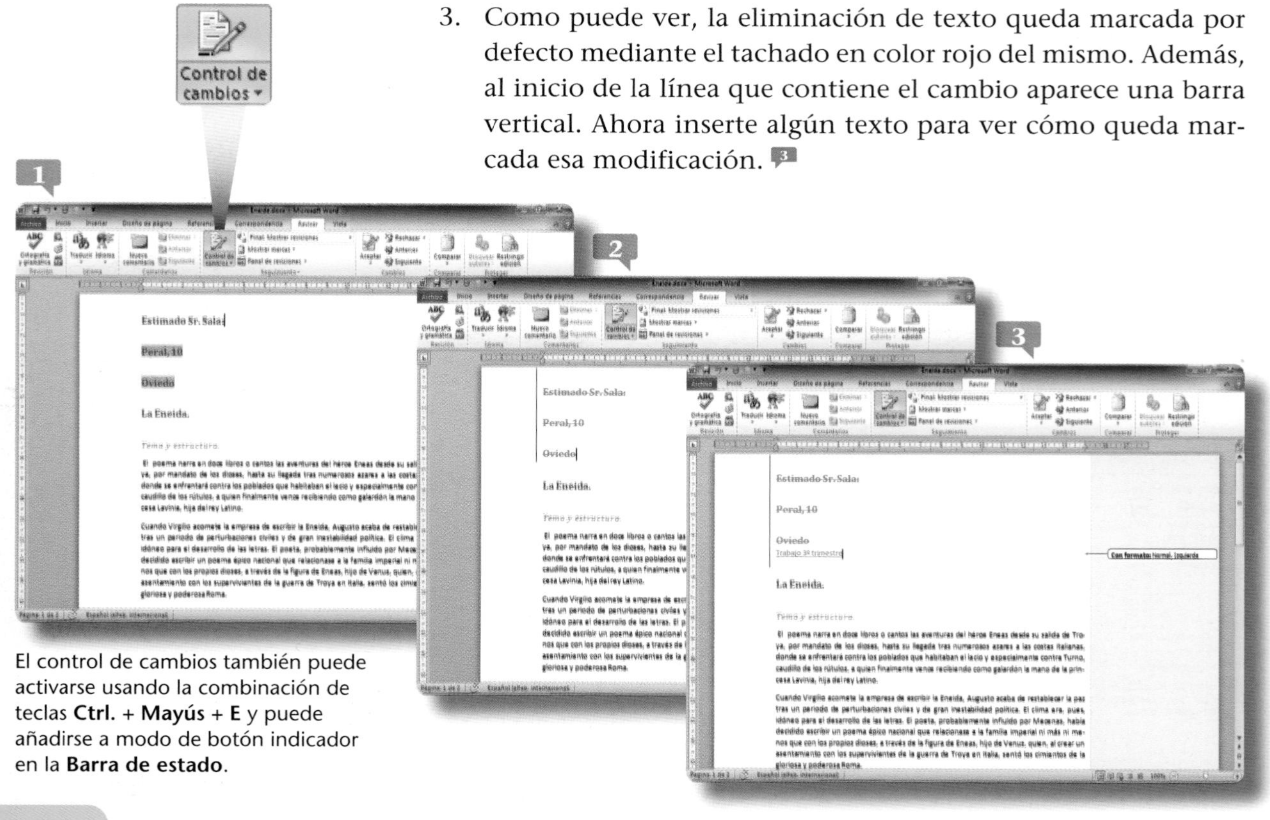


El control de cambios también puede activarse usando la combinación de teclas **Ctrl.** + **Mayús** + **E** y puede añadirse a modo de botón indicador en la **Barra de estado**.

**091**

4. Las palabras que acaba de insertar, e incluso los espacios, aparecen subrayados y en color rojo. Termine la ejecución de cambios modificando el formato de alguna palabra.
5. Todas las modificaciones se pueden controlar visualizando el **Panel de revisiones**. En el grupo de herramientas **Seguimiento**, despliegue el comando **Panel de revisiones.**
6. Como ve, podemos mostrar el **Panel de revisiones** dispuesto vertical u horizontalmente en la pantalla. Haga clic en la opción **Panel de revisiones vertical.**
7. Se abre así el **Panel de revisiones** en la parte izquierda de la pantalla, mostrando los cambios y los comentarios del documento principal. Cierre este panel pulsando el botón de aspa de su cabecera.
8. En el grupo de herramientas **Cambios** se encuentran los comandos que permiten aceptar o rechazar los cambios o desplazarnos por ellos. Haga clic sobre el comando **Anterior.**
9. Automáticamente queda seleccionado el término que hemos insertado antes. Para acabar este ejercicio, haga clic en el botón de punta de flecha del botón **Aceptar** del grupo de herramientas **Cambios** y pulse sobre la opción **Aceptar todos los cambios del documento.**

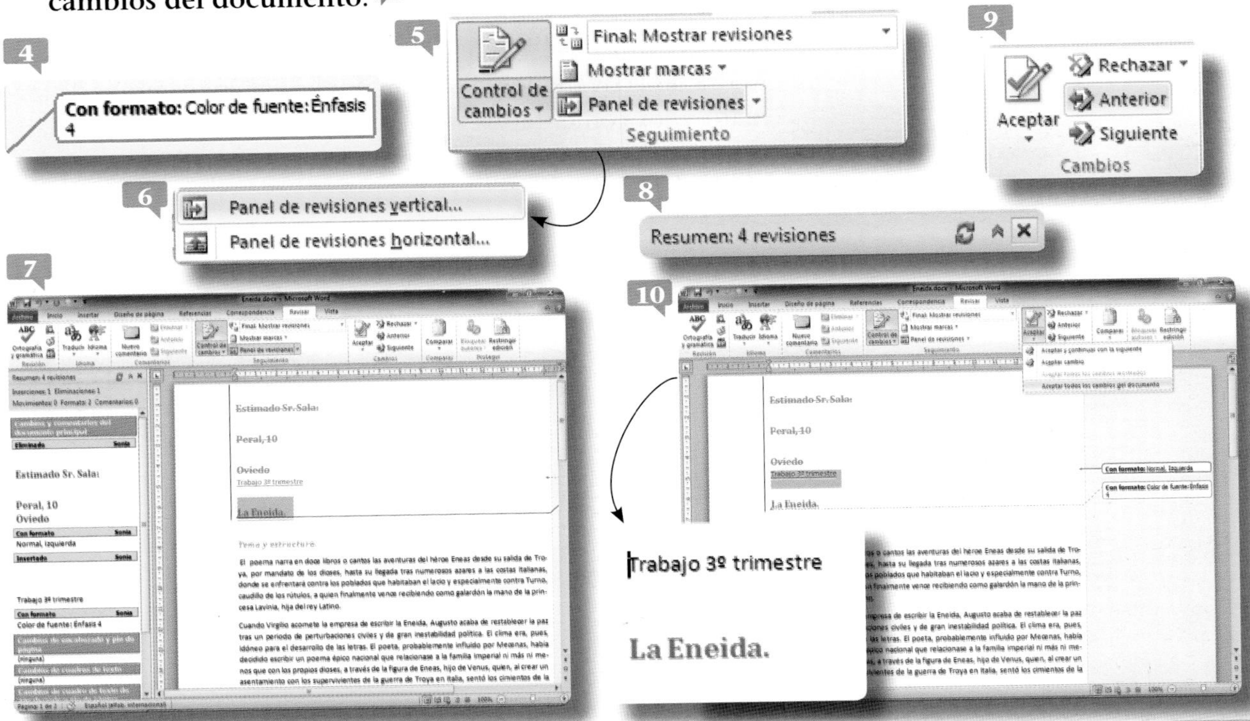

# Opciones de control de cambios

## IMPORTANTE

De manera predeterminada, si un documento ha sido revisado por varias personas, los cambios de cada revisor aparecen de un color distinto, para facilitar así el seguimiento de varios revisores.

LA OPCIÓN CAMBIAR OPCIONES DE SEGUIMIENTO, incluida en el comando Control de cambios, permite cambiar el color y el resto de los atributos de formato que utiliza Word para marcar los cambios en el texto y en los gráficos.

1. En este ejercicio aprenderemos a modificar el modo en que los cambios realizados en un documento se muestran en pantalla al activar el comando **Control de cambios**. Para empezar, en el grupo de herramientas **Seguimiento**, despliegue el comando **Control de cambios** y pulse sobre la opción **Cambiar opciones de seguimiento**. 1
2. Como ve, el cuadro de diálogo **Opciones de Control de cambios** indica el aspecto que, por defecto, mostrarán todos los cambios que se realicen. Otros de los aspectos definidos en este cuadro son las opciones de impresión, el aspecto de los globos de los comentarios o de los cambios, etc. Personalicemos un poco estas opciones. Despliegue el campo **Formato** del apartado del mismo nombre, donde se muestra por defecto la opción **ninguna**, y elija **Subrayado doble**. 2
3. Ahora desactivaremos la opción por la cual los cambios de formato y los comentarios se marcan en el documento mediante globos, como pudimos comprobar en el ejercicio anterior.

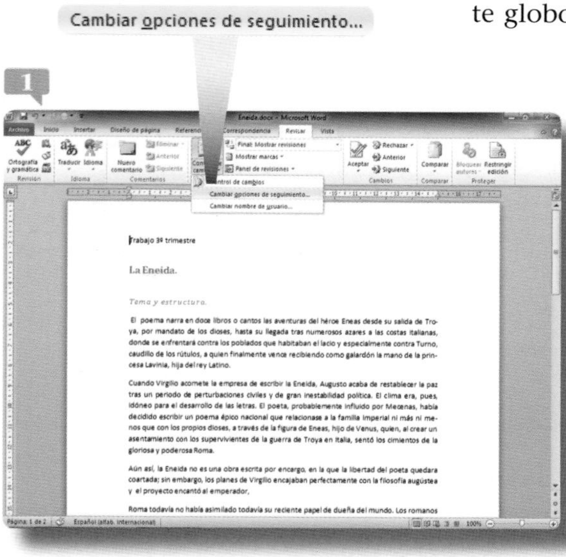


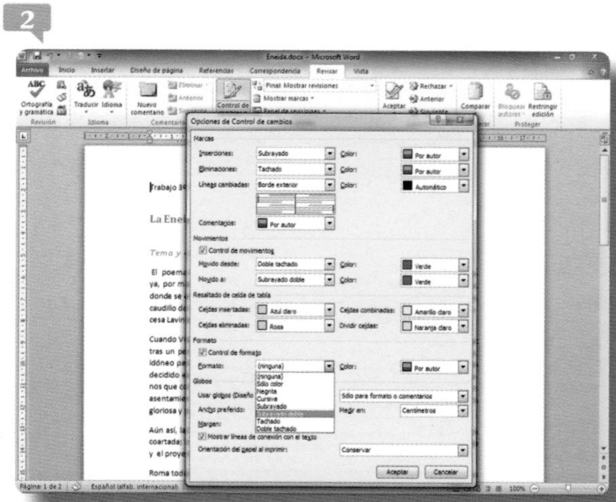

# 092

Despliegue el campo **Usar globos (Diseño Web y Diseño de impresión)** y seleccione la opción **Nunca**. [3]

4. Por último, cambiaremos el color con que se escribirán y se subrayarán los textos insertados en el documento. Despliegue el campo **Color** correspondiente a las inserciones, elija el color **Verde lima** y aplique estos cambios pulsando el botón **Aceptar**. [4]
5. Ahora veremos si estos cambios se aplican correctamente. Compruebe que el comando **Control de cambios** continúa activado y haga clic en el margen izquierdo del subtítulo **Tema y estructura** para seleccionarlo. [5]
6. En la **Barra de herramientas mini**, pulse sobre el comando **Negrita** para aplicar ese estilo al fragmento seleccionado. [6]
7. Efectivamente, el cambio de formato no se marca ahora en un globo en el área de revisión sino mediante el doble subrayado del fragmento modificado. [7] Ahora inserte una palabra en el documento para ver que ésta queda escrita en color verde lima y subrayada con una línea de ese mismo color, tal y como hemos especificado. [8]
8. Para acabar este ejercicio, despliegue el comando **Aceptar** del grupo de herramientas **Cambios** y pulse sobre la opción **Aceptar todos los cambios del documento**. [9]

## IMPORTANTE

En el grupo de herramientas **Seguimiento** se encuentra el comando **Mostrar marcas**, que permite mostrar u ocultar las marcas de determinados cambios. Así, si no queremos que se vean las marcas de inserción o eliminación de texto, deberemos desactivar esa opción en dicho comando.

Mostrar marcas

6

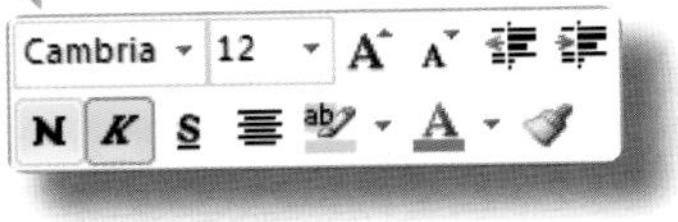


4

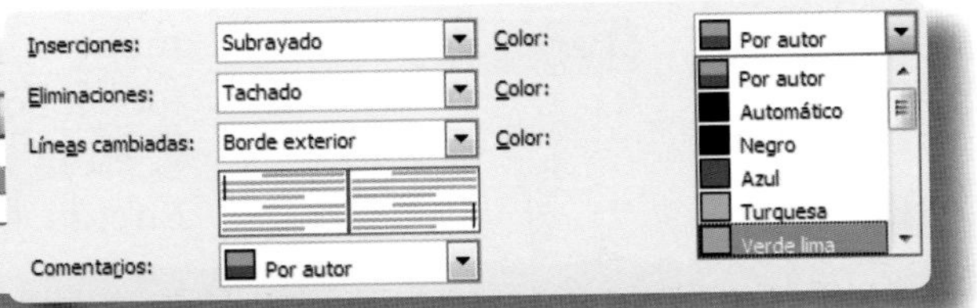


3

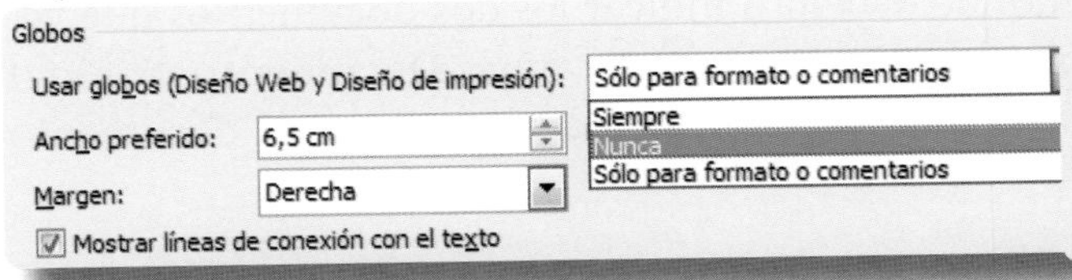


5

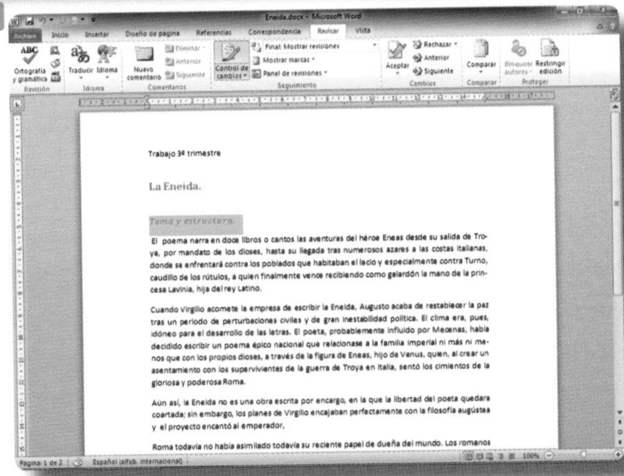

7

8

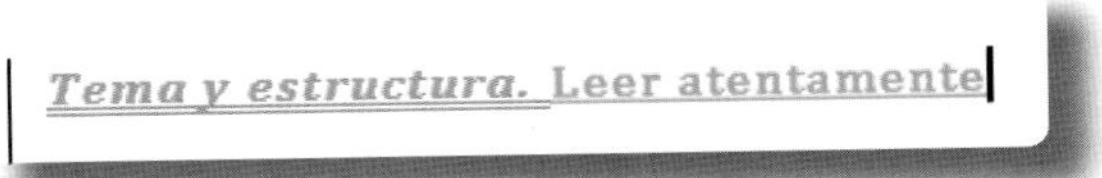


9

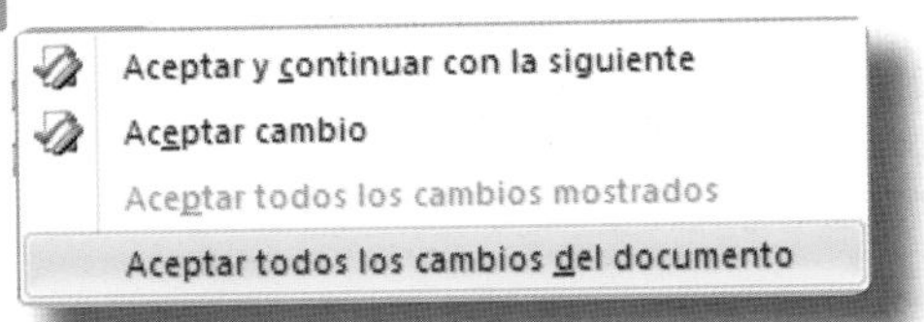

# Comparar documentos

## IMPORTANTE

La comparación y combinación debe realizarse entre dos archivos distintos, nunca entre dos versiones de un mismo documento. Por ello, si un documento presenta varias versiones que se desean combinar, primero deberá guardarlas como archivos distintos con un nombre diferente y luego combinarlas y compararlas.

EL COMANDO COMPARAR FACILITA LA COMPARACIÓN entre dos versiones de un documento. El panel de revisión está formado por tres subpaneles que permiten ver las dos versiones de un documento con el texto eliminado, insertado y movido claramente marcado.

1. En este ejercicio, vamos a comparar dos documentos introduciendo unos sencillos cambios en el documento **Eneida** y guardándolo con un nuevo nombre. De este modo, podremos comparar el original y el modificado. Pero antes pulse la combinación de teclas **Ctrl.+Mayúsculas+E** para desactivar el comando **Control de cambios**.
2. Realice algún cambio en este documento, guárdelo con el nombre **Eneida 2** y ciérrelo. 1
3. Ahora abriremos las dos versiones de nuestro documento **Eneida** para compararlas en paralelo. En la ficha **Revisar** de la **Cinta de opciones**, despliegue el comando **Comparar** y pulse sobre la opción del mismo nombre. 2
4. Se abre de este modo el cuadro de diálogo **Comparar documentos**, donde debemos indicar los dos documentos que vamos a comparar. Despliegue el campo **Documento original** y, en la lista que se despliega, haga clic sobre el documento **Eneida**. 3

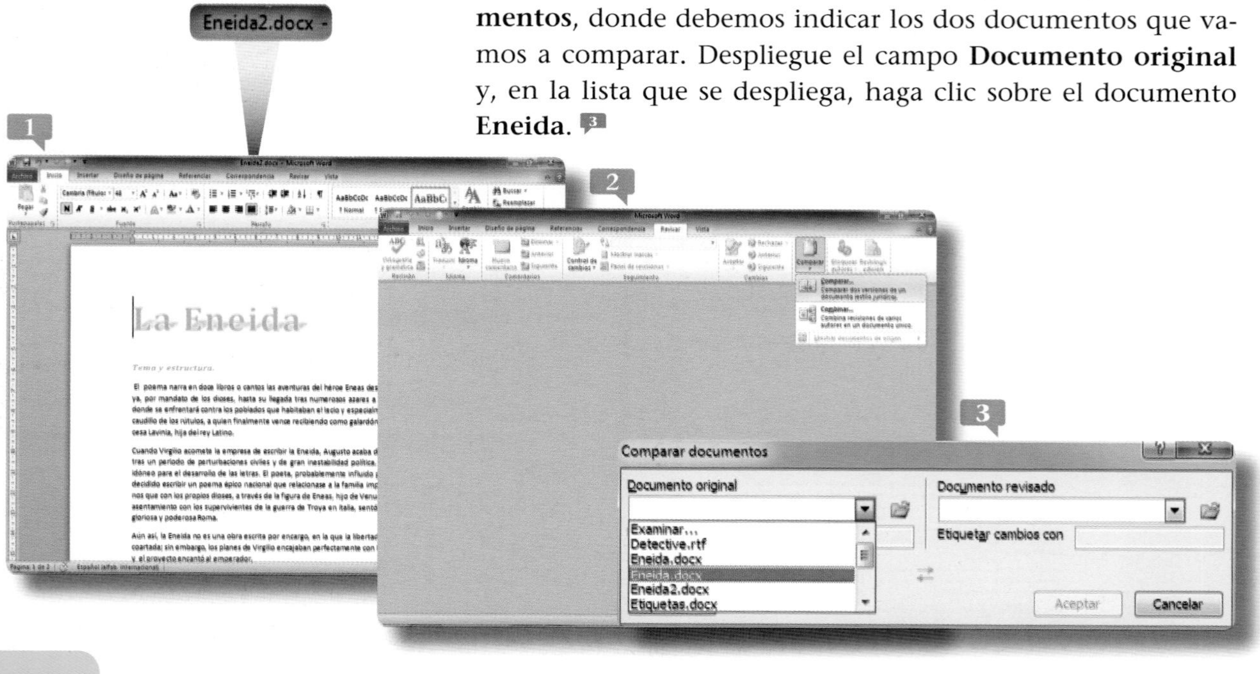

# 093

5. Seguidamente, despliegue el campo **Documento revisado**, elija el documento **Eneida2** y pulse el botón **Aceptar**. [4]
6. A la izquierda de la pantalla y dispuesto verticalmente aparece el **Panel de revisión**, donde se muestran detallados todos los cambios y comentarios del documento principal. [5] Cierre el panel pulsando el botón de aspa de su **Barra de título**.
7. Como puede ver, al realizar una comparación de documentos se muestran por defecto los dos documentos, el original y el revisado, y, según lo establecido en el cuadro de configuración de la comparación, el resultado se muestra en un nuevo documento. [6] El desplazamiento está sincronizado en las tres ventanas de los documentos. Observe que, en la ventana del documento comparado, el texto eliminado se muestra en rojo y tachado y el texto insertado, escrito y subrayado en verde lima, tal y como establecimos en las opciones de control de cambios. Despliegue ahora el comando **Comparar** y pulse sobre la opción **Mostrar documentos de origen**. [7]
8. Esta herramienta nos permite mostrar u ocultar los documentos de origen, esto es, el original y el revisado. Haga clic en la opción **Ocultar documentos de origen**. [8]
9. Terminaremos este ejercicio cerrando el documento comparativo y guardando los cambios realizados. Pulse sobre la pestaña **Archivo** y haga clic en el comando **Cerrar**.
10. En el cuadro de diálogo que aparece, pulse sobre el botón **Sí** para almacenar los cambios y, en el cuadro siguiente, asigne el nombre que desee al nuevo documento y pulse el botón **Guardar**.

## IMPORTANTE

El apartado **Configuración de la comparación** del cuadro **Comparar documentos** nos permite indicar qué elementos modificados queremos que se resalten en la comparación. Todas las opciones aparecen activadas por defecto, lo que hará que la comparación sea de lo más completa y detallada. Por su parte, en el apartado **Mostrar cambios** podemos escoger entre mostrarlos a nivel de carácter o a nivel de palabra así como indicar si los cambios se mostrarán en un nuevo documento, en el documento original o en el documento revisado.

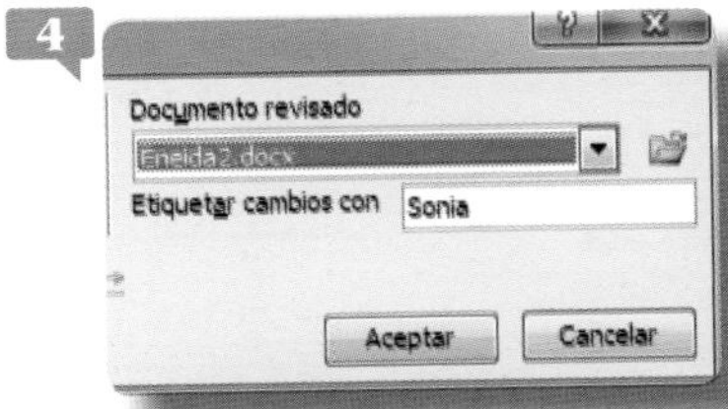


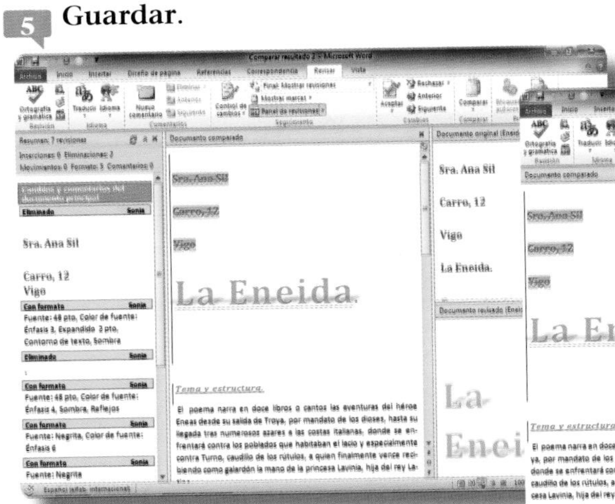


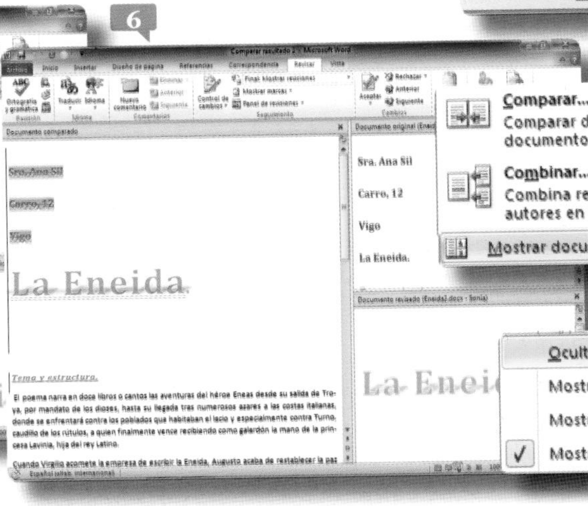


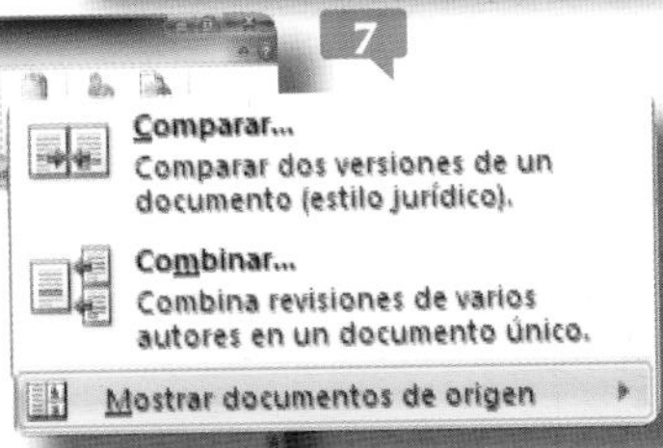


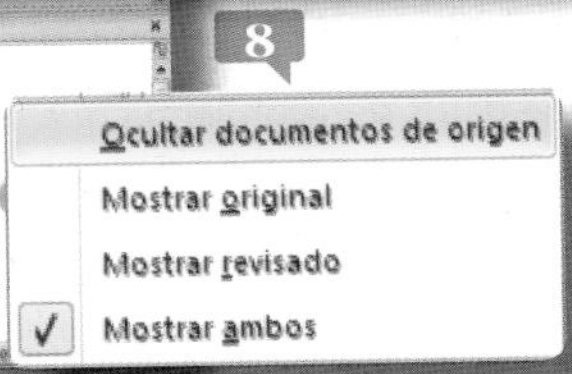

# Proteger un documento

LAS OPCIONES DEL COMANDO PROTEGER DOCUMENTO, en la ficha Revisar, permiten proteger el documento mediante la restricción de cierto tipo de modificaciones como los cambios de formato y la edición de un documento, así como restringir el acceso al mismo mediante una contraseña.

1. En este ejercicio aprenderemos a proteger con una contraseña un documento. Para empezar, abra el documento con el que desee trabajar.
2. Para añadir una contraseña de apertura al documento, pulse en la pestaña **Archivo** y haga clic en el comando **Proteger documento.** 1
3. En este comando, novedad en esta versión del programa, se encuentran todas las opciones relacionadas con la protección del documento. En este caso, y según nuestros intereses, pulse sobre la opción **Cifrar con contraseña.** 2
4. Se abre de este modo el cuadro **Cifrar documento**. En el campo **Contraseña**, inserte la combinación **1234** o, en su defecto, la combinación que usted desee, y pulse el botón **Aceptar.** 3

1

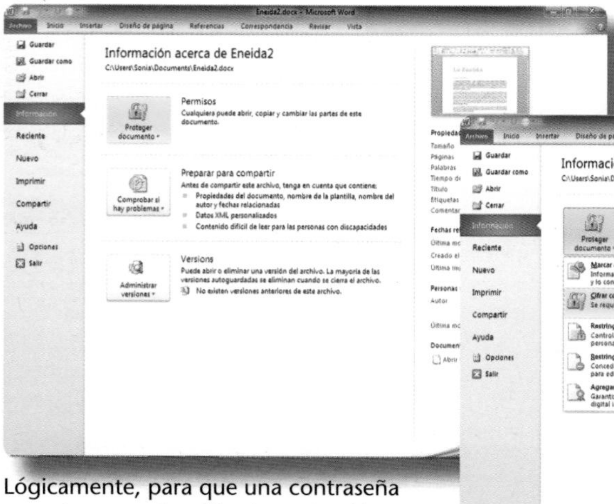


2

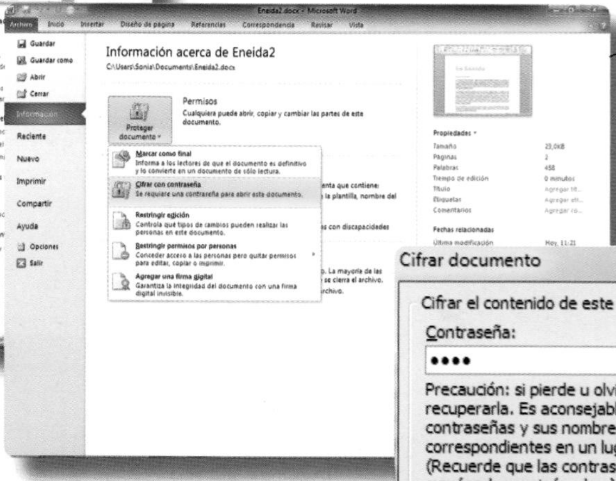


3

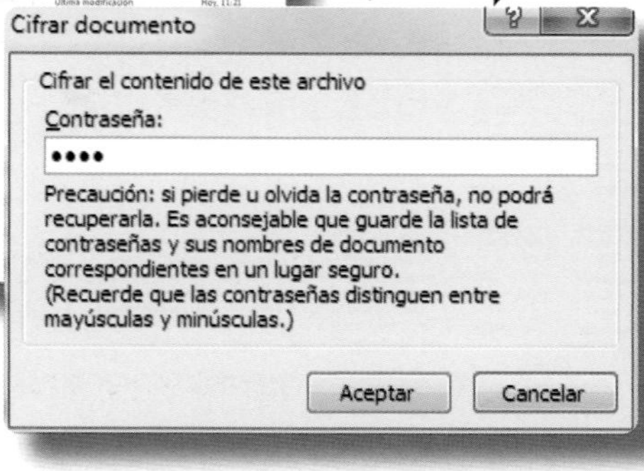


Lógicamente, para que una contraseña cumpla con su función de protección de datos se recomienda que sea más compleja y difícil de deducir que la que utilizamos en este caso, para lo cual se pueden combinar letras y números, o letras y símbolos, por ejemplo.

5. En el cuadro **Confirmar contraseña**, escriba de nuevo la combinación anterior y pulse el botón **Aceptar**. [4]
6. Compruebe que, en el panel de vista previa del menú **Archivo**, se refleja la condición del documento protegido. [5] Lo que haremos a continuación es cerrar el archivo para volverlo a abrir y comprobar así que éste se ha cifrado correctamente. En el menú **Archivo** pulse sobre el comando **Cerrar**. [6]
7. En el cuadro **Microsoft Word**, pulse en **Guardar** para almacenar los cambios relativos a la aplicación de la contraseña.
8. A continuación, despliegue de nuevo el menú **Archivo** y, en la lista de documentos recientes, pulse sobre el que ha modificado en pasos anteriores. [7]
9. En el cuadro **Contraseña** escriba la combinación correcta y luego pulse el botón **Aceptar**. [8]
10. De este modo, los usuarios que desconozcan la contraseña de apertura no podrán acceder a este documento. Antes de terminar, le mostraremos cómo eliminar la contraseña. Pulse la tecla **F12** para acceder al cuadro **Guardar como**.
11. En el cuadro **Guardar como**, pulse sobre el botón **Herramientas** y seleccione el comando **Opciones generales**.
12. Aprovechando que la contraseña está seleccionada, pulse la tecla **Suprimir** para borrarla, aplique el cambio pulsando el botón **Aceptar** [9] y guarde el documento pulsando el botón **Guardar**.

**094**

## IMPORTANTE

Para eliminar una contraseña aplicada a un documento para su apertura, es posible acceder a las opciones generales del cuadro de diálogo **Guardar como**, como hemos visto en este ejercicio, o bien utilizar el comando **Proteger documento** del nuevo menú **Archivo**. En tal caso, es preciso deshacer los pasos seguidos para cifrar el documento.

8

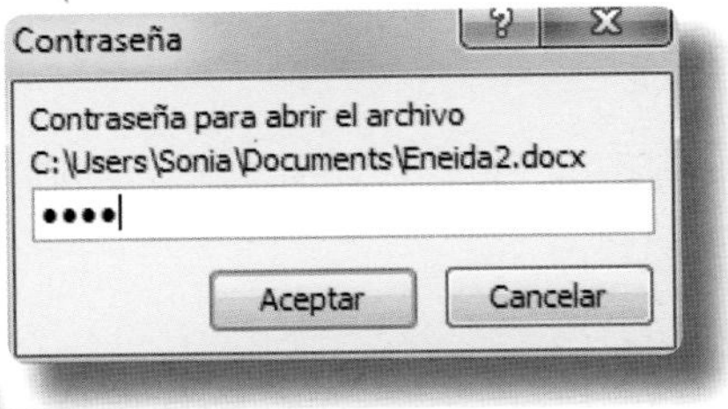


4

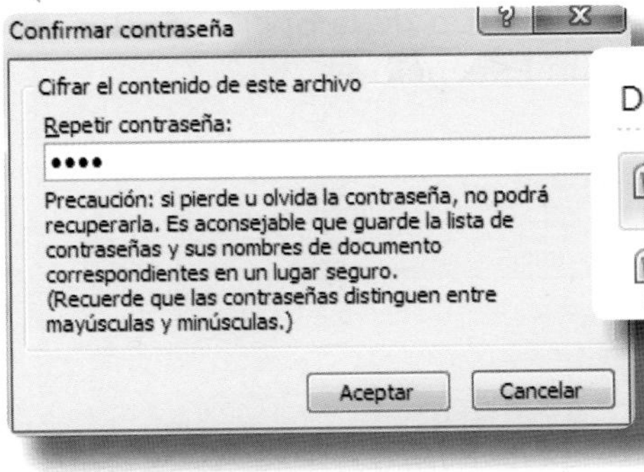


7

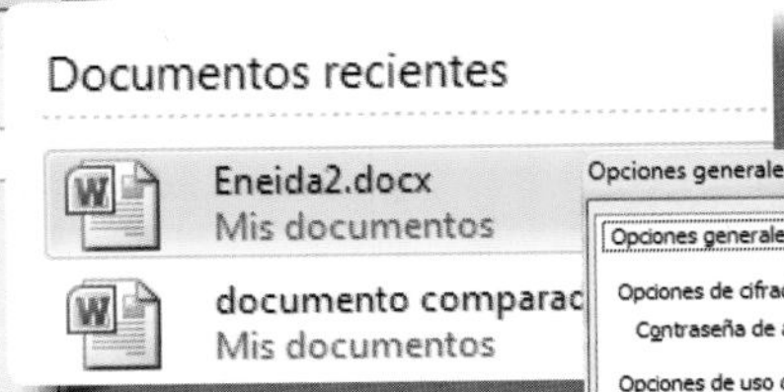


9

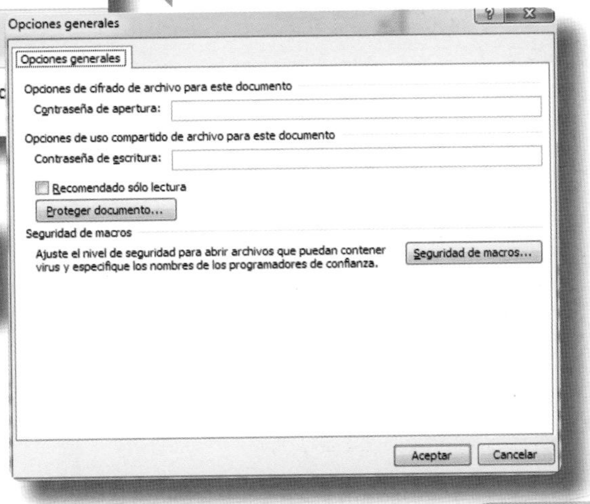


6

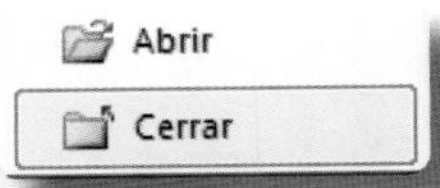


5

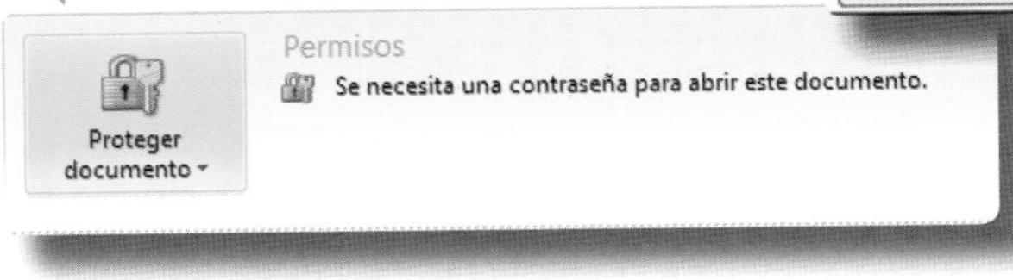

# Restringir la edición de documentos

## IMPORTANTE

En la sección **Restricciones de formato** del panel **Restringir formato y edición** podemos limitar el formato a una selección de estilos activando esa opción y definir, usando el vínculo **Configuración,** los estilos que otros usuarios podrán aplicar en el documento.

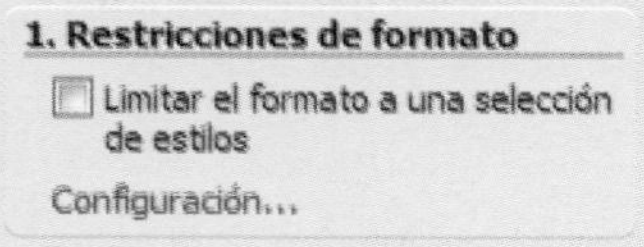


EL PANEL RESTRINGIR FORMATO Y EDICIÓN permite aplicar restricciones de formato y edición a un documento entero o a áreas concretas del mismo. Para acceder a este panel, es posible utilizar la opción Restringir edición tanto del comando Proteger documento del menú Archivo, como del grupo de herramientas Proteger de la pestaña Revisar.

1. Para empezar, abra el documento **Metamorfosis.docx**, active la ficha **Revisar** de la **Cinta de opciones** y pulse sobre el comando **Restringir edición**, en el grupo de herramientas **Proteger.** 1
2. El panel R**estringir formato y edición** se sitúa en la parte derecha del documento. En este caso, sólo aplicaremos restricciones de edición al documento y seleccionaremos un fragmento como excepción a dichas restricciones. Marque la opción **Admitir sólo este tipo de edición en el documento.** 2
3. A continuación, seleccionaremos una parte del documento y marcaremos la opción que permitirá a todos los grupos de usuarios modificarla. Haga clic en el margen izquierdo del título del documento, **Ovidio, Metamorfosis X, 529-739**, para seleccionar esa parte del documento. 3
4. Haga clic en la casilla de verificación de la opción **Todos** del cuadro **Grupos**, en el apartado **Excepciones.** 4

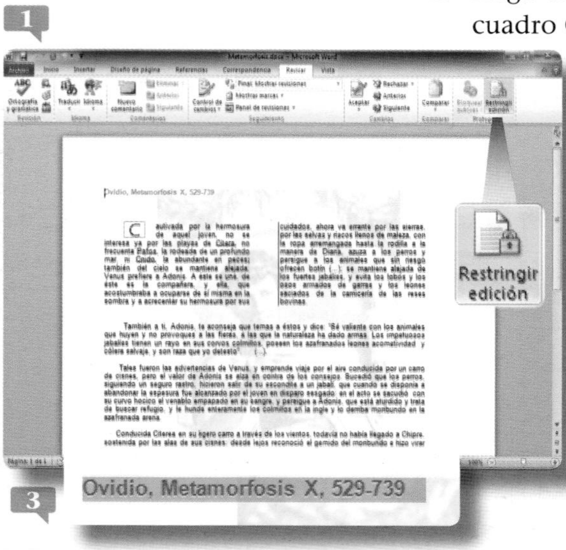


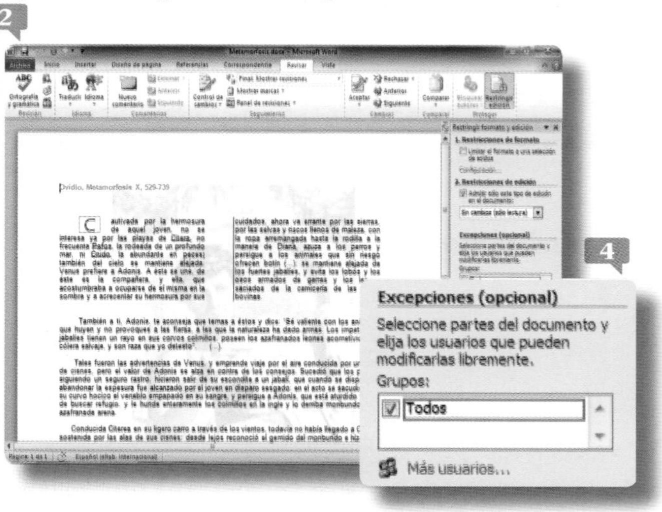

**095**

5. Automáticamente, el fragmento queda enmarcado entre corchetes. [5] Para empezar a aplicar la configuración de restricción de edición, pulse el botón **Sí, aplicar la protección.** [6]
6. Se abre de este modo el cuadro **Comenzar a aplicar protección**. Mantenga seleccionada la opción **Contraseña** y, en el campo **Escriba la nueva contraseña (opcional)** escriba la combinación numérica **1234**. [7]
7. En el campo **Vuelva a escribir la contraseña para confirmar**, escriba nuevamente la combinación **1234** y pulse el botón **Aceptar**.
8. El panel **Restringir formato y edición** indica ahora que el documento está protegido contra modificaciones involuntarias a excepción del fragmento que se muestra resaltado. Vamos a comprobar ahora que podemos editar el fragmento seleccionado pero no el resto del documento. Como ejemplo, aplique algún color a la palabra **Ovidio** del título del documento.
9. El cambio se aplica correctamente. Haga clic ahora sobre la palabra **hermosura**, en la primera línea del primer párrafo.
10. Al situar el cursor de edición en cualquier parte del documento restringida, las herramientas de edición se muestran desactivadas, lo que confirma que no podemos modificarlo. (Compruebe el contenido de la ficha **Inicio** y la no aparición de la **Barra de herramientas mini** al seleccionar la palabra.) [8] Pulse el botón **Suspender la protección**. [9]
11. Para desproteger el documento, escriba la combinación **1234** en el campo **Contraseña** del cuadro **Desproteger documento** y pulse el botón **Aceptar**. [10]

## IMPORTANTE

El vínculo **Más usuarios** del panel abre el cuadro **Agregar usuarios** en el que podemos añadir los nombres de otros usuarios a los que sí se les permitirá la edición del documento.

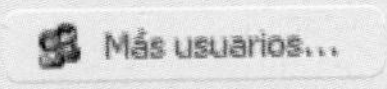


10

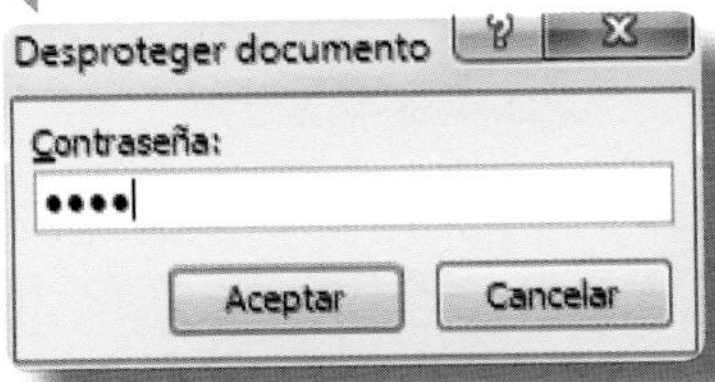


8

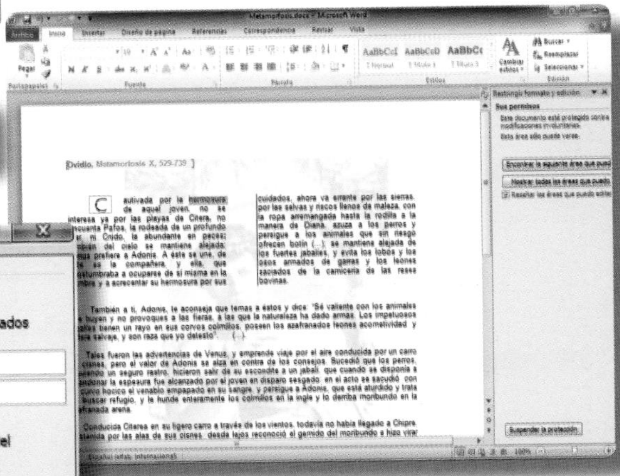

5

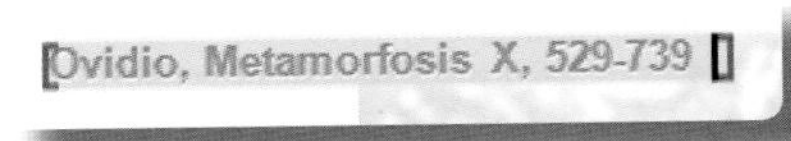


9

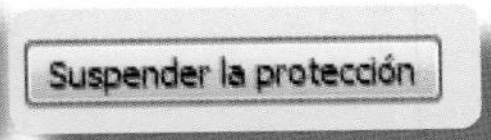


7

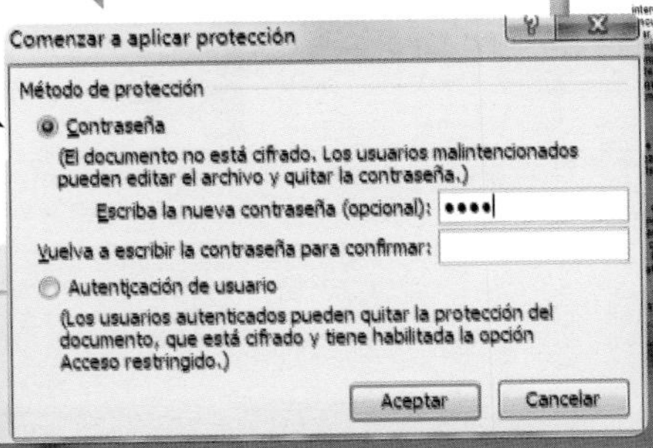


6

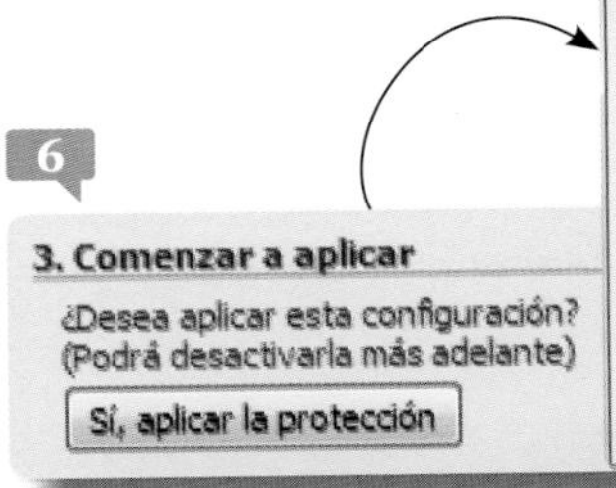

# Marcar un documento como final

CUANDO UN DOCUMENTO ESTÁ MARCADO como final, se sobreentiende que se está compartiendo una versión finalizada del mismo y se impide que los usuarios lo modifiquen involuntariamente; sin embargo, esta función no protege el documento, ya que cualquier usuario puede editarlo quitando el estado Marcar como final.

1. En este ejercicio marcaremos como final el documento actual y, tras comprobar cómo actúa esa función, lo devolveremos a su estado original. Haga clic en la pestaña **Archivo** y pulse sobre el comando **Proteger documento.** 1
2. En el menú de opciones que contiene este comando, pulse sobre la denominada **Marcar como final**. 2
3. Aparece un cuadro de advertencia que nos indica que el documento debe marcarse como final antes de ser guardado. Pulse el botón **Aceptar.** 3
4. Al aceptar este cuadro, el programa lanza otro informativo en el cual puede consultar lo que ocurrirá tras haber marcado el documento como final. Pulse el botón **Aceptar.** 4

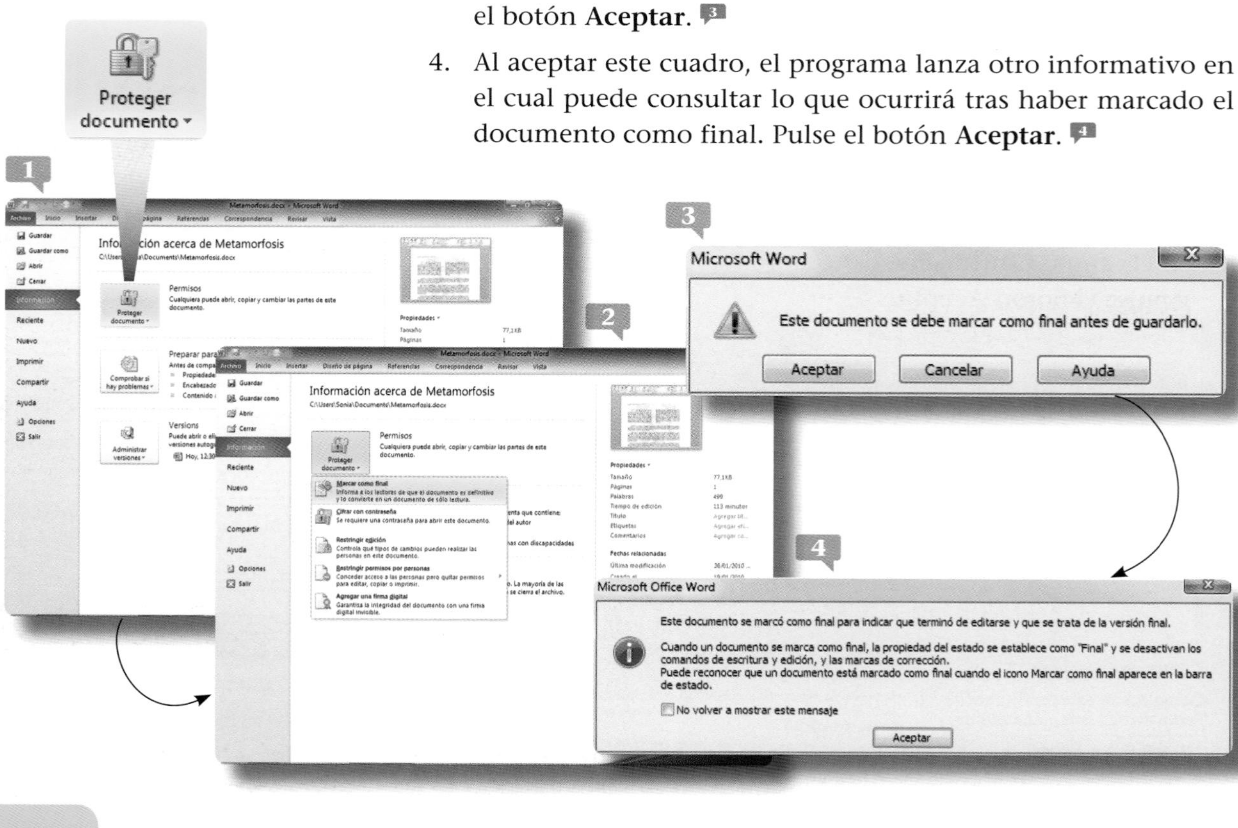

**096**

5. En el mismo menú **Archivo** ya podemos percibir el cambio de estado del documento, así como en la **Barra de título** del mismo, donde puede leerse el texto **Sólo lectura.** Pulse en la ficha **Inicio** de la Cinta de opciones para comprobar que los comandos de edición se muestran deshabilitados.
6. Además de la deshabilitación de los comandos de edición, el documento muestra también en la **Barra de estado** el icono de marcado como final, representado por un tampón y una hoja sellada. Sin embargo, hay que tener muy presente que la propiedad de Final no protege el documento, ya que cualquier usuario puede editarlo quitando dicha propiedad. Un modo de hacerlo es pulsando el botón **Editar de todas formas** que aparece en la barra emergente de color amarillo que se ha situado bajo la Cinta de opciones. Pulse sobre este botón y compruebe lo que ocurre.
7. En efecto, el documento se convierte inmediatamente en editable. Compruebe que se han habilitado todos los comandos de edición de la ficha **Inicio** y el término **Sólo lectura** de la **Barra de título** ha desaparecido, así como el icono de la **Barra de estado.** Para terminar este ejercicio, despliegue el menú **Archivo** y compruebe como la condición de final también ha desaparecido en este elemento.

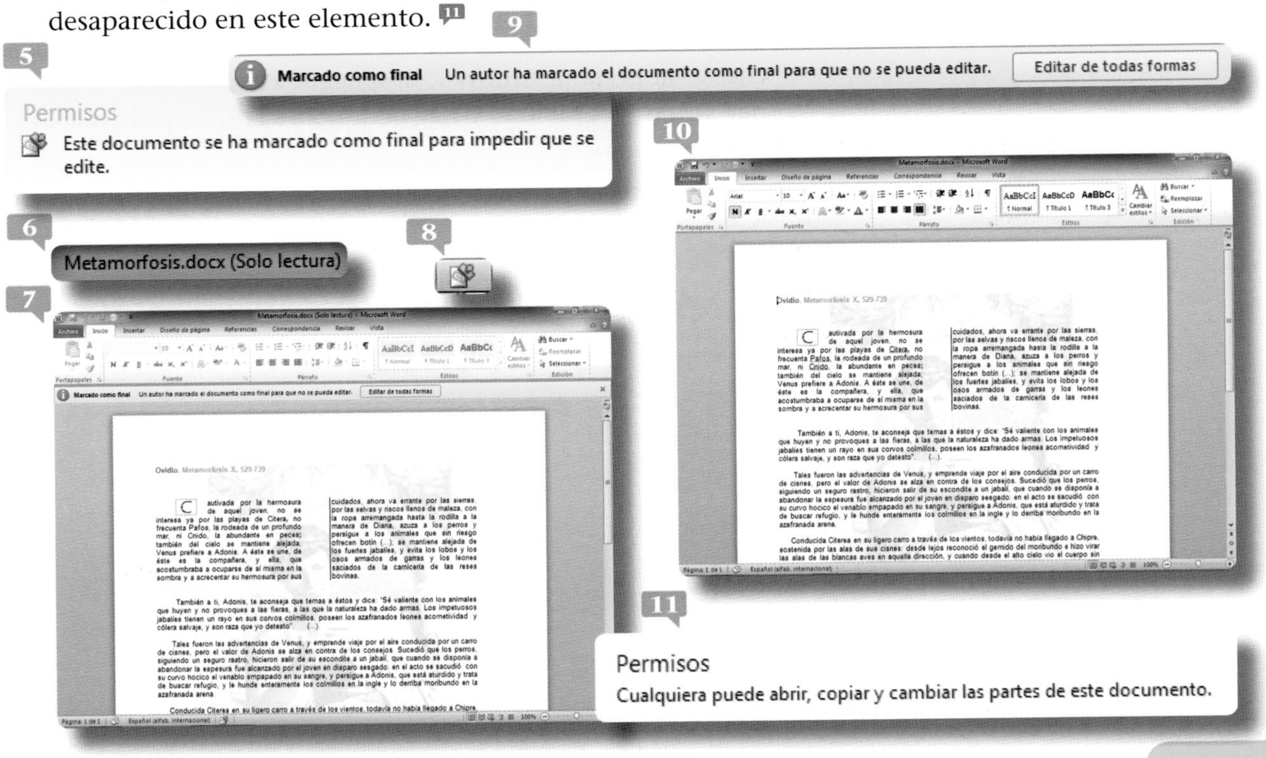
9
Marcado como final
Un autor ha marcado el documento como final para que no se pueda editar.
Editar de todas formas
5
Permisos
Este documento se ha marcado como final para impedir que se edite.
10
6
Metamorfosis.docx (Solo lectura)
8
7
11
Permisos
Cualquiera puede abrir, copiar y cambiar las partes de este documento.

# Consultar el Inspector de documento

EL INSPECTOR DE DOCUMENTO PERMITE DETECTAR sencilla y rápidamente si un documento incluye comentarios, revisiones, versiones y anotaciones, propiedades del documento e información personal, datos XML personalizados, encabezados, pies de página, marcas de agua y texto oculto.

1. Trabajaremos en este ejercicio con el archivo **Primeros auxilios.docx**, que puede descargar de nuestra página web. Cuando disponga de él, ábralo en Word 2010. [1]
2. Antes de utilizar el **Inspector de documentos** para eliminar la información contenida en el documento, ocultaremos las marcas de los comentarios. Haga clic en la pestaña **Revisar** de la **Cinta de opciones**.
3. En el grupo de herramientas **Seguimiento**, despliegue el comando **Mostrar marcas** y desactive la opción **Comentarios**. [2]
4. Automáticamente desaparecen las marcas, sin que ello signifique en ningún caso que se hayan borrado los comentarios. A continuación, para mostrar el Inspector de documento, haga clic en la pestaña **Archivo**, despliegue el comando **Comprobar si hay problemas** y haga clic sobre la opción **Inspeccionar documento**. [3]

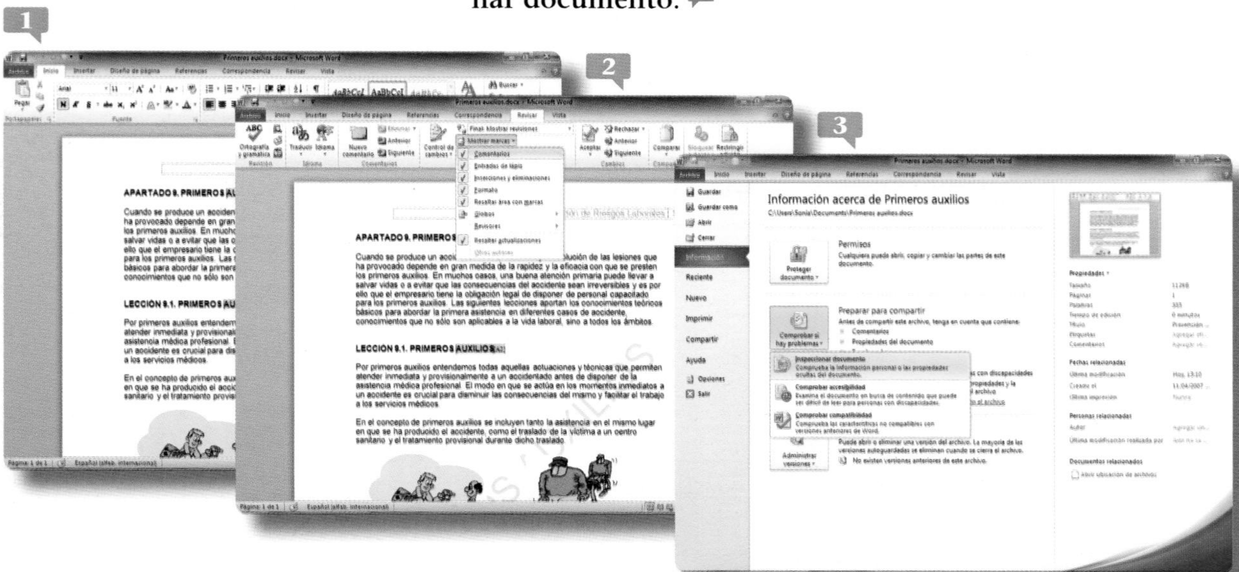

# 097

5. Aparece el cuadro **Inspector de documento**, en el que debemos activar o desactivar el tipo de información que queremos mostrar u ocultar en el documento. Imaginemos en este caso que sólo queremos obtener los comentarios, las propiedades del documento y los encabezados. Desactive las opciones **Datos XML personalizados** y **Texto oculto** y pulse el botón **Inspeccionar.** 4
6. El cuadro **Inspector de documento** muestra ahora el resultado de la revisión. Efectivamente, el programa ha localizado comentarios, propiedades del documento y encabezados y pies de página, en los que se incluyen también las marcas de agua. En este caso, eliminaremos los comentarios y las propiedades del documento y conservaremos el encabezado y la marca de agua. Pulse el botón **Quitar todo** de los apartados **Comentarios, revisiones, versiones y anotaciones** y **Propiedades del documento e información personal** y haga clic en el botón **Cerrar** para cerrar el **Inspector de documentos.** 5
7. Antes de acabar el ejercicio, comprobaremos que tanto los comentarios como las propiedades del documento han sido realmente eliminados. Tras situarse en la pestaña **Revisar** de la Cinta de opciones, despliegue el comando **Mostrar marcas** del grupo de herramientas **Seguimiento** y active la opción **Comentarios.** 6
8. No aparece ninguna marca de comentario. Ahora despliegue el menú **Archivo** y compruebe que el Panel de información del documento también aparece vacío.

6

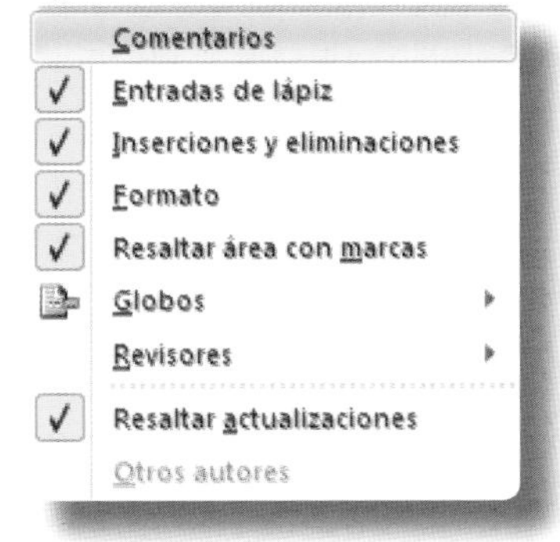


4 5

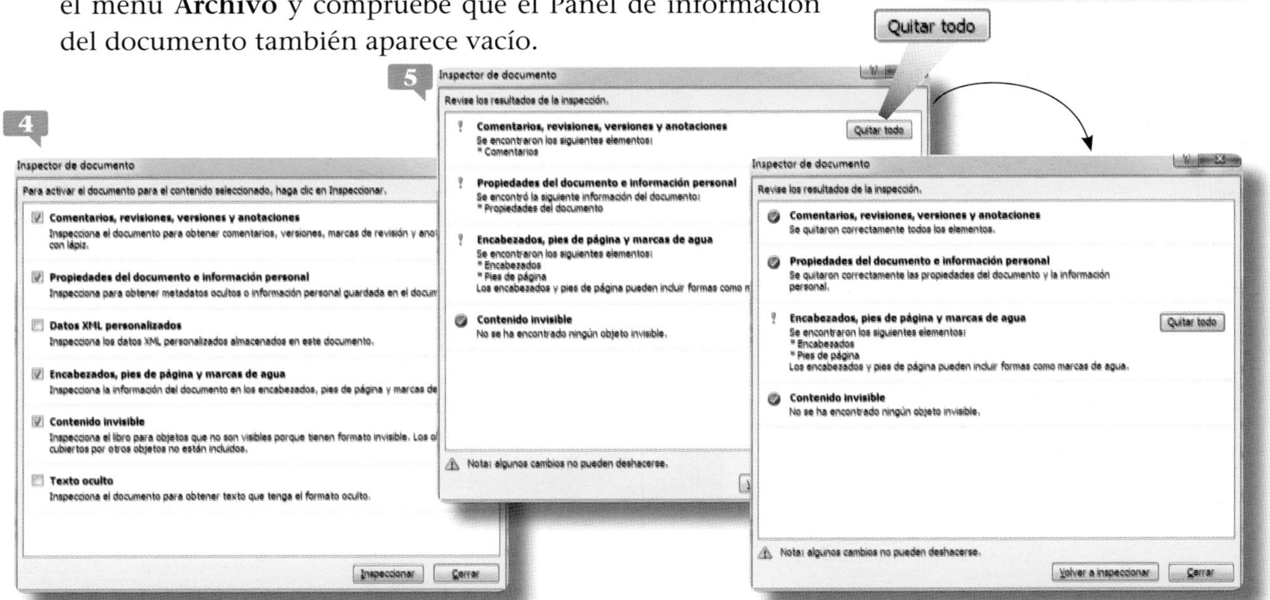

# Consultar las propiedades del documento

IMPORTANTE

Las propiedades de un documento se muestran también, como novedad en la versión 2010 del programa, en la nueva vista Microsoft Office Backstage, en concreto, en el comando **Información** del menú **Archivo**. La diferencia entre este panel y el panel de documento es que el primero sólo es informativo, lo que significa que no se puede modificar directamente.

LAS PROPIEDADES DE UN DOCUMENTO, también llamadas metadatos, incluyen detalles como el autor, el tema, el título, el nombre de la persona que guardó por última vez el documento, la fecha de creación del mismo, etc., que ayudan a describirlo e identificarlo.

1. En este ejercicio le mostraremos cómo mostrar el Panel de documento. Para empezar, haga clic en la pestaña **Archivo** y pulse sobre el comando **Información**. 1
2. En la parte derecha del panel se muestran, por debajo de la vista previa del documento abierto, las propiedades básicas de dicho documento. Despliegue el comando **Propiedades** y pulse sobre la opción **Mostrar el panel de documentos.** 2
3. Aparece así el panel **Propiedades del documento** mostrando las propiedades consideradas estándar. 3 Toda esta información puede facilitar en gran medida la localización y organización de documentos. Vamos a añadir algunos datos. En el campo **Autor** escriba el nombre **Ana**. 4
4. Haga clic ahora en el cuadro de texto del campo **Título** y escriba el término **Primeros auxilios**. 5

1

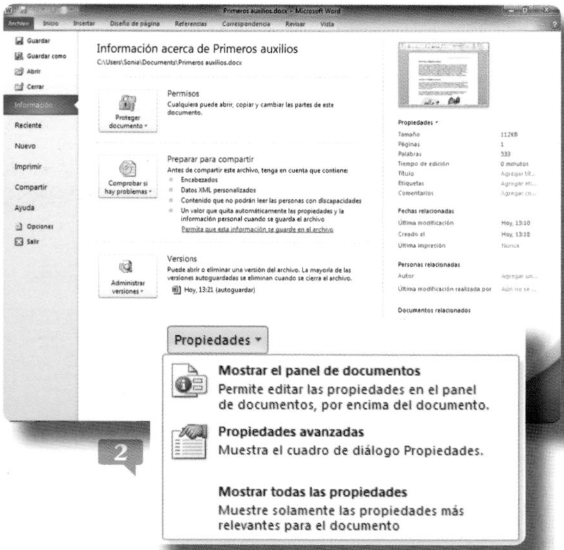


2

3

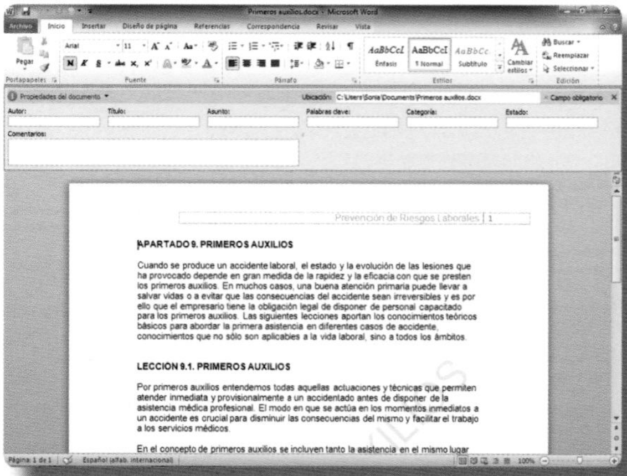


4

5

5. Pasaremos a ver cuáles son las propiedades avanzadas de un documento. Haga clic en el botón **Propiedades del documento** situado en la cabecera del panel de información y pulse sobre la opción **Propiedades avanzadas.**
6. Se abre de este modo el cuadro **Propiedades de Primeros auxilios** mostrando activa la ficha **General**, donde podemos ver el tipo de documento, su ubicación en el equipo, su tamaño, la fecha de creación, de modificación y de último acceso y sus atributos. Éstas son propiedades de actualización automática que no pueden ser modificadas. Haga clic en la pestaña **Personalizar**.
7. En esta ficha podemos crear nuevas propiedades personalizadas que nos ayuden a identificar más fácilmente un documento. En primer lugar, debemos indicar el nombre de la propiedad. En el listado de nombres, pulse sobre la opción **Departamento.**
8. En el campo **Valor**, introduzca el término **Personal** y pulse en el botón **Agregar.**
9. Como puede ver, la propiedad que hemos agregado aparece ya en el cuadro **Propiedades** de esta ficha. Podemos utilizar el botón **Eliminar** para borrar aquellas propiedades que no sean útiles. Una vez comprobada la información que nos ofrecen las propiedades avanzadas de un documento, pulse el botón **Aceptar.**
10. Cierre el panel **Propiedades del documento** pulsando el botón de aspa de su **Barra de título.**

7

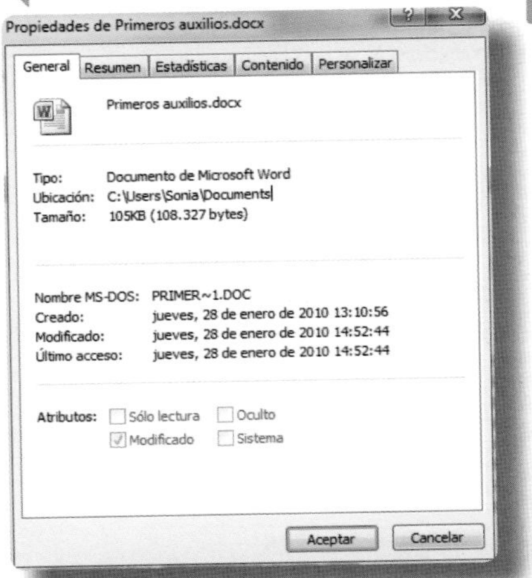


8

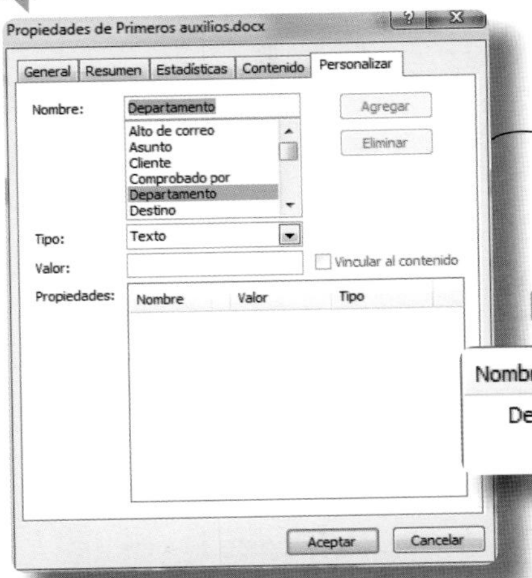


6

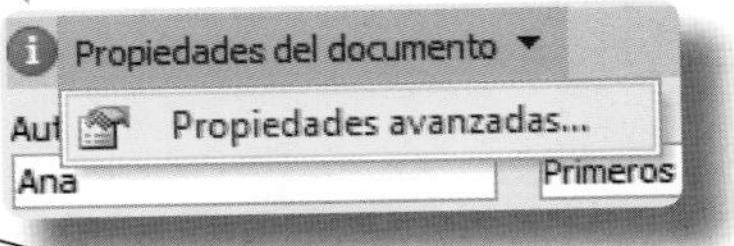


9

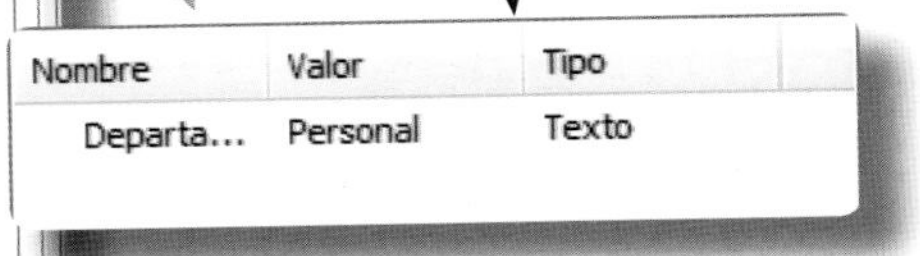

# Agregar una firma digital

> **IMPORTANTE**
>
> Para obtener un certificado o una firma digital, el usuario debe dirigirse a autoridades de certificados comerciales, como VeriSign, y a continuación agregarlo a los documentos que le interese. Es posible también crear certificados digitales mediante la herramienta Certificado digital para proyectos de VBA, incluida en la carpeta de herramientas de Microsoft Office, aunque, en estos casos, se consideran proyectos firmados por el autor no autenticados.

MICROSOFT WORD 2010 PROPORCIONA a los usuarios la capacidad de firmar digitalmente documentos completos. Esto permite saber a otros usuarios si un documento procede de una fuente segura y si dicho documento ha sido alterado con respecto a su estado original. Para poder trabajar con firmas digitales, Office trabaja con la tecnología denominada Microsoft Authenticode.

1. En este ejercicio, le mostraremos cómo puede crear un certificado digital para agregarlo después sus documentos. Para empezar, despliegue el menú **Inicio**, haga clic sobre la opción **Todos los programas**, abra la carpeta de Microsoft Office, abra también la carpeta **Herramientas de Microsoft Office** y haga clic en la opción **Certificado digital para proyectos de VBA**. 1
2. Se abre el cuadro de diálogo **Crear certificado digital**. Escriba su nombre en el campo correspondiente, haga clic en **Aceptar** y 2 pulse también en **Aceptar** en el cuadro de diálogo que aparece. 3
3. Agregaremos el certificado digital que acabamos de crear al documento que permanece abierto. Haga clic en la pestaña **Archivo**, despliegue el comando **Proteger documento** y haga clic sobre la opción **Agregar una firma digital**. 4

1

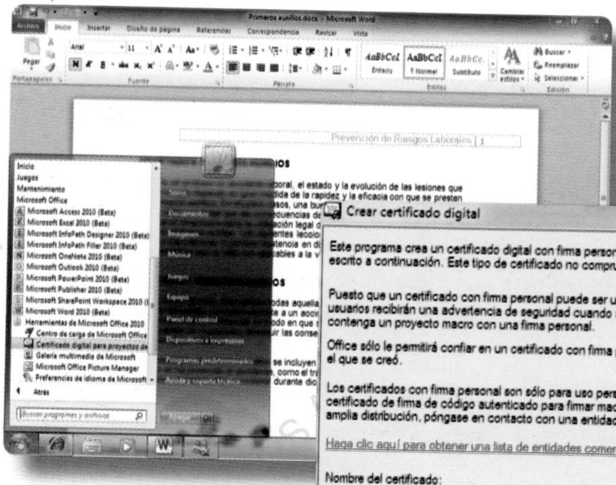

2

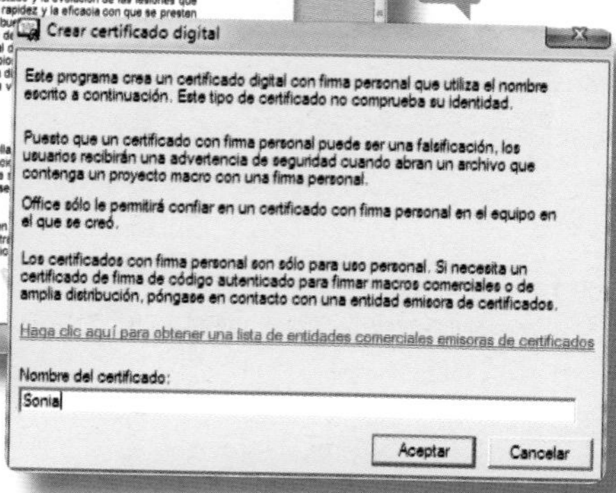


3

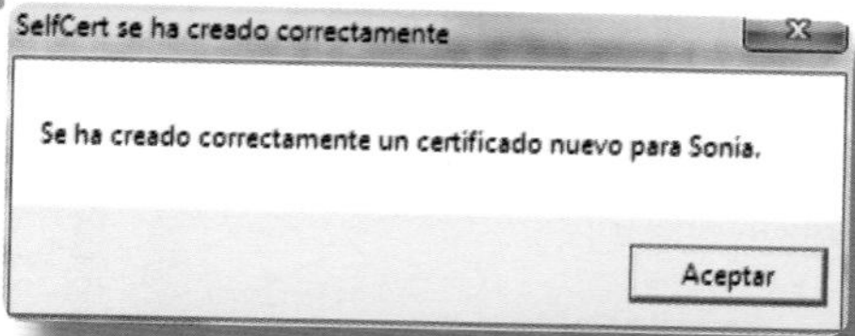


4

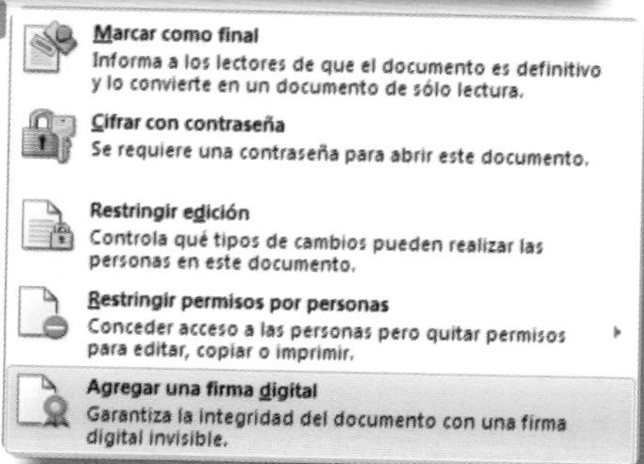

4. En el cuadro de diálogo informativo que aparece, pulse sobre el botón **Aceptar**.
5. Se abre el cuadro de diálogo **Firmar**, donde podemos indicar la razón por la que vamos a firmar el documento y agregarle la firma que hemos creado en pasos anteriores y que aparece ya en el apartado **Firmar como**. En este caso, firmaremos el documento sin aportar ninguna razón. Haga clic en el botón **Firmar**. 5
6. Una vez agregado el certificado, haga clic en el botón **Aceptar** del cuadro **Confirmación de la firma**. 6
7. Observe ahora el documento de Word. Además de quedar marcado como final con la inclusión de la firma, en la **Barra de estado** ha aparecido un pequeño símbolo que indica que dicho documento está firmado digitalmente. 7 Haga clic sobre este comando para mostrar el panel de firmas.
8. En el panel **Firmas**, aparece el certificado que hemos agregado, aunque, según se informa, con un error recuperable. 8 Sitúe el puntero sobre el nombre de la firma y, en el menú que se despliega, haga clic sobre la opción **Detalles de la firma**. 9
9. Se abre el cuadro **Detalles de la firma**, en el cual podemos leer que la entidad emisora de certificados que hemos utilizado no es confiable. Para solventar el problema, pulse sobre el vínculo **Haga clic para confiar en la identidad de este usuario.** 10
10. Nuestra firma ya es válida. 11 Haga clic sobre el botón **Cerrar** para salir de este cuadro y dar así por terminado el ejercicio.

099

## IMPORTANTE

Al firmar un documento, éste queda marcado como final, lo que significa que no puede ser editado ni modificado. Si decide realizar cambios en el documento y pulsa para ello el botón **Editar de todas formas**, aparece un cuadro de diálogo que le informa de que las firmas serán eliminadas.

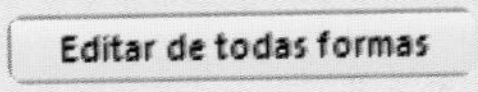


5

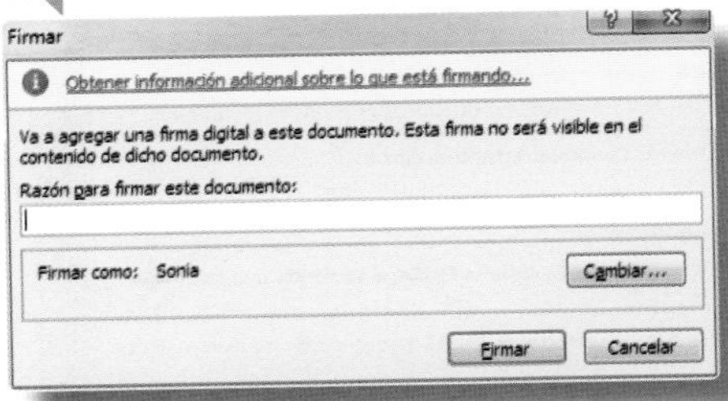


7

9

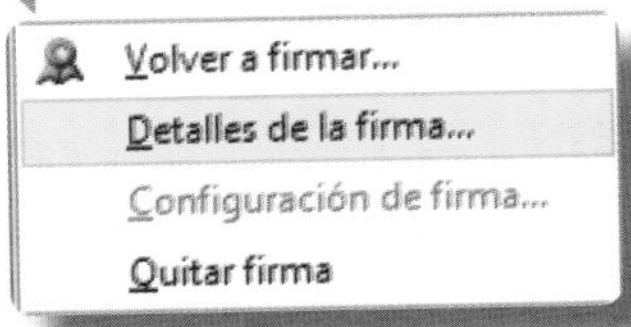


8

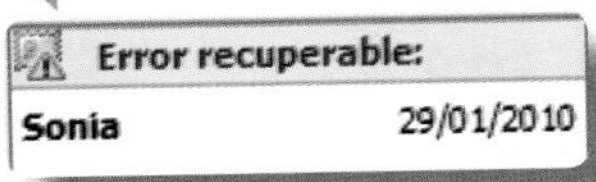


10

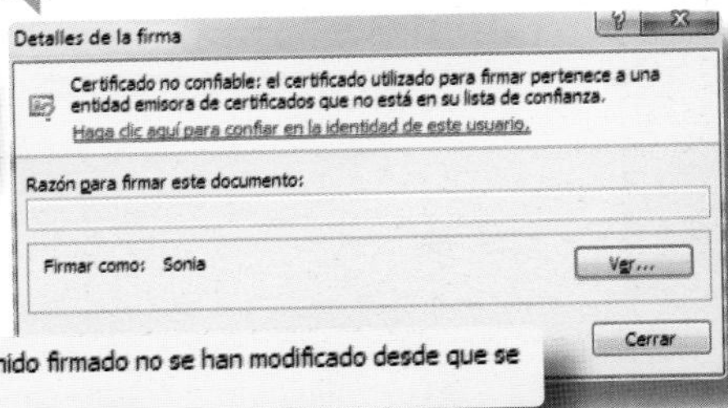


6

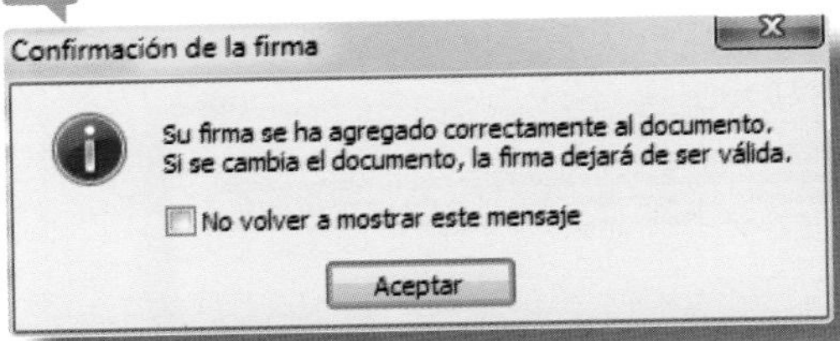


11

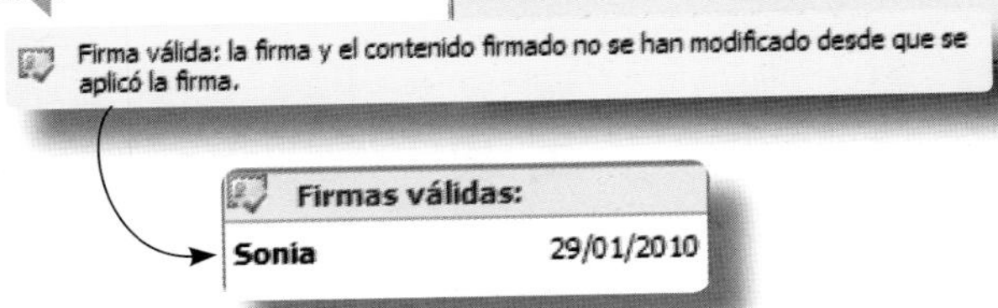

# Firmar en la línea de firma

## IMPORTANTE

Para poder firmar digitalmente un documento de Word, la firma debe ser válida, el certificado asociado a dicha firma no puede haber caducado, el editor del documento debe ser de confianza y el certificado asociado a la firma debe haber sido emitido por una entidad acreditada para dicha labor.

WORD 2010 PERMITE AGREGAR LÍNEAS DE FIRMA visibles a un documento para después insertar en ellas la representación visible de la firma. En este último ejercicio aprenderemos a agregar una línea de firma a un documento y a firmar en ella.

1. Una línea de firma, como veremos a continuación, tiene el mismo aspecto que el marcador de posición de firma que aparece en muchos documentos impresos. Para empezar sitúe el cursor de edición en el lugar del documento donde quiera agregar la línea de firma. 1
2. Haga clic en la pestaña **Insertar** de la **Cinta de opciones** y pulse sobre el comando **Línea de firma**, cuyo icono se encuentra a la derecha del comando **Elementos rápidos**, en el grupo de herramientas **Texto**. 2
3. Pulse el botón **Aceptar** del cuadro informativo que aparece en pantalla. 3
4. En el cuadro de diálogo **Configuración de firma** podemos introducir la información solicitada sobre la persona que firmará en la línea de firma, información que aparecerá debajo de dicha línea. Introduzca la información que desee y, man-

1

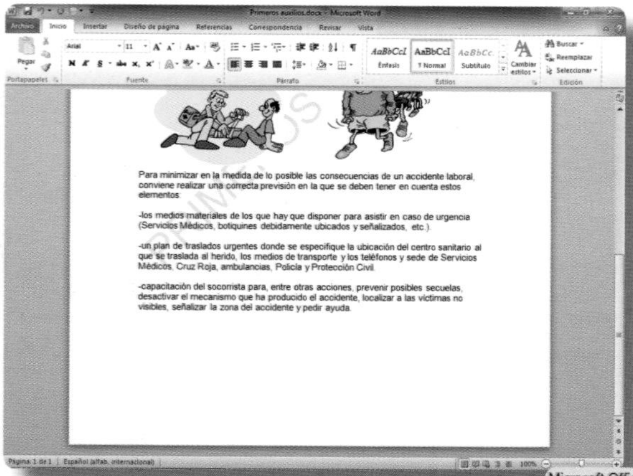


4

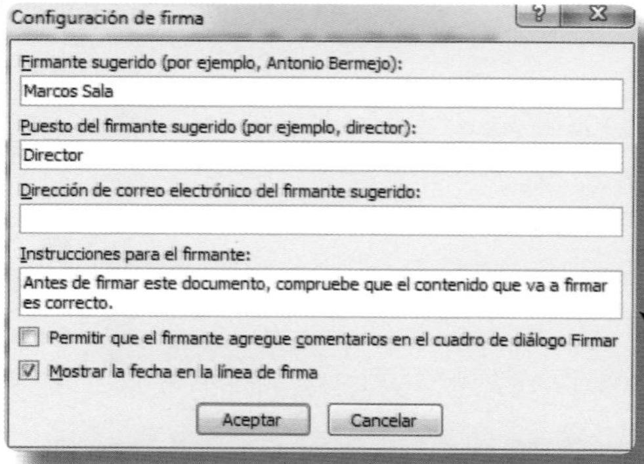


2

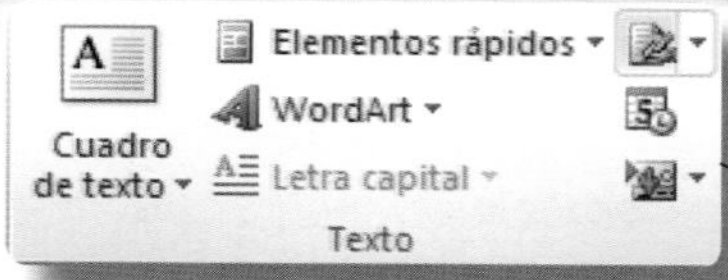


3

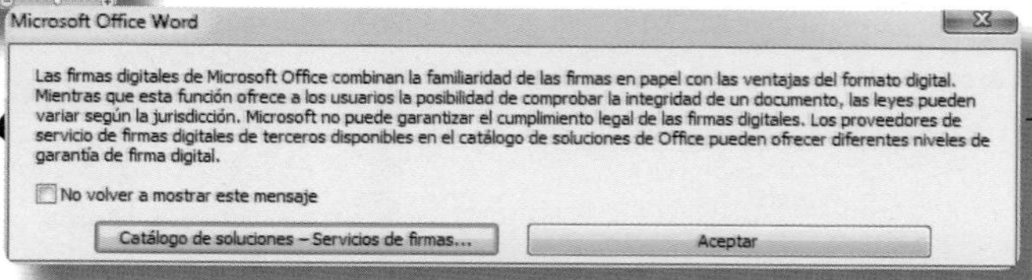

teniendo activada la opción **Mostrar la fecha en la línea de firma**, pulse el botón **Aceptar**.

5. La línea de firma se ha insertado en una nueva página del documento. Para firmar en esta línea, haga doble clic sobre ella.
6. Vamos a utilizar una imagen de firma. Para ello, puede utilizar cualquier archivo de imagen de que disponga o descargar la imagen **firma.jpeg** de nuestra página web. En el cuadro de diálogo **Firmar**, haga clic en el vínculo **Seleccionar imagen.**
7. Se abre el cuadro **Seleccionar imagen de la firma**. Seleccione la imagen y pulse el botón **Seleccionar.**
8. Para agregar la firma visible al documento, pulse el botón **Firmar** y pulse el botón **Aceptar** del cuadro **Confirmación de la firma**.
9. Automáticamente aparece la firma en el espacio reservado para ella, al tiempo que el documento se marca como final y aparece en la **Barra de estado** el icono pertinente. Antes de terminar, deberá validar la firma. Para ello, muestre el panel **Firmas**, acceda al cuadro de detalles de la firma y pulse sobre el vínculo pertinente (como hemos hecho en el ejercicio anterior).

# 100

## IMPORTANTE

El cuadro de diálogo **Firmar** permite escribir directamente el nombre del firmante en el campo situado junto a la X o bien seleccionar una imagen de la firma escrita que haya almacenado en una ubicación del equipo. Además, los usuarios de Tablet PC pueden insertar una firma manuscrita escribiendo directamente con la función de entrada manuscrita.

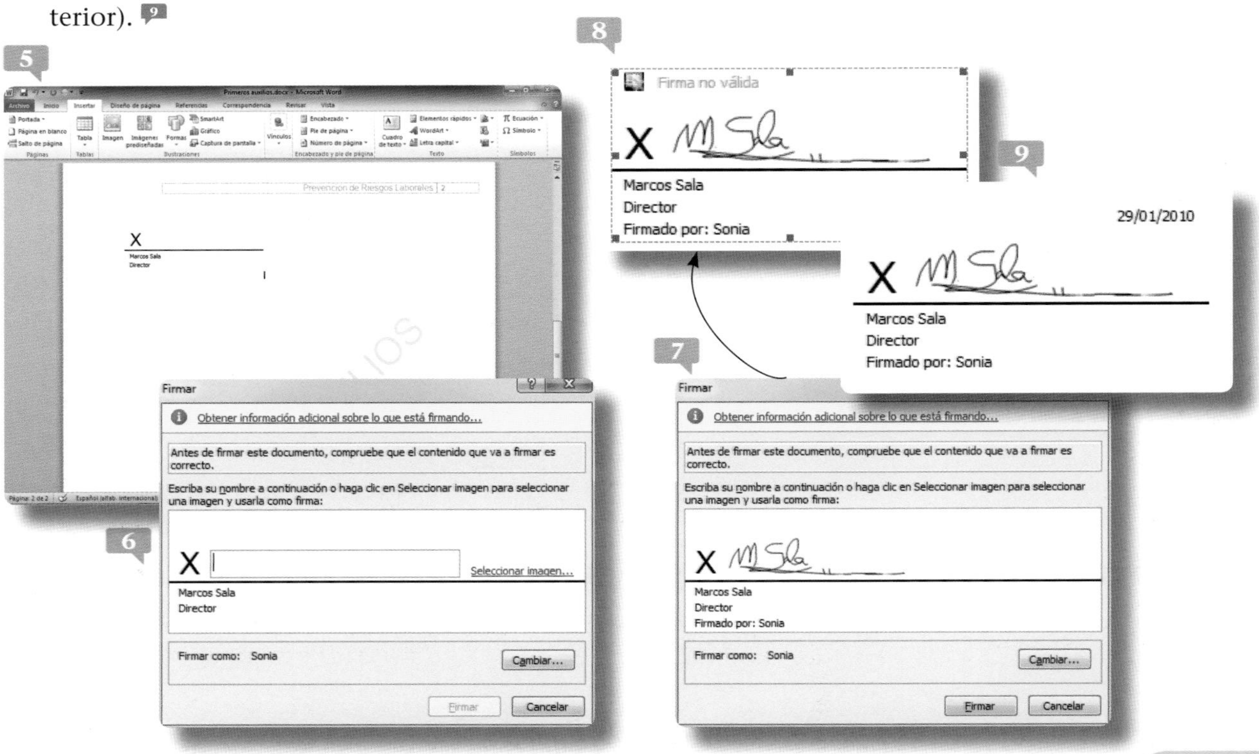

# Para continuar aprendiendo...

**SI ESTE LIBRO HA COLMADO SUS EXPECTATIVAS...**

Este libro forma parte de una colección en la que se cubren los programas informáticos de más uso y difusión en todos los sectores profesionales.

Todos los libros de la colección tienen el mismo planteamiento que éste que acaba de terminar. Así que, si con éste hemos conseguido que aprenda a utilizar este programa de tratamiento de textos o ha aprendido algunas nuevas técnicas que le han ayudado a profundizar su conocimiento, no se detenga aquí; en la página siguiente encontrará otros libros de la colección que pueden ser de su interés.

## DISEÑO TÉCNICO ASISTIDO POR ORDENADOR

Por otro lado si su interés está más cerca del diseño técnico y de interiores asistido por ordenador, entonces su libro ideal es "Aprender AutoCAD 2010 con 100 ejercicios prácticos".

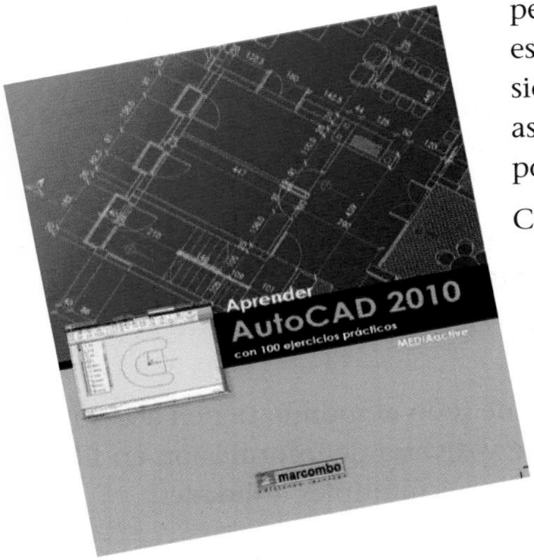


**AutoCAD 2010** es en la actualidad una de las aplicaciones más respetadas y utilizadas por diseñadores, ingenieros y arquitectos. Con este manual aprenderá a manejarla de forma cómoda. En esta versión de AutoCAD, se presentan interesantes novedades, tanto en su aspecto como en sus herramientas y funciones, que incrementan las posibilidades de creación y diseño técnico.

Con este libro:

- Reduzca el tiempo de revisión de sus diseños gracias a las funciones de dibujo paramétrico, basado en restricciones
- Cree y edite mallas tridimensionales
- Utilice el nuevo comando Plano de sección para crear un objeto de sección
- Consiga impresiones en 3D en un tiempo increíblemente rápido gracias a la nueva función de impresión 3D

## DISEÑO TRIDIMENSIONAL

Si se inicia en el trabajo con el programa de diseño tridimensional 3ds Max, entonces "Aprender 3ds Max 2010 con 100 ejercicios prácticos" es, sin duda, el libro que está buscando.

**3ds Max 2010** es la solución completa para el modelado, la animación y la renderización en 3D. Con estos 100 ejercicios el usuario tendrá una primera toma de contacto con el programa y aprenderá a realizar operaciones básicas como crear objetos planos y tridimensionales y a transformarlos y editarlos con distintas herramientas y modificadores.

Con este libro:

- Conozca la nueva interfaz de 3ds Max 2010
- Practique con la herramienta de agrupación Container
- Cree modelos poligonales usando la cinta Graphite
- Transforme objetos con las herramientas de edición
- Utilice los modificadores del programa

# COLECCIÓN APRENDER...CON 100 EJERCICIOS

## DISEÑO Y CREATIVIDAD ASISTIDOS

Hoy en día, gran parte del trabajo de los diseñadores gráficos se lleva a cabo con la inestimable ayuda de las herramientas digitales, en constante evolución. A ellas están dedicados los títulos de esta categoría.

- **3ds Max 2010** (TAMBIÉN EN CATALÁN)
- **AutoCAD 2009**
- **AutoCAD 2010** (TAMBIÉN EN CATALÁN)
- **Flash CS4**
- **Illustrator CS4**
- **InDesign CS4**
- **Photoshop CS4**
- **Retoque fotográfico con Photoshop CS4**

## INTERNET

Gracias a Internet, millones de personas de todo el mundo tienen acceso fácil e inmediato a una cantidad enorme y diversa de información en línea. Consulte estos manuales para conocer sus múltiples utilidades.

- **Dreamweaver CS4**
- **Internet Explorer 8**
- **Windows Live**

## OFIMÁTICA

El término Ofimática se refiere al equipamiento utilizado para crear, guardar, manipular y compartir digitalmente información, tanto a nivel profesional como a nivel particular. En esta categoría agrupamos los títulos:

- **Excel 2007**
- **PowerPoint 2007**
- **Word 2007**
- **Word 2010** (TAMBIÉN EN CATALÁN)

## SISTEMAS OPERATIVOS

Los sistemas operativos se encargan de gestionar y coordinar las actividades realizadas por un ordenador. Estos manuales describen las principales funciones de Windows 7.

- **Las novedades de Windows 7**
- **Windows 7 Avanzado**
- **Windows 7 Multimedia y Nuevas tecnologías**